华夏大地上的怪胎：

中国抗日战争时期的伪军探究

王宏德　著

中国致公出版社
China Zhigong Press

图书在版编目（CIP）数据

华夏大地上的怪胎：中国抗日战争时期的伪军探究／
王宏德著. －－北京：中国致公出版社，2018
ISBN 978－7－5145－1210－6

Ⅰ. ①华… Ⅱ. ①王… Ⅲ. ①军队史－研究－中国－
1937－1945 Ⅳ. ①E296. 93

中国版本图书馆 CIP 数据核字（2018）第 032986 号

华夏大地上的怪胎：中国抗日战争时期的伪军探究
王宏德　著

责任编辑：尤　敏　梁玉刚

责任印制：岳　珍

出版发行：　中国致公出版社
　　　　　　China Zhigong Press

地　　址：北京市海淀区翠微路 2 号院科贸楼

邮　　编：100036

电　　话：010－85869872（发行部）

经　　销：全国新华书店

印　　刷：北京市金星印务有限公司

开　　本：710 毫米×1000 毫米　　　1/16

印　　张：21.5

字　　数：440 千字

版　　次：2018 年 8 月第 1 版　　　2018 年 8 月第 1 次印刷

定　　价：86.00 元

前　言

中国抗日战争时期的伪军,是一支由汉奸和国民党投敌部队组成的反动军队。他们听命于日本侵略者及其扶植的伪政权,认贼作父、为虎作伥,与中国共产党领导的抗日武装为敌,与国家和人民为敌,与中华民族为敌。他们疯狂残杀自己的同胞,分裂自己的国家,贱卖自己的国土,犯下的罪行罄竹难书。

在东北,伪军为阻断人民群众与抗日武装的联系,在广袤的黑土地上"集家并屯",建立了无数的部落区。在部落区内设立无人区,实行残酷的"保甲制度""十家连坐法",一甲之中如有"通匪"者,全家斩首示众,并株连邻里。还不准农民在铁路、公路两侧种植高秆作物,在山坡谷地开荒种地,使广大人民流离失所,农田荒芜,瘟疫流行,冻死、饿死者不计其数。在日伪的残酷屠杀下,杨靖宇、魏拯民等成千上万抗日将士献出了宝贵的生命,将热血洒在了这片热土之上。

在华北,伪军与侵略者狼狈为奸,经常随同日军与抗日军民作战并烧杀抢掠。如1941年春季至1942年底日军进行的5次大规模"治安强化运动"中,伪军承担了"治安地区"(日伪占领区)的所有"治安"任务和在"准治安地区"(抗日游击区)控制政权和搜寻抗日力量的任务。王揖唐还恬不知耻地给伪军训话:"我全体军、官、民,应同心同德,不能只依靠友军的力量,而应积极主动地做好治安工作,通过自己的努力,将华北建设成为幸福的乐土。"在整个"治安强化运动"中,伪军共投入10余万部队同我军民作战,参加对中国共产党抗日根据地"扫荡"190余次,致使抗日根据地、游击区人口下降、地域锐减,八路军由1940年的40万人减少到1941年的30万人。此外,伪军还在占领区搜刮民脂民膏,为日军提供了大量的军需物资,仅1940年,就帮助日军从华北运走煤炭450万吨、铁矿石30万吨、棉花 42.8 万担等战争资源。

在华中、华南，日军操纵汪伪数十万伪军，进行了"清乡"运动，汪精卫亲任"清乡委员会"委员长。他们自恃有日本人撑腰，在"清乡"区外围地区大量增设据点、筑碉堡、修公路，以河流、公路、铁路为依托，构成大包围圈，封锁、隔绝"清乡"区与外界的联系，给我游击区军民带来深重的灾难。随着日军战线的延长，伪军又担负了几乎所有城镇和乡村据点的守卫任务，为日军守卫与巩固占领区，警备交通线。

抗日战争结束后，本应受到审判的大批伪军残余，一转眼成了"国军"，充当国民党反动派打内战的急先锋。1945 年 8 月 15 日，在日本宣布投降当天，国民党政府就将伪华北绥靖军总司令部改称为"华北先遣军总司令部"，并令其"固守现地，等待国军"。第二天，蒋介石对全国伪军发布命令："……我沦陷区各地下军及各地'伪军'，应就现驻地负责维持地方治安，保护人民，各'伪军'尤应乘机赎罪，努力自新，非本委员长命令，不得擅自移动驻地，并不得受非经本委员长许可之收编……"紧接着，又对大汉奸和伪军高级将领大肆封官晋爵，委以重任。任命周佛海为上海行动总队总指挥，阻止共产党军队接收上海；德王为蒙古先遣军总司令，李守信为热察两省先遣军总司令，负责集结散驻各处的伪蒙、伪满残存军警部队，进攻八路军；孙殿英、庞炳勋也被任命为某某路先遣军总司令。孙殿英部在河南汤阴，堵截八路军南下。庞炳勋部则纠集开封附近的伪军部队，与徐州郝鹏举、新乡孙殿英、商丘张岚峰等部互相呼应，到处阻击我军。截至 1946 年 4 月，国民党将伪军共收编为 6 个纵队 27 个总队 73 个团。门致中、孙良诚、吴化文、孙殿英、张岚峰等都被任命为纵队司令。11月后，伪军又陆续被整编为某军某师正式国民党军。

多行不义必自毙。许多伪军高级将领受到国民党政府的青睐后，自以为所犯的一切罪恶都可以一笔勾销了。没想到国民党政府大肆重用伪军，对付共产党八路军、新四军的做法，激起了全国人民的愤怒，各地社会团体和人民群众以各种各样的形式纷纷提出抗议。蒋介石这才感到人言可畏，指示军统局将周佛海、王克敏等大汉奸和一批犯有累累血案的伪军高官送交军事法院。后经审判，陈公博、梁鸿志、王揖唐、富双英、叶蓬、齐燮元等人被判处死刑，周佛海被判处无期徒刑(后病死在南京第一监狱)。其余侥幸逃脱审判的伪军高级将领及其所属部队,大多在解放战争中被解放军消灭,孙良诚、孙殿英、张岚峰、郝鹏举等都成了解放军的俘虏。

前事不忘,后事之师。编著本书的目的,就是通过对伪军从产生到消亡过程的梳理,使人们不忘历史,牢记伪军给中华民族造成的剧痛。同时,反思历史,到底是什么因素促使数逾百万的中国人为侵略自己祖国的敌人服务呢?

目　录

伪 "满洲（帝）国" 军队

上篇：伪 "满洲国" 军队
（1932 年 3 月—1934 年 3 月）

20 世纪 30 年代初，中国东北地区包括辽宁、吉林、黑龙江三省和设在哈尔滨的东省特区。这个地区在长城以外的白山黑水之间，土地辽阔，矿藏丰富，盛产大豆、高粱，且与苏联、蒙古接壤，战略地位十分重要。日本帝国主义对这块宝地垂涎已久，疯狂叫嚷："满蒙是日本的生命线" "满蒙是日本国防的第一线"，必欲占为己有而后快。

"满蒙" 一词，是近代帝国主义为了侵略我国东北地区而定义的一个政治地理概念，特指我国东北及内蒙古地区。日本在计划和实施侵略中国的过程中，始终抓住民族问题不放，竭力培养满、蒙等少数民族内部的亲日势力。而一些清室和蒙古王公贵族余孽在清朝灭亡后，为了夺回往日的荣华富贵，也热衷于附和日本提出的 "满蒙独立运动"。

1928 年 12 月 29 日，张学良因痛恨日本人炸死其父张作霖，通电全国，宣称接受南京国民党政府管辖，率领东北 "易帜"。"易帜" 后，南京国民政府在沈阳设立了东北政务委员会，由张学良任主席。奉军改称国民革命军东北边防军（简称 "东北军"），设立 "东北边防军司令长官公署"，张学良任司令长官，张作相（吉林省主席）和万福麟（黑龙江省主席）为副司令长官。为了尽快掌握部队，结束东北军内的派系之争，张学良对东北军进行了整编，取消了以前方面军、军团、军和师的编制，改为最大为旅的编制，并将炮兵等特种兵从各部队抽出，炮兵以团为单位（后改为旅），工兵、辎重兵以营为单位。整编后东北军部队分国防军和省防军两个系统，省防军主要用于地方治安。国防军共编成 20 个步兵旅、6 个骑兵旅、10 个炮兵团及附属部队，省防军共编成 8 个步兵旅、1 个骑兵旅及附属部队，约 30 万人。其中，辽宁省国防军 15 个步兵旅、4个骑兵旅、8个炮兵团，省防军有2个镇守使署所属7个团，加上特种部队等共计16.2万余人；吉林省国防军有3个步兵旅、1个骑兵旅、1个炮兵团，省防军有5个旅（分属5个镇守使署），加上特种部队等共计6.5万余人；黑龙江省有国防军2个步兵旅、1个骑兵旅、1个炮兵团，省防军有3个步兵旅、1个骑兵旅，加上特种部队等共计3.9万余人。

1929年，中国为收回苏联在东北铁路的特权而与苏联爆发军事冲突，即"中东路事件"，东北军战败，黑龙江国防军2个步兵旅被消灭。之后张学良取消了1个旅的番号，将辽宁的1个旅调至黑龙江。

1930年9月，中原大战期间，张学良率国防军6个步兵旅、3个骑兵旅、2个炮兵团及附属工兵辎重兵近10万东北军入关，迫使北平的"国民政府"解体，使南京国民政府在名义上统一了中国。中原大战结束后，入关的国防军及配属炮兵、工兵等部队分驻在平津一带。当年10月9日，蒋介石自任"陆海空军总司令"，张学良被任命为陆海空军副司令，并将"东北边防军司令长官公署"改称为"陆海空军副司令行营"。

1931年5月，国民政府对全国军队进行统一整编，东北军34个"国民革命军独立旅"的编制没有改变，只是将第一至第十10个炮兵团改编成3个旅和2个团，同时番号重新更名，即炮六旅（辖炮十一团、十二团、十三团）、炮七旅（辖炮十四团、十五团、十六团）、炮八旅（辖炮十七团、十八团）。炮十九团（归吉林副长官公署指挥），炮二十团。

1931年七八月间，由于国民党内部争权夺利，中原大战后投降张学良、驻在河北顺德一带的石友三，受汪精卫、陈济棠、李宗仁等在广东组织的国民党政府收买，就任第五集团军总司令，并勾结日本侵略者，联合张学良的堂弟张学成，通电脱离张学良，进犯平津。于是，张学良不顾东北严峻的形势，又抽调兵力入关参加讨伐石友三之战，致使东北的军事更加空虚。留驻东北的正规部队只有国防军11个旅、2个炮兵团，省防军9个旅、2个镇守使署7个团和1个屯垦军旅，而且装备都较关内部队差。讨伐石友三战争结束后，张学良为了节省军费，同时也为即将大规模出厂的加农炮预留编制，又将炮六旅的十三团、炮七旅的十四团裁撤。

"九·一八"事变前，在东北的日本关东军只有10400人，另有在乡军人①约1万人，警察约3000人，共计兵力约23400人。关东军主要驻扎在南满辽、

---

① 在乡军人：在日本内地退役不久的军人。"九·一八"事变前，日本帝国主义者有计划地把他们派往中国东北，安排到满铁沿线各站的铁路职工附属工厂工作。事变发生时，他们都参加了战斗，一些人还充当了参事官。伪满洲国成立后，这批人更加飞扬跋扈，有的人还担任了副县长或其他高级官员。

吉两省的重要城镇和主要交通干线上，由两部分组成：一部分为铁路守备队，司令部设在公主岭，下辖4个大队，分驻公主岭、沈阳、大石桥和连山关，是永久驻屯部队，由国内各正规师团抽调兵力编成。另一部分为驻屯师团，司令部驻辽阳，下辖2个步兵旅团、1个骑兵联队、1个炮兵联队。1个步兵旅团司令部驻柳树屯，所属2个联队分驻柳树屯、旅顺；另1个步兵旅团司令部驻铁岭，所属2个联队分驻辽阳、公主岭；骑兵联队驻公主岭；炮兵联队驻海城。驻屯师团是驻东北的常备师团，每两年与其国内师团轮换一次。此外，还在旅顺设有要塞司令部，辖旅顺重炮兵大队，以及属于关东军的宪兵队和特务机关等。以上部队统归关东军司令部指挥。关东军司令部原设在旅顺，"九·一八"事变前移到沈阳。关东军司令部的职权很大，司令官直属日本天皇，有帷幄上奏之权，遇有非常事件，可当机立断。也就是说，只要关东军认为条件成熟，随时可以制造借口，发动侵略战争。

1931年9月18日，日本关东军借口南满铁路柳条湖一段被东北军炸毁，挑起了侵华战争。很快便占领东北三省和内蒙古东部地区。为了弥补兵力不足，日军推行了"以华制华"政策，从"九·一八"事变到1932年3月1日伪满洲国成立前后，招降了许多原东北军将领，这些民族败类及其所率军队后来成为伪满军的骨干力量和主体。同时，他们还招降纳叛，网罗了一些土匪武装和社会流氓，充实到伪满军的队伍里。

伪满洲国成立时，自己划定的领土范围包括今天辽宁、吉林和黑龙江三省全境、内蒙古东部及河北省北部。行政区域仍沿袭中华民国时的奉天①、吉林、黑龙江和热河4省划分，并将长春县（今长春市）城区及近郊设新京市，定为"国都"。

一开始，日本军国主义者并不愿意"满洲国"拥有正规的军队。1932年3月12日，日本内阁通过的《处理满蒙问题方针纲要》就规定：不允许新国家有正规的陆军和海军力量存在，"满蒙的对外防卫，主要由帝国负责"。但面对日本帝国主义的入侵，东北军一些爱国将领和广大东北人民不顾国民党政府的不抵抗政策，掀起了英勇的抗日武装斗争。为此，关东军深感兵力不足，不得

① 奉天：沈阳市旧称。1625年后金迁都沈阳，改称沈阳为盛京。清兵入关后，建都北京。1657年，以"奉天承运"之意在盛京设奉天府，自此奉天之名开始出现，并一直沿用到民国北洋政府时期。1928年底，张学良"易帜"后，宣布自1929年起，奉天重新改称沈阳。1932年3月伪满洲国成立后，沈阳被再次改回奉天之名。1945年抗战胜利后，才结束使用"奉天"这个带有浓重封建帝制色彩的称谓。奉天省：清光绪三十三年（1907），清廷改东北地区的军府制为行省制，裁撤盛京将军府，设奉天省，省会为奉天府，辖境为今辽宁省以及内蒙古兴安盟、哲里木盟（今通辽市）一部分，吉林省西南一部分。1929年张学良将奉天省改称为辽宁省，意为"辽河两岸永远安宁"。1932年伪满洲国成立后，复改"奉天省"。1945年日本投降后，国民政府调整东北地区的行政区划，将"奉天省"改回"辽宁省"。

已允许在"满洲国"建立日军严格控制下的伪军，作为关东军的辅助和补充力量，并规定伪满军的任务是协助日军维持地方"治安"，因而一开始称之为"警备军"。同时，派遣陆军大佐多田骏等21人任伪满军政部顾问，整编已经投降日军的14万伪军。

伪满洲国"皇宫"

1932年4月15日，伪满政府发布了"第2号军令"，公布了伪陆海军分担区域，正式宣布成立奉天、吉林、黑龙江等省警备军，统归伪满军政部节制。至1933年春关东军进攻热河前后，伪满军的总兵力达到15万人左右，这是伪军兵力的最高峰。但由于受旧军阀习气的影响，伪军自成系统，互不服从，编制、番号混乱，军官和士兵素质很差，甚至中、少尉军官中有不少人不识字，战斗力低下。不仅不能配合关东军完成"治安"任务，而且也使日军感到难以驾驭。因此，从伪军正式成立开始，关东军就着手对其进行整顿。

1932年5月，以多田骏为首的顾问部，制定了三期整顿伪军的方案：第一期为建军时期。主要任务是稳定部队，防止士兵动摇，统一建制；第二期为整军时期。确立稳定基础，担负起治安任务；第三期为练军时期。从各方面予以充实，有效地完成任务。

整顿伪军的第一步是统一部队番号和建制。1933年春夏，日军对伪奉、吉、黑警备军进行了一次整顿，统一番号，并在各警备军中设立了独立教导队。1933年8月9日，经过日本天皇批准的《满洲国陆军指导要纲》下达关东军，要求将伪满军队置于日军掌控之下，兵力控制在6万人以内，兵种只设步兵和骑兵，不许拥有坦克、重炮和飞机。按照这个规定，关东军为让伪军成为"日满亲善"的可靠支柱、维持治安的基本力量和对外战争的有力支持者，对有军阀习惯、反满抗日思想、老弱病残和那些被视为"不合适者"予以清退。至1935年8月，15万的庞大伪军被裁减近半，仅剩不到8万人。一般1个团编制约600人，1个旅约2000人。此外，还把原来直辖于关东军的靖安游击队改编为正规的靖安军，编入伪满军序列。

经过整顿，关东军认为伪军的素质有了很大提高。多田骏在《满洲国军政的指导》报告中评价说：1934年时，"军心愈加安定，已完全置于（关东军）

统制之下"。伪满军政部顾问部在 1935 年《满洲国军现状》的报告中也指出：
"满军之战斗力，伴随其整备改善已逐渐提高，面目一新；对友军（关东军）
的信赖也与日俱增，一般能较好担负起协同剿匪任务。"

伪满军作为日本关东军控制下的傀儡军，就是为日军作鹰犬、当帮凶，为
虎作伥。《满洲国陆军指导纲要》中规定伪军的任务有四项："维持治安""国
防警备""外征"和执行特殊任务。所谓"维持治安"，就是围剿抗日武装力
量。"国防警备"，即"警备国境线"。由于伪满把国防大权交给了关东军，因
此其所谓国防，表面上由"日满"两国共同负担，实际上是日本国防的延伸和
扩展，完全由关东军负责，伪军不过是"辅助成分"而已。所谓"外征"，主
要是指伪军越出伪满国境入侵华北的作战行动。伪满先后组织热河支队、甘支
队、石兰支队等入侵晋察冀。至于特殊任务，即由伪满特殊部队执行的任务。
伪军中主要有 3 支特殊部队：一是由朝鲜人组成的间岛特设队，专门对付抗日
武装和镇压朝鲜族反满抗日运动；二是由白俄组成的浅野部队，协助关东军对
苏联进行谋略。一旦日苏战争爆发，负责破坏苏联的西伯利亚铁路；三是由蒙
古人组成的矶野部队，准备一旦战争爆发，作为别动队对外蒙进行谋略。

**溥仪对"执政"的称谓很不满意，板垣征四郎答复："如果不接
受，只能被看作是敌对态度，只有用对待敌人的手段做答复……"**

1931 年"九·一八"事变之后，面对日本关东军势如破竹的攻势和威逼利
诱，东北三省一特区的汉奸政客被吓破了胆，纷纷宣布"独立"，声明脱离南京
国民政府及张学良政权。1932 年 2 月 16 日，在关东军司令官本庄繁主持下，召集
东北军降将和清朝遗老头面人物汇聚沈阳大和旅馆，成立了日本发动战争以来的
第一个汉奸组织——"东北行政委员会"，并指定张景惠为委员长，臧式毅①、
熙洽、马占山、汤玉麟、齐王（齐默特色木丕勒）、凌升 6 人为委员。

---

① 臧式毅（1885—1956）：字奉久，1885 年出生于奉天城南三道岗子村。1907 年考入日
本东京陆军振武学校，后转入日本士官学校骑兵科。辛亥革命后，回国担任保定陆军军官学校
教官。1919 年投奔黑龙江督军孙烈臣后，任吉林督军署少将参谋长。1924 年，奉张作霖之命调
回沈阳，接替张学良任东三省陆军整理处参谋长。1928 年东北"易帜"后，任东三省保安总
司令部少将参议、中将参谋长。1930 年任辽宁省主席。1931 年"九·一八"事变时，臧式毅
被日本关东军扣押，软禁 3 个月后，他不遵母命，投降日本，任伪奉天省长，其母投缳自杀，
以身殉国。伪满洲国建立后，他先后担任民政部总长兼奉天省长、民政大臣、参议府议长、兴
亚国民运动大会总司令。1941 年 10 月 28 日，他以伪满洲国全权代表身份在南京与汪伪政权签
订《日满华三国共同宣言》。1945 年伪满政府垮台后，8 月 30 日被苏军逮捕，押往苏联远东监
狱，后引渡回国。1956 年 11 月 13 日，病死于抚顺战犯管理所，终年 71 岁。

　　张景惠字叙五，1871 年出生于奉天台安县八角台镇。青年时代由于家贫，跟随其父以卖豆腐为生。甲午战争后，他在八角台镇成立自卫团，为本镇商号富户看家护院。当时张作霖遭到土匪袭击，来到八角台，张景惠拥戴张作霖为自卫团的首领，自己情愿当副手。1902 年，张作霖率部投靠清廷，张景惠任哨官，1903 年升为帮带，正式成为清朝军官。此后，张景惠随同张作霖东征西讨，先后任管带、团长、旅长、师长、奉军副司令、奉天督军署参议、陆军总长、实业总长等职。1928 年 6 月 4 日，张作霖返奉被日本人炸死，同车的张景惠也身受重伤。年底，张学良任用他为东省特别区长官。东北"易帜"后，因与张学良意见相左，遂到南京任军事参议院院长之职。"九·一八"事变后，公开投敌。

　　1932 年 2 月 18 日，"东北行政委员会"便根据关东军的意图，发表了《独立宣言》："从即日起宣布满蒙地区同中国中央政府脱离关系，根据满蒙居民的自由选择与呼吁，满蒙地区从此实行完全独立，成立完全独立自主之政府。"

　　3 月 1 日，"东北行政委员会"又在关东军的指使下，发表了"建国宣言"，宣布成立"满洲国"。年号自 1932 年 3 月 1 日起改为"大同元年"，并规定"国旗"为红蓝白黑黄"五色旗"，首都设在长春，3 月 15 日改名为新京。这是近代列强入侵中国以来第一个以国家面目出现的汉奸政权。

　　关于"满洲国"的首脑，关东军早已选定了晚清逊帝溥仪。溥仪姓爱新觉罗，字浩然，满族，醇亲王载沣之子。1908 年 11 月 14 日，3 岁的溥仪被立为嗣皇帝，授载沣为摄政王，年号"宣统"。1912 年中华民国成立，登基不满 3 年的溥仪由隆裕太后于 2 月 12 日代行颁布《退位诏书》。根据清室退位优待条件规定，不废帝号，仍居故宫。1917 年 7 月 1 日，溥仪在紫禁城召见张勋，接受他的奏请，复辟帝制，恢复宣统年号，但只做了 12 天皇帝，随着张勋复辟的失败，被迫第二次退位。1924 年冯玉祥发动北京政变后，摄政内阁决定修正清室优待条件，废除皇帝称号并将其驱逐出故宫。溥仪先搬进原醇王府，不久逃入日本公使馆，1925 年 2 月由日本便衣警察护送到天津日租界，继续进行复辟活动。

伪满洲国"国旗"

伪满洲国"国徽"

1931 年 11 月 10 日，在日本特务土肥原的策划下，溥仪秘密离开天津日租界的蛰伏处，经大沽口、营口、旅顺，到达抚顺。1932 年 2 月 23 日，关东军高级参谋板垣征四郎在抚顺与溥仪会面，告知溥仪将出任满洲国"执政"。溥仪一心梦想借助日本的力量复辟清朝，重登大清皇帝宝座，因此对"执政"的称谓很不满意，但板垣征四郎答复："军部要求再不能有所改变，如果不接受，只能被看作是敌对态度，只有用对待敌人的手段做答复，这是军部最后的话。"无奈，溥仪只得表示同意。3 月 8 日，张景惠率领凌升等人，将溥仪恭迎回长春，住进临时执政府。

临时执政府设在长春七马路原清朝吉长道台衙门旧址。该址建于 1909 年，当时造价为 9 万两白银。建成后，先后作过吉长道台衙门、吉林督办公署、伪长春市政府的办公地。熙洽为给溥仪任"执政"使用，拨款 12 万元进行了重新修缮。不久，执政府又搬至长春市东北方向原"吉黑榷运局"旧址（现光复路 7 号址）。榷运局原有 3 幢二层楼房，还有平房若干间。经过修缮整理，增建部分房屋，便用作执政府了。这个地方当地人称为"盐仓"，因此有人说溥仪住进了盐仓，必定要成为一条咸（闲）龙。

1932 年 3 月 9 日下午，在临时执政府举行了溥仪就任伪满执政典礼。日本关东军司令本庄繁、参谋长三宅光治、参谋板垣征四郎，满铁总裁及众汉奸参加了典礼。

在第二天的《盛京时报》上，报道了当时溥仪就职的"盛况"："……满洲国执政溥仪，在首都长春率百官众司举行就任执政之大典，是日吉刻午后三时，长春市政府内之大礼堂，乍闻雅乐，悠扬而响，同时并见招待员、赞礼官徐徐而进。次有张景惠、臧式毅、熙洽、马占山等开国元勋及各省区文武官员及外宾顺序入场，先后就位。溥仪在军乐声中，身着西式大礼服，由侍从武官为先导，8 名文武官员随同，缓缓地登上了堂中正面的方台，坐在背靠黄色屏风的执政'宝座'上。接着，溥仪接受参列者三鞠躬大礼后，张景惠手捧用黄绫包裹的'国玺'，臧式毅手捧'执政'之印，呈现给溥仪。最后，军乐队奏'满洲国国歌'，升'满洲国国旗'，众人三呼'满洲国万岁！'仪式结束后，溥仪与 45 位军政大员合影留念……"

溥仪就任"执政"仪式

身着"大元帅正装"的溥仪　　　　溥仪"执政"之印

　　根据满洲国《政府组织法》，执政下设国务院、参议府、立法院、监察院、最高法院、最高检察院。溥仪就职当天，还任命了各府、院、部的主要官员。国务院总理由郑孝胥①担任，国务院下设有军政部，部长由马占山担任（未到职），板垣征四郎任奉天特务机关长、满洲国军政部最高顾问。伪满政权主要由东北籍人组成，"在伪满高级官员中东北人有35人，占被统计人数的71%，奉系背景占82%"。② 可以看出，伪满高级官员集团基本上是在东北任职的原奉系人员组成，体现了民国时期东北长期脱离中央政府，在张作霖父子统治下浓重的、封闭的地域色彩和派别色彩。

郑孝胥（右）父子

---

　　①　郑孝胥（1860—1938）：字苏堪，一字太夷，号海藏，福建闽侯县人，近代诗人、书法家。清光绪八年（1882），举人。清光绪十七年（1891），东渡日本，任使馆秘书，次年调神户大阪总领事。清光绪二十年（1894），归国后，先后任总理各国事务衙门章京、京汉铁路南段总办、督办广西边务。宣统三年（1911），为湖南布政使。清亡后，在上海以遗老自居。伪满洲国成立后，追随日本侵略者，并担任伪满洲国国务总理。1935年6月，因发表对日本不满的牢骚，被免职。

　　②　汪朝光，《抗战时期伪政权高级官员情况的统计与分析》，《抗日战争研究》，1999年第1册。

执政、军政部的设置，是日本关东军将日本军事体制移植到伪满洲国的变异产物。在日本，根据 1889 年颁布的《大日本帝国宪法》，"天皇统帅陆海军，由陆海军大臣辅弼行使"。从而使军队具有超越内阁的特权。作为军令机关的参谋本部，行动置于国家的政令、法令之外，不受法律约束，不受政府和议会的干涉，利用天皇的统帅权，凌驾于国家机构之上。其总参谋长作为天皇的幕僚长，可以直接发布军令而不必通过国务院。因此，在溥仪就任"执政"当天颁布的《政府组织法》第十二条规定：执政统率陆海空军，为最高军事统帅。这就是说，溥仪在名义上是伪满洲国军队的最高统帅。1932 年 4 月 15 日，伪满政府发布"第 1 号军令"，颁布了《陆海军条例》，其中也规定：执政统率陆海军。执政决定警备司令官分担区域，令其所需之军队，负责维护该区域之治安任务。执政决定舰队司令官分担区域，令其指挥所需之舰队，负责该水域之警备任务。

一开始，溥仪也以伪满军队的大元帅自居。在向伪满官兵发布《敕谕》时，称自己："统帅大权揽在朕躬，尔将士应竭其股肱之力。"但随着时间的推移，他终于一步步认清了自己的傀儡角色。1932 年 9 月 15 日，关东军司令官兼驻满洲国特命全权大使武藤信义与伪满洲国国务总理郑孝胥在执政府勤民殿签署了《日满议定书》，日本正式承认满洲国。《日满议定书》有条文两项，其主要内容是伪满洲国承认日本国及其臣民在"满洲"已经取得的所谓"既得权"，以及以后日本在东北地方驻兵，即所谓共同防卫等问题。规定"满洲国的国防及维持治安，全部委诸日本管理"。此外，在该议定书中，还暗示有附带的东西——附件。《日满议定书》在当时的政府公报上公开发表时，也没有出现这个附件，只有溥仪和郑孝胥等极少数人知道。1955 年溥仪在抚顺战犯管理所改造时，回忆说："该议定书确有一个附件，其内容所包括的范围极为广泛。在当时虽然看过，但是到现在已经记不清楚了，大致记得其中载有关于日本人在我东北地区的居住权与土地所有权，还有关于矿山的开采与经营权，森林采伐与经营权，内河航运与铁路交通权及航空权等等。"[1] 附件规定由日本管理满洲国的铁路、港湾、航路、航空线等，还约定日本军队所需各种物资、设备由满洲国负责，日本有权开发矿山，日本人有权充任满洲国官吏，日本有权向满洲国移民等等。《陆海军条例》中也规定伪满军的任务，都属于关东军领导"共同防卫"的职责范畴。这样溥仪的"统帅大权"，又以法律的形式"委托"给了关东军，出现关东军代替溥仪行使大元帅权力的可笑局面。

---

[1]《我所知道的日满议定书附件的内容》，《文史资料选辑》合订本第 13 卷，第 39 辑，中国文史出版社，2000 年。

在日常生活中，溥仪也处处受制。1932年夏，在日本士官学校留学的"御弟"溥杰暑期回到伪"首都"长春。溥仪为了给弟弟装饰场面，动用了"翊卫军"从火车站到伪执政府沿途布岗，并组织"新贵"和"遗老"们到车站欢迎。不久，直接操纵溥仪的关东军代理人上角利一就对溥仪说："刚才关东军对阁下提出抗议，说派武装士兵到车站，是违反武装人员不得入附属地的协定，请阁下今后严加注意，不要再这样做……"溥仪马上变色，连忙表示歉意。溥杰回忆：凡是日本军官到来，溥仪总是随到随见。有一次，日本的一个校级军官带着他的朋友来参观"执政"的大客厅并抚摸"执政专用雕椅"。来时既未知会溥仪，也不经过任何手续，便直接找溥仪的用人要钥匙开门。溥仪当时对日本"客人"是敢怒而不敢言。

"军政部为参划国务且统军的最高机关，直属于执政"，军政部总长在军事上有辅弼执政的责任，有执行军令、命令之权

根据伪满政权的官制，在满洲国成立的同时，在国务院设立了军政部。"军政部为参划国务且统军的最高机关，直属于执政"，负责军队的编制、装备、作战、警备、调动及训练等，并指挥各地的伪满洲国军队。按照伪满洲国的组织法，只有国务总理才是国务大臣，才对溥仪有辅弼的责任，其他各部大臣都是部门的行政长官，没有辅弼的职责，但军政部总长在军事上例外。《陆海军条例》规定，军政部总长在军事上有辅弼执政的责任，有执行军令、命令之权。平时，代替执政统帅军政、军令，得以帷幄上奏，并以幕僚长的身份掌管军事，各军管区司令官隶属其指挥之下。

军政部是日本为了加强对伪满洲国的统治，将日本陆军省、参谋本部、教育总监部、海军省、军令部等机制搬到中国，在日本军人的直接筹划下成立的。1932年6月1日，关东军派陆军少将多田骏担任伪满洲国军最高顾问，军政部正式开始行使职能。7月，多田骏带领军政部80余名成员从奉天迁至新京城内，在小五马路原专卖局旧址，开设了办公机构。军政部的成立，标志着伪满军队中央机构的建立。

军政部成立之初，设有参谋司和军需司2个部门共编制130人。参谋司负责军事行动的全部业务，包括总务课、军事课、军衡课和法务课；军需司负责军队的补给等各项业务，包括经理课、兵器课和舰政课。不久，军政部又成立了宣传部，负责"九·一八"之后投降伪军的宣传工作。军政部的首脑称"总长"，授上将衔，负责管辖伪满全部军队，维护伪满洲国的国防，维持伪满洲国的地方治安。总长下设次长，由伪满军的中将担任。军政部不仅是伪国务院

的重要组成部门，而且是代表"执政"统辖伪满洲国军队的最高首脑机关。

首任军政部长为马占山，次长为王静修①，参谋司长郭恩霖②，军需司长张益三。溥仪就任伪满洲国执政当日，马占山被任命为军政部总长兼黑龙江省省长。从溥仪就职典礼上，马占山清醒地认识到了伪满政权只是日军手中的一个傀儡。而且，他的投降行为受到了全国各界的一致谴责，从不久前的抗日英雄变成一名汉奸，他开始为当初的投敌行为深感后悔。于是，在1个月后的4月9日，马占山率部反正出走黑河，重新举起了抗日的义旗。马占山的出走，"军政部长"位置出现了空缺。由于事出突然，日本人一时找不出合适的人选，只好由文人出身的国务总理郑孝胥兼任。郑孝胥这位前清巨绅，在当上了满洲国的"国务总理"后，非常卖力，亲自操刀写出日本军部大加赞赏的"满洲国国歌"："天地内有了新满洲，新满洲便是新天地。顶天立地无苦无忧，造成我国家自由亲爱并无怨愁。人民三千万，人民三千万，纵加十倍也得自由……"

张景惠（左）与松井石根

1932年8月3日，由关东军提名、溥仪任命参议府议长张景惠兼任军政部

---

① 王静修（1879年-?）：字襄忱，河北承德人。1911年毕业于日本陆军士官学校步兵科。归国后，任东北陆军讲武堂黑龙江分校教育长。1930年任黑龙江国防筹备处参谋长。1931年"九·一八"事变后，代表马占山向洮南张海鹏及日本方面交涉。1932年任东北边防军驻黑龙江副司令，同年和马占山共同归顺满洲国，任军政部次长。1934年任第五管区司令官。1936年8月24日被授予陆军上将。1937年至1938年任第一军管区司令官。1941年至1945年任参议府参议。1945年满洲国灭亡后，王静修去向不详。

② 郭恩霖（1893年-?）：字泽华，辽宁省辽阳县人。毕业于保定陆军军官学校、日本陆军士官学校、日本陆军大学。东北"易帜"后，曾任吉林陆军训练处少将参谋长。1931年"九·一八"事变后，他帮助熙洽组织吉林伪政府。1932年伪满洲国成立后，出任军政部参谋司司长。1934年11月至1935年5月，任军政部次长。1935年5月，任第四军管区司令官，升中将。1937年6月，任治安部附。1940年6月，任军事咨议官，后升上将。

总长。日本人之所以看中张景惠，不仅因为张景惠在东北军界有一定的声望，更主要的是他对日本人唯命是从，最能受日军的驱使和摆布，具有东北军界"元老"和死心塌地当"汉奸"的双重条件，是最为理想的人选。

军政部总长的职位让绿林出身的张景惠非常高兴。他上任后，便在日本主子的授意和控制下，开始全面整建伪满洲国军队。

不管人事如何安排，实际掌权的还是日本人。早在 1931 年 9 月 22 日，日本关东军在实现"以武力解决满洲问题"的同时，便确定了拼凑傀儡政权的具体方案，规定新政权"国防和外交由日本帝国掌管"。1932 年 3 月 12 日，日本内阁公布的《中国问题处理方针纲要》中也规定："满蒙的对外防卫，主要由帝国负责，将该地区作为帝国对俄对华的国防第一线。"伪满建军的性质、原则和任务在这时有了一个清楚的说明。

1932 年 9 月底，关东军拟制了《满蒙问题解决方案》，其主要内容是："建立由我国支持、领土包括东北四省及蒙古，以宣统皇帝为元首的中国政权，成为满蒙各民族的乐土。""根据新政权的委托，国防和外交由日本帝国掌管。交通、通讯的主要部分也加以管理。""关于元首及我帝国在国防和外交等方面所需要的经费，由新政权负担。"

根据"共同防卫"的规定，军政部总长必须接受关东军司令官的指导，而关东军派到各个部门的顾问，即是关东军司令官的化身，无时无事不以指导者的身份控制着伪满军。这样，在伪满军中实际存在着两套系统，伪满军凡事都受顾问指挥。军政部总长由最高顾问指导，次长由高级顾问指导，各科长由主管顾问指导，警备军司令官由主任顾问指导，再加上不断地向伪满军中输送日本军官，从而形成一个自上而下的控制体系，使伪满军不能单独行动，只能作为关东军的附庸。

1933 年 5 月 25 日，张景惠因征讨围剿抗日武装"军功卓著"，溥仪在执政府勤民楼西便殿授予其"上将"军衔。1934 年 5 月 9 日，又被溥仪授予一枚"景云章"勋章。

军事顾问部不属于伪满军系统，是日本关东军的派出机构，是伪满军活动和运转的中枢，代表关东军直接指挥和控制伪满洲国军的一切活动

1931 年 10 月 21 日，日本侵略者起草了《满蒙共和国统治大纲草案》。其中规定："根据帝国的条约国防军委托帝国，仅为维持治安而在各要地驻扎若干队，设帝国军事顾问。"可见，日本侵略者从一开始就想通过设置军事顾问的办法，掌握伪满国军。伪满政权成立之初，在筹备军政部的过程中，关东军就派出了一些军事顾问。1932年4月13日，伪满军正式成立刚刚1个月，关东军派遣了以司令部部附多田骏大佐为最高顾问，由陆军军官21人和海军军官2人组成的“军事顾问团”。最初的顾问团阵容是：

伪军政部最高顾问多田骏大佐（不久升为少将），主任顾问佐久间亮三少佐、住谷悌大尉，顾问小林光俊大尉。

伪奉天警备军主任顾问菅野谦吾少佐和军事教官2名（大尉）。

伪吉林警备军主任顾问大迫通贞中佐和军事教官7名（大、中尉）。

伪黑龙江警备军主任顾问林义秀少佐和军事教官2名（大尉）。

伪洮辽警备军军事教官1名（大尉）。

伪兴安南警备军主任顾问斋藤恭平少佐和军事教官1名（大尉）。

伪海军顾问伊藤整一海军大佐。

伪江防舰队顾问1名（海军少佐）。

至1934年2月伪满洲国实行帝制时，关东军已向伪满军派出军事顾问近40人，遍布伪军的各个部门。

伪军的日本顾问，与过去中国军阀聘请的日本顾问不同。军阀聘请的顾问，一般是起咨询作用，出出主意、提提建议，是否采纳最后由军阀决定。而伪满军的顾问，则是由关东军派来进行“直接领导”，握有军政、人事、指挥、财务等大权。在日本统治中国东北期间，日军控制伪满军的主要方法就是通过“军事顾问部”来实现的。“军事顾问部”不属于伪满军系统，是关东军的派出机构，是伪满军活动和运转的中枢，它代表关东军直接指挥和控制伪满洲国军的一切活动。担任各级顾问的关东军现役军官，不仅监视控制伪满军，而且直接指挥伪满军的一切军事行动，是伪满军各级军事活动的策划者和决策者。

1932年9月15日，关东军司令官武藤信义和伪满国务总理郑孝胥，按照本庄繁和溥仪在汤岗子签订的《日满密约》条款，在伪执政府勤民楼正式签订了《日满议定书》和《日满守势军事协定》，其中规定“两国的军事行动要在日本的军事指挥官指挥下进行”。从条约规定上确定了军事顾问对伪满军的领导权。之后，日本陆军本部根据伪满军政部顾问团制定的《满洲国军整顿纲要》，又重新于1933年9月上奏天皇批准发布了《满洲国陆军指导纲要》。其方针为：“满洲国陆军，在驻满帝国陆军指挥官的平时实际控制之下，积极指导，使之担任维持该国治安，成为帝国国防之辅助成分。”具体规定：总兵力“以6万为标准”，兵种为步兵和骑兵，其“编制装备以足够其执行任务使用为限度”，不得拥有坦克、重炮和飞机。这份《纲要》是关东军控制伪军的纲领性文件，它既想利用伪军充当其走卒，又不敢太放手，怕其反水。所以对总兵力、兵种和编制装备等各方面作了种种限制。

作为伪满洲国顾问团首脑的最高顾问，具体操纵伪军政部的一切军令政务、补充编练、调动指挥等实权。多田骏作为首任最高顾问上任后，为了稳定当时的局势，炮制了"陆海军条例"和"划定警备担任区"等文件，并以军政部的名义公布。根据文件规定，将原东北各省的督军署改为警备司令部。整编了各地投靠的约 14 万伪军，统称为"国军"，分由奉天省、吉林省、黑龙江省、热河省 4 个警备司令部管辖。另外，设江防司令部，负责松花江和黑龙江沿岸的防务。

关东军对派出的最高军事顾问和军事顾问要求比较高，除必须是激进的侵华分子外，还须具有日本陆军大学学历，且为现役关东军军官。

执政、军政部总长、警备区司令官名义上是伪满军和各个部门的统帅，但真正的太上皇是日本军事顾问，伪满军的实权主要由他们掌握。各种命令的下达、电报往来、文件起草和发放都必须由日本顾问签署意见，否则不能生效。1934 年 3 月 1 日，溥仪就任伪满洲国"皇帝"时，特意派人去北京，从荣惠太妃那里取来一件保存了 20 多年、光绪皇帝曾经穿过的龙袍。可关东军却不许穿，只能穿满洲国陆、海、空军"大元帅正装"。其理由是，日本人只承认满洲国皇帝，而不承认大清皇帝。在关东军"太上皇"面前，溥仪只能作罢。他在《我的前半生》中回忆道："我出巡，接见宾客、行礼、训示臣下、举杯祝酒，以至点头微笑，都要在吉冈（帝室御用挂与关东军参谋）的指挥下行事。我能见什么人，不能见什么人，见了说什么话，以及我出席什么会，会上讲什么，等等，一概听他的吩咐，我要说的话，大都是他事先用日本式的中国话写在纸条上的。"在日本顾问团的严格控制下，在甘心附逆的汉奸协助下，使伪满军一步步变成了日本关东军手中的附庸军队。

于芷山说："日本如此强大，我们能打过吗？打了又能有什么结果呢？"在其唆使下，部属纷纷投敌。降军及土匪地痞被日军整编为奉天警备军

伪奉天省警备军是关东军以原东北军东边道①镇守使于芷山的省防军为基础改编而成的军队。

1931 年 9 月 18 日，关东军炸毁了日军控制的南满铁路（自长春至大连）柳条湖（沈阳站到文官屯之间，沈阳北郊 8 公里左右）附近的一段，反诬是中

---

①　东边道：1919 年 7 月中华民国在奉天省设立的一个行政单位。包括安东、兴京、通化、凤城、宽甸、桓仁、临江、辑（集）安、长白、安图、抚松、本溪、海龙、辉南、柳河、金县、复县、岫岩、庄河 20 县。日伪统治时期的东边道，主要指东边道北部沿长白山脉的 14 个县，不包括靠近辽东半岛的庄河、金县、复县等县。

国军队所为，借机挑起了"九·一八"事变。此时，驻辽宁东北军精华大部分已在1930年中原大战期间入关帮助蒋介石部队作战以及讨伐石友三。事变时在辽宁省的军队只有约9个旅兵力，其中包括6个国防军旅、2个镇守使署（省防军）和屯垦军约1个旅兵力，约5.4万人左右。

6个陆军国防军旅为：

陆军独立步兵第七旅：旅长王以哲，驻沈阳

陆军独立步兵第九旅：旅长何柱国，驻山海关

陆军独立步兵第十二旅：旅长张廷枢，驻锦州

陆军独立步兵第十九旅：旅长孙德荃，驻兴城

陆军独立步兵第二十旅：旅长常经武，驻郑家屯

陆军独立骑兵第三旅：旅长张树森，驻通辽

2个镇守使署为：

东边道镇守使署：镇守使于芷山，驻山城镇。下辖步兵3个团（分驻山城镇、通化、安东一带）、骑兵1个团（驻西丰、东丰一带）

洮辽镇守使署：镇守使张海鹏，驻洮南。下辖骑兵4个团（分驻洮南、洮安、突泉、赡榆一带）

1个屯垦军旅为：

兴安屯垦军苑崇谷旅

此外，在沈阳东山咀子驻有东北陆军讲武堂和教导队等共有学生约2000名，部队约1000名。在沈阳还设有兵工厂，辎重教导队牛元峰部（驻沟帮子），东北空军、海军及宪兵司令部（均驻沈阳）。军事由东北边防司令长官公署参谋长荣臻代理，省政由辽宁省主席臧式毅负责。

事变发生时，驻守沈阳北大营的第七旅王以哲部首先遭到了日军的攻击，此时，王以哲及其部队的3名团长都不在营地住宿，旅部只留有参谋长赵镇藩值班。荣臻急忙向远在北平的张学良请示方策。张学良遵照蒋介石旨意，指示东北守军：采取不抵抗政策，竭力退让，避免冲突，千万不要"逞一时之愤，置国家民族于不顾，希转饬遵照执行"等。于是，第七旅部分官兵虽然自发地进行了一些抵抗，但在损失千余人之后，还是被迫撤出北大营，于19日晨到达于芷山的防区山城镇。于芷山听完日军攻击北大营的经过和第七旅转移到山城镇的原因后，只答应帮助解决给养和冬服问题，但前提是第七旅必须离开山城镇，免得自己遭到日机轰炸。此后，第七旅步步后撤，直至退入关内。

沈阳失陷之后，辽宁省主席臧式毅投降了日寇，当了汉奸。张学良急忙通电将东北军政指挥中心迁往辽西重镇锦州，在锦州设立"东北边防军长官公署行署"和"辽宁省政府行署"。除驻锦州的第十二旅、驻兴城的第十九旅外，又将驻洮南的第二十旅调往辽西，企图在辽西阻止日军的进攻。但此时受不抵

抗政策的影响，东北军早已丧失了士气，缺乏对日军进行作战的信心。因此，当日军于1932年1月1日集中3个师团4万余人包围锦州时，各路东北军争先恐后向后撤退，使日军轻而易举地于1月3日占领锦州。紧接着，日军又于10日占领山海关，将此地的第九旅何柱国部压迫至关内。至此，辽宁省境内的东北军正规部队全部退入关内。留在辽宁境内的武装只剩下东边道镇守使署、洮辽镇守使署的省防军及兴安屯垦军苑崇谷部。

东边道镇守使署镇守使于芷山，原名于世文，字澜波，号芷山，1882年出生于盛京将军管辖区台安（辽宁省台安县）黄沙坨子村，成长于匪患猖獗的年代。17岁时，投靠辽中土匪头子杜立三，开始了打家劫舍的生涯。1903年，已被清朝招安的张作霖消灭了杜立三匪帮后，收编了其残余，于芷山便成为张作霖手下的马弁。从此，善于投机的于芷山平步青云，在近20年的军阀混战中，随张作霖在关内外南征北战，先后任哨长、连长、营长、团长、旅长、师长兼张作霖侍从武官长。1927年出任奉军第三十军军长，获授陆军中将。

1931年东北军整编时，于芷山被任命为东边道镇守使，所部第三十军被改编成省防军。使署驻沈海路与吉海路交叉点上的山城镇，统辖辽宁省东边道的20个县。

"九·一八"事变时，于芷山所部下辖步兵2个团、骑兵1个团、炮兵1个团及1个卫队营。步兵团长为廖弼臣、田德胜，骑兵团长姜全我[1]，炮兵团长为曹秉森，卫队营长赫慕侠，总兵力约7000人。分别驻扎在通化、凤城、西丰、西安（辽源）、新宾、桓仁等地。由于驻地偏僻而且分散，大部分部队得以保留，仅驻凤城的姜全我团1个营遭到日本铁道守备队的攻击，姜全我被俘，450名官兵随其投敌。

于芷山眼见东北军主力陆续退入关内，也急忙电请张学良要求撤退，但被拒绝。张学良命令他"不准抵抗，不准走，预备将来恢复"。于是，于芷山陷入了进退两难的境地。

此时，辽宁全省的局面非常混乱，由日寇扶植的地方伪政权和流亡到锦州的辽宁省政府均在发号施令。日军由于兵力不足，而且忙于进攻锦州，一时无暇顾及辽东地区，遂决定诱降于芷山，并派遣大矢进计、河本大作等特务到其所部进行游说。同时，已经投降日寇的臧式毅、张景惠等人也不断地和他联系，

---

① 姜全我（1874—1944）：字晓峰。出生于金州（今大连市金州区）三十里堡。民国初年始，历任依兰镇守使署参谋长、奉天陆军第四旅参谋长、奉天保甲总办公所参议、安东警察厅厅长、奉天省防军团长。"九·一八"事变后，任安东商埠公安局局长。1938年，任伪满奉天警察厅厅长。1939年，任新京特别市警察总监，后任通化省省长。1943年任热河省省长。1944年，在县长会议上做长篇讲话时突发脑出血死亡。

看到这些人都受到了日军的封官晋爵，于芷山也渐渐地动了心。

1931 年 9 月下旬，日军进兵沈海线，大兵压境之下，于芷山假惺惺地召开团、营长会议，商讨对策。会上他悲观地说：“目前日军已经占领了奉天，各地维持会已经成立，中央命令我们不准抵抗，日军又陈兵压迫，我们怎么办？”席间有人主张打，他说：“日本如此强大，我们能打过吗？打了又能有什么结果呢？”在于芷山的唆使下，与会的团、营长们除极少数人员外，大都表示愿意随于芷山投敌。

10 月 16 日，于芷山打着“保境安民”的旗号，将东边道镇守使署改称为“东边道自治保安司令部”，自任司令，宣布独立，迈出了公开投敌的第一步。这时驻安东骑兵团团附唐聚五把军队一部带到通化，联合义勇军起来抗日。下旬，于芷山带领步兵 2 个团、炮兵 1 个团、卫队 1 个营正式投向了日军的怀抱，成为“九·一八”之后投敌人数最多的一支东北军。

根据关东军的命令，于芷山部仍然负责东边道地区的警备。不久，其下辖的步兵扩充为 2 个步兵旅，原团长廖弼臣、田德胜升任旅长。骑兵团剩余部分扩充为 3 个团，卫队营也扩充为卫队团，兵力猛增至 15000 人。

1932 年 3 月，伪满洲国成立，将张学良宣布的沈阳又改称奉天，辽宁省改称奉天省。日本关东军为了利用投降的东北军，当月便开始筹建奉天警备司令部。4 月，在于芷山降军的基础上，正式成立了奉天警备司令部，辖廖弼臣、田德胜 2 个步兵旅，傅布彦、王翰臣、邵本良 3 个骑兵团和赫慕侠的卫队团，其警备区域为除洮辽警备军警备区域以外的伪奉天省。

7 月，于芷山吞并了在营口一带活动的王殿忠、李寿山部匪军，并在奉天网罗了一批地痞流氓，兵力大增。王殿忠、李寿山、张宗援是军阀张宗昌的余孽，“九·一八”事变后得到关东军的援助，在营口、大石桥、安东等地收罗土匪组成两支匪军。一支由王殿忠任司令，另一支由李寿山任司令、张宗援任副司令。

7 月 16 日，伪奉天警备司令部划分为沈海、中央、鸭绿江、安奉、辽河、奉天 6 个警备区。部队统一整编为 9 个旅，每旅 2 个团 2000 余人，另有 1 个教导队和 1 个独立步兵团，总兵力共 20000 余人。其编制序列为：

司　令：于芷山，司令部设于奉天

参谋长：曹秉森

司令部部附：堀内一雄（化名满良），顾问：菅野谦吾

混成第一旅：旅长廖弼臣，防区为鸭绿江地区，旅部驻凤城

混成第二旅：旅长赫慕侠，防区为安奉地区，旅部驻通化

混成第三旅：旅长王殿忠，防区为辽东地区，旅部驻营口

混成第四旅：旅长傅布彦，防区为辽西地区，旅部驻黑山

混成第五旅：旅长于芷山兼，防区为中央地区，旅部驻奉天

混成第六旅：旅长董国华，防区为沈海地区，旅部驻山城镇

混成第七旅：旅长李寿山，防区为长抚地区，旅部驻临江

骑兵第一旅：旅长彭金山，防区为辽源地区，旅部驻辽源

骑兵第二旅：旅长王之安，防区为洮南地区，旅部驻洮南

第一教导队，队长吕衡①，驻奉天

独立步兵团，以营为单位分驻凤城（第一营）、营口（第二营）、山城镇（第三营）

于芷山

此时，随着日军侵略的一步步深入，痛失国土、倍受欺凌的东北人民掀起了大规模的武装抗日斗争。至伪满洲国成立止，奉天省境内的抗日义勇军总人数已达 30 余万人，其中大部分活动于辽南、辽东地区，他们以驱逐日寇、惩处汉奸、收复国土为共同目的，互相策应，频繁出击，给日伪以沉重打击，严重威胁到伪满洲国的统治。因此，奉天警备军成立后，关东军立即将其用于镇压辽东、辽南地区的抗日义勇军，维护东边道地区的"治安"。

在辽南，张学良旧部李纯华指挥的抗日义勇军，将绿林出身的张海天、项青山部和辽阳的吴宝丰、王全一部团结在一起，总兵力达 20000 人以上，活动在以海城为中心，北起辽阳、西至盘山、南达营口的数百里范围内。在辽东，主要有两支抗日队伍：一支是活动在辽东三角地带庄河、安（丹）东、凤城等地的邓铁梅、李子荣、刘景文部，另一支是在东边道地区的唐聚五"辽宁民众自卫军"。总人数达 10 万人，遍布东边道 14 个县，直接威胁着抚顺、奉天等中心城市。

从 1932 年 9 月起，关东军司令官武滕信义开始调兵遣将，10 月 1 日，向奉天警备军司令部和关东军各师团长发布了"南满讨伐"命令。此次讨伐，共调集了奉天警备军的大部分伪军和关东军的 3 个旅团。奉天警备军主要是廖弼臣混成第一旅和董国华混成第六旅。此外，将伪满军政部直辖的靖安军也投入战

---

① 吕衡（1899—1946）：字钟璞，原名吕春育，1899 年生于今辽宁省台安县西佛镇才文村一个书香门第之家。奉天讲武堂第五期毕业。先在于芷山部任副官，后任参谋处长。直奉战争中由于在晋北浑源县阵前收妻，被于芷山赶走，到热河汤玉麟部下任参谋长。东北军改编后，于芷山任东边道镇守使，又把吕衡请回，任镇守使副官长。"九·一八"事变后，吕衡随于芷山降日，任于芷山的副官长、参谋长、第一旅旅长。吕衡随于芷山镇压了东边道的血盟抗日救国军，邓铁梅、王凤阁的抗日队伍，手上沾满了抗日军民的鲜血。于芷山调任伪军政部部长后，吕衡任第五军管区司令，后任第七军管区司令。

场。没有参加讨伐的奉天警备军驻防原地，负责警戒当地治安。日军3个旅团为第十四师团骑兵第一旅团、骑兵第四旅团、混成第十四旅团。此外，关东军第二、第十师团也派出部分兵力参加了战斗。

由于对伪军的战斗力心中没底，此次讨伐关东军没有让他们单独行动，而是分散配属到关东军中。将廖弼臣部配属骑兵第一旅团，董国华部配属混成第十四旅团。

10月11日，讨伐行动首先从东边道地区唐聚五部开始。唐聚五原来是于芷山部的一名营长，随于芷山投敌后一度担任团长，伪满洲国成立后不久激于民族义愤起义。日军认为首先消灭唐聚五部，可以阻止伪军中的其他人效仿，起到"杀一儆百"的作用。此外，肃清东边道抗日武装，可切断"南满"与"北满"之间的联系，便于日后各个击破。

此次行动，混成第十四旅团协助骑兵第一、四旅团行动。部署在额门、营盘、山城一带，主要作战任务是将这一带的抗日武装压迫到通化、桓仁之间。之后，与其他两个旅团相互配合，最后将抗日武装全部消灭。为了达到这一目的，混成第十四旅团长高波佑治少将采取了"分散配置"的战术，将部队编成骑兵队、第一警备队、第二警备队、第三警备队、第一游击队、第二游击队和由伪满军董国华部队编成的董国华支队。这些部队相互配合，采取拉网式的办法，搜索抗日武装。10月11日，将驻守新宾地区李春润率领的抗日自卫军第一方面军防线击破，迫使其向桓仁一带撤退。不久，李春润部在途中又多次受到日伪军的打击，最后解体。13日，日伪军占领新宾县。以后，日军主力继续向通化攻击，董国华支队则部署于新宾及四道沟地区，担任警戒任务。

廖弼臣部配属日军骑兵第一旅团后，随其由集结地海龙、朝阳镇出发。这部分日伪军兵分三路围剿辉南和柳河一线的抗日自卫军第二方面军孙岫岩部和第三方面军王凤阁部。廖弼臣部随其日本主子首先于11日向王凤阁部发起进攻，将王部压迫至孤山子、大荒沟一带。之后，廖弼臣部分出其独立步兵第一营的一部分，与日军步兵第十联队的第一中队和1个机枪分队，组成"孤山子地区剿匪队"，在其他日军的配合下，于14日攻陷孤山子和大荒沟，自卫军被迫转移。同时，廖弼臣其余部队与日军进入辉南境内，围剿孙岫岩部。最终孙岫岩部防线被突破，被迫退守通化。

不久，通化告急，唐聚五急令各部队向抚松一带退却。15日，日伪军攻占桓仁县城，并乘胜向仓促退入山高林密抚松地区的唐聚五部发起猛烈进攻，使其各路自卫军损失惨重。在此关键时刻，又发生了自卫军内部王永成部投敌。于是，唐聚五部失败已不可挽回。最后，唐聚五向各部下令自由行动，尽量将部队带向热河继续抗日，愿在当地坚持抗日者可坚持抗日，不能坚持者可自动遣散。这路起义军最终失败，唐聚五本人不久秘密退入关内。

10 月 31 日，日本关东军认为东边道的抗日武装已经被清除，令奉天警备军廖弼臣和董国华部，分别驻守桓仁、通化和新宾县等地，协助日军第二师团维持该地区的治安。

日伪军在联合镇压了东边道"辽宁民众自卫军"后，紧接着又对东边道北邻的吉林、长春、奉天、海龙地区抗日义勇军进行讨伐。讨伐的对象主要是活跃在此的义勇军三江好、殿臣、宋国荣、红军等部。此次讨伐，奉天警备军参加的部队有混成第六旅、骑兵第二旅和卫队团，统归日军混成第十四旅团指挥。此外，吉林警备军和靖安游击队也派出部分兵力参加。很快，就将装备落后的义勇军打散，日伪军占领了桦甸。

结束了东边道及吉（林）京（长春）奉（天）龙（海龙）地区的讨伐后，武藤信义于 12 月 1 日将第二师团主力开往辽东的三角地区，准备讨伐邓铁梅、李子荣、刘景文部的抗日义勇军。此次讨伐，奉天警备军派出了李寿山混成第七旅的 3 个营配属第二师团行动。此外，王殿忠混成第三旅部 2 个营也配属到日军独立守备队，部署在大石桥一带，负责对南满铁路的警戒。日军及奉天警备军共计 15000 名左右。12 月 13 日，李寿山部随第二师团及伪满靖安军一部，从庄河出发，向大孤山、龙王庙一带进犯，攻击哨子河以东、安奉路以西及大洋河沿岸的抗日义勇军邓铁梅和李子荣部。战斗从 15 日进行到 20 日时，第二师团奉命调回日本，讨伐的指挥权由独立守备队接替。至月底，日伪军在付出很大伤亡后，使该地区的抗日武装受到重大损失，剩余部队大部分撤出了三角地区。

1933 年 1 月 12 日，武藤信义再次发布作战命令，命奉天警备军司令官于芷山率伪军在辽河一带对抗日义勇军进行讨伐。此时，奉天省境内的反满抗日活动逐渐走向低潮，而且日军主要精力用于准备进攻热河，所以此次行动以奉天警备军为主，而日军独立守备队和第八师团等部配合于芷山伪军行动。

于芷山受到日军重用，情绪高涨，他将讨伐的重点放在辽河下游地区，决心一举肃清这一带的抗日武装。他将奉天警备军讨伐部队兵分三路，以傅布彦部为右翼，王殿忠部为左翼，自己指挥 1 万余伪军居中，从 1 月下旬开始，在关东军飞机掩护下，向辽河下游的海城、辽阳、盘山、台安等县抗日部队发起了大规模进攻。此时，恰逢天寒地冻季节，义勇军补给非常困难，而且这些地区又无险可守，因此损失惨重。至 2 月上旬，抗日部队大部被打散，余部被迫退入热河境内。1933 年 2 月，于芷山在完成对辽河地带的讨伐后，率部返回原驻地。

从 1932 年 9 月到 1933 年 2 月，近半年的时间里，在镇压奉天境内反满抗日运动的过程中，奉天警备军几乎动用了全部兵力，由幕后一步步走向前台，随同日本关东军先后将东边道、三角地区及辽南地区声势浩大的反满抗日运动镇压了下去，在一定程度上稳定了刚刚建立的伪满傀儡统治。

1933 年，是中华民族多灾多难的一年。3 月份日军占领热河，5 月又强迫国民党政府签订了丧权辱国的《塘沽协定》。消息传到奉天省后，深感国耻的民众又纷纷奋起反抗。特别是东边道地区，原辽宁民众自卫军王凤阁余部纷纷活跃起来。同时，三角地区的邓铁梅、刘景文、李子荣余部也开始四处活动，不断袭击日伪军。在这种形势下，奉天警备司令部于 7 月开始调兵遣将，对东边道和三角地区进行新一轮的讨伐。

这次行动，奉天警备军共调集了安奉地区警备司令兼混成第二旅旅长赫慕侠的 1 个步兵团、辽东警备司令兼第三混成旅旅长王殿忠部的 2 个营，此外还有凤城、岫岩、庄河等县的伪满警察大队。关东军调集了驻防安奉铁路独立守备第四大队和驻防大石桥第三大队全部兵力，协助奉天警备军行动。

讨伐行动一开始，义勇军以青纱帐作掩护，对伪满军特别是赫慕侠部进行了沉重打击，使其遭到很大损失。后来，伪满军不断增兵，逐渐扭转局面。8 月中旬，原辽宁民众自卫军副总司令李春润身负重伤，后在李子荣的救援下撤出险区，不久伤势过重而牺牲。9 月下旬，青纱帐没有了，伪满军及支援的日军趁机向北线作战的邓铁梅、刘景文两部义勇军反扑，义勇军损失惨重。至 11 月初讨伐结束，刘景文部仅剩 300 余人，他本人不得已潜入关内。邓铁梅部仅剩下 1000 余人，限制于凤城、岫岩两县交界的山区与敌周旋。

1934 年 6 月 4 日晚，在火车站准备押往沈阳的邓铁梅

为了消灭抗日义勇军余部，1934 年 1 月下旬，日伪军集中了奉天警备军王殿忠部 5 个连、赫慕侠部 10 个步兵连、2 个骑兵连及关东军独立守备队的少量部队对三角地区进行了最后一次、也是最为残酷的一次讨伐。王殿忠将司令部设在岫岩城，重点讨伐刘景文余部的任福祥、曹国仁部义勇军。赫慕侠将司令

部设在凤城县城，重点攻击邓铁梅部义勇军。日伪军每到一处，都进行血腥的烧、杀、抢、掠，实施"集家并屯"。经过 4 个月连续讨伐，终于将三角地区的抗日烽火扑灭。邓铁梅抗日武装失败后，日伪军通过收买叛徒，将其抓捕。三角地区的抗日运动再次陷入低潮。

吉林伪政权成立后，由于吉兴率延吉镇守使署全部人马投敌、卖国有功，深受日军的赏识，得到 20 万元的"建国"功劳金，并以其降军为基础改编为吉林警备军

1931 年"九·一八"事变时，吉林省的行政区域北至今天黑龙江的三江平原，与苏联接壤，南抵四（平）梅（河口）和梅集（安）铁路，今天的哈尔滨等地都属于吉林省，全省面积 40 多万平方公里，管辖 50 余县，省城为吉林市。

此时，除入关的部队外，在吉林省的东北边防军共有国防军、省防军 60000 人左右，统归省政府主席兼东北边防军副司令张作相①节制。

国防军 30000 余人，不负责地方治安，专门从事训练。有步兵 3 个旅和骑兵 1 个旅，炮兵 1 个团及部分工兵、辎重兵等。即：

陆军独立步兵第二十二旅：旅长苏德臣，驻双城、三岔河等地

陆军独立步兵第二十五旅：旅长张作舟，驻长春南岭、吉林等地

陆军独立步兵第二十六旅：旅长邢占清，驻哈尔滨、牡丹江等地

独立骑兵第七旅：旅长常尧臣，驻农安、扶余、乾安一带

炮兵第十九团（原炮十团）：团长穆纯昌，驻长春南岭（野炮 2 个营、山炮 1 个营）

工兵第十一营：营长佟荣甫

---

① 张作相（1881—1949）：字辅忱，祖籍直隶深县（今深州市）太古庄花盆村（现河北省深州市前磨头镇），生于奉天锦州府（今锦州凌海市班吉塔乡杂木林子村），爱国民主人士，中国共产党的亲密朋友，张作霖的结拜兄弟，张学良的辅帅。在奉军中先后任团长、旅长、师长、东三省巡阅使署总参谋长兼卫队旅旅长、奉天警备总司令、代任吉林军务督办兼吉林省长、驻吉东北边防军副司令长官兼吉林省主席及东北政务委员会委员等职，陆军上将。张作相在吉林任职期间，创办吉林大学，修吉敦铁路，使用自来水，铺筑柏油马路，拒绝与日本人合作修筑吉海铁路。1945 年抗战胜利后，张作相隐居天津。国民党南京政府委任他为东北行营政治委员会委员、东北剿共副总司令之职。张作相只借此名义每年到东北办理敌伪没收之房地产，未实际参与国民党政权的军政活动。1948 年 10 月解放锦州时，张作相被解放军从锦州送返天津。平津战役前夕，南京政府又委任他为国民政府国策顾问，并令其去南京，张作相置之不理。1949 年 3 月，张作相病逝于天津。

辎重第一营：营长宋岳玲

省防军 20000 余人，分布在全省 5 个区域内。每一区域设一镇守使署，辖兵力 1 个旅。5 个镇守使署为吉长、延吉、滨江、绥宁、依兰镇守使署，分别驻有陆军独立第二十三、二十七、二十八、二十一、二十四旅。省防军为地方部队，主要负责维持地方治安，并承担部分中东铁路（自满洲里至海参崴（今符拉迪沃斯托克））的护路任务。

陆军独立第二十三旅：旅长李桂林兼吉长镇守使，使署地长春，军队部署在长春、伊通、双阳、磐石、舒兰、桦甸、濛江一带

陆军独立第二十七旅：旅长吉兴兼延吉镇守使，使署地延吉，军队部署在延吉、珲春、和龙、汪清、敦化、额穆一带

陆军独立第二十八旅：旅长丁超兼滨江镇守使，使署地哈尔滨，军队部署在哈尔滨、五常、阿城、珠河、苇河一带

陆军独立第二十一旅：旅长赵芷香兼绥宁镇守使，使署地宁安，军队部署在宁安、穆棱、东宁、密山、虎林一带

陆军独立第二十四旅：旅长李杜兼依兰镇守使，使署地依兰，军队部署在依兰、勃利、佳木斯、富锦、饶河一带

此外，还有驻吉林副司令长官公署卫队团（团长冯占海）4000 余人，由正规部队改编的吉林山林警备队赵维祥部 3 个营 4500 余人，驻延寿、苇河一带。以及 5000 余人的地方武装，即保卫团，统由省城保卫团训练处节制，直接受省清乡督办兼保卫管理处长王之佑①指挥。

“九·一八”事变爆发时，统治吉林省多年的军政长官张作相正在锦州为父治丧，爱新觉罗·熙洽以副司令长官公署参谋长的名义主政，代行省政府主

① 王之佑（1892-1995）：字立三，奉天兴城人。1916 年毕业于直隶陆军军官学校，先后在直隶陆军担任排长、连长、参谋官、教练官、师参谋长、团长。1924 年 2 月授陆军少将，任北京将军府参军，11 月任镇威上将军公署军事顾问（沈阳），翌年 11 月任公署军务处长。1926 年后，历任步兵旅长、军团参谋长、吉林警务处长兼保卫团管理处总办、吉林省政府（在宾县的临时政府）委员兼吉林警务处长、吉林自卫联合军前敌总指挥等职。1932 年 5 月降敌，7 至 8 月代理驻哈尔滨吉林军事特务部长，10 月任伪满军政部参谋司宣传部长。1935 年 6 月，任军政部军事调查部长。1936 年 7 月，任军政部参谋司司长兼通信本处处长。1937 年 7 月，任治安部参谋司司长。1939 年 5 月任第八管区司令官。1940 年 8 月任第三军管区司令官。1942 年 8 月任陆军训练学校校长，9 月任第一军管区司令官，同年被授予上将。1945 年 8 月 19 日被苏军俘虏。1950 年被引渡回国，关押在抚顺战犯管理处接受改造。1961 年被中央人民政府第三批特赦，之后被安排在北京工作。1995 年去世。

席和边防军副司令职责。

　　熙洽，字格民，1883 年出生于奉天，隶属满洲正蓝旗，清太祖努尔哈赤弟穆尔哈齐后裔。从小受忠君报国思想的教育，弃文学武，以"报效大清"为己任。1911 年毕业于日本陆军士官学校第八期骑兵科，当时多门二郎是其教官。辛亥革命时，熙洽曾经参与宗社党的复辟活动，致力于恢复清帝国的统治。民国初年任黑龙江监军公署参谋，黑龙江省军马牧养场场长。后到广东省长公署任咨议数年。1919 年初，张作霖在沈阳开办奉天讲武堂，经人推荐请回熙洽任教务长。对于辛亥革命推翻清王朝，成立中华民国，熙洽心中十分痛恨，发誓说："为恢复清朝的统治，就是肝脑涂地亦在所不惜。""九·一八"事变后，再次激起了他借助日本力量恢复清朝的野心。因此，事变之夜，当多门二郎指挥日军第二师团向长春的东北军发起进攻后，熙洽命令部队不得与日军交锋，于是长春的东北军纷纷后撤，关东军几乎没有遇到有力的抵抗就占领了长春。驻吉林省的原东北军第二十三旅李桂林部、炮兵第十九团穆纯昌部，事变时被关东军击溃后投敌。23 日，熙洽派一名少将参议将多门二郎率领的日军由长春迎入吉林，拱手将省城让给日军。骑兵第七旅常尧臣部，第二十五旅刘宝麟团、夏鸿谋团，随熙洽投敌。

爱新觉罗·熙洽　　　　　熙洽（前排中）投敌后出任伪满吉林省省长

　　日军进城后，熙洽根据其意图，取消了东北边防军驻吉副司令长官公署和吉林省政府，改为"吉林长官公署"，熙洽自己任长官，统辖吉林省的军民两政。9 月 26 日，伪政权正式发表"独立通电"，宣布与南京政府及东北政务委员会脱离关系，解散原军政两署。30 日，宣告成立伪吉林省长官公署，熙洽就任伪吉林省长官，原省政府改为一厅制，即民政厅。同时，将原公署各处取消，改为军令厅，任命前东北军第十五师参谋长郭恩霖为军令厅厅长，并发布命令组织吉林省警备司令部，改编境内的东北军部队。

吉林伪组织成立后，分别派人向各地驻军将领进行拉拢，威逼利诱，希望与之同流合污。声称只要服从熙洽的命令，个人地位和军队的粮饷都不成问题。于是，驻哈的第二十八旅团长白文清、二十六旅团长宋文俊等人相继投敌。第二十七旅旅长兼延吉镇守使吉兴，率梁沣、朱榕、王树棠3个团4800多人也于1931年10月投敌。

在熙洽派人四处进行拉拢的同时，利用省军械厂储存的两万多支步枪、五千万发子弹，以附逆的各部为基干，在日寇的扶持下，很快就编成了5个旅。为了统一军事、"扫荡"未投降的军队，熙洽于10月底，起用了原东北军师长于琛澄为"吉林剿匪军"总司令，并任命李文炳、刘宝麟、马锡麟、王树棠、李毓文等为旅长。

于琛澄，字险舟，1887年出生于黑龙江双城县（今双城市）山河屯，1906年入北洋陆军速成学堂骑兵科，毕业后任清军副官校补授、马队哨官。民国后任马队管带，帮统、统领官、营长、团长等职。1922年晋升陆军第一旅旅长，授少将军衔。1923年任吉林剿匪司令。因战功卓著，1925年被提升为吉林陆军第十六师中将师长。因参与郭松龄反奉失败，受到张作霖通缉，后经人斡旋，才免于一死，被罢官了事。此后，返回原籍创办实业，办电力，垦稻田，同俄国贵族资本家合资开办穆棱煤矿，自任总经理。

1931年11月12日，吉林流亡政府在宾县成立。远在北平的张学良电令诚允为吉林省政府主席，同时向吉林东北军发出命令，不得听从熙洽的指令。又命令冯占海的卫队团扩编为警备军，冯占海任警备司令兼第一旅旅长，并将绿林队伍宫长海、姚秉乾部编为两个骑兵旅，由宫、姚分任旅长，归冯占海统一指挥。之后李杜、张作舟、赵毅等爱国将领均表示服从临时政府领导。于是，抗日形势顿成燎原之势。

一时间，在吉林省出现两个政权，陷入混乱的局面。流亡政权由于执行不抵抗政策，再加上张学良对行动没有明确指示，不知道下一步该怎么办，无力指挥也不想指挥各路军队。在熙洽和关东军的利诱和大兵压境下，许多东北军将领率部投降，走上了叛国的道路。

此时，关东军正忙于进攻锦州，无暇顾及吉林的抗日力量，于是便将讨伐的任务交给了于琛澄的"吉林剿匪军"。

1931年12月中旬，于琛澄率马锡麟、刘宝麟两旅伪军，向榆树、舒兰的冯占海和张作舟部发动进攻。结果，马锡麟旅中了冯占海诱敌深入的计策，遭到重创。刘宝麟旅到达榆树城下时，守城团长杨秉藻是于琛澄的外甥，与刘宝麟里应外合，导致第二十五旅旅长张作舟和团长任玉山被俘，这部分抗日军队大部溃散。之后，于琛澄乘胜于30日率伪军李毓文、王树棠、马锡麟、刘宝麟等部，配合日军广濑寿助师团800余日军，再次向冯占海部发起猛烈攻击。两军在哈尔滨的门户拉林一带进行拉锯战后，义勇军撤走，于琛澄部伪军占领了拉林。

拉林失守后，冯占海、李杜联合丁超、邢占清部的抗日武装，进驻哈尔滨布防。"九·一八"事变前，哈尔滨为东省特别区，直属于东北政务委员会。

1932 年 1 月 27 日，日军以保护哈尔滨日桥为借口，指使于琛澄率伪军进攻哈尔滨。首战即指向哈长铁路线上的重镇双城堡，这是进入哈尔滨的必经之路，由东北军第二十二旅赵毅部防守。一开始，熙洽企图拉拢赵毅，但没有得逞。于是将伪军刘宝麟旅派到双城堡附近监视赵毅部，结果被赵毅击溃。31日，日军增派兵力，以绝对优势兵力向赵毅部反扑，赵毅部伤亡过重，不得不撤至哈尔滨，双城堡失守，哈尔滨南大门洞开。

日伪占领双城堡的当天，为了加强各部抗日军队的合作，李杜、丁超在哈尔滨主持召开军事会议，正式成立了吉林自卫军，公推李杜为总司令，冯占海为副总司令兼右路军总指挥，邢占清为中路总指挥，赵毅为左路总指挥，王之佑为前敌总指挥，丁超为护路军司令。又决定自卫军和护路军联合成立司令部，选李杜为联合军总司令。吉林自卫军的成立，标志着吉林省抗日义勇军的活动进入了一个崭新的阶段。

于琛澄

2 月 3 日，于琛澄部伪军的 5 个旅，即马锡麟、李文柄、刘宝麟、王树棠、李毓文旅和日军第二师团 5 个大队、2 个中队向哈尔滨发起了进攻。5 日，在第二师团长多门二郎亲自指挥下，日伪军终于攻克哈尔滨。此次作战，于琛澄伪军担任辅助攻击，在五常以南地区与自哈尔滨南下的冯占海部激战，伪军损失2000 余人。此后，吉林自卫军各部陆续撤至下江地区。

3 月 19 日，日伪军兵分三路向吉林自卫军驻地延寿和方正发起进攻。南路由伪军 2 个旅和日军第二师团小川联队组成，中路由杨秉藻等 2 旅伪军组成，北路由伪军李文柄、刘玉琨旅和日军一部组成。除北路日伪军遭冯占海部痛击无法前进外，其他两路都突破了自卫军的防线。在此关键时刻，本来抗日立场就不坚定的前敌总指挥王之佑投降了敌军，自卫军的处境更加艰难。日伪军乘机南北两路夹击自卫军，但遭到顽强抵抗，日伪军损失惨重，特别是李文柄、杨秉藻、刘玉琨部伪军 1000 余人被击毙，1000 余人被俘。战至 4 月上旬，自卫军由于战斗减员过大，补给不足，不得已撤出战斗，退至依兰一带继续进行斗争。

伪满洲国成立后，吉兴由于率延吉镇守使署全部人马投敌、卖国有功，深受关东军的赏识，得到 20 万元的建国功劳金，并以其率领的降军为基础改编为吉林警备军，吉兴任司令。

吉兴，字培之，满族，姓爱新觉罗，清朝皇族，光绪六年（1879）出生，盛京将军管辖区奉天府承德县人。日本陆军士官学校第八期炮兵科毕业后，曾在北洋新军任职。清政府倒台后，投奔张作霖，参加了直奉大战，逐渐成为奉系集团的骨干成员。先后任师参谋长、炮兵团长、吉林督军公署参谋长、旅长兼延吉镇守使等职，陆军中将。

此时，东北人民的反抗斗争一浪高过一浪。为了扑灭抗日烽火，日寇根据吉兴的建议，采取把抗日武装赶到山里去，然后使用断绝交通、封锁粮道的办法，迫使其不打自散。

1932 年秋，根据关东军的指示，伪军政部调动吉林伪军李毓九的混成旅、杨秉藻的步兵旅、李文柄的第二旅、刘玉书的第一旅、郭宝山的骑兵旅；江防舰队的利绥、利济、江通、江清舰艇，总计 11000 余人，由于琛澄统一指挥，配合日军广濑师团的弦前、饭冢两个联队，围剿丁超、李杜、马宪章、李振声统领的 2 万余“吉林民众反日自治军”。经过数日激烈战斗，民众自治军在方正、依兰一带失利，死伤 200 余人，被俘士兵 3 个营，丁超被迫投降，李杜逃亡苏联。

吉兴

于琛澄率伪军疯狂进攻抗日武装，为日军立下了"汗马功劳"。1933 年 4 月 8 日，伪吉林警备司令部撤销"吉林剿匪军"司令部，于琛澄所率的伪军一分为二，一部分由于琛澄以"北满护路军总司令"的头衔指挥，一部分归吉林警备军吉兴统领，继续讨伐撤往下江地区的抗日队伍。

据 1933 年伪满军政部统计，吉林警备军共 34287 人，占同期伪满洲国军队的三分之一多，是伪满初期人数最多的警备军。其编制为：

司令官：吉兴，司令部直属 6623 人，分驻吉林、磐石、敦化等地

参谋长：吴元敏①

吉长地区警备军司令：邢士廉，下辖 2 个旅：

步兵第四旅：旅长邢士廉兼，兵力 3548 人，驻吉长、吉敦、青海线护路

步兵第五旅：旅长王树棠（原东北军独立第二十七旅团长），兵力 3244 人，驻吉长地区

滨江地区警备军司令：李文柄，下辖 2 个旅：

步兵第八旅：旅长李文柄，兵力 2343 人，驻哈尔滨护路

步兵第九旅：旅长陈德才（原东北军独立二十二旅团长），兵力 2301 人，驻双城护路

延吉地区警备军司令：金恩奎，下辖 1 个旅：

步兵第三旅：旅长金恩奎，兵力 2496 人，驻延吉

绥宁地区警备军司令：李振声，下辖 3 个旅：

步兵第一旅：旅长刘宝麟（原东北军独立二十五旅团长），兵力 1980 人，驻梨树

步兵第七旅：旅长白文清（原东北军独立二十八旅团长），兵力 2343 人，驻下城子护路

骑兵第四旅：旅长郭宝山，兵力 2037 人，驻密山

农安地区警备军司令：刘玉琨（原东北军独立骑兵第七旅团长），下辖 1 个旅：

骑兵第一旅：旅长刘玉琨，兵力 1867 人，驻农安

依兰地区警备军司令：于琛澄，下辖 2 个旅：

---

① 吴元敏（1886—?）：满族，湖北荆州人。日本陆军士官学校毕业，曾担任过国民党政府的侍从武官。1923 年晋陆军少将。1924 年任延吉镇守使署参谋长，后改任东北陆军第十三旅参谋长。1932 年任国民政府吉林警备司令部参谋长，降敌后任伪满吉林警备军参谋长。1934 年任伪满吉林地区司令官。1939 年 5 月，于琛澄任治安部大臣后，调吴元敏任参谋司长。1940 年 8 月任第八军管区司令官。1941 年 3 月任第二军管区司令官。1942 年 9 月任第五军管区司令官。1945 年抗战胜利后被蒋介石收编为新编第十一路军，任总司令。

骑兵第二旅：旅长李毓文，兵力1598人，驻桦川

骑兵第三旅：旅长杨秉藻（原东北军第二十五旅新编团长），兵力1598人，驻勃利

另有直属部队1个营3个连706人，驻依兰

北铁护路军司令：于琛澄兼，下辖山林游击队1452人，司令部151人

在于琛澄围剿"吉林民众反日自治军"的同时，根据军政部总长张景惠的命令，任命吉兴为讨伐司令部总指挥，调集伪军1个骑步混成团、1个步兵团共1500余人，在日军广濑师团中村馨旅团所部配合下，共3000余兵力向活动于永吉、磐石、桦甸一带的王殿臣所部抗日军进行围攻。王殿臣部虽然只有600余人，但频繁出击，曾经围攻吉林市、袭击吉奉铁路，俘获伪军旅长朱力罕，威名远扬。在日伪军的这次围剿中，王殿臣率领部队迂强击弱，使日伪军的进攻奏效不大。于是，吉兴用重金收买了王殿臣的干儿子刘东坡，并采取公开谈判、暗中袭击等阴险手段，使王殿臣及其所部200余人壮烈牺牲。至1933年夏，彻底摧毁了这支抗日武装。

由于讨伐抗日武装"有功"，1934年5月9日，吉兴、于琛澄同张景惠、于芷山等人一同被溥仪授予"景云章"勋章。

伪满洲国建国之后，熙洽出任财政部总长兼吉林省省长，1934年出任财政部大臣。1936年溥仪称帝后，转任宫内府大臣，成为溥仪身边依靠的重臣。日本投降后，熙洽被苏联红军逮捕，送往苏联关押。1950年熙洽与其他伪满洲国官员被引渡回国，不久病死于哈尔滨的战犯管理所。

昔日江桥抗战的英雄，他未能将誓死救国的高风亮节保持始终。部分抗日意志薄弱者随其一同投敌，蜕变成为伪军。不久，被改编为黑龙江省警备军

20世纪二三十年代的黑龙江省，与今天的版图不大一样。外与苏联隔黑龙江相望，内与吉林省以松花江为界，内蒙古东北部的呼伦贝尔地区也属于黑龙江省，省会齐齐哈尔市。1928年关东军炸死东北王张作霖后，他的继任者张学良宣布"易帜"，并将黑龙江的军政大权交给张作霖时代的老臣万福麟、常荫槐主持。1929年初，由于常荫槐飞扬跋扈，被张学良处决。之后，黑龙江省的军政全由万福麟执掌。

1931年"九·一八"事变爆发前，黑龙江省的东北军多被抽调关内参加中原大战和讨伐石友三，留在省内的兵力仅有国防军1个骑兵旅又1个团，省防

军 4 个旅及附属部队。具体情况为：①

马占山

独立骑兵第八旅：旅长程志远，兵力 3509 人，驻满洲里等地

炮兵第二十团（原炮九团）：团长朴炳珊，兵力 2072 人，驻泰安镇

省防步兵第一旅：旅长兼东铁护路军哈满副司令张殿九，兵力 3574 人，驻扎兰屯、昂昂溪

省防步兵第二旅：旅长兼东铁护路军哈满司令苏炳文，兵力 3985 人，驻海拉尔至安达一带

省防步兵第三旅：旅长马占山，兵力 3652 人，驻黑河、瑷珲一带

省防骑兵第一旅：旅长吴松林，兵力 3103 人，驻望奎、拜泉一带

黑龙江省卫队团：团长徐宝珍，驻龙江

工兵营：营长刘润川，驻龙江

辎重兵营：营长孟宪德，驻龙江

此外，黑龙江省还有由军队改编成的 7 个骑兵保安大队，每个大队兵力相当于 1 个骑兵团，由保甲总办公署统辖，归黑龙江警备处长兼管，总人数约 5000 人。再加上各县的地方武装保安团，全省兵力约 5 万人。其中正规军，即国防军和省防军共 2 万余人。

此时，万福麟随张学良远在北平，听到日军向奉天、吉林发动进攻，急忙

---

① 傅大中著，《伪满洲国军简史》（上），第 70~71 页，吉林文史出版社，2006 年 7 月。

电令黑龙江，由警务处长窦联芳负责管理黑龙江省军事，但窦联芳对军事并不关心，实际上由东北边防军驻黑副司令长官公署参谋长谢珂①负责。10月上旬，驻洮南的洮辽镇守使张海鹏②投敌，并积极准备向黑龙江进攻。在这种情况下，万福麟急电由省防步兵第三旅旅长马占山代理黑龙江省主席兼军事总指挥，谢珂为副总指挥兼参谋长。

马占山，字秀芳，祖籍河北省丰润县（今丰润区），1885年11月30日出生于吉林怀德县。1911年，马占山投靠清军奉天后路巡防营统领吴俊升，任该部四营中哨哨长。1913年，吴部改为骑兵第二旅，马占山任连长。1918年，因其剿匪有功升任营长。1920年，又随吴俊升赴黑龙江省，任骑兵团长。1925年任东北陆军第十七师骑兵第五旅旅长。1928年被任命为黑龙江省陆军步兵第三旅旅长，同年冬改任黑龙江骑兵总指挥，1930年10月任黑龙江黑河警备司令。

1931年10月13日，张海鹏令徐景隆少将率3个团的兵力沿洮（南）昂（昂溪）路北犯黑龙江。此时，马占山、谢珂早已调兵遣将，在洮昂铁路上的嫩江桥一带设防。因此，当徐景隆伪军到达江桥附近时，遭到了东北军守军的猛烈反击，徐景隆本人也触雷身亡，伪军大部溃散，张海鹏被迫下令停止前进。

见伪军的行动溃败，日军只好亲自上阵，并将攻击的目标指向了黑龙江省会齐齐哈尔。他们以黑龙江守军破坏了与日本有借贷关系的洮昂路嫩江铁路桥

---

① 谢珂：字韵卿，1891年11月15日出生于河北徐水。从小接受完整的直隶陆军小学堂、清河陆军中学和保定军校第一期工兵科三段式军官养成教育。从1914起，在湖北北洋陆军先后任排长、连长、参谋、旅参谋长、营长、团长等职，其间考入陆军大学深造。1927年张作霖在北京成立安国军政府后，受到张学良赏识，先后任军团总部参谋处科长、副处长、处长。东北"易帜"后，任东北边防司令长官公署中将参谋长，不到半年又兼任国防处处长。之后，辅助马占山抗击日军，取得了江桥抗战等胜利。马占山在日寇利诱下出任伪职后，谢珂于1932年3月9日经吉林出国至海参崴，准备搭船至青岛寻找张学良。途经大连时被日军逮捕，先后关押在沈阳、哈尔滨。1932年9月，谢珂以阻止黑龙江警备军步兵二旅苏炳文旅长反正名义逃脱，到达海拉尔与苏炳文竖起东北民众救国军大旗，苏炳文任总指挥，谢珂任参谋长。后战斗失利，于12月4日退入苏联境内。1933年6月9日谢珂取道欧洲回国，先后在张学良部任中将高级参谋和办公室主任等职，参加了"西安事变"。抗战全面爆发后，任于学忠第五集团军参谋长，在江苏、山东与日军作战。徐州会战后，因伤病离职。1974年2月16日，在沈阳病逝，享年82岁。

② 张海鹏：又名张宪涛，辽宁省黑山县新立屯人，是早年活跃于辽西一带的土匪。日俄战争期间，他和土匪头子冯麟阁协助日军对俄军进行袭扰。战后，日本人出面向清政府保举冯麟阁、张海鹏匪帮，改编为奉天左路巡防，冯麟阁任统领，张海鹏任第一营管带。中华民国建立后，张海鹏在东北军中任旅长、哈满护路司令等职。其间，张海鹏还在1920年把被苏联红军击退至满洲里的谢米诺夫白俄军武装解除，并将谢米诺夫交给日本关东军。1925年3月，张海鹏被张作霖任命为洮辽镇守使兼东北骑兵第三十二师师长。1931年，他率所部奉张学良之命参与镇压嘎达梅林起义。"九·一八"事变后，张海鹏率部投敌。

为借口，派兵占据了四（平）洮（南）全线，企图以武力威胁马占山屈服。

为了应对日伪军的进攻，马占山陆续调兵部署在江桥一带，并将兴安屯垦军苑崇谷部改编为暂编步兵第一旅，也调往江桥布防，共计调集兵力达步兵7个团、骑兵7个团、炮兵1个团及1个营，加上工兵和辎重兵等，共13000人。马占山将部队部署成3道防线：第一道防线是嫩江桥防线，由卫队团长徐宝珍指挥；第二道防线是大兴防线，由吴松林旅长指挥；第三道防线是三间房防线，由苑崇谷旅长指挥。

11月4日，由日军第二师团一部组成的嫩江支队和张海鹏伪军向东北军嫩江阵地发起了猛烈的进攻，中国官兵被迫进行了英勇还击，著名的江桥抗战打响。

江桥抗战从4日开始，至19日结束，历时半个月。在作战中，张海鹏伪军主要配合日军第二师团作战，由于马占山等抗日武装的殊死抵抗，使日伪军付出了惨重的代价，张海鹏部死伤达千余人。日军在数次进攻受挫后恼羞成怒，将第二师团全部人马13000余人集中于江桥作战，并由飞机、坦克助战。最后，凭借武器装备和兵力的优势，日伪最终突破了嫩江的3道防线，并乘胜占领了省会齐齐哈尔。马占山余部退守克山、拜泉、海伦一带。23日，黑龙江省政府随马占山移驻海伦。

此次作战中日军使用的坦克，大多是缴获东北军的战利品。1922年，当时张作霖为准备直奉战争，从英法等国购买了一批装备，包括36辆"雷诺"FT-17坦克，组建了中国最早的坦克部队。"九·一八"事变后，这些坦克大都被日军摧毁或缴获。

1931年11月24日，日本关东军支持汉奸赵仲仁、吉祥、李维周等人在齐齐哈尔建立了地方维持会，并通过该组织举荐张景惠为伪黑龙江省政府主席。

马占山兵败后，尚有兵力11000余人，仍有较强的战斗力。日伪军为了减少伤亡，调整了对马占山的策略，由军事进攻为主改为以政治诱降为主。为此，关东军高级参谋板垣征四郎于1931年12月7日亲自赴海伦游说，并承诺马占山若归降日军，仍将黑龙江的军权交他掌握。

1932年1月3日，张景惠发表了"独立"宣言，宣布就任黑龙江省省长，与南京政府脱离关系。此时，日军已攻陷锦州，又将进攻的矛头指向北满，以夺取东北最后一座大城市哈尔滨。如哈尔滨失守，抗日武装便会陷入腹背受敌的困境。于是，马占山向南京国民党政府和在北京的张学良请求速派援兵，收复国土，但电文发出后一直杳无音信。

在这种情况下，马占山认为国民政府已经将他们抛弃，张学良也不可能再回到东北了，思想逐渐发生了变化，对抗战的前途失去了信心。他一方面率部继续抗日，一方面开始与关东军和汉奸进行联系。1月6日，马占山在汉奸的诱惑下赴哈尔滨与张景惠进行密谈。张景惠再次向马占山说明若归顺日军，仍为黑龙江省主席。于是，马占山未能将誓死救国的高风亮节保持始终，接受了伪黑龙江省主席的职务。2月16日，马占山赴沈阳参加臧式毅等人倡议的所谓"联省自治"会议，到达后，在日本人的威胁下，变成了接受伪满洲国的建国会议，日本人要求与会者都要在《建国宣言》上签字。马占山虽不情愿，但也不敢公开表示反对，所以字也没有签，便于18日匆忙返回哈尔滨，之后回到海伦，23日带领200名卫队和省军政两署官员去了齐齐哈尔。24日上午，马占山正式就任黑龙江省伪政府主席之职。1932年3月伪满洲国成立后，马占山被日伪任命为军政部总长，并兼任黑龙江省省长及警备司令。

马占山公开投敌后，其所领导的东北军立即四分五裂。一部分抗日意志坚决的人员继续坚持抗日，一部分进入关内，一部分投奔他处，其余张殿九、苏炳文、吴松林、程志远、徐宝珍、朴炳珊等部，则随同马占山一齐投敌，蜕变成为伪军。不久，被改编为黑龙江省警备军。警备区域为伪黑龙江省和呼伦贝尔地区。其编成为：

司令官：马占山

军事顾问：林义秀（日）

参谋长：张文铸

混成第一旅：旅长苏炳文，驻海拉尔

混成第二旅：旅长张殿九，驻扎兰屯

混成第三旅：旅长徐景德，驻海伦

混成第四旅：旅长徐宝珍，驻克山

混成第五旅：旅长朴炳珊，驻拜泉

骑兵第一旅：旅长王克镇，驻呼兰

骑兵第二旅：旅长程志远，驻齐齐哈尔

骑兵第五十五团：团长石兰斌，驻通北

总人数为16000人左右。

马占山附逆，立即遭到了全国人民的一致谴责，痛斥其卖国投敌的变节行为。同时，关东军对其权力也处处限制，要求马占山对黑龙江省一切事务，不得擅自做主，凡重要法令、规章制度、用人、预算等，须得日本顾问同意方能实行。并派日本人担任总务、警备两厅长，还威胁马占山出卖黑龙江省铁路、银行、航空等项权益。此外，多门二郎师团长曾许诺马占山，在其返回齐齐哈尔就任后，日军立即撤出省城。但事后非但没有撤出，反而增加兵力，严密监控马占山及其所属的一切活动。所有这一切，都使马占山深感寄人篱下受制于人的不易，开始感觉到上当受骗。于是便产生了反正的想法。这时，张学良也派人来到齐齐哈尔，力劝马占山迷途知返，更加坚定了马占山脱离日伪的决心。

　　经过周密准备，马占山于 1932 年 4 月 1 日凌晨，以赴东荒整饬军纪为由，带领手枪队 300 余人，离开齐齐哈尔，直奔黑河而去。7 日抵达黑河后，马占山重新举起抗日大旗。很快，一些旧部汇聚而来。主要有徐宝珍旅、徐景德旅，驻青岗、绥化一带的吴松林骑兵第一旅，驻呼兰、绥化一带邰斌山骑兵第二旅，驻克东一带的金奎璧炮兵第二十团，由苑崇谷部改编成的朴炳珊步兵旅和由原骑兵第一旅第二团扩建成的邓文骑兵第四旅，总兵力近万人。之后，马占山在海伦成立了黑龙江省抗日救国军总司令部，自任总司令，统一指挥黑龙江省政府军和其他抗日武装，并将部队集结在克山及呼（兰）海（伦）铁路沿线，企图夺回哈尔滨。

　　马占山反正后，关东军于 4 月 7 日紧急任命程志远为黑龙江省警备军司令官，张文铸为参谋长。所部临时编成 3 个支队：

第一支队：司令张文铸兼
第二支队：司令贾金铭
第三支队：司令王克镇（原保安第一大队大队长）

　　程志远，原名程远志，字铭阁，1878 年出生于山东莱阳。幼时随父闯关东，居于突泉。后为生计投奉天后路巡防营统领吴俊升麾下当兵，受到吴的赏识。在 6 年时间里由士兵提升至连长，并于 1917 年 6 月被保送到东三省陆军讲武堂第二期骑兵科。1921 年 5 月以骑兵科第一名成绩毕业后，被分配至骑兵第八团马占山部担任营长，成为其得力助手。后马占山升任骑兵第五旅旅长，程志远接任骑兵第八团团长，马占山升骑兵第十七师师长，程志远接任骑兵第五旅旅长。1928 年张学良"易帜"后，对东北军进行整军。马占山任省防军步兵第三旅旅长，而程志远任国防军骑兵旅旅长。虽职务平级，但程志远仍以对待上级那样尊敬马占山，在江桥抗战中充当主力。

　　但此次马占山再次举起抗日大旗时，程志远却没有响应追随，反而在 1932 年 4 月 26 日正式就任伪黑龙江省代省长、黑龙江警备军上将司令官。

程志远

1932 年 5 月下旬，关东军下令其第十师团和第十四师团向哈尔滨集结后，下达了向马占山部的作战命令。同时，要求伪黑龙江省警备军协助日军作战。

在日伪的联合攻击下，至 6 月下旬，相继攻占了抗日救国军的海伦、克山、拜泉等地。对欲东行赴吉林联合吉林自卫军的马占山部日夜跟踪追击。7 月初，马占山部越过呼海路到达松花江畔时，日伪早已沿江封锁，不得已转而北上。中旬，两军在呼海路以东的森林地带发生了大规模遭遇战。在抗日救国军的顽强抵抗下，日伪军死伤千余人。但到了下旬，日伪又将马占山部包围在安图镇一带的深山老林中，马占山部在突围中遭到重大损失，大部战士非死即散。最后突出重围时，马占山身边只剩 40 余人，只好避入深山，收拢溃散人员，准备东山再起。

这次战斗后，又有相当一部分抗日救国军被日伪俘虏并收编为伪军。其中主要有徐宝珍旅及朴炳珊旅。朴炳珊本人因不甘附逆，于 1932 年底秘密潜入关内。

就在黑龙江省警备军重新改编之时，苏炳文、张殿九又于 1932 年 9 月 27 日率部起义，并迅速控制了富拉尔基至满洲里的中东路沿线地区。10 月 1 日，在海拉尔成立了东北民众救国军总司令部，除了苏炳文、张殿九 2 个旅外，还有原马占山部朴炳珊炮兵旅及李海青所部救国军。

程志远对日军和溥仪的效忠以及进攻抗日义勇军的行为，并没有换取到日军的信任。毕竟他曾是马占山的亲信，在江桥坚决抗击过日军。如此人物，怎么可能真心加入伪满洲国呢？1932 年 10 月，在关东军的授意下，伪满洲国重新组建了黑龙江省警备司令部，并由张文铸接替程志远为司令官。

程志远被免去实权后，调到长春担任了参议府的一名参议。如此落差，令程志远懊悔不已，脾气也越来越大。他怀疑其免职是由于汉奸赵仲仁、李义顺的告密诬陷，盛怒之下枪杀了赵仲仁，并将李义顺砍伤。此事一出，更引起了长春日军特务机关的警觉，遂以程志远患精神病"严重"为由，于 1933 年 1 月将其强制送到哈尔滨的精神病院进行"隔离治疗"。在那里，程志远又活了一年，最终郁郁而死，时年 56 岁。

重建后的黑龙江省警备军除司令部直属部队外，共有 5 个混成旅和 3 个骑兵旅，20000 余人。其编成为：

司令官：张文铸

参谋长：李静，部附刘维汉

司令部下设副官、军需、军医和军法处，直辖第三教导队及炮兵营、宪兵队、军乐队等。

第三教导队：队长李静兼，兵力 600 余人

混成第一旅：旅长杨镇凯，兵力 3 团 2853 人，驻安达地区

混成第二旅：旅长王树棠，兵力 3 团 2723 人，驻呼兰地区

混成张三旅：旅长张廷耀，兵力 3 团 2785 人，驻泰来地区

混成第四旅：旅长贾金铭，兵力 3 团 2876 人，驻克山地区

混成第五旅：旅长刘维汉，兵力 2 团 1925 人，驻拜泉地区

骑兵第一旅：旅长冯广友，兵力 3 团 2235 人，驻齐齐哈尔地区

骑兵第二旅：旅长涂全胜，兵力 3 团 2225 人，驻汤原地区

骑兵第三旅：旅长周作霖，兵力 3 团 2539 人，驻黑河地区

张文铸及其墨迹

　　张文铸，字鼎元，1898 年出生于布特哈总管衙署辖区（今黑龙江省讷河市）。保定陆军军官学校第八期毕业，历任东北讲武堂教官、步兵营长、骑兵团长、黑河镇守使署参谋长等职，1932 年初随马占山投敌。

　　1932 年 10 月上旬，日军驻齐齐哈尔的警备队和第十四师团 1000 余人组成的中山支队在飞机配合下，向呼伦贝尔富拉尔基的东北民众救国军发动了进攻。中旬，第十四师团主力向大兴安岭以东的马占山、李海青部义勇军攻击。

　　在富拉尔基战斗中，东北民众救国军殊死抵抗，富拉尔基一度失而复得，但最终日军还是凭借优势兵力和火力，攻占了富拉尔基。从 11 月下旬开始，日本关东军从奉、吉、黑三省抽调大批兵力到齐齐哈尔、富拉尔基等地集结，在第十四师团长松林亮直指挥下，于 29 日分 5 路对东北民众救国军发起总攻。东北民众救国军寡不敌众，死伤惨重。12 月 2 日，退至海拉尔的救国军总司令部被迫做出退入苏联境内的决定。4 日，苏炳文、马占山等军 4000 余人进入苏联，呼伦贝尔作战结束。

　　在整个呼伦贝尔作战中，伪黑龙江省警备军的主要任务是负责地区警戒，

跟在日军后面"扫除"和"收拢"溃散的东北民众救国军。苏炳文率部退入苏联后，原民众救国军的部分部队投降伪军，成为黑龙江省警备军的一部分。

1933年6月，马占山回国寓居天津英租界。1936年12月赴西安，积极支持张学良、杨虎城逼蒋抗日，参与了震惊中外的"西安事变"。1937年全面抗战爆发后，马占山被任命为东北挺进军司令，兼管东北四省招抚事宜。1938年，马占山访问延安，毛泽东主席在欢迎会上称赞他："马将军年逾半百，仍在抗战前线与敌周旋，这种精神值得全国钦佩。"1945年日本投降后，国民党政府为了抢夺抗战胜利果实，设国民党政府军事委员会东北行辕，马占山被任为委员，随后又委任马占山为东北保安副司令长官、东北挺进军司令，企图利用他的名义招纳土匪，扰乱东北解放区，但马占山未去就职，长期避居北平。1948年底，马占山响应共产党号召，参与了和平解放北平的活动。新中国成立后，马占山寓居北京。1950年11月29日因肺癌病逝，安葬于北京万安公墓，终年65岁。

日军占领热河后，将其划入伪满洲国殖民统治的范围之内，并立即着手组织伪政权和改编伪军。由于张海鹏对日寇"忠心耿耿"，被任命为热河省警备军司令兼热河省省长

热河省警备军由张海鹏的洮辽警备军改编而成。

"九·一八"事变后，由于东北军执行南京政府的不抵抗政策，辽宁、吉林两省很快便落入敌手。此后，狂妄的日本关东军便将进攻目标指向了黑龙江省。

当时，日军从南满进攻黑龙江省的铁路线有两条：一条是沿长春经哈尔滨进入黑龙江省。这条线路属于中东铁路的管辖范围，为苏联控制，弄不好会引起日苏两国之间的武装冲突，但此时日本还远没有做好同时与中国和苏联作战的准备；另一条是从吉林四平沿四（平）洮（南）路、洮（南）昂（昂溪）路，直接进攻黑龙江省会齐齐哈尔。为了避免同苏联发生军事冲突，日军最后选择了后一条路线。

在这条路线上，共有两支东北军部队：一是在四洮路和洮昂路连接点洮南驻扎的洮辽镇守使署省防军，共4个骑兵团，总兵力9600余人，统归镇守使张海鹏管辖；另一支是在洮昂路上驻扎的兴安屯垦军苑崇谷部，共步兵2个团、炮兵1个团，驻洮安、王爷庙、索伦一带，归兴安屯垦督办公署管辖。兴安屯垦军由于是国防军序列，装备和官兵素质较好。

为了顺利占领黑龙江并减少人员伤亡，日军决定首先采取诱降政策。他们权衡利弊，认为兴安屯垦军不太可能和日本人合作，因为在"九·一八"事变前，即1931年5月，兴安屯垦军曾处决了擅自潜入兴安岭地区进行军事侦察的日本参谋本部情报员中村震太郎。而张海鹏却大不一样，他与日本人有着千丝万缕的关系，在日俄战争和民国期间，就与日军多次合作，"九·一八"事变前后，张海鹏一直与日本人暗中联系，压制洮南爱国人士的抗日运动。

9月26日，张海鹏接受了日军的武器装备和资金援助，踏上了贼船，自封为"边防保安司令"，其司令部下辖8大处，即参谋处、副官处、军械处、秘书处、军医处、兽医处、军需处和军法处。同时开始大肆扩编军队，经过收编洮南附近各县的地方保甲武装和招降土匪，由原来的4个骑兵团扩编为7个骑兵支队（相当于旅）和2个独立团。即：

骑兵第一支队：支队长徐景隆
骑兵第二支队：支队长汤鹏飞
骑兵第三支队：支队长刘茂义
骑兵第四支队：支队长傅铭勋
骑兵第五支队：支队长张俊哲
骑兵第六支队：（后未建立）
骑兵第七支队：支队长彭金山（后为唐豫森）
骑兵第八支队：支队长王永清
步兵独立团：团长李铁珊
骑兵独立团：团长张俊武

其中张俊哲为张海鹏长子，别字质明，后官至第五军管区少将旅长，一度驻防朝阳县。他因吸食鸦片烟，又不会日语，当了旅长之后仍然是大少爷作风，于1934年被撤职，1951年病死于北京。

此时，张海鹏还没有敢公开打出投敌的旗号，按照张学良的电示，装模作样地组成蒙边督办公署，自任督办。张海鹏脚踏两只船的伎俩，惹恼了日本人，他们绝不允许张海鹏一面拿日本人钱财，一面还与国民政府联系。在日本人的威逼利诱下，同时许以黑龙江省督军一职，张海鹏便痛快地接受日军的命令，率洮辽军进犯黑龙江省。兴安屯垦军为避免孤军作战，全军开往黑龙江省，待命迎敌。

日军利用张海鹏伪军进攻黑龙江，可谓一箭三雕。一是可以掩盖其"对满洲无领土要求"的谎言；二是可避免与苏联发生冲突；三是如果张海鹏部顺利攻下黑龙江，日军可坐享其成，如失败则可借口保护洮昂路直接出兵。因为洮昂路是东北当局贷款、日资所修建的铁路，当时借贷关系还没有结束，仍是日本权利范围的铁路之一。

10月中旬，张海鹏以第一支队、第二支队、第三支队和骑兵独立团等6000余伪军进攻黑龙江时，被早有准备的马占山、谢珂率部击溃，第一支队队长徐景隆也在嫩江桥南岸触雷身亡。

张海鹏的进攻虽然一触即溃，但马占山的军队为防止敌军再犯，自动将嫩江桥破坏三孔，这让日军找到了直接出兵的借口。

张海鹏伪军首战遭重创后，士气大减，再也不敢贸然前进，开始消极等待。11月4日，日军派人修复嫩江桥，遭到马占山拒绝后，挑起了嫩江之战。战斗开始后，日军为了减少伤亡，命令张海鹏伪军向江桥黑龙江守军阵地猛攻，结果仅两天伪军就被毙伤700余名，余部仓皇后退。无奈，关东军只得增派第二师团主力及第三十九混成旅团一部加入战斗。日军参战后，双方的激战更加激烈，伤亡都很大，张海鹏伪军更是死伤惨重。《"九·一八"事变档案史料精编》曾记载："张海鹏军虽有日方援与之新式武器，而未经训练，绝无战斗能力，因是在前线之日本军官，以机关枪压迫前进，以致该军死伤众多，都系背上中弹。"至19日战斗结束日军占领齐齐哈尔，张海鹏伪军除死伤外，不时有人向义勇军投诚，还有2000人左右携械当了逃兵。最后，张海鹏伪军所剩无几，几乎全军覆没。关东军对他也彻底失去了信心，原来许诺的黑龙江省"督军"一职也就不再谈起。

进攻黑龙江省一战，张海鹏落得两手空空，灰溜溜地回到老巢洮南。日军令其重整旗鼓，担任四（平）洮（南）路和洮昂路的警备任务，并相机"清剿"洮辽地区及其附近的抗日力量。张海鹏乘机招兵买马，至1932年3月伪满洲国成立时，伪洮辽军基本上恢复了原建制。

在扩军期间，张海鹏根据关东军的旨意，对辽北和蒙边地区的抗日武装进行了血腥的镇压。1932年2月，他亲自率领战斗力较强的第一、四支队在铁岭、法库、彰武、康平一带，讨伐天缘好、金山好、长江好等绿林队伍和刘海泉等部抗日义勇军。数百名抗日义勇军被打死、打伤，给当地抗日武装和人民群众的生命财产造成了严重的灾难。

张海鹏除死心塌地效忠日本人外，对清王朝也忠心耿耿。早在1917年，他就跟随冯麟阁赴北平，参与了"张勋复辟"的闹剧，是一个不折不扣的保皇派。1932年3月，溥仪就任"执政"后，想起了这位当初为自己复辟出力的铁杆"保皇"者，于是亲自派人前往洮南，"钦命"张海鹏在洮南一带整军练兵，这让张海鹏受宠若惊。溥仪粉墨登场后，张海鹏奉命将伪洮辽军第一、四支队调往长春附近，作为"首都"的卫戍部队。

伪满洲国成立后，根据日本关东军的意图，伪满军政部在统一将各省伪军整编为奉天、吉林、黑龙江省警备军的同时，于1932年4月在洮辽地区单独设立了洮辽警备军。司令官由张海鹏担任，司令部设在洮南，仍辖第一至第八8

个支队，共 16200 人，警备区域为以洮南为中心的伪奉天省西北部 14 个县。

按理说，洮辽地区属于奉天省，张海鹏伪军应当归于芷山的奉天省警备军指挥。日军之所以这样做，主要有三个目的：一是想在辽北及中蒙边疆地区存在一支相对独立的伪军，以便能更加机动地在这一广阔地域实施讨伐；二是前段时间张海鹏率部进攻黑龙江省时，关东军曾许给他黑龙江省"督军"一职，后来这个位置给了张景惠，现在给张海鹏一个警备司令，也算是对他的一个安慰；三是张海鹏也算东北地区一个实力派的人物，"九·一八"事变后，关东军在《解决满蒙问题政策案》中即将张海鹏和熙洽、于芷山、张景惠等人并列，现在给他点甜头，以便将来能更好地使用。

为此，日军从辽、吉、黑三省各划出一部分作为洮辽警备军的警备区域，包括洮南、泰平、昌图、梨树、怀德、双山、辽源、开通、瞻榆、安广、镇东、洮南、洮安、泰来等县，及突泉县东半部和景星县西南部。

洮辽警备军与其他各省警备军在编制上不一样，各省警备军均以"旅"为最大编制单位，而洮辽警备军继续使用"支队"的名称。

洮辽警备军正式成立后，在日伪对伪满全境"大讨伐"抗日义勇军时，基本上没有赋予它大的任务，仅在 1932 年 5 月，由张海鹏亲率第一、四、七支队进入吉林省，协助吉林警备军讨伐扶余、长春一带的李海青部义勇军。关东军这样做的原因是洮辽地区紧邻热河省，日后要使用这支武装进攻热河，夺取他们的下一个目标。

热河省是联结关内外的交通枢纽，战略位置十分重要。此时热河省政府主席兼东北军热河驻军司令为汤玉麟①，他是张作霖的老伙伴，在东北军中以骄横跋扈著称。1926 年，因帮助张作霖扳倒叛乱的郭松龄有功，由东边道镇守使升任本职。"九·一八"事变前，热河省的东北军主要有：

陆军第三十六师：师长汤玉麟兼，师部驻承德。下辖步兵第七旅（旅长张

---

① 汤玉麟（1871—1949）：字阁臣，绰号二虎，奉天义县人。少年家贫，长大后落草为寇，称霸辽西，后投奔张作霖，官至旅长。1917 年去北京参与张勋复辟，失败后逃回原籍隐居。不久被张作霖再次起用，先后担任东三省巡阅使署中将顾问、东边道镇守使兼右路巡防营统领、混成旅旅长、师长、军长、热河都统等职。张作霖被炸身亡后，汤玉麟于 1928 年 7 月 19 日率先响应召，通电宣布热河省易帜，服从国民政府、奉行三民主义，国民政府任命他为热河省保安司令，12 月 9 日在汤玉麟的影响下，张学良接受了国民政府的任命，宣布东北易帜。12 月 31 日国民政府任命汤玉麟为热河省省长、国民党热河省党部常委兼第三十六师师长，驻承德省会。1933 年 10 月，宋哲元收编汤部，委汤玉麟为第二十九军总参议，从此失去了军权。1934 年 5 月，北平军分会任其为高级顾问，半年后解职，回到天津寓居。汤玉麟在抗日战争期间多次拒绝出任伪职。1949 年 2 月病逝于天津，终年 78 岁。

从云）、第三十八旅（旅长董福亭）、第五十一旅（旅长刘香久），骑兵、炮兵各1团，工兵、辎重兵各1营。

陆军独立步兵第二十二旅：旅长富春，旅部驻围场

独立骑兵第十七旅：旅长崔兴武，旅部驻开鲁

独立骑兵第十九旅：旅长石文华，旅部驻赤峰

保安骑兵第一旅：旅长赵国增，驻丰宁

政府特务队（即警卫队，相当于1个团）：队长崔子衡

兵力共计30000余人。

汤玉麟

热河省部队虽然人数不少，但平时缺乏训练，组织纪律性很差，只会欺负老百姓，中、上级军官大多吸食大烟，部队常年拖欠军饷，士兵服装寒暑倒置，士气十分低落。而且，汤玉麟本人居功自傲，将热河省当作自己的私有财产，横征暴敛，导致广大人民苦不堪言，怨声载道。

1932年初，汤玉麟曾派代表在伪"东北行政委员会"发表的"独立宣言"上签了字。所以伪满洲国成立时，汤玉麟被任命为伪满参议府副议长兼热河省主席。他表面上反对，而背地派人表示谢意。4月，关东军司令部制定了"热河政策"，决定尽快使汤玉麟服从伪满洲国的统治。于是，日本人利用张景惠与汤玉麟是绿林时期拜把子兄弟的关系，对其进行诱降。此时，张学良鉴于热河地位的重要，汤玉麟的抗战态度消极，认为他难当防守热河的重任，遂有意将其撤换。汤玉麟闻知其事，心中大为不满，便加强了与日满方面的往来。只是由于全国抗日形势高涨，所部爱国少壮军官又极力坚持抗战，使其不得不做

出抗战的姿态，但始终心怀二志，摇摆不定。

1933 年初，日军为了将张学良的势力完全从关外清除，为以后进一步侵占华北创造条件，将侵略矛头指向了热河。日军在伪军政部特设了"满洲国讨热军总司令部"，任命张景惠为"总司令"，张海鹏为"前敌总指挥"。

2 月 21 日，日伪在满洲国内"大讨伐"结束后，自认为已没有后顾之忧，便纠集 10 余万日伪军，以锦州为基地，分三路进犯热河。北路由日军第六师团与伪军张海鹏、刘桂堂、程国瑞等部 74000 人从通辽侵开鲁，向赤峰逼近。刘桂堂是"九·一八"前由汤玉麟收容的山东悍匪，数千人，驻于热河鲁北、天山一带。日寇攻入热境，他首先认贼作父，投降了日军。1933 年 7 月初在沽源反正，加入冯玉祥领导的察哈尔民众抗日同盟军。中路由日军第八师团 15000 余人从义县犯朝阳，直指热河省会承德。南路由日军混成第十四旅团 10000 余人从绥中入凌源，目标也是承德。

张海鹏所率伪军有王永清第一支队，汤鹏飞第二支队、刘茂义第三支队，傅铭勋第四支队，索景清骑兵支队，总计为 5 个旅，兵力达 15000 余人。

为了守住热河省，南京政府和张学良调集华北驻军及增援部队编成华北集团军，由张学良任总司令，和汤玉麟所部一起分三路进行抵抗。汤玉麟部主要在中路南岭、北票一线防御。战端一开，汤玉麟就被日伪军猛烈的进攻吓得惊慌失措，仓皇西逃，其他两线防御由于汤玉麟的溃逃也全线动摇，致使日军先头部队仅 128 骑于 3 月 4 日晨顺利地占领了热河省会承德。之后，日伪军一鼓作气侵占了秦皇岛、昌黎、唐山、密云等 20 多个市县，进逼平津。

承德失陷后，张学良被迫引咎辞职，华北军务由亲日派分子何应钦代理。5 月 31 日，在日军攻陷冀东 20 余县、控制了长城各口后，国民政府被迫与日本侵略者签订了丧权辱国的《塘沽协定》，将东三省、热河，拱手送给了日军，长城战事暂时告一段落。

关东军占领热河后，将其划入伪满洲国殖民统治的范围之内，并立即着手组织伪政权和改编伪军。1933 年 5 月，"热河省警备军"正式成立，张海鹏由于对日寇忠心耿耿，被任命为警备军司令兼热河省省长。

"热河省警备军"司令部设于承德，以张海鹏的洮辽警备军为基础，加上汤玉麟手下的降兵，共编成 4 个混成旅、1 个骑兵旅、1 个独立步兵团和 1 个炮兵队，共 11000 人左右。其编成为：

司令：张海鹏

混成第一旅：旅长王永清，兵力 2484 人，驻赤峰、建平、绥东一带

混成第二旅：旅长张俊哲，兵力 2453 人，驻承德、平泉、丰宁一带

混成第三旅：旅长汤鹏飞，兵力 2383 人，驻朝阳、凌南、阜新一带

混成第四旅：旅长傅铭勋，兵力 2468 人，驻围场、隆化一带

骑兵第五旅：旅长索化忱，驻丰宁一带
独立步兵团：团长冯秉忱，驻承德
炮兵队

张海鹏

张海鹏掌握热河省军政大权以后，一时忘乎所以，忘记了日本人是满洲国的太上皇，忘记了溥仪是关东军的傀儡，继续延续军阀拥兵自重的习俗，在警备军中处处安插亲信，以图巩固自己的地位，结果引起了关东军的警觉。为了削弱张海鹏的权力，日军在凡有伪军驻扎的地方，均部署日军进行监视。同时，关东军还控制伪军的武器弹药，不给伪军配备重武器。除向热河警备军派出顾问和教官外，还在各级安插日系军官，并逐渐将日伪培养的非洮辽军官充实到部队中，从而将张海鹏的部队改造得面目全非。最后，关东军还不罢休，1934年7月伪满军大改编时，趁机将张海鹏调离热河省，专职担任溥仪的侍从武官长。这样，张海鹏明升暗降，被彻底削去了兵权。

关东军认为满洲国的版图包括内蒙古东部兴安地区，由伪"蒙古自治军"、东北军降日部队和土匪武装等改编而成的兴安省警备军，应划入伪满军序列，而不是伪蒙军序列

清朝时期，蒙古划分为内外蒙，内蒙（今内蒙古）又分为东西蒙，东蒙在东三省境内，西蒙在热、察、绥三个特区境内。1902年东三省改为行省后，各蒙旗仍是蒙古王公的领地，海拉尔一带不属于王公的领地，设有蒙古副都统管辖。中华民国成立后，仍沿旧制，但逐渐在蒙旗内设置县公署，各王公开放自己的领地租给汉人，于是扩大了各县的行政区域。但蒙古人聚居的区域，仍有蒙旗存在，归蒙古王公治理自己的领地，各旗设有保卫团，人数从 200 至 600人不等。

兴安省①警备军是在"九·一八"事变之后，由日本关东军在内蒙古东部呼伦贝尔、哲里木、昭乌达、卓索图各盟支持的"蒙古自治军"、东北军降日部队和土匪武装等改编而成。1932 年伪满洲国成立时，关东军认为伪满洲国的版图是奉天、吉林、黑龙江、热河 4 省及东蒙兴安地区，因而将兴安警备军划入伪满军序列，而不是伪蒙军的序列。

辛亥革命爆发后，奉天省彰武县的王公巴布扎布跑到内蒙古哈尔哈河畔，网罗了一支 3000 余蒙古族人组成的部队，举起了"独立运动"大旗，并很快得到关东军的支持。1916 年，巴布扎布趁袁世凯称帝引起全国公愤之机，率兵南下，企图与在满洲活动的清室残余——肃亲王领导的宗社党联合起来，消灭盘踞在奉天的张作霖，实现"满蒙独立"。但是，他的部队本是乌合之众，根本不是奉军的对手，很快便被奉军击溃，巴布扎布也在热河林西一带遭到伏击身亡。

巴布扎布死后，关东军将他的两个儿子甘珠尔扎布和正珠尔扎布送到日本陆军士官学校学习，接受日本军国主义的法西斯教育，以便将来所用。

甘珠尔扎布，别名韩绍约、川岛隆良，蒙古族，原卓索图盟土默特左旗人。1903 年 7 月 17 日（旧历）出生于锦州省东吐默特旗玛拉嘎塔村，当年搬至辽西省彰武县大冷营子。1920 年 10 月赴日本读中学，又入东京早稻田第一高等学院学习了一年半法律。1925 年 10 月进入东京陆军士官学校步兵科。1927年 7 月毕业，8 月回到旅顺家中，同年冬和肃亲王女儿川岛芳子结婚。

正珠尔扎布，别名韩信宝、韩绍德，曾用名川岛成信。1906 年出生。1920年 10 月赴日本读小学、中学，之后进入日本陆军士官学校炮兵科学习。1928年夏季毕业后回东北伪满警局中任职。

1929 年 8 月，正珠尔扎布由日本毕业回到大连。同年秋甘珠尔扎布兄弟二人一同拜访了住在旅顺的关东军司令官畑英太郎中将（正珠尔扎布和畑英太郎

---

① 兴安省：1932 年 3 月 9 日伪满洲国成立后，将黑龙江省管辖的呼伦贝尔地区划出，设立兴安省。地域以海拉尔为中心，北、西侧至苏蒙边境地区。后又将兴安省的行政区域划分为兴安东、南、西、北 4 个分省。同年 12 月 17 日，按伪民政部命令，将原黑龙江省的呼伦、胪滨、室韦、奇乾 4 县划归兴安北分省。1933 年 1 月 19 日，将雅鲁、布西、索伦 3县划归兴安东分省；将扎赉特旗划入兴安南分省。据 1933 年 7 月公布的兴安省行政区划表，兴安 4 个分省共辖 27 个旗、县、市。1943 年 10 月 1 日，成立兴安总省，省会王爷庙，管辖原兴安东、南、西、北 4 省行政区域，共 2 市、4 县、25 旗，全省总面积 433920 平方公里。1945 年抗日战争胜利后，伪满洲国覆灭，兴安总省建制自然解体。

的儿子是同学），同时认识了关东军高级参谋板垣征四郎大佐。二人希望板垣为他们提供武器、弹药，以进行内蒙古独立运动。1930 年春天，兄弟二人先后和蒙古胡匪天红（名金昌，苏鲁克旗人）、蒙古人韩色旺（达尔罕旗扎兰）、博王旗包善一（额尔敦毕力克，博王旗统领）商谈蒙古独立运动，企图完成其父"复兴蒙古民族，实行自治"的遗愿。

"九·一八"事变爆发时，关东军在东北的兵力只有 1 个师团和 6 个独立守备队，兵力缺少，很需要组织汉奸部队为之效劳。于是，甘珠尔扎布兄弟很快便从关东军得到 3000 支步枪和 60 万发子弹，之后在沈阳万国旅社召开会议，决定成立"蒙古独立军"，并组建了领导机构。即：

总司令：甘珠尔扎布

参谋长：萨嘎拉扎布（汉名郑凤翔，巴林右旗人，日本"满铁"育成学校毕业）

秘书长：哈丰阿（汉名滕续文，科左中旗人，蒙旗师范学校学生）

宣传处长：李友桐

副官处长：韩凤麟

正珠尔扎布担任了最重要的后方联络，即与关东军联络的任务。

此时，他们还没有直接指挥的部队，只有在奉天集合起来的三四十名青年学生，编成学生队，由吴广义任队长。另外，他们还编写了内蒙古独立军军歌和蒙古"独立宣言"文，内容大要是：内蒙古人民要脱离中华民国的统治而独立，成立独立国，恢复失地，从此后不受中华民国和一切军阀的统治等。

1927 年甘珠尔扎布与川岛芳子在旅顺大和旅馆举行婚礼

9月末，由关东军出面，将武器从沈阳运至通辽地区的科尔沁左翼后旗，分发给统领包善一和科尔沁左翼中旗统领韩色旺以及蒙匪天红、高山等人。随后，甘珠尔扎布等人大肆收罗流氓土匪，在科左后旗和科左中旗一带将"蒙古独立军"扩编为"蒙古自治军"，下辖3个军，号称10000人。为了让包善一死心塌地效忠于"蒙古独立运动"，甘珠尔扎布将总司令一职让给了他。即：

总司令：包善一

顾问：和田劲（日军退伍中尉，在奉天从事特务活动的日本浪人）

第一军：司令包善一兼

第二军：司令韩色旺

第三军：司令兼参谋长甘珠尔扎布，副司令天红

炮兵队：队长白云航（哈斯巴图尔，喀喇沁右旗人，俄国基辅军官学校毕业）

每个军下辖7至8个团，兵力2000多人。其中，第三军是蒙古自治军中实力较强的一支。

蒙古自治军在科左后旗、科左中旗和通辽一带活动。自治军成立之初，关东军便派遣顾问组成顾问团，把内蒙自治军完全掌握在自己的手里。

蒙古自治军成立后不久，于1931年10月12日发起了攻打通辽的军事行动。此次行动，由实力较强的甘珠尔扎布第三军担任主攻，其他两军侧翼配合，参战人数共1300余人，和田劲也带领几十名日军前来助战。

"蒙古自治军"虽然来势汹汹，但和他们对阵的却是东北军骑兵第三旅，属国防旅编制，装备和战斗力都优于"蒙古自治军"。战斗一开始，"蒙古自治军"便充分显露出土匪的流氓习性，闯入通辽城后只顾抢掠商家、居民的财物和马匹。包善一、韩色旺一心只想把自己的势力、地盘扩大，大发横财，对"蒙古独立"根本不感兴趣，结果被东北军分割包围各个击破。最后，"蒙古自治军"被打死70余人，伤者无数，残部狼狈逃窜。

攻打通辽失败后，日本军事顾问和田劲赌气辞职不干，后来在沈阳组织了伪靖安军。甘珠尔扎布为了不使这支武装瓦解，又跑到沈阳请求关东军支援。关东军遂派退伍大佐松井清助来到"蒙古自治军"担任顾问，并拨给"蒙古自治军"4门重迫击炮和4挺重机枪。于是，得到补充的这帮伪军又开始嚣张起来。

11月上旬，日军攻占通辽后，"蒙古自治军"北上攻打开鲁，结果在开鲁境内遭到东北军崔兴武旅李守信部袭击，死伤惨重，松井清助也被击毙，残余的"蒙古自治军"四散逃命，包善一等逃回博王旗潜伏。再次的失败，使日本

人对甘珠尔扎布兄弟失去了信心，于 1932 年初安排他们潜往大连蛰居。之后，关东军又向"蒙古自治军"派去退役少佐盘井文雄、小泽一六八和现役少佐本间诚，组成顾问团，将这支部队的指挥权收归日军。

1932 年 3 月伪满洲国成立后，日寇把残余的内蒙古自治军改编为伪满洲国兴安军，扎赉特王巴特玛拉布坦任少将司令官。

巴特玛拉布坦，字经堂，蒙古族，1900 年 1 月 15 日出生，扎赉特旗巴达尔胡努图克巴彦哈喇人，元太祖成吉思汗的胞弟哈布图哈萨尔后裔。扎赉特旗札萨克贝勒，中华民国成立后晋封郡王，加亲王衔，扎赉特旗末任札萨克（盟、旗的军政长官）。1931 年"九·一八"事变之后，公开投靠日本关东军。

1932 年 12 月，伴随着奉天、吉林、黑龙江省警备军的成立，关东军把内蒙古东部地区划分为兴安南、北、东、西 4 省，并同时成立了兴安各分省警备军。各分省警备军直辖于伪满军政部，司令由蒙旗地区实力人物担任，军事顾问和参谋长均由日本人充当，掌握伪军实权。

兴安东警备军：由地方杂牌武装改编而成，共有 2 个团和 1 个山炮兵连组成，1300 人左右。司令为达斡尔族人绰罗巴特尔，司令部驻博克图，警备区域为伪兴安省东部。这支部队装备较差，主要担负在博克图、布西一带协助日军维持治安的任务。

兴安西警备军：由原驻开鲁、查不干庙、林西、林东等地的东北军第十七旅降军编成。该部于 1933 年日伪军进犯热河省时降敌，司令为李守信。李守信是蒙古族人，原系热河省林西镇守使崔兴武部的一个团长。关东军进攻热河时，崔兴武不战而降。李守信以崔旅为基础，在察东、热西成立了由关东军控制的伪"察东警备军"，李守信任司令，尔后伪满将热河省西拉木伦河以北地区划出成立伪兴安西分省，将李守信伪军的新编第 4 支队改编为伪兴安西警备军，司令官由李守信兼任，司令部设于林西。因李守信未实任，实际上由参谋长乌古廷代理司令工作。兴安西警备军下辖 2 个骑兵团和 1 个山炮连，兵力 1300 人，分驻于林西、林东等地，武装弹药由关东军提供，装备较精良。

兴安南警备军：1932 年 4 月，由原甘珠尔扎布的"蒙古自治军"残余部队编成，下辖 2 个骑兵团和 1 个独立骑兵大队。巴特玛拉布坦任少将司令，司令部设于钱家店，警备区域为伪兴安省南部地区。此外，又招收了一批蒙古族青年学生组成少年队，兵力共 1300 余人。所用武器由关东军供给，军队装备较好。兴安南警备军司令部、少年队和一部分兵力驻钱家店，其余两团驻通辽，骑兵独立大队驻王爷庙（今乌兰浩特），负责科右前旗、科右后旗和扎赉特旗的社会治安。1932 年，日军进攻热河省，巴特玛拉布坦率两个团的蒙古兵配合作战，自钱家店开拔，先后攻打开鲁、天山、林东、林西，还收编了李守信部。他因军功，后来被日军升为兴安军管区军官学校校长，授陆军中将。

兴安北警备军：以海拉尔的都统分署卫队为基干，又网罗了苏炳文、张殿九的余部，共编成 2 个骑兵团、1 个独立山炮连和 1 个国境警察大队，共计 1800 人左右。司令为布里推特旗长乌尔金，司令部驻海拉尔，警备区域为伪兴安省北部地区。乌尔金是从苏联叛逃过来的布利亚特蒙古军的营长，后在西尼特旗爬升至旗长之位。其兵力、装备由关东军供给，分驻于哈尔哈庙、海拉尔、吉拉林等地。

1934 年，伪满实行帝制后，关东军为了方便指挥伪军，责令伪军政部对伪军进行整编，实施军管区。奉天、吉林、黑龙江、热河等省划分为 5 个军管区。虽然兴安各分省未实行军管区制，但也按照军管区制的标准统一进行了整编。统一整编后，兴安各分省警备军下辖骑兵 2 个团或 3 个团，每个团骑兵 800 名，另外有 1 个山炮连。具体编成是：

兴安东警备军：下辖骑兵第一团、第二团和 1 个山炮连

兴安西警备军：下辖骑兵第三团、第四团和 1 个山炮连

兴安南警备军：下辖骑兵第五团、第六团和 1 个山炮连

兴安北警备军：下辖骑兵第七团、第八团、第九团和 1 个山炮连

以上共 12000 人左右

东三省沦陷后，滞留在黑龙江的东北海军江防舰队为苟且偷生，投降了日军。在伪满洲国成立一年之后，被整编为"满洲国海军江防舰队"

陆军江上军是伪满洲国的一支水上部队。"九·一八"事变后，原东北军海军江防舰队投降日军，被改编为"满洲国海军江防舰队"，归伪满海军建制。诺门罕战争后，改编为"陆军江上军"，改隶陆军建制。

1925 年冬，东北军海军成立，沈鸿烈①被张作霖任命为总指挥，下辖海防舰队和江防舰队。海防舰队基地在营口，拥有"镇海""威海""定海""飞

---

① 沈鸿烈（1882-1969）：字成章，湖北天门人。18 岁时考中秀才。1905 年入日本海军学校学习。1911 年夏毕业回国后，加入国民政府海军。由海军"楚观"舰候补员起步，先后担任国民政府参谋部海军局科员，黑吉江防舰队参谋、参谋长。尔后参与创建东北海军，官至东北海军副总司令、代总司令、中华民国海军第三舰队司令、海军总司令、山东省政府、浙江省政府主席等职。1949 年去台湾，任"总统府战略顾问"，由于没有实职，便杜门谢客，埋头写书。著有《读史答记》《欧战与海权》《东北边防与航权》《收回东北航权始末》《青岛市政》《抗战时期之山东党政军》《抗战时期之农业建设》《抗战时期之国家总动员》《浙政两年》《消夏漫笔》《政海微澜》《五十年间大梦记》等。1969 年 3 月 12 日，因心脏病医治无效，去世于台中市省立医院。

鹏"4艘舰艇，由原"镇海"舰长凌霄①任海防舰队队长；江防舰队以哈尔滨为基地，拥有"利川""江亨""利捷""利绥""利济""江平""江安""江通"8艘小型炮舰，原"利绥"舰长尹祚乾任江防舰队队长。东北海军在沈鸿烈的统帅下，发展很快。1928年5月，沈鸿烈趁日军制造"济南惨案"的有利时机，又将山东督军张宗昌控制的渤海舰队并入东北海军，力量进一步壮大。东北"易帜"后，东北海军由张学良兼任总司令，沈鸿烈为副总司令，下辖2个海防舰队和1个江防舰队。海防第一舰队由凌霄任队长，基地驻青岛；海防第二舰队由袁方乔②任队长，基地驻烟台、长山岛；江防舰队仍由尹祚乾任队长，基地驻哈尔滨。

"九·一八"事变后，由于东北军奉行南京政府的不抵抗政策，东三省很快落入敌手。东北海军海防舰队由于驻在青岛、烟台和长山岛，没有受到日军的攻击，而滞留在黑龙江的江防舰队便陷入了日军的炮火射程之内。1932年2月6日，在日军攻占哈尔滨后，尹祚乾为了苟且偷生，贪图名利，率领江防舰队投降了日军。

尹祚乾字健庵，1887年出生，湖南芷江人。1906年赴日本留学，先后入商船学校、横须贺海军炮术鱼雷学校学习。1911年毕业回国后参加了辛亥革命，之后任沪军都督府海军陆战队大队长、代理指挥官，北京政府海军部军衡司科员、典制科科长，吉黑江防舰队"江平""利济""利捷""江亨"舰舰长。

---

① 凌霄（1884—1946）：字壮华，浙江崇德县人。浙江陆军武备学堂第五期、日本东京商船学校第二期航海科、日本海军炮术学校、日本海军大学毕业。从日本毕业回国后曾担任南京临时政府北伐舰队参谋、北京政府参谋本部科长，后辞职回乡，任浙江水上警察厅厅长。1922年同学沈鸿烈在东北筹建海军，凌霄受邀北上，同年8月任东北保安司令长官公署航警处课长。1923年1月任东三省航警学校首任上校校长，7月兼任镇海舰舰长、东北海防舰队参谋长。1925年任东北海防舰队队长、渤海舰队副司令。1927年5月晋授海军少将。1928年任东北海防第一舰队舰长。1929年3月任海军编遣区办事处副主任委员兼第三舰队编遣分处主任，1931年任第三舰队副司令，1932年4月因扣留沈鸿烈的"崂山事件"被免职。1937年出任驻日本公使馆海军武官。1939年调任驻美国公使馆海军武官。抗日战争期间投降汪伪，1940年3月任汪伪军事委员会委员。1941年3月任汪伪国民政府海军部政务次长，10月调任驻日使馆武官。1943年10月授海军中将。1944年11月任汪伪政府海军部代部长。1945年1月任海军部部长，并晋授海军上将，8月16日被捕，1946年6月24日被国民政府以汉奸罪在南京雨花台处决。

② 袁方乔（1891—1964）：字宇南，山东省荣成唐家庄人。1910年毕业于烟台海军学堂第四届驾驶班。历任民国海军"海圻"巡洋舰舰长、东北海军海防舰队舰队长、海防第二舰队舰队长、青岛港务局长等职务。青岛沦陷后，寓居上海。新中国成立后，袁方乔回到烟台，曾受邀到青岛参与军事院校及地方政府组织编写近代海军发展史及有关海洋军事方面的教材。1964年去世，终年73岁。

1929 年 10 月 12 日指挥并参加了中苏三江口与富锦之役。1931 年任东北海军江防舰队总教练官兼海军陆战补充大队上校大队长、代理江防舰队司令。附逆后，江防舰队改为伪满海军江防舰队司令部，任司令官，8 月被伪满授予海军少将。

1933 年 5 月，在伪满洲国成立一年之后，"满洲国海军江防舰队"正式成立，归满洲国海军建制，隶属于伪军政部总长，受日本海军当局派驻东北的"满洲海军特设机关"（后改为"驻满海军部"）指挥。舰队司令部仍设在哈尔滨，以尹祚乾为司令，范熙申为参谋长，日本人伊藤海军大佐为顾问。舰队仍袭旧制，共有"利济""江清""利绥""江通""江平"等舰艇 6 艘。舰艇总吨位 2200 吨，兵员 500 余人。补充队 1 个，设有队长、副队长各 1 人，轮机少校、上尉、中尉各 1 人，甲板少尉 1 人、准尉 4 人，军医准尉 1 人，日系教员 5 人，下设军士训练班、新兵班和旧兵班，主要负责伪满海军士兵的教育和训练，学制一年。

"满洲国海军江防舰队"把松花江从哈尔滨至同江划分为 5 个防区。第一防区上游哈尔滨到肇州，第二防区下游哈尔滨到通河，第三防区通河到依兰，第四防区依兰到佳木斯，第五防区佳木斯到同江。分别将舰艇配置在各个防区巡弋，"利济"派第二区，"江清"派第三区，"利绥"派第四区，"江通""江平"派第五区，第一防区因无重要的情况所以未派舰镇防。其主要任务是协助日本关东军讨伐松花江流域的反满抗日力量，并维持这些地方的"治安"。具体任务共有 3 项。

伪满海军军旗

"满洲国海军江防舰队"的第一项任务是为日伪军陆上部队提供后勤保障和水面警戒。1932 年 2 月，吉林自卫军李杜所部在保卫哈尔滨失利后，撤往松花江下游地区依兰根据地休整。4 至 5 月，江防舰队奉关东军之命组成水上运输队，对进攻依兰根据地的日伪军提供支援，先后参加了攻克通河、德莫立、二道河子的外围战斗。但此次进攻并没有将李杜抗日义勇军剿灭，他们向东转移后，联合其他抗日武装力量，继续活跃在吉林省东部国境附近的三江地区。9 月，关东军为了彻底消灭这支抗日武装，先后调集了 6 个师团 10 余个旅团近 4 万日军和万余伪军对李杜义勇军进行讨伐。在这次大讨伐中，江防舰队除为日伪军运输军用物资外，还担负松花江、乌苏里江江面警戒任务，阻止义勇军渡江转移。

"满洲国海军江防舰队"的第二项任务是从事所谓的"开拓国境河川航路"。日本侵略者为了从水路掠夺东北更多的资源，从1932年伪满建国至1935年间，命令江防舰队从黑龙江沿乌苏里江，南抵兴凯湖，航遍了中苏边界大大小小的主要河流，勘察河流的航运情况。通过勘察，日本侵略者不仅向苏联显示了伪满洲国"界河"的军事存在，而且使原来认为不能航行的松阿察河及穆棱河等，也开始了商船通航。江防舰队充当了日本侵略者掠夺中国东北资源的水上探路队。

"满洲国海军江防舰队"的第三项任务是收集苏联军事情报。日本一直把苏联作为其潜在的敌人，时刻寻找时机准备对苏作战。因此，日本对苏联的情报侦察活动从未停止过。日军占领东北后，苏联红军在远东中苏边境加强了军事力量。日军由于对苏作战还没有完全准备好，不便直接与苏联发生冲突，于是就派江防舰队以探测航路和巡逻为名，沿中苏边界收集苏军的军事情报。

日军十分重视伪满洲国这支唯一的水面力量，煞费苦心地对其进行了"改造"。他们向伪满海军灌输日满亲善、一心一德，共同防卫的思想，还进行协助陆上日伪军讨伐抗日武装的技术、战术训练，以使江防舰队能更好地为日军的侵略战争服务。

"满洲国海军江防舰队"对兵员的选拔也比较严格，一般都要求家庭较富裕、具有高小或初中学历，新兵到达后，先在舰队补充队进行一年的训练和教育，然后选择成绩优良者送往日本留学，接受日本海军教育。在补充队，招募的兵员被分成新兵、旧兵和军士三类，新兵和旧兵主要训练海军的基本军事技能，军士着重训练军械知识和军人行为规范。对于海军军官的选拔，主要在日本东京和伪满洲国首都新京招募中学毕业生，经考核合格后，先入东瀛高等商船学校学习，毕业后再到日本海军各学校接受教育，学习期满后以海军少尉候补生的身份到伪满海军工作。

下篇：伪"满洲帝国"军队
（1934年3月—1945年8月）

　　1934年3月1日，伪满洲国实行帝制后，溥仪由"执政"改称"皇帝"，军政部"总长"改称"大臣"。不久，又颁布了《募兵法》，对满洲帝国军队进行了整编。7月，除军政部直属的"侍从武官处""禁卫步兵团""宪兵司令部"等机构外，将原来奉天、吉林、黑龙江、热河4省警备区划为5个军管区。司令部分别设在奉天、吉林、齐齐哈尔、哈尔滨和承德。每个军管区的部队步、骑、混成旅4至6个，炮兵大队1个，教导队1个，通信队1个，军乐队1连。经过整编，满洲帝国军队共编成9个步兵旅，11个骑兵旅，9个混成旅，5个教导队，5个炮兵大队，5个通信队，5支军乐队，总兵力79300余人。

　　1934年10月1日，伪满洲帝国公布了新的《省官制》。12月1日正式实施"新行政区划"，将东北4省1市划为14个省、2个特别市（省级）、1个特别区。即吉林、龙江、黑河、三江、滨江、间岛、安东、奉天、锦州、热河、兴安西、兴安南、兴安东、兴安北省和新京、哈尔滨特别市，东省特别区。根据1932年的《日满议定书》，满洲帝国承认清朝租借辽东半岛复州湾至猎子窝一线以南包括金县、大连市、旅顺市的关东州由关东军直接管辖，不计入满洲国范围。此后，随着省市的增加，伪满洲帝国军队陆续编为11个军管区。

　　为了进一步将伪满军牢牢地控制在手中，1936年3月，关东军将伪满全境划分为东部、北部、西北、中部、南部和旅大6个防卫地区。东部防卫地区，辖牡丹江、间岛、东安、三江地区，由第四独立守备队司令官负责，司令部驻牡丹江；北部防卫地区，辖黑河、北安、滨江地区，由第五独立守备队司令官负责，司令部设于哈尔滨；西北防卫地区，辖兴安北省、龙江地区，由第三独立守备队司令官负责，司令部驻昂昂溪；中部防卫地区，辖吉林、兴安南省地区，由第二独立守备队司令官负责，司令部驻长春；南部防卫地区，辖奉天、通化、安东、四平、兴安西、锦州、热河等省区，由第一独立守备队司令官负责，司令部驻奉天；旅大防卫地区，辖关东州地区，由旅顺要塞司令官负责，司令部驻大连。

　　自1934年实行新的行政区划后，又先后增设北安、东安、牡丹江、通化、四平5省，哈尔滨特别市降格为普通市，由伪滨江省管辖。至1941年，伪满洲帝国行政区划变为安东、奉天、锦州、吉林、热河、间岛、黑河、三江、龙江、滨江、兴安东、兴安西、兴安南、兴安北、牡丹江、通化、东安、北安、四平省和新京特别市，共 19 个省①、1 个特别市。1940 年 4 月 11 日，伪满"国兵法"颁布，15 日开始实施。1941 年伴随着伪满国兵的入伍，实行了伪满军又一次改编，这次改编将伪满各军管区的步、骑兵普遍缩编。10 月取消了各军管区

---

① **吉林省**：省会永吉县，后为吉林市。除怀德县原属民国辽宁省外，其余原属民国吉林省，辖吉林市（1936 年由永吉县城区设）、长春县（驻新京特别市）、永吉县（驻吉林市）、通阳县（1934 年合并伊通、双阳二县组建）、德惠县（今德惠市）、九台县（今九台市）（1932 年由德惠县置，驻下九台）、农安县、蛟河县（蛟河市）（1939 年由额穆县更名）、敦化县（今敦化市）、桦甸县（今桦甸市）、磐石县（今磐石市）、舒兰县（今舒兰市）、榆树县（今榆树市）、扶余县（今扶余市）、乾安县（1933 年由乾安设治局置）、怀德县（30 年代迁至公主岭）、郭尔罗斯前旗。**黑河省**：省会瑷珲县。原属民国黑龙江省。辖瑷珲县（1934 年迁至黑河屯）、孙吴县（1937 年由瑷珲县置）、逊克县（1942 年 8 月奇克、逊河二县合并置，驻奇克）、佛山县（今佛山市）、乌云县、呼玛县、鸥浦县、漠河县。**三江省**：省会桦川县，后为佳木斯市。原分属民国吉林省、黑龙江省。辖佳木斯市（1937 年由桦川县置）、桦川县（30 年代末县治迁驻佳木斯）、方正县、依兰县、抚远县（今抚远市）、同江县、富锦县（今富锦市），以上原属民国吉林省。通河县（30 年代裁凤山设治局改置）、汤原县、鹤立（30 年代末由汤原县置，驻鹤立岗）、萝北县、绥滨县，以上原属民国黑龙江省。**龙江省**：省会龙江县，后为齐齐哈尔市。原分属民国辽宁省、黑龙江省。辖齐齐哈尔市（1936 年由龙江县城区设）、龙江县（驻齐齐哈尔市）、泰来县、景星县、甘南县（1933 年甘南设治局置）、富裕县（1933 年富裕设治局置）、林甸县、讷河县（讷河市）、大赉县、伊克明安旗、杜尔伯特旗（30 年代裁泰康设治局入），以上原属民国黑龙江省。醴泉县（今礼泉）（30 年代突泉县复名）、安广县、镇东县、开通县、瞻榆县、洮南县、白城县（30 年代洮安县改名），以上原属民国辽宁省。**滨江省**：省会哈尔滨市。原属民国吉林省、黑龙江省、东省特别行政区。辖哈尔滨市（1932 年以东省特别行政区中心区域和滨江县合并设立，30 年代中期升为特别市，1940 年降为市）、阿城县（今阿城区）、宾县、双城县（今双城市）、五常县（今五常市）、珠河县、苇河县、延寿县，以上地区原属民国吉林省。呼兰县（今呼兰区）、巴彦县、木兰县、肇东县（今肇东市）、肇州县、兰西县、东兴县（今东兴市）（1933 年东兴设治局改置）、安达县、青冈县、郭尔罗斯后旗（今肇源县），以上地区原属民国黑龙江省。**牡丹江省**：省会牡丹江市。原属民国吉林省，1934 年后属滨江省。辖牡丹江市（1935 年由宁安县（今宁安市）牡丹江设立）、宁安县、东宁县（今东宁市）、穆棱县（今穆棱市）、绥阳县（1940 年由穆棱、东宁二县置）。**东安省**：省会密山县（今密山市）。原属民国吉林省，1934 年后属滨江省。辖密山县、鸡宁县（1940 年由密山县置，今鸡西市城区）、虎林县（今虎林市）、饶河县、勃利县、林口县（1939 年由穆棱、勃利、宁安三县置）、宝清县。**北安省**：省会北安县。原属民国黑龙江省，1934 年后分属龙江省、滨江省。辖北安县（1940 年龙镇县更名）、克东县（1933 年克东设治局改置）、明水县、拜泉县、德都县（1933 年德都设治局改置）、通北县、嫩江县、依安县，以上各县曾属龙江省。海伦县（今海伦市）、绥棱县（30 年代绥楞县更名）、铁骊县（今铁力市）（1933 年铁骊设治局改置）、庆安县（1944 年庆城县更名）、望奎县、绥棱县（今绥化市），以上各县曾属滨江省。

的教导队，撤销了各军管区内的空额旅番号。在各军管区内新设工兵队，把高射炮队和自动车队配属于各军管区。通过这次改编，没有讨伐任务的第一、第二、第四、第六、第八军管区部队编制都改为各有 1 个步兵旅、1 个混成旅。担任在热河讨伐八路军的第五军管区，编有步兵 2 个旅、混成 1 个旅。第九、第十两个军管区，各有骑兵 2 个团外加 1 个连，伪第二师被配属于第九军管区内。这次改编，各军管区都配备了通信队。改编后，伪满军总兵力剩下 60000 余人。到 1944 年全国大改编后，各军管区只剩步兵 1 个旅，好一点的武器装备都被收回交与关东军。而第一军管区的步兵 2 个团，第二军管区的步兵 1 个团，第三军管区的步兵第四旅，第四、第六军管区的步兵各 1 个团，均先后奉令增援第五军管区，开往热河。

在裁减伪满军兵员的同时，关东军不断向伪军中派遣日本人（"日系"）军官，在伪满军中担任各种职务，以增强其控制力。1954 年 6 月，曾任治安部人事科长的佟衡在《佟衡口供》中记载：按照伪满军规定，各级在岗的军官数目是：将官 128 人，其中上将 7 人、中将 45 人、少将 76 人、上校 190 人、中校 380 人、少校 1100 人、上尉 1200 人、中少尉 2000 人，另在其他军事行政机构中，还有校尉级军需官 1600 人、军医 1200 人、兽医官 260 人、军法官 50 人。在整编过程中，将大量中国军官解除军权、清除出军界或推荐到关内，同时增加日本人在伪满军中的数量，结果使伪满军官中，日本军官占到 40%。其中中将占到 50%，中、少校及上尉军官，日本人超过了中国人。这些日本军官主要由两种人组成，一种是日军退伍军官，经关东军挑选后，以比在日军中高一级的军衔成为伪满军官。伪满后期他们大多成了中少将，如军事部次长真井鹤吉、军管区司令美崎丈平、兴安师师长野村登龟江，还有各类军官学校校长如伪陆军高等军事学校校长秋山香、小林赣一，伪陆军训练学校校长梅村笃郎、伪陆军军官学校校长南云亲一郎、山田二郎等，他们是伪满军的关键人物，操纵着伪满军的实权，控制着伪满军的各个部门。另一种是在伪满各军事院校培养的日本军官，他们毕业后在伪满军中担任排长、连长、营长等职务，是日本侵略政策的具体执行者。

当上"康德皇帝"的溥仪大喜过望，如承"天封"，一时竟忘乎所以，为了显示自己"三军统帅"的身份，称帝 3 个月内，便举行了两次大阅兵

溥仪一心想当皇帝，在其就任"执政"前，与日本人达成约定："执政"期限为一年，之后实行帝制。到时如果关东军不允许实行帝制，溥仪可以辞职。

在一年期满前两个月，溥仪的幕僚们就催促他要求关东军履行约定，他们认为关东军必不肯舍得溥仪下台，因此会接受帝制的。但溥仪没有听从他们去"将"关东军的"军"，因为他早已没有了这样的胆量。溥仪后来回忆道："万一关东军让我辞职，我能到哪里去呢？所以烦恼归烦恼，对关东军的顺从还是要顺从。"

关东军根本没有将一年后实行帝制一事放在心上，对溥仪也一再敷衍：帝制的问题日本政府还正研究着，意见尚未一致。到时机成熟时，这个问题自然会解决的。1933年3月2日，日军完成了对东北四省的全部占领，27日，日本宣布退出国联。5月31日，长城战役以《塘沽协定》的签署宣告结束，中国军队撤出长城以南划定的非武装地带。在溥仪看来，这些事件都是其做皇帝的最佳"时机"，但日本人却只字不提，他也不敢问原因。直到1933年底，关东军司令菱刈隆大将突然告诉郑孝胥，日本政府可以承认溥仪做皇帝。

其实，日本人让溥仪当皇帝的真正原因，不过是为了利用"皇帝"的名义更省事地统治东北这块殖民地而已。但不管怎样，消息传来，溥仪还是大喜过望，如承"天封"，一时竟忘乎所以，准备"龙袍加身"。然而日本人只是同意他当"满洲国皇帝"，并不是"清朝复辟"，反对"龙袍玉带"、蟒袍花翎，要求溥仪只能穿大元帅正装礼服登基。最后经过"行走"们反复周旋，达成一个折中协议。

1934年3月1日早朝，在新京南郊杏花村一座土垒的"天坛"上，溥仪穿上在北京保存了20多年光绪帝当年用过的龙袍。仿照古制，他像演戏一样怪模怪样地行了告天即位大礼。回府后，又卸下龙袍，换上陆海空军大元帅正装礼服。

中午12时，溥仪在伪满帝宫勤民楼正殿举行"登极大典"，当上了新"皇帝"。典礼上，宫内府大臣宝熙①、侍从武官长张海鹏站列两旁，侍从武官、侍卫官们陪列两侧。正厅由郑孝胥为首，率领文武百官进行朝贺。从此，伪"满洲国"改称"满洲帝国"，溥仪被称为"满洲帝国皇帝"，年号"康德"。"执政府"为了区别于日本东京的"皇宫"，改称"帝宫"，而实际一般人仍多称为"皇宫"或称"宫内府"。

根据"满洲帝国"颁布的《组织法》规定："满洲帝国由皇帝进行统治，即由皇帝统揽统治权，立法、司法、行政三权均属皇帝；皇帝还统率陆、海、空军，颁布'紧急训令'，掌握大赦、特赦等权。"但是，日本帝国主义在中国东北的代理人——关东军司令官，为了充分控制溥仪，真正掌握伪满统治的大

---

① 宝熙：字瑞臣，宗室豫亲王多铎九世孙，翰林出身，历任翰林院编修、内阁左丞，伪满特任宫内府秘书长等职。

权，一扫《组织法》中规定的内容，于 1936 年 9 月 18 日，即日本侵入东北 5 周年之际，另起炉灶，炮制了一篇名为《满洲国的根本理念和协和会的本质》的文章，其中有一节专门阐述日本天皇、关东军司令官和伪满皇帝之间的关系。其原文为："满洲国皇帝基于天意，即日本天皇之圣意而即位，因此，必须为皇道联邦的中心——天皇服务；以天皇之圣意为己心；以此作为皇帝的天职。"本着天皇意旨和关东军司令官的"合理化建议"，为了保全伪满皇帝之"尊严"和溥仪这块"金字匾"，关东军内部特设了一个"第四课"，溥仪身边挂上了一个"御用挂"。从而，日本人取得了皇帝头上太上皇的地位。其实，在日本人心中也没有真正将溥仪当作"皇帝"。在伪满洲国荐任级（等于军人校级）以上的日本人官吏，在其就职时，由日本关东军司令官发给一小本《日本人服务须知》的秘密手册，内分 30 条，详细载有日寇统治东北、压榨人民的各种手段。其中第二条规定："满洲国皇帝不是神的后裔，或化身的'现人神'，像日本天皇那样具有神圣不可侵犯的尊严，但为实现日本国策计，日本人对于满洲国皇帝必须保持尊敬的态度。"

心急火燎地当上"皇帝"的溥仪急于显示自己"三军统帅"的身份，称帝 3 个月内，便举行了 2 次大阅兵。

1934 年 5 月 10 日，溥仪从伪满洲帝国军队 128 个团中精选出 2 万人，在"新京"飞机场举行了"盛大"的阅兵式。他在军政部大臣张景惠等人的陪同下，检阅了受阅的伪满国军。

6 月 6 日，为庆祝伪满洲帝国实施"帝制"并祝贺溥仪登基，日本裕仁天皇大弟弟雍仁亲王自日本经大连来到长春。对溥仪来说，这是他第三次登极后接待的第一位"尊贵"客人。晚 6 时，当雍仁到达长春时，溥仪在"新京驿"（今长春站）站台上举行了隆重的迎接仪式，军乐队奏日本国歌，鸣礼炮 101 响，紧接着，身着陆军正装的溥仪陪同雍仁检阅了仪仗队。

8 日上午，溥仪专门为欢迎雍仁举行了规模盛大的阅兵仪式。阅兵场地设在"大同大街"上，并在西公园（今胜利公园）门前广场专门为溥仪和雍仁设立了阅兵御座。上午 9 时 30 分，身穿陆军大礼服、佩戴菊花大勋章的溥仪来到现场。少顷，身穿陆军大尉军装的雍仁也到了那里。两人就座后，阅兵式诸兵指挥官、伪中将王静修上前，恭恭敬敬地向溥仪和雍仁报告了阅兵阵容，并请他们登上插有皇帝旗的检阅车，沿着"大同大街"缓慢前行，依次检阅禁卫步兵团，"新京"地区禁卫军，吉林步兵第四旅第十三团，骑兵第一旅第一、二、三团等伪满部队。检阅车行至"新京"神社前，溥仪与雍仁下车登上检阅台。随后由王静修发令，军乐队奏起进行曲，各部队依次进行分列式表演，正步前

进通过"阅兵御座"，阅兵仪式一直进行到上午 10 时 20 分结束。^①

1934 年 10 月，伪满洲帝国实行"帝制"刚刚半年，溥仪就令满洲帝国军队举行了陆军特别大演习，他以所谓"康德皇帝"的身份，亲自"统监"了这次为时 3 天的演习。13 日上午 8 时 50 分，溥仪抵达大屯阜山临时搭起的"陆军特别演习观察所"，这天演习的内容是伪军赤、蓝两军为夺取阜山而发生的假想遭遇战。14 日，溥仪又在张海鹏、郑孝胥等人的陪同下，抵达南岭，观看在这里继续举行的"演习"。在演习间隙，溥仪兴致勃勃地来到骑兵第一旅兵营，发表了一篇"敕语"，嘉奖、勉励一番，还找来几个下级官兵以示"关怀"，看看他们的兵器和背包中的食品，问了几句话，竟然把这几个人弄得惶恐不安，不知该怎样回答"皇帝御下问"了。负责拍照的溥仪随从李国雄本来想拍摄一下重机枪吐火舌的照片，可是重机枪手扣动扳机后，却只有一个单发，左鼓捣、右鼓捣，急得脸上直冒汗，也没有搞好，李国雄始终没有拍到"重机枪吐火舌"的镜头。这时，他才知道，原来伪满军队的武器都是破烂货。即使这样，疑神疑鬼的日军还是不放心，一两年后干脆把伪满陆军中的重机枪和小钢炮给收回去了。

溥仪在伪军演习中"御颁敕语"

1942 年 5 月末，日本裕仁的小弟宣仁亲王代表天皇来长春庆祝伪满建国十周年。同样受到了溥仪的"高格礼遇"。31 日上午，他和溥仪在兴仁大路（今解放大路）至"大同大街"又举行了一次空前盛大的阅兵仪式。

此次阅兵仪式称"国军特命阅兵式"。这是伪满洲帝国礼典上明文规定的"最高盛仪"，举行这一仪式，目的就是向宣仁表达"举国奉迎之赤诚"，并反

① 王庆祥著，《伪满洲国皇宫揭秘》，第 246～247 页，团结出版社，2008 年 6 月。

映"日满共同防卫的伟大精神"。此次阅兵的指挥官是陆军上将于芷山，阅兵参谋长是治安部参谋司长郭若霖少将。参加阅兵的部队有：陆军军官学校学生队、陆军训练处学生队、禁卫队、步兵队、兴安骑兵队、"新京"和哈尔滨军乐队共五千人，号称伪满国军精锐的高射炮队、独立自动车队等机械部队也参加了阅兵式。空中还有数十架飞机，这是伪满实施"国兵法"以来第一次阅兵式。受阅部队依次进行分列式，至 10 时 40 分检阅完毕。

　　表面看来，日本人所规定的"皇帝"权利冠冕堂皇，但实际掌握统治大权的是皇帝之上的"太上皇"——关东军司令官兼任驻伪满洲帝国全权大使。

　　关东军司令官可以随时去溥仪的宫里，按惯例通常每月来 3 次。武藤信义任司令官时期，在每月逢一的日子里举行会晤，即一日、十一日和二十一日，他都要出现在勤民楼二楼那间"贵宾室"中。到菱刈隆任司令官时期又改为逢二的日子会晤了。据溥仪回忆，历届司令官对他的方针是"既防范，又利用；既限制，又抬捧"。当然，他们主要是通过安插在溥仪身边的"御用挂"吉冈安直①来控制溥仪。吉冈从 1932 年到溥仪身边，一直到 1945 年日本投降，和溥仪一起被苏联红军俘虏止，始终没有分开。十多年间，他由一名陆军中佐，一步步升为陆军中将。他管理溥仪的一切公私事务，干涉溥仪的一言一行，禁止溥仪的自由发言。无论是在关东军规定的宴会上，还是与伪总理及总务长官的临时谈话，或是伪省长的所谓"上奏"、伪军管区司令官每年初例行的汇报军情等，都由吉冈预先将溥仪讲话内容写在纸上，以限制谈话的范围，丝毫不许变更。吉冈自称是溥仪的"准家属"，包揽一切，隔绝了溥仪对外的一切联络，不许伪官吏和溥仪自由见面，凡别人给溥仪的信件，也一律由吉冈指挥的伪宫内府日系总务处长扣下，先由他们看完后，再决定是否给溥仪看。从 1934 年被委派这个差事，直到溥仪逃亡大栗子沟，吉冈始终像个尾巴似的跟在身边。因为监管溥仪有功，吉冈才在十年之间从中佐升为中将。对这个人，溥仪曾痛恨地说：我出巡、接见宾客、行礼、训示臣民、举行祝酒，以至点头微笑，都要在吉冈的指挥下行事。我能见什么人，会上讲什么等等，一概听他的吩咐。

　　就连溥仪家的私事，也都要由日本人操纵。1935 年，溥仪对在禁卫步兵团任职的弟弟溥杰说："看样子，日本军部很想让你和日本女性结婚。这样一来，内外受制就越发不好办了。不如趁他们还未下手之前，你赶快和中国的女性订了婚……"几经筛选，选定了婉容的表妹，经过磋商，已有眉目。这事被吉冈

———————

　　① 吉冈安直：日本鹿儿岛人，陆军士官学校、陆军大学毕业，1931 年前曾任天津驻屯军的大尉参谋、日本陆军士官学校教官。后来通过在日本留学的溥杰牵线，以关东军高级参谋的身份来到溥仪身边，充当皇帝的"御用挂"，成为关东军与溥仪之间的"一根电线"。

所闻，立即把溥杰找去，对他说"关东军方面都希望你和日本的女性结婚，因为这和'日满亲善'前途大有关系……"次日溥杰向溥仪汇报此事，溥仪只好长叹一声完事。

苏联红军出兵东北后，由日本侵略者制造的伪满洲帝国也走到了尽头。1945年8月9日，关东军决定撤往通化，同时要求溥仪、伪满政府首脑和重要机关一起南撤。溥仪虽然不愿意放弃"新京"，但在关东军的压力下只有从命。10日，伪满政权召开"防卫会议"，按照关东军的指令，宣布"迁都"通化，人员分为撤退和留守两部分。这次会议实际成了伪满垮台前的一次散伙会议，此后伪满政权便分崩离析了。

在一片混乱中，溥仪指使众人收拾细软、烧毁文件，仓皇出逃。伪满大小官吏也各奔东西，争相逃命。在即将灭亡之际，这些寡廉鲜耻的汉奸，还不忘大捞"国难财"，将"国库"的钱财瓜分一空。溥仪给侍从人员每人分发了4万元"安慰费"。张景惠给东京汇款5000万元，以留作后路。伪首都市长于镜涛将市署存款2000万元分给手下官员，自己拿了400万元。伪都保存的大量鸦片、贵金属等也被劫掠一空。同时，伪满政权仍未忘记销毁罪证，由武部六藏①指挥，将伪中央政府的机要文件，秘密档案等付之一炬。其他各地伪政权也同样将罪证材料焚烧一空。就连作为伪满精神象征、平时顶礼膜拜的"建国神庙"也被焚毁，"天照大神"在浓浓黑烟中被送上天，这对日本天皇、关东军和伪满政权无疑是一大讽刺！

8月12日凌晨，在滂沱大雨之中，溥仪携其后妃和溥杰、润麒、万嘉熙（三人9日临时调任为侍从武官）等近亲仓皇登上出逃的专列。同行的还有"帝室御用挂"吉冈安直、侍捧天照大神三件神器的桥本虎之助，以及伪总理大臣张景惠和参议府议长臧式毅等人。专列途径通化，于13日到达临江县大栗子，设立了临时"行宫"和伪政府。因为大栗子沟有一家日本兴办的铁矿公司，建有严密而坚固的钢筋水泥防空地下室和地下道。

然而，溥仪和众大臣们未及喘息，就迎来了日本无条件投降的消息，关东军随即决定停止抵抗。作为傀儡的伪满洲帝国虽然已经名存实亡，但是日本侵略者仍要将傀儡收场戏演完。8月16日，武部六藏召开会议，商讨伪皇帝退位

---

① 武部六藏（1893—1958）：日本长崎县人，东京帝国大学毕业。曾任长崎县理事官、帝都复兴院书记官、内务大臣秘书官、秋田县知事等职。1935年来华，任关东局司政部长，后任该局总长。1939年1月任企画院次长，后任该院总裁。1940年7月，就任伪满洲帝国国务院总务长官，总揽行政大权，支配伪满的全部政治、经济、文化事务。日本投降后，被苏军逮捕并押送苏联。1950年7月，作为战犯被引渡回中国，关押于抚顺战犯管理所。1956年被我国最高人民法院特别军事法庭判处20年徒刑，因脑软化症引发半身不遂被假释，7月归国。1958年1月19日，病死于日本。

和伪政权解体问题，并拟定了伪皇帝退位诏书稿。17 日晚上，在大栗子矿业所，由武部六藏代表日本和关东军导演了伪满洲帝国皇帝的"退位仪式"。参加仪式的伪大臣们神色黯然，垂手而立，溥仪脸色发青，用机械的语调宣读了由日本人拟定的送葬词——"退位诏书"。尔后，伪大臣们抛下溥仪，作鸟兽散，竞相逃命。次日，溥仪出逃时，竟无一人送行。

直到这时，关东军仍然严密控制着溥仪，命其亡命日本。8 月 18 日夜，溥仪抛下"皇后"和"贵人"，只带他的兄弟溥杰和几个近亲，在日本人桥本虎之助和吉冈安直的"陪同"下，乘火车前往通化。19 日晨，溥仪一行分乘关东军提供的专机飞往沈阳，准备换大型飞机转赴日本。当飞机飞临沈阳时，机场已被苏军控制，溥仪等人刚下机就成了苏军的俘虏。之后，溥仪一行被押往苏联西伯利亚，不久关押在赤塔战犯收容所。

中华人民共和国成立后，中央人民政府为了彻底清算日本法西斯的侵华罪行，也为了改造日本战犯、教育人民，通过与苏联政府协商，于 1950 年 7 月将 969 名日本战犯和溥仪等伪满战犯引渡回中国，关押在抚顺战犯管理所接受改造。

1959 年 9 月 17 日，中华人民共和国主席刘少奇发布特赦令："对于确实改恶从善的蒋介石集团和伪满洲国的战争罪犯、反革命罪犯和普通刑事罪犯，实行特赦……"。溥仪作为首批特赦者之一，根据周恩来总理的指示，1960 年 2 月 16 日被安排到中国科学院植物研究所北京植物园进行劳动锻炼 1 年。1961 年 3 月，溥仪调至全国政协文史资料研究委员会专员室工作，后任全国政协文史资料委员会专员。1964 年任中国人民政治协商会议第四届全国委员会委员。1967 年 10 月 17 日在北京病逝。

伪满傀儡政权实行帝制后，军政部总长改称军政部大臣。至日本投降，军政部作为"参划国务且统军的最高机关"，共经历了军政部、治安部、军事部时期 3 次演变

伪满傀儡政权实行帝制后，军政部总长改称军政部大臣，仍由张景惠担任。至 1945 年日本投降，军政部作为"参划国务且统军的最高机关"，共经历了三次演变，即军政部时期（1934 年 3 月—1937 年 7 月）、治安部时期（1937 年 7 月—1943 年 4 月）、军事部时期（1943 年 4 月—1945 年 8 月）。

1935 年 5 月下旬，总理大臣郑孝胥因抱怨日本人"满洲国已经不是小孩子了，就该让他自己走走，不该总是处处不放手"，触犯了"太上皇"的利益，被日本人一脚踢开。张景惠由于平时对日本人言听计从，日本人便将总理大臣一职给了他。其所担任的军政部大臣一职由第一军管区司令于芷山接任。

于芷山祖籍辽宁台安，曾任东北军的师长、军长，张作霖的侍从武官长等职，与张景惠是同乡，在奉军中资历较深。伪满政权建立后，于芷山任东边道镇守使、奉天警备军司令、第一军管区司令等职，曾与张景惠同授上将军衔，是深受日本人青睐的汉奸。27日，在伪满军政部，张景惠与于芷山进行了交接仪式。

1936年6月，溥仪在宫内府勤民楼亲自授予总理大臣张景惠、侍从武官长张海鹏、军政部大臣于芷山3人上将将军官印。

1937年日军发动全面侵华战争时，东北境内以义勇军为主的抗日活动已基本上被日伪军所镇压。而以中国共产党领导的抗日力量，特别是东北抗日联军，逐渐成为抗日运动的主体。

在这一背景下，为了配合日军的军事行动。伪满中央机构进行了一次大改组，原民政部警务司管辖的警察组织被并入军政部，利用伪满军警来强化治安工作。同时，将军政部改名为"治安部"，仍由于芷山任大臣，原军政部次长李盛唐调任陆军训练处长，治安部次长改为文官，由日本警官薄田美朝担任。

将警务司并入治安部，表面上将伪满军警统一在中央机构里，但按照伪满政府的规定，伪满军队不能指挥警察和干预警察的行政，治安部次长是警察事实上的最高长官。这次改组，也概略地将军政和军令区分开来：将军需司改为军政司掌管军政，下设军衡课、军法课、医务课、主计课、经营课、兵马课、舰政课；参谋司掌管军令，下设总务课、军事课、训练课、调查课、江防课，负责一般军事、规划、教育等事项。

1937年7月的机构改革，还增设了官房长官1人，下设副官、秘书、事务官等职。官房长官直属于治安部大臣，负责对各方事务进行协调，同时办理副官、秘书事宜。撤销了参谋司下的调查部，改为调查课。1933年9月设立的参谋司测量课，在1935年3月改成股并入总务课，此次改编业务被取消。原参谋司下属的军衡课、医务课和军法课也在此次改革中并入军政司。军政司新设经营课，原军需课和兵器课合二为一，设兵马课。伪满警察系统的警务司方面，只与治安部大臣和官房长官有事务联系，不参与参谋、军政两司的事务。

1937年12月，伪满洲国撤销治外法权后，表面上以一个独立主权国家的面目出现。同时，为了适应1937年、1938年的"三江大讨伐"和"野副大讨伐"，1938年10月，伪满治安部又进行了一次机构调整，这次调整把带有浓厚日本色彩的"课"改为中国人习惯的"科"。参谋司内部基本没有变化。军政司将军衡课内的庶务、供应2股移入官房，官房分为秘书、庶务、供应3股，新设了军务科，掌管军队编制、服装、军纪及军队内各项条例、补充、补给、计划、征募等事项，将军衡课改为人事科，其原来的征募事项移入军务科，把兵马课改为兵器科，其中的军马股独立出来新设兽医科。

调整后治安部内部结构如下：

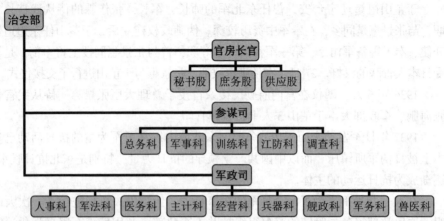

关东军在 1939 年诺门罕战场失败后，于 1940 年 3 月对治安部进行了第二次机构改革。这次改革官房没有变化。在参谋司中撤销了江防科，其业务划归军事科中。另新设防卫科，掌管新成立的高射炮队、飞行队等。这期间，关东军在伪满大肆鼓吹"唯神之道"，为在伪满军内开展神道教育，将参谋司调查科改为"精军科"，并成立了报道部。原调查科的军事报道业务及刊物发行、宣传慰问等业务移交给新成立的报道部。在军政司内撤销了经营科，其业务划归新京供需处。同时撤销舰政科。把原军务科的征募业务专门划了出来，新设立征募科。4 月 15 日国兵法颁布之后，征募科改名为兵事科，掌管伪满国兵、学校的军事训练业务。

这次改革后治安部结构为：

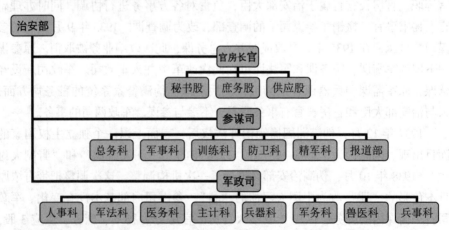

此时，于琛澄从军管区司令官爬上治安部大臣的位置。其人平日作风，一贯是假装豪迈，假装傻。更恃手中的"造孽钱"，专以小恩小惠收揽"人心"，经常因人施饵，各投所好，进行拉拢。靠这种办法，博得日伪双方的好感。

1941 年，防卫科被撤销，其业务分别划入军事科和兵器科。1942 年 12 月，报道部又被撤销，其业务归入精军科。

1942年9月，邢士廉①接任治安部大臣。1943年4月，伪满中央机构再次进行改革，这次将警务司改为专局，从治安部中分了出去，直接隶属于伪满洲国国务院总务厅领导，伪治安部亦改称军事部。

邢士廉的作风和于琛澄不同，他以柔顺、不多事见"长"，谄媚日本顾问，"事事不过问"、善当"留声机"，对于用得着的日本人，专从"平凡"处下功夫，施以恩惠拉拢，事事不露头角。对于中国伪军高官，虽也常以酒食相飨，但总是举行一两个人的家宴，有时也同邀"日系"中的中、上层分子，决不让日本宪兵因他而费脑筋。

邢士廉

在军事部掌握实权的，是次长真井鹤吉中将。他凭借日本陆军大学优等生的头衔和参与"二·二六"事件（日本陆军法西斯分子在1936年公开叛乱，枪杀阁僚、重臣，奠定军阀统治的一次事件）的政治本钱，从1942年底到伪军瓦解，一直高踞在伪治安部、军事部次长的位置，贪赃受贿，培植自己的势力，控制伪军军官。敌伪倒台后，虽各部次长和"日系"军官中上层分子被苏联红军一网打尽，而他却用金钱开路，成为漏网之鱼，平安无事地回到日本。

军政部、治安部、军事部历任总长（大臣）及其任职时间为：马占山（1932年3月—1932年5月）、张景惠（1932年5月—1935年5月）、于芷山

---

① 邢士廉（1885—1954）：字隅三，奉天（今辽宁沈阳）郊区木匠屯人，满族。日本陆军士官学校毕业。张作霖统治东北时期，曾任陆军第二十四旅旅长、第二十师师长兼第二方面军副军团长、京师军警督察长、大元帅府侍从武官等职。张学良主政东北后，邢士廉被任命为奉方联络使，与中央谈判东北"易帜"。易帜后，任辽宁省政府委员、东北交通委员会委员、东北讲武堂教育长、边防军司令长官公署顾问等职。1931年"九·一八"事变后投靠日本。

（1935 年 5 月—1939 年 3 月）、于琛澄（1939 年 3 月—1942 年 9 月）、邢士廉（1942 年 9 月—1945 年 8 月）。

军政部、治安部、军事部历任次长及其任职时间为：王静修（1932 年 3 月—1934 年 11 月）、郭恩霖（1934 年 11 月—1935 年 5 月）、李盛唐（1935 年 5 月—1937 年 6 月）、薄田美朝（日）（1937 年 6 月—1940 年 3 月）、池谷三郎（日）（1940 年 3 月—1942 年 12 月）、真井鹤吉（日）（1942 年 12 月—1945 年 8 月）。

1945 年 8 月 17 日，溥仪在通化大栗子沟宣布退位后的第三天，总理大臣张景惠潜回长春。20 日，在"国民党接收长春政权"的喧嚣声中，以个人名义通过广播电台与国民党政府取得了联系。之后，串联伪满各部大臣到公馆议事，筹划组成了"临时治安维持会"，由自己出任会长，准备迎接国民党军队接收。

苏军进驻长春后，张景惠等人竭力奉迎，企图蒙混过关。然而，伪装和欺骗掩盖不住他们民族罪人的丑恶嘴脸。9 月初，苏军逐个逮捕了家住长春的伪满高官。包括原总理大臣张景惠、参议府议长臧式毅、宫内府大臣熙洽、军事部大臣邢士廉、外交大臣阮振铎、民生部大臣金名世、交通部大臣谷次亨、驻南京汪伪政权大使吕荣寰、兴农部大臣黄富俊、经济部大臣于静远、勤劳奉公部大臣于镜涛、文教部大臣卢元善、司法部大臣阎传绂等。不久，他们被押送到苏联的赤塔战犯收容所，与 8 月 20 日押送到此的溥仪关在一起。10 月中旬，张景惠等人由赤塔押送至伯力红河子收容所。1946 年 7 月，苏方在传讯调查结束后，将张景惠等人迁往伯力市内第四十五特别收容所。1950 年 8 月 1 日，经外交努力，苏联政府派专列押送张景惠等伪满战犯至中苏边境的绥芬河，移交给新生的中华人民共和国政府，之后被押送到抚顺"战犯管理所"。10 月 20 日，抗美援朝战争前夕，抚顺管理所的日伪战犯被押送至哈尔滨市首外景阳街看守所关押。1953 年 10 月 23 日，中央又电令东北公安部，将关押在哈尔滨的日伪战犯，全部迁回抚顺战犯管理所。1959 年 5 月 9 日，张景惠因心脏病死于抚顺战犯管理所，被葬在抚顺将军堡车站北侧老虎岭，终年 88 岁。

邢士廉 1932 年曾出任伪满洲国新京地区司令兼第十混成旅旅长。后任陆军训练处处长、军政部大臣。1945 年 8 月日本投降后，被苏联红军逮捕并押往苏联，1950 年引渡回国。1954 年，邢士廉病死于抚顺战犯管理所，终年 69 岁。

佐佐木到一接替板垣征四郎担任伪满军最高军事顾问后，将顾问人数增加到 70 名，使军事顾问在伪满军中逐渐形成一个严密的体系，控制着伪满军的一切行动

1934 年溥仪登基做了"皇帝"之后，以"第 2 号军令"向伪军发布命令：

国军依据防卫法第 29 条，当驻帝国内之同盟军（关东军）实施共同防卫准备及训练时，根据需要应受其节制。这样，关东军便公开"合法"地攫取了对伪满军的指挥权，"名正言顺"地驱使伪满军。

8 月，关东军副参谋长板垣征四郎接替多田骏任伪满军政部最高顾问。板垣上任后，为加强对满洲国军的控制，在其内部派入大量日本人，充当各级指挥官，当年就达到 1800 余名。这些日本军官，主要从日军退伍军人中招募，有正式的伪满军军籍，是满洲帝国军队的一个组成部分。随着日本军官逐渐占据主导地位，伪满军一步步变成了日本侵略军的"附庸军"。这支部队对外投降日本帝国主义、背叛祖国和民族的利益，对内镇压广大民众的抗日斗争，配合侵略军实行残酷的法西斯殖民统治，给东北人民带来深重的灾难。

1935 年初，佐佐木到一接替板垣征四郎担任伪满军最高军事顾问后，向关东军司令部提出进一步充实军事顾问的计划并得到批准，把顾问人数增加到 70 名。至此，军事顾问在伪满军中逐渐形成了完整的系统。

军事顾问部设在伪满军政部内，有最高军事顾问和高级顾问各 1 名，下设第一、第二、第三 3 个室。最高顾问作为军政部大臣的顾问，其权力在军政部大臣之上。高级顾问为军事顾问部的副首领，负责各级顾问的人事业务，并担任军政部次长的顾问。

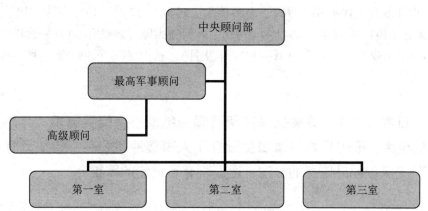

第一室分管作战、用兵、编制、教育、思想、情报、法制等。第二室分管人事、兵器、兵事、马政、庶务等。第三室分管主计、军需、医务、法务等。伪满军政部工作程序规定：凡一切公务先由负具体责任的顾问做成提案，然后交主管科译成汉语，经主管顾问指示办法后，再修改提案送交主管顾问认可，由主管顾问盖章后，提交高级顾问核阅，高级顾问认同后，再转到司长、次长处，司长、次长审核后，最后交最高顾问定夺，一切办理妥当后，最后交军政部大臣发布。

在伪满各军管区、军事院校等机构也设有军事顾问部。各军管区设主任顾问，一般由日本陆军大佐担任，负责掌管军管区内军政军令的全部大权，并监视军管区司令官的言行，考核属下全部军官。主任顾问下设分管用兵、训练、人事、军需等负责具体业务的顾问。军管区内"所有一切军事行政，均需主任顾问同意，公文书类无顾问签名则无效。"此外，伪满军队的各级通讯权均设在军事顾问部，电报密码、重要文件等掌握在顾问和日系军官手中，重要的事情也是先由日本军官谋划后，才向中国人担任的官长通报。军管区顾问上通中央军事顾问部，下联各旅、团的日系军官，组成一个严密的体系，控制着伪满军的一切行动。

根据关东军司令官与伪满国务总理之间签订的日满军事协定，满洲国警备权委托于关东军司令官。这样，顾问部自然就形成了领导机关，最高顾问虽然在内部有职务的权限，但并无公开的官制。然而，实际上最高顾问与军政部大臣属于同级，没有最高顾问的认可，一切军令、政令及所有训令均不能生效，这是惯例。检阅军队时最高顾问与大臣享受同等礼遇。对此，中国人无一怀疑。各军管区和训练处等的主任顾问均按此惯例行使职权。

军事顾问部历任最高军事顾问及其任职时间为：多田骏（1932 年 3 月—1934 年 8 月）、板垣征四郎（1934 年 8 月—1935 年 1 月）、佐佐木到一（1935 年 1 月—1937 年 6 月）、平林盛人（1937 年 6 月—1939 年 6 月）、松井几太郎（1939 年 6 月—1940 年 12 月）、中野英光（1940 年 12 月—1941 年 12 月）、竹下义晴（1941 年 12 月—1942 年 10 月）、河野悦太郎（1942 年 10 月—1943 年 9 月）、楠木隆实（1943 年 9 月—1944 年 9 月）、秋山义隆（1944 年 9 月—1945 年 8 月）。

日本人深知，许多伪满高级将领利欲熏心，拥兵自重。为防止他们坐大，模仿日本军事制度设立了人事缓冲机构——侍从武官处（府），采取明升暗降的办法，逐渐剥夺了他们的军权

1934 年 3 月，伪满洲国实行帝制后，关东军为剥夺伪满军中高级将领的军权，授意伪满模仿日本军事制度设立了人事缓冲机构——侍从武官处。它是伪满皇帝的侍卫机关，负责军事上奏和命令的传达，并对皇帝人身安全直接负责。在皇帝阅兵典礼、演习巡狩及其他皇家活动中陪侍随从。侍从武官处成立不久便改称侍从武官府。张海鹏为首任侍从武官长，1941 年 3 月由吉兴接任。

侍从武官府编制为：侍从武官长 1 人，主任侍从武官 1 人，侍从武官 4 人。侍从武官长是专门陪伴溥仪的最高武官，由伪满军上将衔的老资格武官担任。主任侍从武官为伪满军少将，1938 年 3 月前为日本人，之后改由中国人担任。

侍从武官均为伪满军上校、中校，其中蒙古族武官 1 人，江上军派遣的海军武官 1 人。对于武官人选，要思想纯正忠诚可靠的人，必须经过军政部（治安部、军事部）、宫内府和关东军三方同意才能担任。

1934 年关东军占领热河后不久，便将第五军管区司令官张海鹏调任为溥仪的侍从武官长，成为第一个被剥夺军权的伪满军高级将领。张海鹏等人作为"九·一八"事变后率部投敌的东北军高级将领，为伪满政权和伪军的建立出过力，是伪满洲帝国的"功臣"，伪满也给予了他们很高的荣誉，得到了建国功劳金和各种勋章。但日本人深知，这些人参加伪满政权多是出于得利的目的，他们利欲熏心、趋炎附势，头脑中没有民族观念，而且军阀积习很深，拥兵自重，视私人势力为生命。随着日本侵略势力的不断深入，这些人逐渐失去作用。同时，为了防止他们坐大，日本人便用这种明升暗降的办法，逐渐剥夺了他们的军权。

每当溥仪外出"御巡狩""御临幸"，以及举行各种典礼仪式时，武官长必须在皇帝身边相伴随，以显示皇帝的尊严威仪，并保证其安全。侍从武官通常在溥仪例行各种仪式时，作为伴行人员相随，负安全保卫责任。4 个武官，白天 2 人轮流在内廷楼下伺候溥仪，晚上每天 1 人轮流在勤民楼值夜（1938 年取消值夜）。有事时，如张景惠、臧式毅上奏溥仪各项法令、议案，呈候批示时，由武官长率领武官 2 人随溥仪到勤民楼，此时武官不侍班。大臣亲任式、各部大臣政务上奏、各司令官军情上奏，接送出国、回国的大使公使、差遣出国的团体，军事部大臣率领的司令官特派式，建国节（3 月 1 日）、万寿节（2 月 6 日）、年始朝贺、接见外宾和日军部队长等，皆由武官长率领武官 2 人随从溥仪登临勤民楼，站班侍立。关东军司令官每月来会溥仪 1 次，参谋长每 10 日来给溥仪讲授 1 次，由武官长率领武官 2 人随从溥仪临勤民楼，此时不侍班。以上这些站班侍立，是日本帝国主义者给殖民地政权规定的制度，这种仪式主要是用来表示傀儡皇帝的威严。另外，侍从武官每年以"御差遣"的名义，代表溥仪慰问关东军部队和伪满军部队、病院和学校，传达溥仪关心军人的辛劳、疾苦。因此，侍从武官在伪满基本上是闲职，侍从武官府是一个既带有中国封建色彩，又带有日本军国主义和殖民主义色彩的混合物。

侍从武官（处）府历任侍从武官长及其任职时间为：张海鹏（1934 年 3 月—1941 年 3 月）、吉兴（1941 年 3 月—1944 年 4 月）、张文铸（1944 年 4 月—1945 年 8 月）。

伪满洲国灭亡后，张海鹏藏匿起来。新中国成立后，被发现逮捕。关于他的生死时间，有两种说法：一种说法是张海鹏出生于 1867 年（同治六年），1949 年被人民政府枪决；（徐友春主编的《民国人物大辞典》，第 1836 页，2007 年版）第二种说法是张海鹏出生于 1875 年，1945 年日本投降后，隐匿于锦州笔架山寺院。中华人民共和国成立后，逃到北京。1951 年以汉奸叛国罪被政府镇压。（王鸿宾等主编的《东北人物大辞典》，第 994 页，1996 年版）

"军事谘议院"直属伪满洲帝国皇帝，是其咨询重要军备的机关。其实同侍从武官府一样，也是日军在伪满军队中设立的一种闲职军事机构

1940 年 1 月，伪满洲帝国皇帝溥仪发布"将军府"和"军事谘议院"组织条例，成立了军事谘议院。军事谘议院为伪满洲帝国皇帝直属、是皇帝咨询的重要军备机关。同侍从武官府一样，军事咨议院也是在关东军的授意下，模仿日本军事体制，在伪满洲帝国军队中设立的一种闲职军事机构。6 月，王静修、郭恩霖被任命为"军事谘议官"，作为皇帝溥仪的最高军事谘议人员。

军事谘议院设议长、咨议官、干事长、干事。以伪满军队现役上将和资深中将组成，军事谘议官设 7 人，他们的主要任务是遇有重要军事问题时，为溥仪提供咨询建议，但他们的意见不具有法律效力，必须经过伪满皇帝裁决后交治安部（军事部）施行。平时军事谘议官的活动很少，据王之佑回忆，仅在 1940 年春召开军管区司令官会议时列席过，以及 1941 年王静修当过一次"特命检阅使"，视察过一次部队，仅此而已。

1940 年开始设立军事谘议官时，共有上将 2 人、中将 2 人。上将为王静修和郭恩霖，中将有廖弼臣和张益三。廖弼臣由第一军管区锦州地区司令官转任，张益三由第一军管区安东地区司令官转任。他们二人被任命为军事谘议官主要原因是 1939 年伪满军大改编，地区司令部被撤销后的人事缓和。此后，被任命过军事谘议官的还有应振复[①]中将（由第四军管区转任）、乌尔金和吴元敏 3 人。

军事调查部下设三科。第一科业务为军事调查，第二科业务为军心调查即思想调查，第三科业务为宣传工作

1935 年 6 月，在伪满军政部下设军事调查部，王之佑为首任部长，田岛中佐任主任顾问，下设第一科、第二科、第三科。部址设在长春明伦街。

---

① 应振复：辽阳市人，日本陆军士官学校毕业。曾任东三省讲武堂教官、第八师参谋长、炮兵团长、第八师第十六旅旅长、马兰镇总兵兼东荒垦殖局长、东北军第十六旅旅长。1931 年任东省特区局长，"九·一八"事变后投敌。1932 年伪满洲国成立后，任中央陆军训练处步兵部长。1934 年任宪兵训练处中将处长。

军事调查部第一科的业务是军事调查。科长川崎中校，日系科员 15 人。调查的内容很多，如各部队历史、系统，军官的出身、学历、经历、籍贯、派别，特别是士兵的来源、籍贯、入伍前职业等。此外还有关于营房和军队所在地方的人口数量、文化程度、生活和职业状况等。从 1935 年 8 月开始，第一科编成 3 个调查班，每班 4 至 5 人，分赴各军管区及江防舰队进行调查，历经 8 个月之久。1936 年 6 月，第一科向军政部大臣于芷山提出报告。建议：欲求伪满精兵，必须实行征兵。这份资料与动议当时虽被搁置，但后来于 1940 年颁布了国兵法，开始在伪满洲国普遍实行征兵。在此后 5 年中，共"征召"约 20 万东北青年去充当炮灰。

军事调查部第二科的业务是军心调查，即思想调查。科长鹫崎研太，日系科员 7 人、翻译 1 人。第二科成立后，首先开设了一个"精军训练班"。根据于芷山的命令，指定各团派遣日系副官和精通日语的满系尉官到长春受训，每期 3 个月，共培训 70 多人。培训在王之佑的监督下，由鹫崎研太亲自组织。主要培训军心调查的方法、重点和有系统的组织等。培训结业后，再由他们回团培训各连负责军官。之后，便在伪满军中系统地由连到团、由团到司令部顾问部、再到军政部顾问部进行思想调查。官兵进退或被检举，都以这次调查的报告为根据。1937 年，伪满军根据调查结果在三江地区进行了肃军工作，共有 130 名官兵受到军法审判，其中约 20 人被处死，30 人被判刑，35 人被免官，45 人认为无罪回任原职。

军事调查部第三科的业务是宣传工作。科长孙家铎，成员 12 人。成立后，第三科将《精军周刊》改名为《铁军》，每月一期，下发至连以上单位。《铁心》杂志每月一期，只配给日系或蒙系军官。宣传的重点是传达伪满皇帝训民诏书，收集宣传战斗、训练的材料，军中的投稿，要人的讲演、训词，或军事科学的介绍等等。此外，还向日本松竹电影公司定制了五六部电影片，购买映画机分配至各军管区，向部队宣传日本的强大、大和民族的优良和日满协和的美德、逸事等。

溥仪为了实现自己的政治目标，幻想"操练精兵十万入主中原"。从伪满初年开始，他就有意识地从亲族、旧臣的子女以及随员中，陆续选出一些学习军事，并试探着建立听他调遣的亲信军队

溥仪为了实现自己的政治目标，曾幻想"操练精兵十万入主中原"。从伪满初年开始，他就有意识地从亲族、旧臣的子女以及跟随多年的人员中，陆续选出一些学习军事。溥仪培养军事人才的途径有两个：一是送日本留学，二是留在长春参加军事训练班。

第一期留学生只有两名，一个是清朝遗老、原张勋秘书长万绳栻之子万嘉熙，一个是前清肃亲王善耆的儿子宪东。他们先以自费在中华民国士官留学生队混了半年多，后伪满洲国成立，便都摇身一变成了伪满第一期留学生。万嘉熙归国后，在禁卫步兵团任中尉团副，后因为与日本人青木等人发生口角，被日本人找个理由将其调往热河"讨伐队"。

1933 年春，溥仪向日本派出第二批留学生——"满洲国陆军将校候补生"12 人。其中有他的胞弟溥杰、内弟润麒（皇后婉容弟）、堂弟溥佳、未婚四妹夫赵国圻（清末杀害秋瑾烈士的绍兴知府赵景祺之子）、堂侄毓峻，随侍祁继忠、熙洽的外甥马骥良，溥仪在天津所居张园主人张彪的儿子张梃、族侄裕哲，后面 7 人都是溥仪"执政府"的侍卫官。还有溥仪宠臣孙其昌的儿子孙文思以及孙经纶、大连财阀庞睦堂之子庞永澄。他们到日本不久，在陆军省的批准下，全部"考入"陆军士官学校。但这些公子哥大多是王公气十足、不学无术的人，日后并无多大出息。裕哲在学习时曾信誓旦旦给溥仪写信，表示要"将来学成归国，对于满洲军队能有充分的改革"，但最终也没有实现自己的愿望，到伪满后期仍是一个荐任二等的"宫内府"侍卫官。命运稍好一点的溥佳也只当了一个简任二等的侍卫处处长，之后又因抽大烟被溥仪赶走。当时被公认为"决断性最好""读书很用功"的祁继忠，刚学习一年，就因与皇后婉容暧昧关系暴露而被溥仪取消了学籍。剩下溥杰等人 1935 年毕业后，又赴沈阳中央陆军军官训练处当了一个月的见习军官后，分到伪军部队任职，溥杰被派到禁卫步兵团当排长。

1934 年冬天，溥仪又派出了第三批"满洲国陆军将校候补生"，他们是贵钫、晏光、载楫、毓和、景嘉、延通、毓英、曾培、陈懋需共 9 人。溥仪对于这 9 个人寄予了厚望。在他们赴日前，专门"赐以内帑"并"谆谆谕诲"。这些人到达日本后，进入成城学校附属留学生部学习。这是一所专门为预备投考日本高级学校的留学生补习日语而设的学校，结业后可投考陆军士官学校，校本部在东京市内，留学生部在市郊。在成城学校读了两三个月后，学校提出凡准备报考陆军士官学校者，必须参加一次考试，可这 9 位"满洲国陆军将校候补生"竟无一人敢于昂首"受试"。这时，日本军方也不愿意让溥仪培植个人势力。结果，9 人不得不"办理退学及移居手续"，不久便鸟兽散了。其中只有 3 个人总算没有废学，但却无一人迈进日本陆军士官学校的门槛。

此外，日本帝国主义为了加强对伪满洲（帝）国的奴化教育，培植亲日骨干分子，还选送、招考了大批中国学生留日。如 1934 年 6 月底伪满洲帝国留日学生就有 749 名，1937 年抗日战争全面爆发前达到 2000 人。

溥仪培养军事人才的另一条途径是在自己身边组织军事训练班，招一帮亲信子弟在"宫内"受业，称之为"宫廷学生"。1934 年，溥仪责令伪宫内府警备处处长佟济煦主持其事，第一批招生学员 30 余人，几乎全部是从北京的王公贵族子弟中招募而来的旗人。课程设置分理论训练和军事训练两大类，以军事训练为主。理论训练除讲授《清史》《孝经》《四书》等"祖宗之学"外，还开设了数学、物理、化学等自然科学课程。数学由一位姓谭的侍卫官任教，而理化教员则是聘请了一位曾任北京某大学教授的汪銮翔充任。军事训练课的基本项目是操典、射击和马术。除操练外还有军事理论课，由军政部派来两名教官讲战史、战术及军事绘图等。这一期学生在训练班学习了整整一年，于 1933 年 9 月毕业，每人还拿到一张毕业文凭。之后，被分配到护军中服役。

除了培养军事人才外，溥仪也试探着建立听他调遣的亲信军队。这样的军队前后有过三支，但都没成大事。

在溥仪眼中，陵庙和帝宫都很重要。因此，除在帝宫内外设立禁卫队和护军等警卫部队外，还成立了一支守卫皇家陵园的西陵守备队

禁卫队

伪"执政府"成立前夕，熙洽从吉林省的公署卫队和公安部队挑选拼凑出约一个营（3 个连）的兵力，送到长春保卫"帝宫"，他们一开始被称作"翊卫军"，是在帝宫之外站岗的卫队，属军政部统辖。

当时，这一营兵力官不识兵，兵亦不识官，到长春后才着手编制。有的本是二等兵，因在输送途中私自在肩章上添上一颗星，便算是正式的上等兵，胆大的添上一条金线便成为军士。

据溥仪回忆，这支部队素质极差，官兵互不相认，纯属"乌合之众"，没有工作制度和规章。酗酒、打架、赌博和溜号等事司空见惯。夜间站岗时，狡猾的兵藏在床下便可以躲过去，而傻一些的就要连站几个钟头无人替换，以至有人以"请客"让别人替代站岗。有时则穷吵恶骂，甚至发生动刺刀的"同室操戈"事件。一些士兵时常手持步枪或扛着轻机枪到妓馆寻欢作乐，入房时将武器支于门口。有一次一个兵士受到妓女的慢待，便开枪打死、打伤 5 人后，脱下军服塞进水沟里，背起武器一跑了事。

兵既如此，官自可知。最初任"翊卫军"司令官的，是前清肃亲王善耆的第七子宪奎（当时改名金璧东），他在日本浪人川岛浪速的包办下从日本士官学校毕业。伪满政权成立后，一步步爬上伪铁路警备司令官、伪长春市市长，伪翊卫军司令官等要职，而且身兼数职，骄横招摇不可一世。有一次他检阅军队，见一班长不顺眼，便喝令卸下背囊离伍前跪，拔出军刀就要亲手砍头，经大家苦苦哀求，才免其一死。

后来，宪奎的弟弟宪原继任司令官，他虽没有其兄那样跋扈，但在官兵眼中，仍是一个"相当的人物"。有一次和他的团附玉祺因争权夺宠大闹摩擦，双方几至火并。

不久，"翊卫军"降为"禁卫步兵团"。团部在宫内府西院，兵员也扩充到步兵两营，约千人。其大门在宫内府正门西侧，院内前半部分有团部各科室礼堂、会议室、餐厅等，后半部分为兵舍及附属建筑。另外骑兵连、炮兵连驻在南岭兵营。首任步兵团长为郭文林①上校。

此时，日本顾问、应聘官和"日系军官"的势力亦渐渐渗透进去。旧军阀的遗风虽然除去，但殖民奴才的空气，却涨满全团，一派乌烟瘴气。有一次伪军官举行宴会，众目睽睽之下，一个日本军需官，竟抱住郭文林大亲其嘴。此事当时赢得日本方面的称赞，说该团长"深得民心"，堪为"日满亲善"的榜样。继任团长是任广福上校（后期任第四军管区少将参谋长），再后是于宗谦上校。

1940年，禁卫步兵团与长春南岭的独立骑兵第一旅司令部及其骑、炮各1个连合并，成立禁卫队司令部。司令部在长春，初任司令官王克镇。下辖禁卫步兵团及骑兵队、炮兵队，总兵员约1200人。禁卫队除担任宫廷警卫戒备外，还有派出仪仗兵或随行警卫兵的任务。1942年9月，伪满军进行了人事调整，王克镇接任第八军管区司令官，赵秋航②任禁卫队司令官。

1945年8月日本投降前，禁卫队约有800人，司令官为张明久中将。苏联红军出兵东北后，驻长春的禁卫步兵团、首都宪兵团和伪陆军军官学校的学生

---

①　郭文林：原名色尔曾格，别名彬儒，达斡尔族，生于清光绪三十二年（1906），今内蒙古鄂温克族自治旗巴彦海镇人。郭文林受过良好的教育，先后毕业于齐齐哈尔黑龙江省立第一师范学校、北平蒙藏学校。1928年东渡日本，次年考入日本陆军士官学校骑兵科，1931年7月毕业后回国。"九·一八"事变后，郭文林一度参与蒙古自治运动。1932年初，追随凌升参与伪满洲国的"建国"活动，后被委任为伪满执政府侍卫官兼护军统领，之后便任禁卫步兵团团长。

②　赵秋航：1889年出生，辽宁省辽中县（今辽中区）人，曾在东北军中任团长，"九·一八"事变后投敌。1932年任伪满吉林省军政厅参事、哈尔滨军事特务部情报科长、军政部总务课课长。1935年任第一军管区骑兵第三旅旅长。1939年任第六军管区第六教导队队长。1941年任治安部部附，后任禁卫队司令官。1943年转任第三军管区司令官。赵秋航曾经命令哈尔滨市伪警察署长于镜涛严刑审讯革命烈士赵一曼，并且大肆抓捕屠杀在东北的反满抗日爱国军民，为日寇731部队提供活人做试验。

以及伪警察纷纷反正，至 14 日已控制了市区、挂起了中国国旗。他们还袭击了伪首都警察厅，打死关东军总司令部参谋 2 人。除反正部队外，禁卫队其余人员大多逃散。

溥仪出逃时在身边带有禁卫队一个连，到大栗子沟后由这个连负责警卫。一天，吉冈安直向溥仪报告：现在长春的伪禁卫队步兵团已经"倒戈"。在这种情况下，大栗子沟禁卫队会不会"哗变"呢？溥仪一听，也害怕起来。于是，吉冈将随行而来的一连"禁卫队"解除武装遣返长春。从此，溥仪的"行宫"由日本兵护卫。其实，这只是吉冈为了在末日中继续控制溥仪而故意设下的圈套。至此，禁卫队不再存在。

"护军"

"护军"是在帝宫之内担任警卫任务的军队，成立于 1932 年。"护军"不属于军政部管辖，也不在宫内府编制之内，由溥仪从天津带来的十几名保镖、熙洽送的一些士兵，以及 1932 年冬从内蒙古、京津等处招来的 300 名青年组成，共分 3 队。按照溥仪的说法，这支"护军"是他自己用帝室费供应和组织的一支部队，用意是想培养一批军队骨干，以便将来建立自己的武装。和过去北京清宫里的"护军"不同，它不是"皇宫警察"，而是一种变相的陆军。不仅拥有步枪、轻机枪之类的装备，就连教育训练等，也都是按照正规陆军军官的要求。所有护军由福建闽侯人、警卫处处长佟济煦管辖。护军所灌输的思想教育，都是以溥仪为中心的绝对奴化教育。同时，溥仪还让佟济煦经常到各队进行所谓"精神讲话"，要求他们"尽忠于一人"。

"护军"统领由郭文林上校担任，3 个队的队长军衔为少校。郭文林之所以受到溥仪的信任和重用，一个原因是郭文林和"皇后"婉容同属达斡尔族的郭布罗氏一支。另一个重要原因，是在 1932 年 2 月，郭文林作为凌升的翻译，随同凌升与张景惠等其他代表一起到旅顺向溥仪请愿，请他出山，以"安定东北民心"。这一次会面，溥仪对年轻的郭文林产生了好感，在请愿代表退下之后，溥仪曾单独接见了郭文林，并鼓励他说："你还很年轻，好好努力吧！"郭文林回到沈阳不久，就收到由日本人转来溥仪的御赐品，有玉石皮带勾、鼻烟壶和任命状。任命状由溥仪亲笔写在一块黄缎子上，内容是"任郭文林为陆军上校"。

溥仪在天津静园蛰居时专门把军阀李景林的"护院"霍殿阁招来给自己当保镖。此人是拳术世家——河北沧州霍氏的族人，也是"八级门"神枪李英昭的徒弟。溥仪出关时把霍殿阁及其高徒霍庆云、高香亭也一起带到长春。溥仪命霍殿阁为侍卫官，享受荐任待遇，每月薪俸两百元。溥仪命身边的护卫们跟随霍殿阁学习拳术，有时溥仪自己也练。霍殿阁 1940 年去世后，他的两位徒弟一直跟随溥仪，直到大栗子沟才分手。

"护军"最初由这些保镖组成，并逐渐达到 300 人。一开始，日本人对溥仪身边的这几百名"护军"并未在意。时间一长，日本人发现这些"护军"成了他们控制溥仪的障碍，于是想方设法扼制其发展。

1934 年 7 月，在北京的醇亲王载沣为庆贺溥仪即皇帝位，带着溥仪的弟妹们来新京探望儿子。宫内府的大臣们到车站奉迎，警卫处长佟济煦率领一队护军到车站仪仗助威。结果关东军以大使馆名义抗议，说按相关协议，除日军以外任何武装不得进入铁路两侧的所谓"满铁附属地"，"护军"进入车站是"犯规"行为，并要求溥仪保证今后不再发生同类事件。此后，关东军对"护军"便开始了大规模的裁减。护军中许多人来自武术之乡——河北沧州，肩上都背着一把大刀片，这让那些吃过大刀苦头的日本鬼子看到就感到心寒。于是，由关东军司令部下令，通知伪满军政部，不许"护军"再使用大刀。后来还觉得不安全，连三八大盖也给缴了，机枪当然更不许用，只准每人随身带一把小匣枪。

同时，"护军"在"执政府"内廷站岗的范围也越来越小，先退到中和门以内，后来连勤民楼的岗位也交给了禁卫军。继而又取消了西花园炮楼和其他两个哨位。最后，竟连中和门也不用"护军"管了。留给"护军"的，只有缉熙楼及其周围一小块地方。

即使这样，关东军仍不满意，继续对"护军"进行各种限制，终于酿成了数年后的"大同公园事件"，给日本关东军提供了打击"护军"的绝好借口，并借这根导火线从根本上瓦解了溥仪精心培植的这支武装力量。

"大同公园事件"发生在 1937 年 6 月 27 日。这是一个星期天，20 多名"护军"结伴到大同公园游玩。其中 5 人买了船票后，共划一条船。但管船的朝鲜族人在关东军士兵的指使下，对这 5 人百般刁难。先是不容许 5 人同船，之后 4 人、3 人，甚至 2 人也不许同划一条船。日本兵在喝酒作乐之后，过来故意找碴，拿"护军"们开心，当众羞辱他们。

听见吵闹声，20 几个护军都围拢过来，一齐责问管船人："为什么日本人五六人同在一条船上不管，而我们两个人也不行？"管船人自恃有日本人撑腰，便拿起一个酒瓶子打向一名护军，之后躲进售票室。"护军"们一看自己人吃了亏，哪里肯依？便将售票室团团围住。

这时，在旁边看热闹的一大群日本兵冲了上来，不问青红皂白，拉过"护军"就打，几个人围打一个。终于将"护军"们打急了，奋力反抗，并将拳脚功夫的长处发挥出来，将数倍于自己的日本兵打得落荒而逃。

这一下，捅了马蜂窝。当天夜里，日本宪兵便冲进宫内，将参与打架的 11

名"护军"抓走，"护军"警卫处长佟济煦出来询问原因，宪兵们便骗他说，带到宪兵队问问打架的原因就放回来。结果，一到宪兵队，便给 11 名"护军"上了大刑，打昏了就灌凉水，灌醒了再打。同时，逼迫他们承认是"反满抗日"分子、总管佟济煦是他们的指使者。

刑讯逼供 20 余日后，日本宪兵将 11 名"护军"打得奄奄一息，但始终也问不出什么结果来。最后，卖给"康德皇帝"一个面子，同意放人，但关东军副参谋长向溥仪提出四个条件：一是撤换"护军"负责人，二是将肇事的"护军"驱逐出境，三是派人向打伤的日本兵赔礼道歉，四是保证今后不再发生类似事件。

在日军的威逼之下，溥仪只好一一照办。他忍痛把警卫处长佟济煦、"护军"统领郭文林、两名"护军"队长魏树桐和李国雄及两名排长全部革职，并把十几名忠于自己的"护军"驱逐出境。

紧接着，日本人将自己的势力深入到这支武装之中，"护军"由陆军编制改为宫中警察组织，最后索性把伪宫内府警卫处长也换上了原警务司长的长尾吉五郎。兵员由 300 人缩减为 200 人，并将士兵逐步替换为他们认为可靠的人。至此，原来意义上的伪满"护军"已不复存在。

此后，"护军"编制缩小，改称"皇宫近卫"，李国雄在这年被任命为皇宫近卫的"卫尉"，其实连他自己也不知道这算什么官。这支伪满皇宫近卫部队延续到伪满垮台前，又改称"皇宫警卫"，实际就剩下几个大头兵了。溥仪苦心经营的一支企图用于保护自己和复辟大清的武装部队——"护军"，就这样瓦解了。

西陵守备队

除了"禁卫队""护军"外，溥仪还有一支可以说是自己的私人武装，这便是以溥偍为队长的西陵守备队。

溥仪自幼受孔孟之道的熏陶，对忠、孝二字看得至关重大。清朝垮台虽非他之罪过，但毕竟破灭在他手中，总觉得无颜以对祖宗。重视陵庙护理，便成为他祈福偿罪、尊宗怀远的唯一表示，总想做个孝子贤孙以告慰祖宗在天之灵。为此，他曾在"近侍处"（专管内廷之事，前称内廷局）设陵庙科，专司陵庙事宜与守护故宫之责。伪满时期"昭陵明楼"曾遭受雷击，旋由陵庙科负责修复。关内陵庙修理，由爱新觉罗宗室载涛负责。民国初期军阀割据盗匪横行，东陵一度遭受军阀孙殿英的洗劫，溥仪对此十分痛心。因此伪满成立之后，为防止再发生不幸事件，溥仪决定成立护陵守卫队。

溥偍是载涛的第三子，和溥仪是亲叔伯兄弟。参加伪满军队后，他只是一名小小的中尉，曾在黑龙江虎林一带和抗日武装作战，后来被溥仪看中，一下子将他从中尉提升为中校，调到华北任西陵守备队队长，后来便称这支部队为"溥偋部队"。

"溥偋部队"建于1938年前后。当时日军侵略势力已达华北地区，溥仪为保护祖宗陵寝，委托关东军中将参谋、伪帝室御用挂吉冈安直，到北京和华北日军接洽同意后，征召了200余人，多数为八旗子弟。这支部队由溥偋为队长，宫内府警备处"日系"官员陬纺绩为副队长，文蓁为中尉连长。部队受制于华北日军，但经费由溥仪"帝室费"支出，军情军务也直接向溥仪报告。溥偋每年例行去长春一次，向溥仪述职报告陵庙情况。

着禁卫军制服的载涛

1940年，溥偋曾从西陵到长春向溥仪汇报情况。他说："西陵附近的土匪很多，那里的老百姓拿起枪来都是土匪，一放下枪又变成老百姓了。"又说："有一次我们打退了来袭的土匪，还有一次让我们捕获了一些土匪，就把他们杀死祭陵了。我亲手用战刀砍死一名，并把他的头割下来悬于树上……"溥偋讲得很得意，还拿出他们杀人时拍下的照片让大家看。溥仪夸奖他说："你真不愧为太祖太宗的好子孙啊！"并当场赏赐他一架当时最高级的照相机。

伪满宪兵不同于一般意义上的宪兵，不仅作为军事警察负责军队内部的军风军纪，更重要的是监视军队和从事法西斯恐怖的政治镇压，这也是日军控制伪军的手段之一

1928年东北军整编后，共有6个宪兵大队。其中，在辽宁有4个，每个大队约360人，共1500人左右。吉林1个宪兵大队，约360人。黑龙江1个宪兵大队，约360人。

1931年"九·一八"事变后，东北军的宪兵除沈阳宪兵队退入北平外，其余宪兵部队大多投降了日军。日军将他们临时编成各省的督察队，执行宪兵任务。1932年4月"国联"李顿调查团来东北，日军又急忙在长春成立了"京师宪兵"司令部。1933年奉天、吉林、黑龙江警备军成立后，把原来的督察队吸收进来，在每个警备军司令部下设1个督察队。

1934 年，佐佐木到一陆军中将成为伪满洲帝国军队最高军事顾问后，开始筹建宪兵。10 月，他在吉林市成立了吉林宪兵训练处，处长由陆军训练处步兵部长应振复兼任，石黑贞藏中佐为顾问。

1935 年 3 月，军政部宪兵课、宪兵训练处以培训的骨干 360 人，成立了伪满"新京"宪兵司令部，同时撤销了督察队。宪兵司令部，直属于伪军政部大臣，司令官仍为应振复。下辖新京宪兵队、第一宪兵队、第二宪兵队、第三宪兵队、第四宪兵队、第五宪兵队 6 个宪兵队，分别配置在长春和 5 个军管区所在地，即沈阳、吉林、齐齐哈尔、哈尔滨和承德，每队 250 人，共 1500 余人。各队分别受所在军管区司令官指挥、节制，担负地方防卫兼管军事督察事宜。之后，在每个军管区中都设立了宪兵团。1936 年伪"京师宪兵"司令部撤销。

伪满宪兵不同于一般意义上的宪兵，不仅是作为军事警察负责军队内部的军风军纪，更重要的是监视军队和从事法西斯恐怖的政治镇压，这也是关东军控制伪军的手段之一。成立初始，就具有日本军事顾问嫡系部队的性质。伪满文件规定，宪兵部队除上述任务外，还具有搜集情报的任务。

日本人对于伪满官员可随意处死。凌升，蒙古族的王公贵族，前清蒙古都统贵福的儿子。当过张作霖东三省保安司令部的顾问和蒙古宣抚使，是第一批投靠日本关东军的伪"满洲建国元勋之一"。伪满划东北为十四省时，担任第一任兴安省省长。1936 年，他在一次省长联席会上发牢骚，抱怨日本人太跋扈，言行不一致，惹恼了日本人。4 月，在满洲里召开满蒙会议之际，宪兵队以其勾结苏联、图谋叛变、反对日本为由，将凌升逮捕并交给伪满洲帝国军法会议审理。凌升被逮捕前几天，溥仪为了拉拢蒙古复辟势力，刚刚把四妹许配给凌升的儿

凌升

子，还举行了隆重的订婚仪式。但关东军一点也不给溥仪面子，经参谋长东条英机中将裁决，让军法会议判处了凌升和兴安北省警务厅长春德（凌升妹夫）、兴安北省警备军参谋长福龄（凌升弟弟）、华霖泰（凌升的秘书官）4 人死刑，并在南岭立即执行了枪决。凌升被杀后，溥仪也被迫解除了四妹的婚约。

1936 年 10 月，为了消灭活动在东边道地区的东北抗联第一军，抗日义勇军王凤阁、吴义成等部，以伪满军第一军管区伪军为主，并配属军政部直辖的靖安军及第三、第五军管区各 1 个旅，共 11 个旅 20000 余兵力，发动了规模空前的"东边道大讨伐"。

此次讨伐，同以往的讨伐有很多不同。一是没有日军参加，全部由伪满军担任。二是采取了军事讨伐和政治镇压相结合，采用集家并村、划分居住区和

无人区的办法，断绝抗日武装和人民群众的联系。三是在讨伐的过程中，利用了大量的宪兵、警察及特务组成工作班，逮捕中共地下工作者和搜集情报。特别是伪满宪兵，是东边道大讨伐中最活跃的特务组织，充当了非常重要的角色。

1936 年末，伪满军政部即下令以奉天第一宪兵队为主，从各地抽调宪兵组建宪兵部队参加讨伐。当时新组建的宪兵部队称为"混成第一宪兵队"，全队共 460 人，下设 1 个本部和 8 个宪兵连，由伪满奉天第一宪兵队古岳新治为队长。在东边道讨伐指导部的直接指挥下，在讨伐区进行搜集情报、逮捕、镇压、谋略、诱降、策反及参加扫荡等行动。

宪兵部队跟随讨伐伪军每到一地，首先对有抗日嫌疑的民众大肆搜捕，然后胁迫为其服务。宪兵还经常伪装成农民，进入山区搜集情报和对抗日武装开展诱降。在讨伐行动中，抗日义勇军王凤阁部被消灭，宪兵部队的情报活动，起到了极其重要的作用。

王凤阁部是当时东北抗日义勇军中战斗力最强、组织纪律性最好、抗日最坚决的部队。1936 年前后受中国共产党抗日民族统一战线的感召，在东边道地区与东北抗日联军结成统一战线。

1937 年 3 月中旬，驻通化县的桥本宪兵连（连长桥本岬上尉）侦察到王凤阁部在临江、通化、辑（集）安县交界处活动的准确消息。根据这一情报，东边道讨伐指导部决定以这一地区为中心，开展讨伐活动。桥本宪兵连还将王凤阁部的行动路线绘制成图，提供给讨伐部队，从而使王凤阁部的行动完全掌握在伪军的掌控之中。3 月 27 日，王凤阁部在伪满军的合围中寡不敌众被打散，王凤阁本人被俘。4 月 6 日，王凤阁及其妻子、儿子在通化被敌人杀害，东北抗日义勇军遭受重大损失。

随着伪军管区的增加和镇压抗日军民的需要，宪兵队也随之增多。因伪满宪兵队和日本宪兵队名称雷同，为避免混淆不清，1939 年 5 月溥仪发布敕令，改名为宪兵总团司令部，伪宪兵总团组织上隶属于治安部，其总司令相当于军管区司令一级，下属宪兵团、宪兵分团。总团司令官王遇甲[①]。

当月，为了巩固伪满洲帝国的统治，使其作为日本帝国主义的永久后方基

---

① 王遇甲（1882 年-?）：字司丞，湖北省鄂城县（今鄂州市）人。早年就读于湖北随营学堂，后选送到日本留学，毕业于日本陆军士官学校炮兵科。回国后，1908 年任陆军第四镇第八协协统，1910 年任梁格庄护陵司令，1911 年任陆军第四镇统制官。中华民国成立后，1913 年升陆军中将并任冯国璋的高级参谋。1915 年任总统府侍从武官。1919 年，创办官商企业鄂城铁矿有限公司。1923 年 1 月 29 日，获授将军府诚威将军。后来，王遇甲返回家乡。"九·一八"事变后，王遇甲赴伪满洲国投靠日本人。1933 年任吉林省警备司令部少将部附。1935 年任第二军管区司令部参谋长。1940 年任宪兵司令官。退役后被推荐到汪精卫政权任武汉行营清乡局长。

地，关东军再次决定将东边道地区作为讨伐的重点地区，进行"通化、吉林、间岛三省联合大讨伐"。此次大讨伐，从 1939 年 10 月至 1941 年 3 月，历时一年半，由关东军吉林长春地区守备队司令官野副昌德指挥，因此也被称为"野副大讨伐"。

"野副大讨伐"分东、西、南、北、东北 5 个地区，"东地区"为间岛省的大部分，"西地区"为吉林省的大部分，"南地区"为通化省，"北地区"包括吉林省北部部分地区和滨江省五常县（今五常市）一带，"东北地区"为间岛省北部及牡丹江省的宁安、镜泊湖一带。讨伐的主要目标是东北抗联杨靖宇率领的第一路军。

"野副大讨伐"前，日军在吉林市专门成立了讨伐司令部。关东军参加的部队有独立守备步兵第五大队 1000 人，部署在通化省濛江地区；独立守备步兵第二十大队 1000 人，部署在桦甸、宁安、和龙地区；独立守备步兵第八大队 600 人，部署在敦化地区；独立守备步兵第七大队 800 人，部署于吉林及新京地区。日军参加讨伐兵力共计 6400 余人。1939 年 7 月下旬，王之佑分别将第八军管区的教导队和 3 个旅集结在通化、抚松、临江、金川等地，划归到各讨伐区关东军部队之下，归日军各地部队长指挥。第一、第二、第六、第七军管区也派出部分部队参加讨伐。参加讨伐的伪满军共计 25000 人左右。在讨伐司令部下，还编成由抗联叛徒组成的第一、第二、第三 3 个工作队，每队 80～100 人，参加讨伐行动。各地的警察 30000 余人也参加了此次讨伐。

此外，关东军宪兵队还派出以宪兵曹长长岛玉次郎为首的宪兵工作班，称"长岛工作班"，部署在"南地区"配合武装讨伐，对抗联各部队开展诱降活动。

在"野副大讨伐"中，日伪军先占领讨伐区内各市县的大小城镇、交通要道、重要据点，然后对东、西、南、北、东北 5 个讨伐区采取分区包干的办法，将抗联部队分割包围，各讨伐部队按照划定的区域和指定目标，在各讨伐区再形成一个"小讨伐网"，同时将宪兵、特务及叛徒组成的工作班进入讨伐区内的山中和抗联活动的游击区内，组成"情报监视网"，而工作队、警察队等，则配合日伪军进行烧林搜山、捣毁山寨和秘营、搜寻抗联的后勤机关。还利用报刊、传单等工具，对抗日军民进行思想腐蚀和精神打击。为了策动抗联内部分化，捕杀抗联高级干部，治安部还制定了赏金规定，其中指出杀害抗联各军军长者赏金 10000 元，杀害师长赏金 5000 元，杀害团长、参谋长赏金 2000 元，其他赏金 1000 元。从而一步步将抗日武装逼上绝境。

宪兵工作班和各工作队取得的"业绩"十分惊人，他们策反了抗联第一路军军需部长、中共南满省委委员全光，指使叛徒杀害了第一方面军司令曹亚范（1940 年 4 月 8 日在濛江龙泉镇被叛徒杀害）、第十五团团长李龙云（1940 年 10 月 20 日在汪清县筹粮时被奸细所杀）等抗联高级将领。

这次大讨伐，日伪方面基本达到了目的。抗联第一路军阵亡1000余人，包括第一路军副总司令魏拯民（1941年3月8日病逝）、第一方面军司令曹亚范、第二方面军司令陈翰章（1940年12月8日牺牲在宁安镜泊湖地区）、警卫旅旅长韩仁和（1940年春牺牲在宁安镜泊湖地区）等高级将领。第一路军十三、十四团及总部警卫旅余部200余人，最后退入苏联境内。第五军陶净非最后身边仅剩2人，不得已也于1941年3月20日进入苏联境内。从此，东南满地区的抗日运动转向了低潮。

1941年3月19日，野副讨伐司令部发布命令，解散讨伐司令部及各讨伐部队，历时一年半的"野副大讨伐"结束。

就在"野副大讨伐"还在进行之时，1940年末，宪兵总团司令官由杨镇凯接任，司令部仍在长春，当时，所辖部队有新京宪兵团及第一、第二、第三、第四、第五、第六、第七、第八、第九、第十各宪兵团。

至1945年，宪兵总团共建立15个宪兵团，除了第一批6个外，其他团分别设在牡丹江、佳木斯、北安、通辽、海拉尔、密山、锦州、王爷庙、鞍山，另外还有35个分团，宪兵总数达2800余人。

日本投降前，伪宪兵总团司令官为刘尚华中将，统辖新京宪兵团及由第一到第十一各宪兵团，约1300人。当苏联红军出兵东北后，在日伪统治的心脏地区长春，新京宪兵团和禁卫步兵团、伪陆军军官学校的学生以及伪警察纷纷反正，至8月14日已控制了市区、挂起了中国国旗。他们还袭击了伪首都警察厅，打死关东军总司令部参谋2人。宪兵总团除起义部队外，其余人员大多逃散。

宪兵（总团）历任司令官为：应振复、德楞额、王遇甲、杨镇凯、刘尚华。

"七七事变"后，关东军为驱使伪军充当马前卒，对他们的限制有所松动，突破了《满洲国陆军指导纲要》规定的兵种和数量。建立了飞行队、高射炮队、汽车队等特种部队

1937年"七七事变"爆发后，关东军为驱使伪军充当马前卒，对伪军的限制有所松动，突破了《满洲国陆军指导要纲》规定的兵种和数量。伪军中建立起了飞行队、高射炮队、汽车队等特种部队。

航空队

伪满洲帝国于1937年开始筹建空军，主要是训练飞行员。1938年在长春附近修建飞行场和营舍，成立了第一飞行队，下设1个飞行连和1个地上整备

连。之后，又在奉天、哈尔滨成立了第二、第三飞行队，并于 1940 年 8 月在奉天成立了飞行学校。飞行队的主要任务是配合陆军进行作战、侦察。

1940 年 3 月，伪满治安部进行第二次机构改革，其中一项是在参谋司中增设了防卫科，掌管新设立的飞行队、高射炮队等有关事项。

1941 年 1 月 4 日，驻哈尔滨西南郊王岗附近伪军第三飞行队的 86 名士兵，在中士班长苏贵祥带领下，举行了起义。第三飞行队共有两个连队，156 人，其中日本人飞行员 59 人，伪军官兵 97 人。起义人员切断营区电话线，打开武器库，取出重机枪 2 挺、步枪 120 支、匣枪 12 支、军刀 100 把、各种子弹 8700 多发，捣毁 3 驾飞机，打死日本军官 2 人、伪军官 11 人。之后，准备投奔活动在"三肇"地区的抗联第三路军第十二支队。

6 日，起义部队在肇东榆树林附近被敌人侦察机发现，随即千余日伪"讨伐"队乘卡车追来，将起义部队包围在一座地主大院内。起义军全体士兵凭着围墙掩护，打退了敌人数次进攻，杀伤大量敌人。但由于阵地狭小，孤军奋战，伤亡很大，苏贵祥等 30 人壮烈牺牲。战至黄昏，部队开始突围。但由于地形不熟，敌众我寡，44 名突围人员被俘，只有少数几人突出重围。

第三飞行队起义事件，震动了日伪统治集团。他们怎么也想不到，这支"满军最优秀"的部队居然发生此事。同时，起义事件也振奋了广大人民的反日情绪，动摇了伪军的稳定。不久，长春第一飞行队也发生了武装起义，但由于各种原因也失败了。

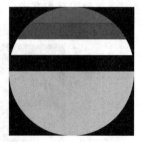

伪满洲国空军装备的川崎二式双座重型战斗机样式　　飞行队国籍标志

起义事件后不久，参谋司的防卫科被撤销，其业务分别划归军事科和兵器科。此时，诺门罕战争已经结束，日伪当局针对战争中兴安军大量逃跑的事实，缩减了兴安师骑兵，在兴安师内设立步兵。不久，随着伪满各军管区部队的缩编，伪满军中的骑兵多数被裁减改为步兵，被裁减的名额一部分充实到了飞行队、高射炮队和汽车队等特种部队中。

经过补充，1941 年成立了飞行队司令部，由野口雄二郎少将任司令官。3 个飞行队共有 5 个飞行连、5 个地上准备连，每个飞行连 15 架飞机，总兵员约

1000 人。飞行队的队长都是日本人，飞行员大部分也是日本人。

1942 年 11 月，曹秉森任飞行队司令官。曹秉森，1933 年 9 月从奉天警备军赴日本任伪满驻日公使馆武官，1938 年任溥仪的侍从武官。

1943 年飞行队司令部改称航空队司令部。1944 年 6 月至 9 月，美军飞机 3 次空袭鞍山，12 月 2 次空袭沈阳。飞行队和高射炮队，在关东军指挥下参加了鞍山、沈阳地区的防空作战。

1945 年日本投降时，航空队司令部的编制为：

司令官加藤，统辖第一、第二、第三飞行队及通辽独立飞行连。共 6 个飞行连，6 个地上整备连，约 1300 人。苏联红军攻入东北后，该部自行溃散。

高射炮队

1937 年 4 月，伪满军成立了首支高射炮队——第一高射炮队，驻奉天，归治安部直辖。高射炮队主要作为一个培训机关，进行教育训练。1939 年，在长春成立了独立第二高射炮队。1940 年 3 月，在治安部参谋司设立防卫科，专门办理高射炮队的有关事务。至 1941 年，又先后在昂昂溪成立了第三高射炮队，在哈尔滨成立了第四高射炮队，在牡丹江成立了第五高射炮队。

1942 年太平洋战争爆发后，为防止美国空军对东北各地的轰炸，伪满军加强了防空任务。第一、第二两个高射炮队，分别被配属到第一、第二军管区内，同时两个高射炮队被扩充，由原来的 2 个营增加到 3 个营，分别置于沈阳、鞍山、抚顺、本溪等地，直接受关东军防空部队长指挥，担负防空任务。

伪"满洲帝国"军队高射炮队

1943 年 9 月，在奉天成立了高射炮队司令部，司令官张大任，统辖 5 个高射炮队。1944 年 6 月至 9 月，美机 3 次空袭鞍山，12 月 2 次空袭沈阳。高射炮队在关东军指挥下参加了鞍山、沈阳地区的防空作战。

1945 年上半年，伪满军在鞍山又成立了高角炮队。到 8 月日本投降前，伪军高射炮队司令官刘牧禅①中将，司令部统辖第一、第二、第三、第四、第六共5个高射炮队。苏联红军攻入东北后，高射炮队大部逃散。

独立自动车队

1937年，伪满军在奉天成立了独立第一自动车队，队长梁濑，归治安部直辖。1938年，在长春成立独立第二自动车队。1940年后，又先后在牡丹江、昂昂溪逐次成立第三、第四、第五自动车队和靖安师、兴安师的自动车队。每个自动车队相当于一个团，担任运输任务。诺门罕战争结束后，随着伪满各军管区部队的缩编，日伪当局将裁减下来的一部分兴安师骑兵充实到独立自动车队中。

1945年苏联红军出兵东北后，各个自动车队部分被歼灭，大部分溃散。

伪"满洲帝国"军队简易装甲战车

靖安军是伪满洲国军政部直属的一支机动部队，没有固定的防区。与其他伪军相比，这支部队军官多为日本人，装备精良，训练有素，是伪满洲国军的"王牌"部队

1931年10月，关东军授意日本浪人和田劲在沈阳以日本退役军人和东北

---

① 刘牧禅（1904—?）：天津人，1928年入日本士官学校学习，1930年毕业回国，任东北陆军第六旅军官教育班上尉队附、迫击炮连连长。1932年3月，任靖安军连长，后升营长、团附等职。1935年10月入奉天陆军训练专科学生班第一期受训。1936年获本期学员考试第一名，获得溥仪御赐将官级别才可以使用的军刀，并因此被派往日本陆军大学留学。在日本学习期间，因学习优秀又获天皇御赐军刀。1939年回国后，任伪中央陆军学校教官、靖安军骑兵团团长。1942年任第十一军管区参谋长。1942年任伪满洲国驻日本大使馆武官。1944年3月，任热河第五军管区副司令。1945年调奉天高射炮队任中将司令官。

军流散军官为骨干，并从沈阳、辽阳、海城等地招募了一批散兵游勇和无业游民，建立了一支由关东军提供装备的伪军，并命名为"靖安游击队"。因其成员都佩戴红色袖标，又被称为"红袖军"。"靖安游击队"由和田劲任中将司令，日本人美崎丈平任参谋长，司令部驻沈阳，下设参谋、副官、军需、军医、军械、兽医 6 个处和 1 个通信连。游击队下辖第一步兵游击队，不久又成立了第二步兵游击队、骑兵游击队和炮兵队等，兵力共 3000 人左右。各级军官主要由日本人担任，因此它是由日本人直接控制的唯一一支伪军部队。

1932 年 3 月伪满洲国成立后，"靖安游击队"改名为"靖安军"，隶属于日本关东军建制。8 月，靖安军内部发生了一起士兵起义反正的事件，之后关东军便将这支部队交给伪满洲国军政部直属。10 月，靖安军司令部由沈阳移至锦州，并由藤井重郎接替和田劲任司令，其部队扩编为步兵第一团、步兵第二团、骑兵团及通信队，总兵力达到 6000 人。不久，靖安军在团以上设立了"军"的建制，但由于日本将领的反对很快就被取消。

靖安军是伪满洲国军政部直属的一支伪军机动部队，没有固定的防区。与其他伪军相比，这支部队军官多为日本人，装备精良，训练有素，是伪满洲国军的"王牌"部队，深受日本关东军的器重和信任。

靖安军成立后，几乎参与了日伪军对东北抗日武装进行的历次"讨伐"，以凶悍残忍出名，犯下了罄竹难书的罪行。

1932 年 10 月，伪靖安军配属关东军骑兵第四旅团，与日军混成第十四旅团、骑兵第一旅团及奉天警备军的 2 个旅，在关东军司令官武滕信义的指挥下，对东边道地区唐聚五等人领导的抗日义勇军进行了一次"讨伐"。

11 日，靖安军在抚顺完成集结后，作为"讨伐"的先头部队，沿着抚顺、清河城、碱厂、柞木台子一线攻击前进。12 日，靖安军在救兵台将唐聚五义勇军一部击退后，在碱厂等地对抗日志士进行了血腥的屠杀，在当地军民心中烙下挥之不去的阴影。10 月末，靖安军会同其他日伪军一起乘胜攻陷了唐聚五义勇军的活动中心通化、桓仁等地，致使东边道地区的抗日义勇军主力逐渐解体。

在东边道"讨伐"结束一个多月后，靖安军又于 1932 年 12 月，出动 3 个步兵营、3 个骑兵连及机枪、迫击炮和山炮各 1 个连 1000 余人，配合关东军第二师团第十五旅团，与日军第七师团一部及独立守备队，以及伪满奉天警备军一部，约 15000 人，分兵三路，向辽东三角地带的抗日义勇军李纯华、刘景文、邓铁梅部发起了进攻。

在这次军事行动中，靖安军分为两部分，主力在第十五旅团长天野指挥下，进攻岫岩的刘景文部，其他一部则随同第十五旅团第四联队进攻庄河方向的邓铁梅、李子荣部。

17 日，靖安军 700 余人和日军一部攻入岫岩境内后，一头扑进了刘景文义勇军的包围圈，经过激战，大部伪军被缴械，剩余的日伪军狼狈逃窜。这次惨败，给被称为伪满军 "王牌" 的靖安军以沉重打击。此后，日伪军又重新调整部署，轮番攻击，最终迫使后继无援的刘景文余部撤至深山密林之中。

南满的抗日烽火被日伪压制下去之后，关东军又将矛头转向了长春以北的北满抗日军民。1933 年秋，靖安军从沈阳全部调至吉林的汪清、宁安一带，和关东军一起围剿在这些地区活动的周保中、赵尚志等人领导的抗日武装。但是，抗日武装在当地广大人民群众的支援下，与日伪军展开游击战，不仅没有被剿灭，反而不断得到发展壮大。靖安军在与抗日队伍作战的 2 年中，频频遭受伏击，损失惨重。在这种情况下，靖安军内部逐渐产生出厌战情绪，士兵逃跑和哗变事件时有发生。于是，伪满军政部下达命令，将靖安军调回南满，参加伪满军的 "东边道独立大讨伐"，围剿活跃在这些地区的杨靖宇和王凤阁等部抗日义勇军。

此次 "东边道独立大讨伐"，开始于 1936 年 10 月，目标是消灭活动在东边道地区的东北抗联第一军、抗日义勇军王凤阁、吴义成等部。讨伐的兵力以伪满军第一军管区伪军为主，并配属军政部直辖的靖安军及第三、第五军管区各 1 个旅，共 11 个旅 20000 余兵力。以伪满军最高顾问佐佐木到一为最高指挥，以在通化成立的、由关东军军官为主的 "讨伐指导部" 为指挥机关。讨伐没有日军参加，全部由伪满军担任，这是关东军制定 "治安肃正三年计划"①后，为了专门进行对苏作战准备而利用伪满军独立维持治安的一次尝试，也是对伪满军进行改造后是否有效的一次检验。讨伐的重点地区是时属安东省的通化、辑（集）安、临江、长白、抚松和隶属奉天省的濛江、辉南、金川、柳河9 县。

为了各路伪军协调行动，还成立了临抚、辑（集）安、通化、金柳、濛辉地区司令部。其中，通化地区司令部由靖安军司令藤井重郎兼任，下属部队有靖安军步兵第一团、步兵第二团及骑兵团，及第一军管区的 3 个团。其主要任务是在其管辖区通化、临江县西部一带警戒和围剿抗日部队。讨伐一开始，藤井重郎的靖安军与其他伪军一样，完全不适应王凤阁部声东击西的游击战法，频繁受挫，损失很大。于是，"讨伐指导部" 改变策略，下令各路伪军部队也组织游击队，以游击战法对付义勇军的游击战法。一时间，各伪军游击队相继

① 治安肃正三年计划：1936 年初由关东军制定的旨在消灭东北共产党领导的抗日武装计划。即在第一年度（1936 年 4 月—1937 年 4 月）完成从县城及铁路沿线一日行程以内地区的肃正工作；第二年度（1937 年 4 月—1938 年 4 月）将肃正工作范围扩大到二三日行程以内地区；第三年度（1938 年 4 月—1939 年 3 月）将国内治安恢复到仅靠满洲国军警就可以解决的程度。

编成，靖安军由步兵第二团 2 个连编为第一游击队。之后，各伪军游击队于 10 月下旬从四面八方窜往临江西北地区，会攻王凤阁抗日部队。伪军的这种战术取得了意想不到的效果，王凤阁部在多路伪军的进攻下，伤亡惨重、补给告罄，不得不进行突围，转移至其他地区。

入冬后，靖安军又以步兵第一团、骑兵 1 个连、山炮兵一部在抚松县内编成靖安支队，配合奉天警备军李寿山部，"围剿"吴义成抗日队伍，并以靖安军第二团之一营驻防长白县，相机歼灭退入该县的抗日部队。12 月下旬，靖安支队在遭到顽强抵抗后攻陷吴义成的山寨，将吴部击散。同时，靖安军第二团攻入长白县内，向杨靖宇部抗联第二师发起猛烈进攻，结果中了第二师埋伏，初战失利。之后，靖安军于 1937 年初又纠集了临江县保安队等 1000 余人，在日本人金泽的指挥下，采取正面佯攻、小股部队迂回侧后的战术，向抗联第二师发动猛攻，使第二师损失惨重，师长曹国安战死。靖安军由于此战"战果辉煌"，得到 5000 伪币的"赏金"。

靖安军除在军事上对抗日军民进行血腥镇压后，还忠实地协助日伪当局在抗日运动活跃的地区推行"集团部落"政策，通过"集村并户"，大肆制造无人区，进而割裂抗日部队与群众的联系，使其陷入孤立无援的境地。对确定的讨伐区，先由伪军层层包围，将各路口要道全部封锁，不准任何人进山和出山，然后派出部队进山游击扫荡。对讨伐后的山区，实行"集家并村"，并将原来村民居住的房屋烧毁。经集家并村后认为是"匪区"的，即划为无人区，不允许老百姓进入，进入者一律视为抗日人员，发现后立即枪杀。因此，生活在讨伐区的农民大多失去了土地、房屋，一些靠采药、打猎为生的农民就此断了生路。而且当时正值东北地区冰天雪地的冬季，当地百姓饥寒交迫，冻死、病死者不计其数。这次大讨伐，使东边道地区人口锐减，农田荒芜，瘟疫流行，一片疮痍，人民群众蒙受了巨大的损失。

1937 年 3 月中旬，参加讨伐作战的伪满宪兵部队侦察到王凤阁部在临江、通化、辑（集）安县交界处活动的准确消息后，伪满军讨伐部队向王凤阁部进行合围。最终，王凤阁部因寡不敌众被打散，王凤阁本人被俘后被杀。至此，开始于 1936 年 10 月、结束于 1937 年 4 月，持续近半年之久"东边道独立大讨伐"结束。

"东边道独立大讨伐"结束后，靖安军除留一部分在东边道"维持治安"外，其余大部分奉命撤回锦州休整。

1937 年 7 月 7 日，日本驻华北军队制造了"七·七"事变，发动了对中国的全面侵略战争。月底日军占领平津后，编成华北方面军，分三路沿平绥、平汉、津浦三个方向对中国内地展开进攻。

7 月末，治安部大臣于芷山、最高顾问佐佐木到一发布命令，以靖安军和

第五军管区编成约 8500 人的"热河支队"，由热河、内蒙方面向长城沿线实施牵制性进攻，企图击败丰宁县内长城线上的中国军队后，相机协助华北日军进攻察哈尔省。

"热河支队"司令由靖安军司令藤井重郎少将担任，第五军管区教导队队长朱家训为副司令，日本人皆藤喜代志中佐为顾问。靖安军参加兵力主要有 2 个步兵团、1 个骑兵团、1 个炮兵团、1 个通讯连和 1 个辎重队。第五教导队有第五步兵团（团长姜学博）、第六骑兵团（团长富璇善）、第一独立自动车队的 1 个连及卫生队。在隶属关系上，热河支队直辖伪满治安部，后勤补给由第五军官区负责。

8 月 1 日，"热河支队"在承德集结完毕后，便浩浩荡荡进入丰宁县西南，部署在喜峰口长城一线。第五教导队步兵团为左翼、骑兵团为右翼，靖安军居中，与国民党汤恩伯第十三军对峙于喜峰砦、巴图营子、黑达营子、井儿沟一线。

国民党第十三军高桂滋部认为第五教导队实力较弱，因此在其立足未稳之际，就于 15 日向其发起突击，队长朱家训在混战中被打死，其下属的骑兵团仓皇败退，第六步兵团的 1 个营阵前起义加入了高桂滋军。

4 天后，藤井重郎在黑鞑营子靖安军机枪阵地巡视时，被第一机枪连的爱国志士李玉峰刺杀。藤井重郎一死，靖安军军心大乱。伪治安部为稳住阵脚，急令靖安军步兵团长山崎积代理支队司令。

此时，日军先后于 8 月 23 日和 27 日突破长城防线，攻陷南口和张家口。9 月初，"热河支队"尾随从长城全线溃退的国民党军队烧杀抢掠，先后占领了赤城、龙关、宣化、蔚县等地，并在这些地方扶植伪政权。

10 月，"热河支队"司令部移驻宣化后，靖安军参谋长美崎丈平被任命为"热河支队"司令。这时接到治安部调查科命令，需要大量有关中国问题的图书。于是"热河支队"各部在宣化城开始大量地掠夺图书，使宣化城又遭到一次文化浩劫。

11 月后，"热河支队"划归日军华北方面军奈良联队指挥，在河北蔚县一带讨伐进入敌后作战的八路军。

从"七七事变"到 1937 年底，随着日伪军对河北、山西、察哈尔、绥远、山东等华北大片领土的占领，伪满"热河支队"的任务基本完成。1938 年 3 月，"热河支队"奉命撤回奉天。"热河支队"的派遣，是日本帝国主义试验性地使用伪满军队协助"境外"侵略的首次行动。

1937 年 7 月到至 1938 年底，关东军司令官植田谦吉下达作战命令，日伪军以日军第四师团和驻佳木斯第四守备队、第四军管区伪军为主力对三江地区抗日联军进行了残酷的"三江大讨伐"。在此次讨伐中，靖安师的骑兵团作为增援部队被调到三江地区，配合第四军管区混成第二十三旅（缺步兵第三十团）对抚（远）饶（河）地区进行讨伐。

在此次讨伐中，靖安师的骑兵团全程参与了在讨伐区实行归屯并户、建立集团部落等活动。把山区内所有的住户都驱赶到山外，集中到指定地点。对一些"治安不良"地区，则划为无人区，烧光所有的房屋，以防被抗日联军利用。更为残暴的是住房被焚烧后，走投无路的居民在被烧毁的废墟里搭窝棚避寒，又遭到日伪军的搜查，故土难离的居民轻则被打伤，重则立即被杀死。仅在三江省最东部的饶河县，就有 2000 多户居民的房子被烧。饶河县集家并村前，有 6000 户居民，集家并户之后，仅剩下 3000 多户。同时，讨伐行动使三江地区的抗日联军粮食弹药极度缺乏、资金来源断绝、人员伤亡巨大。抗日根据地也逐渐丢失，游击区日益缩小。最后，抗日联军主力被迫转移，留守部队处境更加艰难，人员不断减少，部分军队被迫退入苏联境内。

在靖安军疯狂屠杀的同时，也有部分爱国志士不愿将枪口对准自己的同胞，脱离靖安军的牢笼。如 1937 年 12 月，驻饶河县兴安镇的步兵第二团五连集体起义，渡江后投奔苏联。

1938 年 8 月，靖安军主力经过休整和补充后，奉命开赴靠近苏联的三江地区富锦、同江一带，与第三、第四军管区及兴安军管区的其他伪军一道，参加镇压赵尚志、夏云阶、周保中等人领导的东北抗日联军。此次靖安军派出的部队有靖安军司令部、步兵第一团、第二团、炮兵团等。当靖安军到达战场时，"大讨伐"已接近尾声，所以只与抗联部队进行了几次战斗，谈不上取得什么战果。因此，靖安军主要在三江地区担任警戒任务。

1939 年日本在与苏联的诺门罕之战失败后，对伪满洲帝国军队进行了又一次大规模的整编。靖安军被整编为靖安军第一师，隶属于第七军管区，其任务仍然是担任富锦、同江一带的警备和对抗联的讨伐。此时，靖安军士气日渐衰落，战斗力大不如前。而且，部分官兵逐渐认清日本侵略者的野心，起义反正事件不时发生。

1940 年 4 月 11 日，伪满"国兵法"颁布，4 月 15 日开始实施。1941 年伴随着伪满国兵的入伍，伪满军再次改编，这次将靖安军第一师改称为第一师，又归伪满军中央直辖。下辖步兵 2 个团，骑兵 1 个团，炮兵 1 个团。

1943 年 7 月中旬，军事部大臣邢士廉及日本高级顾问楠木等人在第七军管区司令赫慕侠、第一师师长山崎积陪同下视察富锦县（今富锦市）五顶山第一师第二团防御阵地时，该团爱国士兵常隆基拔枪向这些头面人物射击，可惜未能将这几人打死。事件发生后，师长山崎积、第二团团长西岛四郎被撤职，由川平哲一代理师长，并在师部新增由关东军生田中佐为首的顾问部，以便对靖安军进一步控制。此后，靖安军在伪满洲国军中"王牌"地位被彻底动摇，降级为一般部队，并统一按照伪满军的建制进行了整编：

靖安步兵第一团改称步兵第三十六团

靖安步兵第二团改称步兵第三十七团

靖安骑兵团改称骑兵第四十六团

靖安炮兵团改称炮兵团

此时，靖安军的兵员略有增加，达到8000余人。

五顶山事件后不久，第一师被全部调往锦州，由秋山秀接任师长。此次南调，目的是防御其"国境"西南和西部日益活跃的八路军等抗日武装。1944年，步兵第三十七团还被编入铁石部队，开到冀东唐山一带与八路军作战。这个团此后再也没有能回到伪满洲国，随着日本的无条件投降，它也土崩瓦解。

1945年5月德国投降后，日本自知穷途末路。为了防止苏联红军的进攻，日军进行了垂死挣扎，将一切能够调动的部队调往中苏边境。在这种情况下，第一师除留步兵第三十六团驻防锦州外，其司令部、骑兵团和炮兵团等全部被调往黑龙江佳木斯附近的勃利县等地驻防，受第十一军管区司令官辖制。6月，包括第一师在内的全部伪满军统归关东军指挥，编入所谓的"战时体系"。但此时关东军因精锐全部调到东南亚战场，战斗力也已大大降低。因此，当苏联红军兵分三路突入东北后，关东军组织的防线立刻土崩瓦解，伪第一师也全部溃散。从此，靖安军的罪恶历史成为过去。

靖安军历任司令（师长）及其任职时间为：和田劲（1931年9月—1932年10月）、藤井重郎（1932年10月—1937年8月）、美崎丈平（1937年8月—1943年7月）、川平哲一（1943年7月—1943年8月）（代理师长）、秋山秀（1943年9月—1945年8月）。

根据与日本侵略者签订的协议，伪满洲国境内铁路均委托给南满铁道株式会社经营。铁路警护军就是为了维护铁道交通的安全而成立的伪军部队

"九·一八"事变前，由于中东铁路的关系，划铁路沿线为特别行政区——东铁特别区，在哈尔滨设特别区行政长官公署。为保护铁路又设东铁护路军总司令部，和特别区行政长官公署均隶属于东北政务委员会，是平行的机关。当时的特别区行政长官是张景惠，护路军总司令由张作相兼任。其下设长绥司令（长春、绥芬河间），由丁超兼任，哈满司令（哈尔滨、满洲里间），由苏炳文兼任。护路的军队不另设，由吉、黑两省军队担任。

伪满洲国成立后，根据与日本侵略者签订的协议，其境内铁路均委托给南满铁道株式会社经营。为了维护铁道交通的安全，1932 年 4 月 15 日，成立了护路军，以于琛澄为总司令。1938 年 1 月，又接收了原铁道总局警务机关，成立铁路警护总队，下设若干警护队，任务为警备铁道、船舶、汽车及港湾等。在各铁路局所在地，设置队本部，在哈尔滨设有水上警护队，在各客驿、信号场、公路要点、水运路要点、埠头和铁路工场等处配置警护队分所，各由所警护队派遣数名乃至数十名警护员常驻。在长春设置总监部办事处，负责与伪满政府和其他机关联络的任务。为培养训练警护人员，在奉天还成立了中央铁路警护学院，另在沈阳、吉林、哈尔滨设立了地方铁路警护学院。

1944 年，日军败局已定，为挽救其军事上的困境，3 月 1 日将铁路警护队编入伪满军队，改称铁路警护军，司令部设在奉天，由日本人濑谷启任司令官，统辖 6 个铁路警备旅，兵力约一师有余，负责铁路的警护。6 个旅部分驻锦州、奉天、吉林、牡丹江、哈尔滨和齐齐哈尔。每个大的车站都有警护军的一个团部。此外，还在沈阳成立一所铁路警护军学校，校长由马虎雄担任。

铁路警护军归伪满军事部直辖，并在军事部里设警护司，专门负责管理警护军事宜，但经费仍由铁路总局承担。

1945 年铁路警护军司令由太田接替，参谋长为原弘志，总兵力 8000 余人。其中有 1600 余人编入铁石部队，在冀东同八路军作战。日本投降后，铁路警护军大部溃散，剩余人员被国民党收编为东北暂编保安第四总队。

诺门罕战争的惨败，使日军对伪满军的战斗力大失所望，对其进行了新一轮的"军政整顿"。日本临时驻满海军部撤销，伪江防舰队由陆军管辖，名称也改为"陆军江上军"

陆军江上军由伪"满洲国海军江防舰队"演变而来。

伪满哈尔滨江上军参加"治安肃正"和"讨伐"行动

日军为了更好地利用伪"满洲国海军江防舰队"这支水上力量，指使伪满军政部不断加强其力量建设，更新武器装备。从 1934 年至 1935 年，由日本建造的"顺天""养民""定边""亲仁"舰等大型舰船先后在江防舰队服役。这些舰艇在动力装置方面，用内燃机动力代替了蒸汽机动力。武器装备方面，装有 12 厘米口径的火炮 2 门，15 厘米的迫击炮 1 门，而原来的舰艇只有 7.5 厘米口径的火炮 1 门。新型舰艇在人员编制、行进速度等方面都比原来有了很大的提高。此外，日本还为江防舰队建造了"大同""利民""兴亚"等一批 60 吨、40 吨、30 吨、15 吨的小型炮舰 20 余艘。至 1937 年，江防舰队旧有的舰艇除"利绥"舰外，均被淘汰，全部代之以日本建造的新型舰艇。

伪满洲国"陆军江上军"

1939 年，日本和苏联在中苏边界爆发了诺门罕战争。日军将关东军精锐投入了战场，同时也使用了大量伪满军。日军对取得战争的胜利信心十足，但结果却大大出乎预料，在关东军遭受重创的同时，打头阵的伪满军更是不堪一击，一触即溃。这次惨败使关东军对伪满军的战斗力大失所望，于是对伪满军开始了再一次的"军政整顿"。

1941 年初，伪满军新一轮的改编开始。其主要内容是缩小各军管区伪军部队的编制，把大量的部队编成所谓的特种部队，专门为日军进行勤务保障。在这次大改编中，随着日本临时驻满海军部的撤销，伪江防舰队改由陆军管辖，名称也改为"陆军江上军"。日本海军派来的军事顾问撤走，由关东军派出。

2 月，陆军江上军司令尹祚乾中将退役，不久被推荐到南京汪精卫政权任南京要港司令。江上军司令官一职由陆军中将李文龙①担任，司令部仍设在哈

---

① 李文龙：号鸿科，1892 年 5 月 26 日出生，原籍辽西省梨树县小城子尚家屯，后移居哈尔滨。此前曾任伪吉林铁道守备队第二队上校队长、团长，第四军管区第四教导队长、参谋长，治安部参谋司附，伪满驻日本大使馆武官等职。

尔滨。

"陆军江上军"与各军管区同级，直接隶属于伪治安部。司令部下设参谋处、副官处、军械处、军需处、军法处、军医处、训练处 7 个处和电讯所，军官约 200 人，士兵约 100 人。同时，在人事变动上，日本海军顾问、教官撤走后，改派陆军中佐田实任军事顾问。

4 月，江上军将松花江、黑龙江划分为 6 个防区：黑龙江由黑河——抚远为第一防区，松花江由同江——佳木斯为第二防区，由佳木斯——依兰为第三防区，由依兰——通河为第四防区，由通河——巴彦为第五防区，由巴彦——哈尔滨为第六防区。

"陆军江上军"直辖部队主要有 3 个陆战团和 2 个地区队，27 艘舰艇。

陆战第一、第三团驻哈尔滨，主要从事浮舟作业的训练；陆战第二团驻富锦，训练操舟及架桥作业，3 个团共计 2600 余人。主要任务是配合日伪陆军担负在江上的警卫护航、布雷扫雷、炮火支援、渡江架桥等。

第一地区队：队长赵竞昌，驻富锦，配备 14 艘炮舰，主要警备松花江下游和黑龙江沿岸。

第二地区队：队长刘崇褒，驻虎头，配备 10 艘炮舰，主要警备乌苏里江沿岸。

以上两个地区队共计 800 人左右。

1942 年 9 月，伪满军进行了人事调整，李文龙转任第六军管区司令官。宪原继李文龙任江上军司令。同时，江上军也进行了改编，撤销地区队，部队编为 5 个战队和 8 个炮艇队。

1942 年，是日军发动太平洋战争的第二年，随着美国海军攻势增强，日本海军开始节节败退，其海上运输处于美国海军的严重威胁之下。于是在 1943 年，日军命令伪满江上军编成海上警防队，驻守大连，主要对付美、苏潜艇对日本商船的袭击，保障伪满洲帝国与日本之间的海上运输。同时，为了防止美国空军轰炸鞍山，关东军又令江上军组成驻鞍山高射炮队，由日本人达滕中佐指挥，负责对空作战，保护鞍山钢铁厂。经过这两次分兵，实力原本就弱的江上军被进一步削弱。

1944 年，日军在太平洋战场的处境更加艰难，不得不从中国东北抽调关东军精锐师团赴太平洋战场作战。随着关东军数量的减少，他们日益担心伪军军心不稳进行起义，于是收缴了伪满军的重武器，并对伪军进行了再次整编。此次整编，江上军改为江上军艇队和陆上作业团。其编制配置的情况是：

司令官曹秉森中将，司令部驻哈尔滨，直辖 4 艘 300 吨的军舰，管区为松花江下游及乌苏里江、黑龙江。总兵力约 3500 人。

江上军艇队：司令赵竞昌，司令部设 1 名参谋、3 名副官、1 名轮机官、2

名军需官、1 名军医。下辖 5 个战队、8 个艇队。每个战队由 2 艘舰船组成（排水量 60 至 300 吨），共 10 艘，兵员约 400 人。每个艇队由 2 艘炮艇（排水量 10 至 60 吨）组成，共 16 艘，兵员约 200 人。同时，关东军在这些舰船上大量安排日本退役军人，由他们担任船长等主要职务，目的是进一步控制这支伪满水上力量，进行最后的负隅顽抗。江上军艇队部主要任务是监督下属各艇教育训练，划分防区，派遣舰艇担任松、黑、乌三江的巡防任务，协助日寇镇压人民，巩固伪满国防。

陆上作业团：第一团、第二团、第三团，共 15 个连，总兵员约 2000 人。

江上军训练处：处长吴国贵，下辖 1 个教导团，共 4 个连，直辖 1 艘 300 吨的军舰，总兵员 500 人。

另有 1 所能够收容 20 余人的伤病医院。

1945 年 8 月 9 日，苏联 150 万红军根据《雅尔塔协定》，兵分三路攻入中国东北，向关东军发动了总攻。11 日，江上军"熙春""阳春"两舰奉命在佳木斯抵御苏军的进攻，结果被击沉。14 日，陆军江上军第一、第三团和教导团约 2000 人，在第一团团长张洪山带领下起义，江上军名存实亡。20 日，苏联海军抵达哈尔滨，收编了伪江上军的所有舰艇。从此，伪满洲国的这支水面部队不再存在。

陆军江上军的历任司令及其任职时间为：尹祚乾（1934 年 3 月—1941 年 2 月）、李文龙（1941 年 2 月—1943 年 9 月）、宪原（1942 年 9 月—1944 年 3 月）、曹秉森（1944 年 3 月—1945 年 8 月）。

尹祚乾投靠汪精卫后，被任命为军事委员会委员。1942 年 10 月 2 日出任南京要港司令。1943 年 10 月 10 日汪伪政府任其为海军中将。1944 年任南京内河轮船公司经理。抗战胜利后埋名隐居，1949 年国民党败退后去了台湾，1964 年在台湾去世。

日本投降后，曹秉森被苏军逮捕并押送至苏联，1950 年被引渡回国后，关押在抚顺战犯管理所接受改造，1966 年 4 月 16 日被中央人民政府第六批特赦。原江上军艇队司令赵竞昌则于 1964 年 12 月 28 日第五批获特赦。

随着伪满洲国及其军队的成立，日本侵略者感到有必要培养一批死心塌地为其效力的"新军官"，并对投诚的原东北军军官进行改造。于是，一批军事教育机构应运而生

随着伪满洲国及其军队的成立，日本侵略者感到有必要培养一批死心塌地为其效力的"新军官"，并对投诚的原东北军军官进行改造。于是，一批军事教育机构应运而生。1933 年以后，每年还选派一些军官和军官学校的预科结业生，到日本陆军士官学校等专业学校留学。

中央陆军训练学校

1933 年 4 月 1 日，伪满洲国中央陆军训练处在沈阳东山嘴子东大营讲武堂旧址成立。军政部次长王静修任处长，日本大佐牧野正雄任干事。中央陆军训练处的主要任务是对现职团长以下军官进行改造并培养新考入军校的年轻军官。这是日本帝国主义在伪满建立的第一所军事教育机构，也是伪满军事教育机构的母体，以后伪满军建立的其他军事教育机构，许多都是从它衍生出来的。

中央陆军训练处处长军衔为中将，干事为少将。训练处主要包括教育部、教导团和研究部三部分。其中，教育部是主体，管辖所有的培训班次。教导团是学生的实习场所。研究部主要职责是编写和制作供伪满军训练用的操典、各种军事学教程、伪满军队平时学习训练的资料、参考书籍等。此外，研究部还有一项重要任务，就是研究镇压东北抗日运动的方法、战术等。

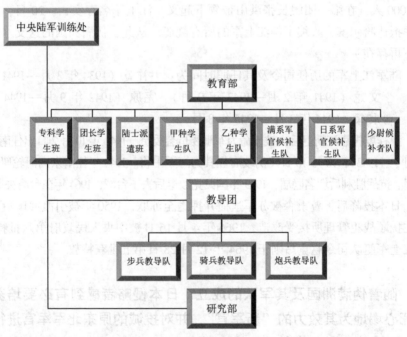

教育部下属的专科学生班 1935 年 10 月成立，主要培养伪满高级军官和参谋，学制 1 年。至 1943 年分离出去另成立高等军事学校止，共招生 3 期 40 人左右。这些人后来大都在伪满军中担任了重要的职务。如第一期 20 人中，上校 10 人：郭若霖、郭文林、乌古廷、贾湘霖、姜鹏飞、李文、张金祥、张大任、常荫东、张明九。中校 5 人：刘牧禅、佟衡、栾彪、伊贵亨、萧玉琛；少校 2

人：郑冼薰、洪涛；上尉 3 人，王斌、史维忠、何思根。1936 年毕业后，又挑选郭若霖、姜鹏飞、刘牧禅、郑冼薰、张明九、洪涛、王斌、史维忠、何思根 9 人到日本陆军大学学习。第二期 10 人，中国和日本学生各 5 名。第三期全为日本人。

陆士派遣班招收伪满军中的"优秀中少尉军官"，是准备送日本陆军士官学校留学的预备教育班，每期招生 40 至 50 人。

甲种学生队是对伪满军中的连长或上尉级军官进行补充教育班，每期招收 30 至 40 人。

乙种学生队招收伪满军中排长或少尉，进行军事业务培训，每期招生 30 至 40 人。

满系军官候补生队招收各地初中以上文化程度的青年，先后招收 8 期 1800 至 1900 人。

日系军官候补生队的学生全部为日本人，主要从退役的日军上等兵或军士招收。毕业后大多担任伪满军的上尉。共招收 7 期 1300 余人。

少尉候补者队主要从伪满军中的上、中士中选拔，毕业后授予少尉军衔，每期招收 40 至 50 人。

中央陆军训练处的教育，以"日满亲善""共同防卫"和日本武士道为主的精神教育为重点，重在培养学生的殖民地意识和亲日意识。军事教育主要讲授军事常识和兵种常识。

1939 年 8 月，中央陆军训练处改编为中央陆军训练学校，一直至 1945 年日本投降。

中央陆军训练学校（处）共训练中国人军官候补生 1970 人，日本人军官候补生 1610 人，军官学生数百人。学校的训练大权都掌握在日本人手中，从成立之初，日本人就派出教官 6 至 7 人。1933 年冬，皇姑屯事件元凶、曾任关东军独立守备队队长的退役陆军少将水町竹三担任训练处干事后，日军教官增至 20 多人。为了对中国学生进行控制，在中国学生队和军官候补生队，以及教导队各连，都设有日本人担任的"队附"和"连附"。在训练学校内，"日系"学生和"满系"学生的待遇也有很大的不同，日系学生平时吃的是大米，生病到日本红十字医院治疗，满系学生平时吃的是高粱米，生病则到奉天陆军医院治疗。

中央陆军训练处（学校）历任处长（校长）及其任职时间为：王静修（1934 年 4 月—1934 年 7 月）、邢士廉（1934 年 7 月—1939 年 8 月）、郭恩霖（1939 年 8 月—1942 年 9 月）、王之佑（1942 年 9 月—1942 年 9 月）、梅村笃太郎（1942 年 9 月—1945 年 8 月）。

中央陆军军官学校

1939 年 3 月，随着伪满中央机构的改革，其军事教育机构也进行了相应的调整。为了使伪满军官都有军事教育的资历，治安部以陆军训练处的专科学生班为基础，将培养高级军官的"专科"教育从中央陆军训练学校分离出来，在长春石碑岭附近的拉拉屯，新建了"中央陆军军官学校"。

中央陆军军官学校设校长 1 名、干事 1 名，下设教育部和校本部。教育部专门负责课程规划和实施教育，下设武道部、筑城部、马术部等；校本部下设庶务、经理、医务、兽医等科。首任校长为日军退役少将南云一郎，他原是侵华日军华北某旅团长，当校长后晋升为中将。他凭借与日本军部的关系，以伪军官学校的"开山祖师"自居，安插亲信，拉拢日伪青年军官，排斥异己分子，甚至学校的日本顾问也不被他放在眼里。南云一郎任职至 1943 年，之后由山田二郎继任，一直到日本投降。二人最后都晋升为伪满中将。学校历任干事及其任职时间为：秋山秀（1941—1942）、石井佐吉（1942—1943）、伊达寿之助（1943—1945），均为伪满少将。

中央陆军军官学校招收的学生分本科学生队和预科学生队，一部分从日本国内招来，一部分来自伪满"国民高等学校"毕业的中国学生，每年招生 200至 300 人，学制 5 年。设置预科 2 年，预科结业后，到伪军部队（日本人和朝鲜人学生到关东军）做队附勤务 6 个月。本科 2 年，毕业后，到伪军（日本、朝鲜学生到关东军）做见习军官 4 个月，然后授予少尉军衔分配到部队。

学校预科的学科、术科都完全模仿日本士官学校的样式，甚至连长、区队长在讲话、上课、教练时，也规定一律用日语和日军口令。在校内，依据日本法西斯的条令进行训练，如每天到达操场最后 5 名学生都要挨打、吃完饭后马上进行跑步。在生活待遇上，中国学生和日本学生截然不同。中国学生以高粱米为主食，蔬菜以青菜豆类为主，而日本学生以大米、白面为主食，副食以鱼、肉和用豆油炸成的"甜不辣"为主。并且还绞尽脑汁地编出一番大道理来："因为日本人习惯吃大米，环境骤变恐影响健康，妨碍求学。中国人吃惯高粱米、苞米，特别是东北人非吃高粱米不可，所以才分成两种不同的伙食，并非歧视。"中国学生冬天穿布衬衣，而日本学生冬天穿绒衣。此外，虽然中国人占大多数，但上课和日常生活中都必须用日语，一旦发现中国学生之间用汉语讲话，就会遭到日本教官的毒打。

1943 年南云一郎退役回国，由山田二郎继任校长。伪满中央陆军军官学校从 1939 年开始招生，到 1945 年日本投降，共招收 7 期学生。其中第一、第二期每期招收中国学生 130 人、日本学生 100 人，第三期至第七期每期招收中国学生 300 人、日本学生 150 人。至 1944 年 10 月，共毕业 3 期 800 人，其中中国学生 450 人、日本学生 350 人。日本投降时，学校在校学生尚有 1450 人，其中第四、第五期本科学生 720 人，第六期、第七期预科学生 730 人。

　　1945 年 8 月苏联红军出兵东北之后，中央陆军军官学校的一部分学生在中国教官带领下，携带武器上了石碑岭，修筑阵地与日本军队对峙。一部分人在禁卫团乔团长带领下，占领了长春市内的一些工厂。日本投降后，学校解散。这时，国民党登报招收这些学生，于是许多人分别上了国民党的各类学校，其中以警官学校招收最多，另有一些人加入国民党第二〇七师。还有一部分学生拥戴原学生队长王家善，组成国民党第四纵队，这个纵队后来改编为国民党的 1 个师驻防营口，并于 1948 年在营口起义。

陆军高等军事学校

　　1943 年 10 月，伪满军事部又将专科学生班的教育从陆军军官学校分离出来，在军事部训练所的基础上，成立了陆军高等军事学校。首任校长为日本人秋山秀少将。它是伪满军事教育的最高学府，主要培养伪满高级军官。学生主要从伪满各军管区及各军事机关选拔出来，军衔大多为上尉到中校级，要经过 2 次严格考试才能入学。学习的主要内容为高级军官所必备的军事指挥知识。

　　陆军高等军事学校主要由教官室、副官室和军需室组成。教官室负责对学生进行军事学方面的战术教育；副官室有 2 名上校副官和 1 名上尉副官，负责管理学校的日常行政业务；军需室负责学校的后勤业务。

伪满军将校们合影

　　陆军高等军事学校成立后，先后招收了两期学生，学制 1 年。每期 30 人左右，其中日本军官 20 人以上，中国人每期只有 6 至 7 人。每期中国人中有蒙古族军官 2 至 3 人，第二期中还有朝鲜族 1 人。第一期学生于 1943 年 10 月入学，

1944 年 10 月毕业。毕业后的学生多被分配到各军官区任参谋。第二期学生 1944 年 10 月入学，1945 年苏联红军出兵东北的消息传到军校后，校长小林赣一召集教官们商定后决定：这期学生一律提前至 8 月 11 日毕业，并扩大防空设施，烧毁校内重要文件。溥仪出逃时，溥杰刚由治安部参谋司调到陆军高等军事学校任中校队长，润麒和万嘉熙则是该校的中校教官。据润麒后来回忆，他自己烧掉的有《遭遇战战术教育计划》《军校职员表》《降落伞部队的战斗要领》《第一师编制表》以及各种战术参考书等。伴随着熊熊烈焰，陆军高等军事学校随之解体。

兴安陆军军官学校

1932 年 7 月，伪满洲国成立后不久，当时的兴安南警备军顾问、日本特务机关特务金川耕作为了培养兴安军中急需的蒙古族军官，并使他们忠实地为日本帝国主义效力，就在吉林省四平市郑家屯成立了兴安军官学校，由兴安南警备军司令巴特玛拉布坦兼任校长（1932 年 3 月—1940 年 3 月），日本人佐野任干事。巴特玛拉布坦之后，先后担（兼）任校长及其任职时间为：甘珠尔扎布（1940 年 3 月—1943 年 3 月）、郭文林（1943 年 3 月—1944 年 12 月）、乌尔金（1944 年 12 月—1945 年 8 月）。

一开始，学校开办了 3 期速成班，每期招收 50 名蒙古族青年，学习 2 年，毕业后被分配到兴安军中，授予少尉军衔。

1936 年，学校搬迁到王爷庙（今乌兰浩特市），教学体系和设施逐步完善。此时学校编制为校长 1 人，由蒙古族人担任，日本顾问和干事各 1 人。下设教育部、研究部、军需部、军医部、军械部、学生队、少年队、教导队和军士候补队。

1940 年，兴安军官学校改名为兴安陆军军官学校。这时，少年队改为少年科。少年科 4 年，预科 2 年，本科 2 年，共约 8 年。全部用日语上课及教练。招生人数也比原来翻了一番。学校的课程分为军事课、文化课和精神教育。特别是精神教育被放在非常重要的地位，以唯神之道、武士道精神，或成吉思汗的侵略主义、英雄主义思想作为精神教育的内容，使学生不仅变成敌伪忠实的奴隶，还养成他们浓厚的个人英雄主义思想。1942 年还在学校内设立了"元神庙"，以供奉"天照大神"，作为学生的精神资料，每日进行参拜。

从学校成立到 1945 年日本投降，兴安陆军军官学校共毕业 9 期学生 320 人，毕业学生绝大多数被分配到伪满兴安军的各部队中，担任初级军官。该校培养的军官，占兴安军军官总数的 60% 以上。日本投降时，在校学生 1000 余人，加上其他人员，全校还剩 1300 余人。其中教导团 600 余人，被编入铁石部队，在冀东同八路军作战。

独立通信队

1933 年 7 月，伪满军为了给部队培养通信方面的人才，建立伪满军的通信系统和网络，在奉天陆军医院的后院成立了通信兵的教育培训机构——军用通信本处，由军政部参谋司司长郭恩霖兼任处长。关东军派出军官担任顾问，负责领导本处的教育和编制工作。此后，通信本处的处长均由参谋司司长兼任。先后担（兼）任过处长的有郭恩霖、李盛唐、张益三、王之佑等人。

陆军军用通信本处，是由在长春的"鸠（鸽）通信训练所"、在沈阳的"无线电通信训练所"和"通信材料场"三部分组成的。"鸠（鸽）通信训练所"由日本人井崎于菟彦创办，受训人员为各团选派来的鸠（鸽）通信士兵，培训内容有鸠（鸽）的饲养、孵育、通信训练等，毕业后就把他所训练的鸽子及用具带回本团，作通信用。"无线电通信训练所"由工兵顾问福岛少佐负责，分通信科和机关科，学生总数 30 多人，二年毕业，作为伪满军中通信班台长和机关技士之用。通信材料厂由福岛负责，指挥技士 1 人，担任保管、配给和修理业务。

通信本处下设电信（电报）、通信训练班（军用鸽）、通信训练所、通信材料厂、修理厂等部门。招收的学生分为两种：一种是从地方招收的青年学生，主要学习电报、通信、机器使用及维修知识，学制 2 年，每期招收 30—40 人。另一种是从伪满军各部队中直接招收现役军官，主要是日本人尉级军官，训练内容主要是军事电信通信（包括有线和无线两部分）、密码编制、密码管理、密码使用等知识，学制 1 年，毕业后多分配到伪满军各部队中担任通信队长或通信班长。这部分学生共招收了 5 期，每期 20 人。

伪"满洲国"军通讯队的驮马训练   伪"满洲国"军通信兵

通信本处由伪满军政部管辖。1938 年，治安部（1937 年 7 月军政部改为治安部）内成立了通信课，由日本人任课长，专门负责通信本处和伪满军的通信业务。1940 年伪满国兵法颁布后，通信本处改名为"通信养成部"，主要任务转变成为伪满军各部队培养通信兵。1943 年"通信养成部"又改名为"独立通信队"，队址由沈阳市迁至吉林市。1945 年 3 月，独立通信队随着关东军战时体制的变化，被划归第二军管区建制。

宪兵训练处

1935 年 3 月，伪满军成立了宪兵司令部（1939 年 5 月改为宪兵总团司令部）。之后，在每个军管区中都设立了宪兵团。宪兵的任务主要有两项：一是充当军事警察，二是镇压人民。所谓军事警察，不仅仅是维护军容风纪，更重要的是监视伪军，特别是伪军官的思想和行动。

为了培养伪满军军事警察，即伪满军的宪兵和宪兵军官，宪兵司令部刚一成立，军政部就在吉林市成立了宪兵训练处，首任处长由陆军训练处步兵部长应振复兼任。

宪兵训练处主要由处本部、教育部和学生队组成。处本部主要有总务处、军需处、军医处、兽医处等部门。学生队分军官学生队、军士学生队和学兵队。到训练处受训的军官、士兵，都是从伪满军中经过考核挑选出来的，训练内容除"唯神之道"的精神教育外，主要有刑法和有关法规及射击、抓捕、刺杀、柔道等科目，以及搜查、逮捕、侦察、取证、指纹、审讯等，受训后被分配到伪满军的各部队中担任宪兵军官和宪兵。

宪兵训练处从成立到 1945 年日本投降，共培训学兵约 3500 人、训练军士 210 余人、训练改换兵种后的军官学生（甲种学生）约 300 人、训练临时由铁路警察等改换兵种的军官学生 37 人、训练宪兵少尉候补者（乙种学生）36 人。日本投降时，尚有军官学生队学生 20 名、军士学生队学生 50 名、学兵队学生 400 名。

宪兵训练处历任处长及其任职时间为：应振复（1934 年 7 月—1938 年 9 月）、久末某（1938 年 10 月—1939 年 3 月）、郭若霖（1939 年 4 月—1940 年 2 月）、武久为二（1940 年 2 月—1941 年 8 月）、平川哲一（1941 年 9 月—1942 年 12 月）、田中（1943 年 1 月—1944 年 2 月）、木岛（1944 年 3 月—1945 年 1 月）、齐藤美夫（1945 年 2 月—1945 年 8 月），他们任（兼）职时均为伪满军少将。

军医学校

1935 年 4 月，伪满洲帝国军医学校在哈尔滨成立。军医学校的前身是"东铁护路军军医养成所"。1934 年伪满军由警备军改为军管区制后，东铁护路军被改成第四军管区，其下属的"军医养成所"被伪满军政部医务科接收，并在此基础上筹建了军医学校。军医学校成立后，由原养成所所长刘永维任首任校长，日本人中稻近彦任干事，操纵学校的一切事务。刘永维之后，寿酉彭、孙伯彝、宫城笃二、贾树屏先后担任校长。中稻近彦之后，由田村一郎、山本升先后任干事。

军医学校由校本部、教育部、学生队和附属医院等组成，每年招收 30 名学生，主要学习解剖学、组织学、生理学、卫生学、病理学、细菌学、医理化学、药物学等课程。专业分内科、外科、耳鼻科、眼科、皮肤科、花柳科、齿科等。附属医院主要供学生实习使用。军医学校只负责培养伪满洲国军的军医军官，而卫生兵方面的培养则由位于锦州的军事部直属医院负责。

军医学校从成立到 1945 年日本投降，共毕业了 9 期 250 名学生，他们被授予少尉军医军衔后分配至伪满军各部队担任军医。此外，军医学校还招收过数量很少的研究学员，每年仅招收 1 至 2 名。军医学校的另一项任务是对伪满军中的现役军医进行培训，这些军医被称为"甲种学生"，每年招生 20 至 30 名。

1945 年苏联红军攻入东北时，军医学校还有 4 期在校学生没有毕业。

兽医学校

为了提高在职的校、尉级兽医军官业务水平，伪满军政部于 1936 年在新京长春成立了陆军兽医学校。校长由日本人担任，校长之下设干事 1 人，辅助校长处理学校的一切业务。

学校由校本部、教育部、研究部、学生队、病马厂、蹄铁工厂等组成。教育部负责学校的教学活动，设部长 1 人，教官、助教若干人。研究部负责训练研究，还负责军马的防疫和蹄铁的改良等事宜。设部长 1 人，研究员若干人，翻译若干人。学生队分甲、乙、丙三种，甲种学生队招收校级军官学生，乙种学生队招收尉级军官学生，丙种学生队招收军士学生。病马厂和蹄铁厂主要为学生实习而设，兼医治军马和制造蹄铁。

学校每年招收 2 至 3 名校级军官学生，20 名左右尉级军官学生，20 至 30 名军士学生。学生学制为半年或 1 年。

陆军兽医学校从成立到日本投降，共培养了校级兽医军官约 20 人，尉级兽医军官约 140 人，军士兽医官约 150 人。至伪满解体，尚有在校学生 40 余人。

军需学校

1939 年，在长春原吉林被服厂内成立了伪满军需学校。首任校长为周秉衡少将。学校由校本部、教育部、教练队三部分组成。校本部分总务、军需、军医 3 个处，负责处理学校的各项事务。教育部是主要训练机构，负责对学生进行培训。教练队下设区队，负责对学生进行教育和管理。

军需学校的学生共有两种类型，即预科和本科。预科生学习普通学科知识及接受军事训练，1 年后毕业升入本科。本科生学习陆军军需官所需的各种专业课，同时接受简单的军事训练。本科生 2 年毕业，见习期满后授予少尉军衔。

军需学校每年招收学生 50 至 60 名，中国学生占 6 成，日本学生占 4 成，每期中还有 2 至 3 名蒙古族学生。到 1945 年日本投降，军需学校共毕业了 3 期 160 名学生，这些人都被分配到伪满军中担任军需官。学校尚有学生 170 余人。最后一任校长为吉永安少将。

飞行学校

1932 年 10 月，在伪满洲国成立后仅半年多，日本人野口雄二郎就在关东军的授意下，开始筹备成立飞行学校。但直到 1940 年，飞行学校才正式在沈阳开学，由野口雄二郎任校长。校长之下设干事 1 人，协助校长处理学校事务。飞行学校下辖教育部、地上整备队、学生队和附属材料场等。教育部负责对学生进行飞行培训，地上整备队负责地面的事务和管理任务。

飞行学校的学生，大多是从伪满军的尉级军官中选拔，少量为民航部派来的民航驾驶员，每期约 30 人。学生首先学习 6 个月，毕业后被分配至伪满军飞行队做驾驶员。实习 1 年后，再回到飞行学校继续学习高等飞行技术，时间仍然是 6 个月，考试合格后，再返回原部队。

1943 年后，随着日本在太平洋地区制空权的丧失，美国的 B29 远程轰炸机频繁飞临满洲的上空，奉天、抚顺等一些大城市和重要工业基地，也经常遭到轰炸。为此，关东军在奉天上空也曾组织了与美国 B29 轰炸机的空战，伪满飞行学校的学员也被派去参加。然而，飞行学校的飞机，大都是训练机和日军淘汰下来的老式战机，作战性能很差，根本接近不了 B29 的高度，因此在战斗中基本上没有起到什么作用。1945 年苏联红军出兵东北后，飞行学校划归关东军的战时体系，由驻奉天的关东军飞行队指挥。

1945 年 8 月 19 日，飞行学校向苏联红军投降。此时，学校的编制为校长，下设校本部、教育部、学生队、整备队和附属材料场 5 部分。校长仍为野口雄二郎中将。校本部有总务、军需、军医、兵器 4 个部门。学生队分普通学员、高等学员和附属学员三部分，其中普通学员 30 人，高等学员 10 余人。整备队有士兵 80 余人，少年兵 80 余人，战斗机、教练机、运输机大约 20 余架，此外还有相当数量的通信器材等，附属材料场保管有飞机材料和油料等。

自动车学校

伪满洲国军队建立后，在关东军的支持下，装备不断改善，机动车辆日益增多，感到需要建立一所自动车学校，来培养更多的驾驶员。于是，伪满军政部于 1935 年在奉天建立了第一自动车学校，由日本人梁濑幸三郎担任教官。随着教学设施不断完善，1942 年秋，伪满治安部在第一自动车学校的基础上，正式成立了自动车学校。

自动车学校由日本人米山担任校长。校长之下设干事长 1 人，辅助校长管理学校事务。下辖校本部、教育部、学生队、附属修理厂等机构。校本部负责学校的总务、军需、兵器、军医等业务。教育部负责教育训练。学生队分军官学生队和军士候补者队。军官学生学制 1 年，主要学习军事业务、后勤运输、汽车保养、驾驶、维修等内容。军士学生学制为 9 个月，主要学习汽车驾驶、维修等知识及一些简单汽车原理、战时后勤保障等方面的知识。

从自动车学校成立到 1945 年日本投降，共培养了约 150 余名军官学生、约 600 名军士学生。1945 年苏联红军出兵东北后，学校 2 个连队被配属到关东军部队，担任战时运输任务，学校也被纳入关东军的战时体制，直到日本投降，学校脱离关东军。1945 年 8 月 19 日，自动车学校向苏联红军投降，此时尚有 240 余名学生未毕业。

随着抗日运动走向低潮，日本侵略者利用伪军进行讨伐的任务逐渐减轻。为了对伪满军队加强控制和改造，对其进行了军政改革，撤销了警备军司令部，改设军管区。

1934 年下半年，以原东北军系统为主体的东北抗日义勇军领导的抗日运动，逐渐走向失败。抗日运动走向低潮，日本帝国主义利用伪军进行讨伐的任务逐渐减轻。在这种情况下，关东军为了对伪军加强控制和改造，从 7 月 1 日开始，对伪满军队进行军政改革，撤销奉天、吉林、黑龙江、热河 4 个警备军司令部，改设 5 个军管区。此后，又陆续成立第六至第十一军管区。

第一军管区日伪军在东边道地区实行"保甲制度"和"十家连坐法"。一甲之中如有"通匪"者，全家斩首示众，并株连邻里

1934 年 7 月，伪满军政部将原奉天警备军整体改成第一军管区，于芷山仍任司令，曹秉森任参谋长，辖区为伪奉天省（1934 年 12 月以后为伪奉天省、安东省）。第一军管区下设 2 个地区司令部，廖弼臣任奉天地区司令官，王殿忠任安东地区司令官。第一军管区整编为步兵旅 2 个、混成旅 4 个、教导队 1 个。不久，改编为 1 个教导队、6 个混成旅、1 个骑兵旅。部队均布防在东边道和三角地区，主要任务是警戒和镇压这一地区人民的反抗运动。1935 年，于芷山晋升陆军上将，同年 5 月 21 日，调任军政部大臣，由于琛澄接任第一军管区司令官。

1936 年末第一军管区的伪军编成为：

司令官：于琛澄，司令部驻沈阳

奉天地区司令官：廖弼臣（奉天地区），安东地区司令官：张益三（安东、通化地区）

第一教导队：队长吕衡少将，辖步、骑兵各 1 个团，兵员约 2500 人

第一混成旅：旅长先王殿忠后张益三兼。辖步兵 1 个团、骑兵 1 个团，总兵员约 2500 人

第二混成旅：旅长高明，总兵员约 2500 人

第三混成旅：旅长李寿山，总兵员约 2500 人

第四混成旅：旅长阎家梅，总兵员约 2500 人

第五混成旅：旅长廖弼臣兼，总兵员约 2500 人

第六混成旅：旅长董国华，总兵员约 2500 人

骑兵第三旅：旅长赵秋航少将，骑兵 2 个团，共 2000 人

第一通信队：兵力 100 人

奉天军乐队：50 人

奉天军政部病院（一等）

通化军政部病院（二等）

1936 年 10 月，日本为了保护从朝鲜进入东北的运兵通道及从东北掠夺物资，并稳定朝鲜殖民地，对东边道地区日益壮大的东北抗联第一军，抗日义勇军王凤阁、吴义成等部（约 27000 人）发动了规模空前的"东边道大讨伐"。企图将这些抗日武装压缩到四（平）梅（河口）至梅（河口）通（化）铁路以东地区并加以消灭。

"东边道大讨伐"，以伪满军最高顾问佐佐木到一为总指挥，并在通化成立了由关东军军官为主的"讨伐指导部"。同以往不同的是，这次讨伐任务全部由伪满军担任，没有日军参加。兵力以第一军管区伪军为主，于琛澄担任讨伐总司令。此外，第三、第五军管区各派出1个旅的兵力及军政部直辖的靖安军配属第一军管区作战。

为了便于各个击破，伪军将讨伐地区划分为通化、金（川）柳（河）、濛（江）辉（南）、长（白）抚（松）4个小区。其中通化地区由于琛澄任司令，部队有第一教导队和第五军管区增援的索支队（支队长索景清少将，兵力相当于1个旅），负责对通化县进行讨伐。金柳地区由第六混成旅旅长董国华任司令，部队有第六混成旅、骑兵第三旅和第三军管区增援的第三教导队（队长为石兰斌少将）。濛辉地区，由奉天地区司令官兼第五混成旅旅长廖弼臣任司令，部队除第五混成旅外，还有从奉天调来的第十四混成旅（旅长朱凤阳少将），负责濛江、辉南境内的讨伐。长抚地区由第三混成旅李寿山为司令，兵力有第三混成旅、第四混成旅，负责临江、辑（集）安境内的讨伐。这次大讨伐伪满军共出动兵力11个旅20000余人。讨伐的重点地区是时属安东省的通化、辑（集）安、临江、长白、抚松和隶属奉天省的濛江、辉南、金川、柳河9县。

这次大讨伐给东边道地区广大人民带来深重的灾难，许多村庄被烧毁，田地被撂荒，百姓饿死、冻死不计其数。在伪军的合围下，战斗力最强、组织纪律性最好、抗日最坚决的王凤阁部义勇军几乎全军覆没，王凤阁及其妻儿被敌人杀害，东北抗日义勇军遭受重大损失。

1938年春，伪满军进行大规模缩编时，将李寿山旅90名军官、1000多名士兵秘密输送到山东一带，他自称"绥靖军"总司令，配合日本帝国主义侵略华北。

1939年3月，第一军管区的地区司令部被撤销。10月至1941年3月，关东军再次将东边道地区作为讨伐的重点地区，进行"通化、吉林、间岛三省联合大讨伐"。此次三省联合大讨伐，历时一年半，由关东军吉林长春地区守备队司令官野副昌德指挥，因此也被称为"野副大讨伐"。

"野副大讨伐"日军参战兵力6400余人，伪满军兵力达25000人左右，第一军管区派出的部队为驻山城镇的步兵第五团。讨伐的主要目标是东北抗联杨靖宇率领的第一路军。

同以往的讨伐一样，日伪军在讨伐区实行"保甲制度"和"十家连坐法"。一甲之中如有"通匪"者，全家斩首示众，并株连邻里。进一步强化"归屯并户"，在部落内部署日伪军，在讨伐区发放居民证和采集指纹，切断抗日联军粮道，修筑警备道路、警备通信网，建立警防所，强化自卫团，收缴武器，不准农民在铁路、公路两侧种植高秆作物，不许农民在山坡谷地开荒种地，烧毁山区居民的房屋，制造了大量的无人区。还利用诱降等手段，报刊、传单等工具，对抗日军民进行思想腐蚀和精神打击。

在这次大讨伐中，日伪方面基本达到了目的。抗联第一路军阵亡 1000 余人，包括副总司令魏拯民、第一方面军司令曹亚范、第二方面军司令陈翰章、警卫旅旅长韩仁和等高级将领。第一路军第十三、第十四团及总部警卫旅余部 200 余人，最后退入苏联境内。第五军陶净非最后身边仅剩 2 人，不得已于 1941 年 3 月 20 日进入苏联境内。从此，东南满地区的抗日运动转入低潮。

1941 年，伪满治安部对军队再次进行了改编。将各军管区的步、骑兵普遍缩编，取消了各军管区的教导队，撤销了空额旅番号，把高射炮队和自动车队配属于各军管区并新设了工兵队和通信队。

改编后，没有讨伐任务的第一军管区主力部队仅剩下 1 个步兵旅、1 个混成旅。1942 年 9 月，伪满军进行了人事调整，于琛澄任将军，刚刚在中央陆军训练学校校长位置上工作了 15 天的王之佑调第一军官区任司令官。

王之佑

此时，第一军管区部队有混成第一旅、第一高射炮队和 3 个工兵队及通信连、军乐连。其中，混成第一旅步兵第五团在热河增援讨伐、骑兵三十九团是回族兵驻沈阳。

1942 年太平洋战争爆发后，为防止美国空军对东北各地的轰炸，伪满军加强了防空任务。第一高射炮队被扩充，由原来的 2 个营增加到 3 个营，配置于沈阳等地，直接受日本关东军防空部队长指挥，担负防空任务。

1939 年至 1943 年 10 月之前，第一军管区辖区为锦州、奉天、四平 3 个省，1943 年 10 月第八军管区转驻北安，将通化、安东两省并入第一军管区，同时接收第八混成旅及第四工兵队。将四平省划归第二军管区（驻昌图第二工兵队同时分出）。1944 年，将混成第一、第八两个混成旅改编为步兵第一旅，旅长金毅，驻锦州，下辖步兵第三、第五两团，均在热河支援第五军管区作战。

1945 年 8 月日本投降前，第一军管区辖区为奉天、锦州、安东、通化 4 省，伪军编制配置的情况是：

司令官：王之佑，参谋长：佟衡少将，司令部驻沈阳

步兵第一旅：旅长金毅，辖步兵第三团、步兵第五团，总兵员 4400 人，均在热河省

迫击炮团：共 2 个营、6 个连，兵员 600 人，驻锦州

第一高射炮队：高射炮兵 2 个营，照空兵 1 个营

第一自动车队：第一独立自动车队改称，于 1945 年编入第一军管区

第一辎重队：1945 年新成立，人员约 400 人

第七工兵队：700 人

第一通信连

第一军乐连

奉天军事部病院（一等）

锦州军事部病院（二等）

总兵力 10300，其中 3000 多人调到热河，500 多人配属铁石部队在冀东与八路军作战。日本投降后，第一军管区伪军被苏军解散。

第一军管区的历任司令官及其任职时间为：于芷山（1934 年 7 月—1935 年 5 月）、于琛澂（1935 年 5 月—1937 年 5 月）、王静修（1937 年 5 月—1938 年 3 月）、王殿忠（1938 年 3 月—1941 年 3 月）、邢士廉（1941 年 3 月—1942 年 9 月）、王之佑（1942 年 9 月—1945 年 8 月）。

于芷山于 1939 年 4 月由治安部大臣转任参议府参议。伪满洲帝国灭亡后，他隐居北平，1949 年 10 月中华人民共和国成立后被逮捕。1951 年 5 月，于芷山在抚顺战犯管理所病死。

于琛澂后来利用敌伪双方对他的器重，企图将总理大臣张景惠挤下台取而代之。但没有想到 1942 年 9 月在关东军司令部喝酒时，"出洋相"过多，以致遭到关东军"新主人"——时任参谋长笠原中将的不满，认为他"过于轻佻"，且在关东军司令官面前"失礼"，结果不仅没有取代张景惠，反而丢掉了军事部大臣的位置。于琛澂因功曾被授予伪满陆军上将，受赏"建国功劳金"。1943 年春因其"功勋赫赫"被授予"将军"封号，在双城设"将军第"，这年秋赴日本参观时，还得到天皇颁授的一枚菊花大勋章。1945 年 6 月，于琛澂突发脑出血而死。

王之佑、佟衡 1945 年 8 月 19 日被苏军俘虏。1950 年被引渡回国，关押在抚顺战犯管理所接受改造。王之佑于 1961 年 12 月 25 日被中央人民政府第三批

特赦，之后被安排在北京工作，1995 年去世。佟衡 1964 年 12 月 28 日被中央人民政府第五批特赦。

吉兴对抗日军民凶狠残暴，且善于溜须逢迎日本人。因此，许多伪军高官最后都被剥夺了军权，独他在京畿第二军管区司令的位置上一干就是 9 年

1934 年 7 月 1 日，伪满实行军政改革，将吉林警备军改为第二军管区。辖区为吉林省吉长和延吉地区，12 月后辖区为伪吉林省、间岛省。司令部驻吉林市，司令官为吉兴。下设"新京"、吉林、间岛 3 个地区警备司令部。辖 1 个教导队、4 个混成旅、1 个骑兵旅，兵力 13000 人。

1936 年末第二军管区伪军部队编制为：

司令官：吉兴，司令部驻吉林

新京地区司令官：邢士廉

吉林地区司令官：王遇甲

间岛地区司令官：金恩奎

第二教导队

第七混成旅

第八混成旅

第九混成旅

第十混成旅

骑兵第二旅

吉林军政部病院

1937 年 7 月至 1938 年底，关东军司令官植田谦吉下达作战命令，以日军第四师团和驻佳木斯第四守备队、第四军管区伪军为主力对三江地区抗日联军进行了残酷的"三江大讨伐"。第二军管区的教导步兵第二团作为增援部队被调到三江地区参加了讨伐行动。

在此次讨伐中，在讨伐区实行归屯并户、建立集团部落。把山区内所有的住户都驱赶到山外，集中到指定的地点。对一些"治安不良"地区，则划为无人区，烧光原有的所有房屋，以防被抗日联军所利用。更为残暴的是住房被焚烧后，走投无路的居民在被烧毁的废墟里搭窝棚避寒，又遭到日伪军的搜查，故土难离的居民轻则被打伤，重则立即被杀死。讨伐行动使三江地区的抗日联军粮食弹药极度缺乏、资金来源断绝、人员伤亡巨大。抗日根据地也逐渐丢失，游击区日益缩小。

训练中的伪满军队

最后，三江地区的抗日联军主力被迫远征黑嫩平原，在三江省只剩下一些小股部队坚持游击战争。留守部队在伪满军四面包围、跟踪尾追下，处境更加艰难，人员不断减少。到了 1941 年，三江地区的抗日武装斗争进入低潮。在这种情况下，治安部从第二、三、四、五、六、七、八军管区又抽调 24 个连 2400 余人组成若干个"特设讨伐队"，由治安部大臣直接调动，分别对固定目标进行连续追击，分割消灭。其中，从第二军管区抽调了 4 个连 400 人。到 1941 年底，三江地区的抗联武装活动已非常艰难，剩余部队数量锐减，行动更加隐蔽，部分军队被迫退入苏联境内。

1939 年 10 月至 1941 年 3 月，日伪军对东边道地区进行了历时一年半的"通化、吉林、间岛三省联合大讨伐"，即"野副大讨伐"。讨伐的主要目标是东北抗联杨靖宇率领的第一路军司令部、警卫旅一部及曹亚范率领的第一方面军。

此次讨伐，由关东军吉林长春地区守备队司令官野副昌德指挥，参战日军为 6400 余人，伪满军 25000 余人，分别由第一、二、三、六、七、八军管区派出。此外，还有抗联叛徒组成的第一、第二、第三 3 个工作队参加讨伐活动，每队 80～100 人左右。各地的警察 30000 余人也参加了此次讨伐。

"野副大讨伐"分东、西、南、北、东北 5 个地区，"东地区"为间岛省的大部分，"西地区"为吉林省的大部分，"南地区"为通化省，"北地区"包括吉林省北部部分地区和滨江省五常县一带，"东北地区"为间岛省北部及牡丹江省的宁安、镜泊湖一带。

第二军管区驻敦化、间岛的刘尚华混成旅及间岛省警察队主力以及第二、第三工作队，间岛特设队等归关东军第二十一独立守备大队指挥，负责在"东地区"对敦化、和龙、安图等地的抗联第一路军第二方面军、第三方面军的部分部队进行讨伐。尹宝衡骑兵第二旅、第二教导队和省警察讨伐大队归关东军第七独立守备队指挥，负责对"西地区"活动在桦甸、敦化等地的抗联第一路军副总指挥魏拯民领导的部队进行讨伐。

在"野副大讨伐"中，第二军管区伪军与日军一道，烧林搜山、捣毁抗联部队山寨和秘营，并在讨伐区实行"保甲制度"和"十家连坐法"，制造了大量的无人区，将抗联部队一步步逼向绝境。在饥寒交迫中，魏拯民于 1941 年 3 月 8 日病逝，抗联部队遭到惨重损失。

为了防范伪军下级官兵起义，吉兴还建议在伪满实行日本式的征兵制度，用以代替中国传统的募兵，用良家子弟替换兵痞，用军官学校培养的军官，淘汰旧军官，从根本上代替伪军。同时，吉兴为人乖灵，善于溜须逢迎日本人。因此，许多伪军高官最后都被剥夺了军权，独他在京畿地区军管区司令的位置上一干就是 9 年。1941 年 3 月，吉兴被调离第二军官区，转任侍从武官长，终日陪伴溥仪。

1941 年，在"国兵法"颁布一年后，伪满军再次进行了整编，没有讨伐任务的第二军管区主力部队缩编为 1 个步兵旅、1 个混成旅，配属了高射炮队和自动车队，新设了工兵队和通信队。其编制序列为：

司令官：王济众，司令部驻吉林，管区为吉林、间岛两省

步兵第二旅：旅长刘尚华，驻敦化

骑兵第二旅：旅长金毅，驻磐石

高射炮队：驻吉林市

通信队：驻吉林市

工兵队：驻吉林市

陆军医院：驻吉林市

王济众，字豁然，辽宁北镇人。1935 年任伪满军政部军需司司长，1937 年任治安部参谋司司长，1941 年任第二军管区司令。

1942 年 2 月，伪满军进行了人事调整，美崎丈平由军政部司长转任第二军管区司令官，真井鹤吉接任军政部司长。此时，太平洋战争已爆发，为防止美国空军对东北各地的轰炸，伪满军加强了防空任务。第二高射炮队，被配属到第二军管区内，同时高射炮队被扩充，由原来的 2 个营增加到 3 个营，直接受日本关东军防空部队长指挥，担负防空任务。

1945 年 8 月日本投降前，第二军管区辖伪吉林、四平省，司令部驻吉林。伪军的编制配置情况是：

司令官：关成山

参谋长：萧玉琛少将①

步兵第二旅：旅长张印符，下辖步兵 2 个团

　　总兵力共 7700 余人，其中 1 个步兵团 1800 余人被派到热河与八路军作战。日本投降后，第二军管区的伪军向苏军投降，部队解体。

　　第二军管区的历任司令官及其任职时间为：吉兴（1934 年 7 月—1941 年 3 月）、王济众（1941 年 3 月—1943 年 9 月）、美崎丈平（1942 年 2 月—1943 年 9 月）、吴元敏（1943 年 9 月—1944 年）、关成山（1944—1945）。

　　1944 年，吉兴转任尚书府大臣。吉兴是伪满军中 12 名上将之一，1943 年被赐以终身官职"将军"，和张景惠、张海鹏、于芷山、于琛澄等齐名。1945 年 8 月，日本投降前夕，他随溥仪一起逃到临江县大栗子沟。日本投降后，只身逃回长春，1945 年 8 月 31 日在长春家中被苏联红军俘虏并押往苏联。1950 年 7 月 31 日被引渡回国，羁押于抚顺战犯管理所中。1964 年 12 月 28 日，根据国家主席特赦令，吉兴等 53 名战犯获第五批特赦。同期被特赦的还有原军管区少将参谋长萧玉琛、原伪满恩赐病院少将院长宪钧。

第三军管区的精锐"石兰部队"由长城古北口进入华北，烧杀抢掠，使人民蒙受巨大损失。但在诺门罕战争中，却整营整连投向苏蒙军，最后石兰斌被日军送上军事法庭

　　1934 年 7 月 1 日，伪满实行军政改革，撤销黑龙江警备军司令部，新设第三军管区。辖区为黑龙江省，12 月后为龙江省（今黑龙江省）、黑河省（黑河省包括漠河、鸥浦、呼玛、瑷珲、奇克、乌云、佛山等 7 县）。司令官张文铸，司令部驻齐齐哈尔，下设龙江、黑河两个地区司令部。第三军管区辖 1 个教导队（第 3 教导队）、5 个混成旅（混成第十一至第十五旅）、2 个骑兵旅（骑兵第四、第五旅），兵力约 14000 人。

---

　　①　萧玉琛：1906 年 12 月 7 日出生，辽宁省辽中县北长岗子屯人。怀德县立师范学校毕业。1928 年，投笔从戎入奉军第三、第四方面军团模范队当学兵。1929 年入东北陆军讲武堂，1931 年毕业后分配到东北航空司令部见习。1932 年 3 月投敌后，先后任伪奉天省警备司令部参谋，驻滨江步兵第五团团附，通化地区司令部参谋处长，第八军管区副官处长、第八教导队部附、高级参谋，第二军管区司令部部附、吉林伪独立通信队长，军事部人事科长。1945 年 2 月，任吉林第二军管区少将参谋长。日本投降后，被关押于抚顺战犯管理所。1964 年 12 月 28 日，被中央人民政府第五批特赦。

至 1936 年末，第三军管区隶属部队被裁减一部分，其编制、兵力为：

司令官：张文铸，司令部驻齐齐哈尔

黑河地区司令官：贾金铭

滨北地区司令官：赵振邦

第三教导队：队长石兰斌，辖步兵、骑兵各 1 个团、炮兵 1 队（野、山炮各 1 连），兵员约 3000 人

第十二混成旅：旅长赵振邦兼，步兵 1 个团、骑兵 1 个团，兵员约 2800 人

第十三混成旅：旅长贾金铭兼，步兵 1 个团、骑兵 1 个团，兵员约 2800 人

第十四混成旅：旅长刘维翰，步兵 1 个团、骑兵 1 个团，兵员约 2800 人

骑兵第五旅：旅长张泰达，骑兵 2 个团，兵员约 1400 人

第三通信队：100 人

齐齐哈尔军乐队：50 人

齐齐哈尔军政部病院（二等）

伪满军军乐队

1936 年 10 月，第三军管区派出石兰斌少将率领的第三教导队，约 2000 余人，参加了规模空前的"东边道大讨伐"。

该部主要配属第一军管区董国华的讨伐部队，讨伐金（川）柳（河）地区的抗日义勇军。该地区是此次东边道大讨伐的重要地区之一。第三教导队随同第一军管区第六混成旅、骑兵第三旅等部队，采取了军事讨伐和政治镇压相结合，采用集家并村、划分居住区和无人区的办法，给抗日义勇军造成巨大伤亡，人民生命财产带来巨大损失。最终，王凤阁部因寡不敌众被打散，王凤阁本人被俘。1937 年 4 月 6 日，王凤阁及其妻儿在通化被敌人杀害。当地百姓在冰天雪地中饥寒交迫，冻死、病死者不计其数。当时讨伐的金柳地区，集家并村达3000 余户，死亡 1500 余人，撂荒土地二三万公顷。

1937 年 7 月到至 1938 年底，日军以第四师团和驻佳木斯第四守备队、第四军管区伪军为主力对三江地区抗日联军进行了残酷的"三江大讨伐"。此次

讨伐，作为增援部队，第三军管区先后将骑兵第二十一团及 1 个混成旅团调到三江地区增援。

在此次讨伐中，第三军管区伪军在三江地区东部地区全程参与了归屯并户、建立集团部落等活动。把山区内所有的住户都驱赶到山外，集中到指定的地点。对一些"治安不良"地区，则划为无人区，烧光原有的所有房屋，以防被抗日联军所利用。对不愿离开的百姓轻则打伤，重则立即杀死，犯下了滔天罪行。讨伐行动使三江地区的抗日联军粮食弹药极度缺乏、资金来源断绝，人员伤亡巨大。抗日根据地也逐渐丢失，游击区日益缩小。最后，抗日联军主力被迫转移，留守部队处境更加艰难，人员不断减少，部分军队被迫退入苏联境内。

1937 年日军发动"七·七"事变后，第五军管区教导队被编入"热河支队"，配合日军在华北作战。为此，第五军管区司令邢士廉深感热河省兵力空虚，请求治安部调兵增援。8 月中旬，伪满治安部给第三军管区司令张文铸下达命令，令第三军管区第三教导队队长石兰斌少将率第三教导队步、骑兵各 1 个团，约 2500 人，调防承德、滦平，这支抽调的部队因石兰斌任队长，因此被称为"石兰部队"。石兰斌是原马占山骑兵第二旅的上校参谋长，1932 年随马占山投敌，4 月马占山再度赴黑河抗日后，石兰斌没有随从，成为伪满汉奸。"石兰部队"兵力编成为：

队长：石兰斌少将

军事顾问：池田万三少佐

骑兵团：团长刘玢

步兵团：团长张金祥

1937 年 8 月下旬，"石兰部队"奉关东军之命，由长城古北口进入华北，不久侵入怀柔县（今怀柔区）和北平附近的高丽营子。"石兰部队"虽然没有和共产党和国民党领导的军队进行过战斗，但所到之处，烧杀抢掠，协助日军对占领地进行统治，给华北人民的生命财产造成很大损失。11 月，考虑到日军已占领华北大部分领土，伪满治安部命令"石兰部队"撤回东北。

撤回东北后，第三教导队被改编为独立混成第一旅，石兰斌任旅长，驻齐齐哈尔。该旅下辖步兵 2 个团，骑兵、炮兵各 1 个团，共 5000 余人，是伪满洲帝国的一支"精锐部队"。

1939 年诺门罕战争爆发后，仓促上阵的兴安师在战斗中几乎被苏联军队全歼。于是，日满当局急调石兰斌率领独立混成第一旅接替溃退的兴安师。

8 月中旬，石兰斌率部由齐齐哈尔出发，至阿尔山下火车后，徒步开赴诺门罕。行进途中，不时遭到苏联飞机的空袭，使这支部队未到前线就已经损失惨重。在作战中，随着伤亡不断增加，官兵们的畏战、厌战情绪不断蔓延，对战争深感绝望。为了排泄精神恐惧，战场赌博盛行，甚至在苏军炮击时，士兵也躲在掩体内赌博。而且，混成第一旅的下级军官和士兵，大都是马占山的省防军人员，参加过对日江桥抗战，许多人在马占山二度抗日时没有来得及相随，为了生活不得不依附于伪满军中，很多人身在曹营心在汉，盼望有一天，能够重新抗日。如今，来到了中蒙前线，他们认为时机已到，开始酝酿把部队先拉到外蒙古，然后走热河或张家口入关。

20 日晚，步兵第十四团第一营首先哗变，全营剩余的 234 人在营长带领下，打死该营的日本军官，携带武器向苏蒙军投诚。受一营影响，其他营也整连整排地投向苏蒙军。在这种情况下，石兰斌慌忙将队伍撤出阵地进行整顿，但局面已不可扭转，"石兰部队"彻底失去了作战能力。无奈，日军将混成第一旅调回齐齐哈尔整肃，石兰斌被送上军事法庭。1939 年 9 月，诺门罕战争结束后，石兰斌被撤职审判。此后，退役后的石兰斌被推荐到华北担任重要伪职。

1940 年，经过再次整编的第三军管区隶属部队编制为：

司令官：王之佑，司令部驻齐齐哈尔，管区为龙江、黑河、北安三省

主任顾问：原和三郎

第三教导队：队长于治功，步、骑兵各 1 个团，炮兵 1 队（野炮 1 连、山炮 1 连），兵员 3000 人

第一混成旅：旅长关成山，步、骑兵各 1 个团、总兵员 2600 人

第十二混成旅：旅长胡文藻，步、骑兵各 1 个团（步兵十九团、骑兵二十一团），兵员 2600 人

步兵第四旅：旅长王作震，步兵 2 个团（第十七团、第二十四团），兵员 3600 人

第三通信队：兵员 100 人

齐齐哈尔军乐队：兵员 50 人

齐齐哈尔治安部病院（二等）

海伦治安部病院（三等）

1940 年秋季，第三军管区由步兵第四旅和混成十二旅，各派 1 营兵力，在通北县、绥棱县北部山林里，对赵尚志领导的 200 余抗日联军进行了 3 周扫荡。打死、打伤联军数十人，焚毁山寨 20 个，毁坏炭窑 4 个，逮捕烧炭工人 10 余人。不久，又派出 4 个营的兵力对活动于黑河、龙江、兴安东 3 个省区的王名贵抗日武装进行围剿。

经过日伪军 1937 年 7 月至 1938 年底的"三江大讨伐"，三江地区的抗日联军主力被迫远征黑嫩平原，在三江省只剩下一些小股部队坚持游击战争。在伪满军

四面包围、跟踪尾追下，到了1941年，三江地区的抗日武装斗争进入低潮。在这种情况下，治安部从第二、三、四、五、六、七、八军管区共抽调24个连2400余人组成若干个“特设讨伐队”，由治安部大臣直接调动，分别对固定目标进行连续追击，分割消灭。在编成的“特设讨伐队”中，第三军管区抽调4个连400人专门对抗联第二、第三路军在三江地区的小股部队进行围剿。到1941年底，三江地区的抗联武装活动已非常艰难，剩余部队数量锐减，行动更加隐蔽。

1942年9月，伪满军进行了人事调整，第五军管区司令官吕衡转任第三军管区司令官。1945年8月日本投降前，第三军管区辖区仅为龙江省。伪军的编制配置情况是：

司令官：赵秋航，司令部驻齐齐哈尔

参谋长：任广福

步兵第四旅：旅长张金祥，步兵2个团

总兵力共7400人，其中第四旅步兵2个步兵团3600人派往热河作战，200人编入铁石部队进入冀东，剩余为没有战斗力的辅助部队。苏联红军出兵东北后，该部队在撤退途中溃散。

第三军管区历任司令官及其任职时间为：张文铸（1934年7月—1939年5月）、李文炳（1939年5月—1939年12月）、朱榕（1939年12月—1940年8月）、王之佑（1940年8月—1942年8月）、吕衡（1942年9月—1943年5月）、赵秋航（1943年5月—1945年8月）。

张文铸1939年5月调任第七军管区司令。1942年5月又转任第四军管区司令，同年9月晋升伪满陆军上将。1944年4月接替吉兴任侍从武官长。满洲国灭亡后，张文铸以汉奸罪被处决。

赵秋航在新中国成立后被关押在抚顺战犯管理所接受改造，1963年4月9日被中央人民政府第四批特赦，之后被安排在沈阳工作。原军管区少将参谋长任广福、上校副官长满丰昌则于1961年12月25日第三批特赦。1954年，任广福还在抚顺战犯管理所为年事已高的张景惠代写交代罪行材料，6月11日，帮助张景惠完成了“笔供自述”。

第四军管区进行的“三江大讨伐”，日伪军从战术上将其分为“治标”和“治本”两个方面。其中，“治本”就是在讨伐区实行归屯并户、建立集团部落

1934年7月1日，伪满实行军政改革，撤销奉天、吉林、黑龙江、热河警备军司令部，新设第四军管区，管辖吉林省滨江、依兰、绥宁地区，12月以后辖区为滨江省、三江省。司令官于琛澄，司令部驻哈尔滨，下设滨江、依兰、绥宁3个地区司令部。辖1个教导队（第四教导队）、8个混成旅（混成第十六至第二十三旅）、2个骑兵旅（骑兵第三、第六旅），兵力17000人，主要由原东铁护路军改编而成。

1936年末，第四军管区隶属部队的编制、兵力为：

司令官：郭恩霖，司令部驻哈尔滨，辖滨江地区（滨江省）、三江地区（三江省）

第四教导队：队长李文龙

下属部队有：第十六、第十七、第十八、第十九、第二十、第二十一、第二十二、第二十三混成旅和骑兵第三、第六旅。

1936年2月20日，中国共产党驻共产国际代表团发表由杨靖宇、王德泰、赵尚志、李延禄、周保中、谢文东等东北抗日武装领导人共同署名的《东北抗日联军统一军队建制宣言》，宣布"一律改组军队建制为东北抗日联军第一、二、三、四、五、六军，以及抗日联军××游击队"。

4月，日伪开始实施"治安肃正三年计划"，对重点地区进行讨伐。在这种情况下，刚刚改组的东北抗日联军先后向日伪统治力量薄弱的三江地区集结。三江地区为黑龙江、乌苏里江和松花江三江汇合之处所形成的冲积平原，位于东北的最东北部。1934年12月1日，伪满于佳木斯设置三江省①。"七七事变"前后，东北抗联第三、四、五、六、七、八、九、十一军等8个军1万余人先后聚集到这一地区，开展抗日游击活动。

日本将三江地区视为进攻苏联的前进阵地，因此决不允许抗联在此建立红色根据地。本来根据三年肃正计划，应在1938年对三江地区进行讨伐，但鉴于形势的发展，关东军决定将这一地区的大讨伐提前到1937年进行。

1937年7月16日，关东军司令官植田谦吉下达作战命令，开始对三江省

---

① 三江省：1934年12月1日，伪满于佳木斯设置三江省。设置之初的管辖范围，包括原黑龙江省的通河、凤山、汤原、萝北、绥滨5县与吉林省的方正、依兰、桦川、富锦、勃利、宝清、饶河、同江、抚远9县，共14县。1937年7月，设置佳木斯市，由省直辖。1939年6月，增设鹤立县；撤销凤山县，并入通河县；将宝清、饶河2县划归新设之东安省。是时，全省共辖1市、12县。据1940年10月统计，全省总面积90418平方公里，人口141.6万人。1941年1月，将勃利县划归东安省管辖。同年8月，将黑河省的佛山县划归三江省管辖。至此，全省仍辖1市、12县，即：佳木斯市、方正、依兰、通河、汤原、桦川、富锦、萝北、绥滨、同江、抚远、鹤立、佛山县。1945年抗日战争胜利，伪满洲国覆灭，三江省建制自然解体。

抗日联军进行大规模的讨伐。

讨伐中关东军高级顾问大迫通贞兼任第四军管区和三江地区的主任顾问，具体指挥伪满军在三江地区讨伐行动的关东军顾问是北部邦雄。1937年冬，治安部急调正在东边道地区围剿抗日武装的于琛澄为第四军管区司令官兼三江省省长，负责指挥伪满军警进行讨伐。

1935年9月16日，溥仪"临幸"哈尔滨第四军管区司令部

日军参加三江地区大讨伐的兵力为第四师团（1937年6月调入三江）、第四守备队（原驻佳木斯，讨伐前移驻牡丹江），伪满军主力由第四军管区的部队担任，即第四教导队（相当于混成旅）和鹏飞、冯广友、宋殿才、徐海、张魁英的5个旅，并将绥宁地区的步、骑各1个团调至三江地区。此外，作为增援部队，从吉林调集相当于1个团的支队至三江地区，第三军管区也将骑兵第二十一团增援至三江地区。1937年冬，伪满治安部又命令第三军管区的1个混成旅、靖安师的骑兵团、兴安军相当于1个骑兵旅的骑兵支队、第二军管区的教导步兵第二团等部相继调到三江地区增援。

北部邦雄和关东军驻佳木斯市的山下奉文部队商定，三江地区西部地区归日军讨伐，东部地区划归伪满军讨伐，但受山下奉文指挥。

三江地区的东部讨伐地区，根据北部邦雄的指示，又划分为4个讨伐小区。即萝（北）绥（滨）小地区，主要由冯广友的混成旅外加骑兵第二十一团进行讨伐；抚（远）饶（河）小地区，主要由混成第二十三旅（缺步兵第三十团）外加靖安骑兵团负责进行讨伐；宝清小地区，主要由伪满兴安骑兵支队（缺一团）和步兵第三十团进行讨伐；集贤小地区，主要由混成第二十二旅，步兵第十七旅进行讨伐。讨伐的重点县是桦川、勃利、方正、依兰、汤原5县。

"三江大讨伐"从1937年7月正式开始。日伪当局从战术上将其分为"治标"和"治本"两个方面。治本工作是日伪军在讨伐区实行归屯并户、建立集团部落等活动。从1937年春天到1938年秋天，三江省开始了大规模的集村并户活动。日伪军把山区内所有的住户都驱赶到山外，集中到指定的地点。对一些"治安不良"地区，则划为无人区。如在三江省最东部的饶河县，大小别拉坑，关门嘴子，大、小家河等山寨都被划为无人区，这里 2000 多户居民的房子全部被烧光。饶河县集家并村前，有 6000 户居民，集家并户之后，仅剩下 3000 多户。据统计，日伪在三江省 14 个县进行的集家并户，使 10000 多户居民流离失所，有近 20000 人受到各种迫害死亡。

由于集团部落经常受到抗日联军的武装攻击，日伪在部落内抽调 18 至 40 岁的男子编成自卫团，担任部落的警卫工作。并且，在部落区实行残酷的"保甲制度"。这是仿效中国古代保甲制而采取的控制民众的一种制度，保甲制度的基础单位是"牌"，10 家为 1 牌，10 牌为 1 保。为了确保治安，实行牌内"连坐法"。由于每牌为 10 户人家，因此也称为"10 家连坐法"，即牌内有 1 人犯法，全牌的人都要负连带责任，共同负担所谓"连坐金"的罚款。为了达到十户相互监视的目的，十户连坐法规定如果有人能及时向警察报告，牌内有人犯法，其他 9 户则可以减免"连坐金"。

1937 年 7 月到至 1938 年底，日伪军警的大讨伐使抗日联军损失达 4000 余人。抗日联军的密营多数被毁，根据地也逐渐丢失，游击区日益缩小。第四军军长李延禄、副军长王光宇，第六军一师政治部主任徐光海等抗联将领先后牺牲。在粮食弹药极度缺乏、资金来源断绝的情况下，一些抗日意志薄弱分子纷纷投敌，如谢文东领导的抗联第八军集体投降，第三军第二师师长兰志洲、第四师师长陈云升，第九军参谋长洪喜波、第一师师长郭成等抗联高级将领相继投敌。三江地区的抗日联军主力被迫转移，留守部队处境更加艰难，人员不断减少，部分军队被迫退入苏联境内。到 1938 年底，日伪军警在三江地区的集中大讨伐大体告一段落。1939 年以后，在三江和北满地区的抗日联军仅剩小分队继续坚持武装斗争。

1941 年，三江地区的抗日武装斗争进入低潮。在这种情况下，治安部从第二、三、四、五、六、七、八军管区共抽调 24 个连 2400 余人组成若干个"特设讨伐队"，由治安部大臣直接调动，分别对固定目标进行连续追击，分割消灭。在编成的"特设讨伐队"中，从第四军管区抽调 2 个连 200 人专门对抗联第二、第三路军小股部队进行围剿。到 1941 年底，三江地区的抗联武装活动已非常艰难，剩余部队数量锐减，行动更加隐蔽。

同其他军管区一样，第四军管区的地区司令部于 1939 年 3 月撤销，至 1940 年管区仅剩下滨江省。1941 年部队整编时，缩编为 1 个步兵旅、1 个混成旅，教导队被取消。新设工兵队，配备了通信队。1942 年 5 月，伪满军进行人事调整，第四军管区司令官应振复转任军事谘议官，第七军管区司令官张文铸任第四军管区司令。

1945 年 8 月日本投降前，第四军管区司令官为李文龙，辖滨江省，司令部驻哈尔滨。下辖 1 个步兵旅、3 个工兵队和 1 个辎重队。

步兵第十七旅：旅长刘显良，辖步兵 2 个团

第二十一工兵队：驻珠河

第二十二工兵队：驻哈尔滨市江北松浦镇

第二十三工兵队：驻哈尔滨香坊

第四辎重队：驻哈尔滨

总兵力 7200 人，其中第十七旅 1 个步兵团 1800 人派往热河作战，其余大多为没有战斗力的辅助部队。苏联红军出兵东北后，该部队除 700 名日系军官逃离外，其余被缴械或溃散。

第四军管区的历任司令官及其任职时间为：于琛澄（1934 年 7 月—1935 年 5 月）、郭恩霖（1935 年 5 月—1937 年 5 月）、于琛澄（1937 年 5 月—1939 年 3 月）、邢士廉（1939 年 3 月—1941 年 3 月）、应振复（1941 年 3 月—1942 年 5 月）、张文铸（1942 年 5 月—1944 年 4 月）、李文龙（1944 年 4 月—1945 年 8 月）。

日本投降后，李文龙于 1945 年 8 月 22 日被苏军逮捕。1950 年被引渡回国后，关押在抚顺战犯管理所接受改造，1964 年 12 月 28 日被中央人民政府第五批特赦。旅长刘显良则于 1961 年 12 月 25 日第三批获特赦。

为配合日军华北方面军进攻察哈尔，以第五军管区为主，编成约 7000 人的"热河支队"，向长城沿线进攻。这是日军试验性地使用伪军协助"境外"侵略的首次行动

1934 年 7 月 1 日，关东军将伪满洲帝国热河警备军整编为第五军管区。警备军司令官张海鹏被明升暗降，调任皇帝溥仪的侍从武官长。军管区司令由以前马占山的部下、时任中央陆军训练处中将处长王静修接任。辖区为热河省，12 月以后为热河省、锦州省。司令部驻承德，下设承德、锦州 2 个地区警备司令部。辖 1 个教导队、3 个混成旅、1 个骑兵旅、1 个步兵旅，兵力约 1 万人。伪军编制序列为：

司令官：王静修中将，司令部驻承德

参谋长：卢静远少将

司令部部附：索景清少将

司令部主任顾问：关原六大佐，顾问：千叶一郎大尉

参谋处长：王维藩上校

副官处长：刘肃华上校

军械处长：吴国贵上校

军需处长：魏崇岳上校

军医处长：赵怀仁上校

兽医处长：杭承祖上校

军法处长：王冠英上校

司令部直属部队：

第五教导队：队长鹏飞少将

第五通信队：队长枝佐

自动车队：队长谷富少校

承德地区警备司令部：

司令：王永清中将，驻承德

第二十六混成旅：旅长王永清兼，驻承德

步兵第八旅：旅长冯秉臣，驻丰宁

骑兵第七旅：旅长刘永清，驻赤峰

锦州地区警备司令部：

司令：田德胜中将，驻锦州

第二十四混成旅：旅长田德胜兼，驻锦州

第二十五混成旅：旅长张俊哲，驻朝阳

1936 年 10 月，为了消灭活动在东边道地区的东北抗联第一军、抗日义勇军王凤阁、吴义成等部，以伪满军第一军管区伪军为主，并配属第三、第五军管区各 1 个旅及军政部直辖的靖安军，共 11 个旅 20000 余兵力，发动了规模空前的"东边道大讨伐"。

此次讨伐，第五军管区派出索景清任支队长的"索支队"（相当于 1 个旅），约 2000 余人。该部主要配属第一军管区伪军，负责对通化县抗日义勇军进行讨伐。该地区是此次东边道大讨伐的重要地区之一。索支队随同第一军管区教导队，采取了军事讨伐和政治镇压相结合，采用集家并村、划分居住区和无人区的办法，使抗日武装遭到惨重损失，王凤阁被俘被杀。在通化地区，到 1936 年末，已有 13000 余饥民。人民流离失所，人口锐减，农田荒芜，瘟疫流行，一片疮痍。讨伐结束后不久，支队长索景清退役，后被推荐到华北担任重要伪职。

此后，第五军管区还于 1941 年抽调 3 个连 300 人，编成"特设讨伐队"，专门对抗联第二、第三路军在三江地区的小股部队进行围剿。到 1941 年底，三江地区的抗联武装活动已非常艰难，剩余部队数量锐减，行动更加隐蔽。

1937 年 7 月 7 日，"七七事变"爆发，日本发动了对中国的全面战争。7 月底，日军在占领平津后，编成华北方面军，分三路沿平绥、平汉、津浦三个方向对中国展开进攻。

为了配合日军华北方面军进攻察哈尔，7 月末，治安部大臣于芷山、最高顾问佐佐木到一发布命令，以第五军管区为主，编成约 7000 人的"热河支队"，向长城沿线进攻。

"热河支队"主要由第五军管区教导队和靖安军的 2 个团组成，约 2 个旅的兵力。具体编制为：

队长：藤井重郎少将，顾问：皆藤喜代志中佐

第五教导队：队长朱家训

步兵团：团长姜学博

骑兵团：团长富璇善

自动车队 1 个连

卫生队

靖安军

步兵团：团长山崎积

炮兵团：团长美崎丈平

1937 年 8 月 1 日，"热河支队"由承德向丰宁县西南长城推进。几日后到达长城一线，第五教导队兵分两路，于 3 日分别到达长城古北口和喜峰口，队长朱家训带领步兵团驻扎在井儿沟。靖安军则驻扎在黑达营子。

国民党军队认为第五教导队实力弱于靖安军，因此战斗一开始，第五教导队步兵团就遭到第十三军高桂滋师猛烈攻击，队长朱家训等十几人被打死，步兵一营临阵投降。不久，骑兵第五团也被高桂滋部包围，经苦战后突围。直到 8 月末，教导队骑兵团才经由巴图营子、龙门索占领赤城南。

就在战斗进行激烈期间，发生了一件有意义的事情。8 月 21 日，就在"热河支队"队长藤井重郎在黑达营子附近山上视察时，被靖安军的一名爱国军士刺死。之后，"热河支队"由山崎积代理队长。

此时，日军先后于 8 月 23 日和 27 日突破长城防线，攻陷南口和张家口。国民党汤恩伯军向南撤退。9 月 1 日，富璇善率第五教导队骑兵团进入赤城，并在赤城组成了临时维持会。9 月 3 日，又占领龙关县城，组织了治安维持会。

1937 年 10 月，"热河支队"司令部和第五教导队骑兵团移驻宣化。这时接到治安部调查科命令，需要大量有关中国问题的图书。为此"热河支队"各部在宣化城开始大量的掠夺图书，宣化城为此又遭到一次文化浩劫。当月，美崎丈平被任命为"热河支队"队长，教导队骑兵团被调往下花园一带，负责对占

领地附近煤矿的警备。

11月，"热河支队"划归日军华北方面军奈良联队指挥，在河北蔚县一带讨伐进入敌后作战的八路军。12月10日，第五教导队骑兵团占领桃花堡，并在此协助建立了傀儡政权。

从"七七事变"到1937年底，随着日伪军对华北河北、山西、察哈尔、绥远、山东等大片领土的占领，伪满"热河支队"的任务基本完成。1938年1月，"热河支队"奉命撤回伪"满洲帝国"。"热河支队"的派遣，是日本帝国主义试验性地使用伪军协助"境外"侵略的首次行动。

1939年3月，应振复调任第五军管区司令官。当月，军管区的地区司令部撤销。1941年10月取消了教导队。

1941年伪满洲帝国军队整编时，没有讨伐任务的第一、第二、第四、第六、第八军管区部队编制都缩编为1个步兵旅、1个混成旅。在热河讨伐八路军的第五军管区，则编成2个步兵旅、1个混成旅。

1942年9月，伪满军进行人事调整，第五军管区司令官吕衡转任第三军管区司令官，吴元敏由第八军管区转任第五军管区司令官。

1945年8月，日本投降前，第五军管区辖区为热河省，司令官赫慕侠，司令部驻承德，辖4个步兵旅，总兵力28000人（其中一部分老兵抽调到铁石部队），为伪满军中实力最强的部队，负责热河作战。在苏军攻入东北时曾试图开展游击战，但随着日军投降，该部也相继缴械投降。

第五军管区历任司令官及其任职时间为：王静修（1934年7月—1937年5月）、邢士廉（1937年5月—1939年3月）、应振复（1939年3月—1941年3月）、吕衡（1941年3月—1942年9月）、吴元敏（1942年9月—1943年9月）、赫慕侠（1943年9月—1945年8月）。

第六军管区伪军在部落内制造了大量的无人区，不准农民在铁路、公路两侧种植高秆作物，不许农民在山坡谷地开荒种地，烧毁山区居民的房屋，人民冻死、饿死者不计其数

1936年7月，伪满军政部将第二军管区的间岛省和第四军管区的绥宁地区（1937年7月改为牡丹江省）划出，新设了第六军管区。司令官为王殿忠，参谋长为赵振邦，司令部设于牡丹江。所辖部队由伪第二、三、四军管区拨出，组成1个教导队（队长赵秋航），2个混成旅和1个骑兵旅，下辖绥宁、间岛两个地区司令部。

此外，在第六军管区内还编有一个"间岛特设队"，它于1938年9月在间

岛省明月沟（现属安图县）成立，首任队长为日本人染川一男。"间岛特设队"由3个连组成，300人左右，军官为日本人和朝鲜族人，士兵全部是朝鲜族人，专门用来对付抗联。

1939年10月至1941年3月，第六军管区随同日伪军参加了讨伐东边道地区的"通化、吉林、间岛三省联合大讨伐"，即"野副大讨伐"。

王殿忠在前线视察

"野副大讨伐"分东、西、南、北、东北5个地区，讨伐的主要目标是东北抗联杨靖宇率领的第一路军司令部、警卫旅一部及曹亚范率领的第一方面军。

第六军管区驻牡丹江的混成旅，间岛省警察大队、牡丹江警察大队等和关东军第四、第八、第九独立守备大队各一部，负责对东边道"东北地区"（间岛省北部及牡丹江省的宁安、镜泊湖一带）东北抗联第一路军陈翰章指挥的第二方面军与抗联第五军陶净非部进行讨伐。

讨伐给东边道抗日武装造成巨大损失，司令陈翰章于1940年12月8日牺牲在宁安镜泊湖地区。第五军陶净非最后身边也仅剩2人，不得已于1941年3月20日进入苏联境内。从此，东南满地区的抗日运动走入低潮。同时，在讨伐区实行"保甲制度"和"十家连坐法"。一甲之中如有"通匪"者，全家斩首示众，并株连邻里。进一步强化"归屯并户"，并在部落内制造了大量的无人区，不准农民在铁路、公路两侧种植高秆作物，不许农民在山坡谷地开荒种地，烧毁山区居民的房屋，人民冻死、饿死者不计其数。

1941 年，日伪军对三江地区的抗日武装大讨伐之后，又从第六军管区抽调 4 个连 400 人，编成"特设讨伐队"，专门对抗联第二、第三路军在三江地区的残余小股部队进行围剿。此次治安部从第二、三、四、五、六、七、八军管区共抽调 24 个连 2400 余人组成若干个"特设讨伐队"，由治安部大臣直接调动，分别对固定目标进行连续追击、分割消灭。到 1941 年底，三江地区的抗联武装活动已非常艰难，剩余部队数量锐减，行动更加隐蔽。

1941 年伪满军在"国兵法"颁布后再次进行整编。没有讨伐任务的第六军管区取消了教导队，部队缩编为 1 个步兵旅、1 个混成旅。新设了工兵队，配备了通信队。1942 年 9 月，伪满军进行了人事调整，李文龙由江上军司令官转任第六军管区司令官。编成为：

第七混成旅：旅长金毅，后为谷麟山、刘玢

步兵第八团：团长杨崇武，驻宁安县

骑兵第十九团：团长赫福林，驻延吉

第三工兵队：队长高凌蔚，驻宁安

第五高射炮队：驻牡丹江市

第六自动车队：驻牡丹江市

第六通讯队：驻牡丹江市

特设队

兵力共 5200 余人。

1945 年 8 月，第六军管区辖区为牡丹江、间岛省。司令官贾华杰中将，司令部驻牡丹江，下辖 1 个步兵旅，总兵力 5600 人，其中 1800 人派往热河打共产党军队，350 人为朝鲜族特设队，其余大多为没有战斗力的辅助部队。苏联红军出兵东北后，第六军管区的伪军大部分反正或在撤退途中溃散。

第六军管区的历任司令官及其任职时间为：王殿忠（1936 年 7 月—1938 年 3 月）、王静修（1938 年 3 月—1939 年 12 月）、张益三（1939 年 12 月—1942 年 3 月）、美崎丈平（1942 年 3 月—1942 年 9 月）、李文龙（1942 年 9 月—1943 年 9 月）、贾华杰（1943 年 9 月—1945 年 8 月）。

为对付三江地区的抗日武装，治安部从各军管区抽调 24 个连 2400 余人，组成若干个"特设讨伐队"。其中，第七军管区抽调了 5 个连 500 人，是参加人数最多的军管区

1939 年 5 月，伪满实行军管区改革，由第四军管区划出三江省，增设第七军管区，调张文铸为司令官，司令部设于佳木斯。所属部队由第四军管区调来的步兵第二旅、混成第二十二旅、混成第二十三旅，第三军管区调来的冯广友旅，第六军管区转来的第二十一混成旅组成。此时，三江地区讨伐已经基本结束，日军部队逐渐撤离，第七军管区任务是对剩余东北抗联小股队伍进行零星、持续地讨伐。

张文铸任司令官后，奉命将部队进行了整编，编制序列为：

第七教导队：队长林况一（日），驻佳木斯

独立第二旅：旅长张魁英，由冯广友旅编成，驻集贤镇

独立第三旅：旅长宪原（后姜鹏飞），由原步兵第二旅编成，驻饶河县

独立第四旅：旅长邓云章，由原混成第二十一旅编成，驻悦来镇

混成第二十二旅：旅长马恩波，驻依兰县

混成第二十三旅：旅长周大鲁，驻宝清

此外，第七军管区还成立了通信队，并接管了佳木斯的治安部医院。

1939 年 10 月至 1941 年 3 月，日伪军在东边道地区进行了 "通化、吉林、间岛三省联合大讨伐"（"野副大讨伐"），第七军管区派出驻佳木斯的邓云章独立第四旅参加。此次讨伐，使抗联武装损失惨重，东南满地区的抗日运动走入低潮。

经过日伪军 1937 年 7 月至 1938 年底的 "三江大讨伐"，三江地区的抗日联军主力被迫远征黑嫩平原，在三江省只剩下一些小股部队坚持游击战争。主要有第六军一师一团（下辖 2 个连），第三军二师留守部队和第四、第五军不足百人的游击武装，第七军的 70 余人，第十一军的 40 余人。1939 年夏，在依兰、方正、富锦、宝清等地，伪满军采取四面包围、跟踪尾追的战术，破坏了抗联部队在这些地区的密营，使抗联遭到巨大损失。到了 1941 年，三江地区的抗日武装斗争进入低潮。在这种情况下，治安部从各军管区抽调 24 个连 2400 余人，组成若干个 "特设讨伐队"，由治安部大臣直接调动，分别对目标进行连续追击，分割消灭，使抗日武装处境更加艰难。在 "特设讨伐队" 中，第七军管区抽调了 5 个连 500 人，是参加人数最多的军管区。

1941 年 6 月，苏德战争爆发后，关东军在中苏边境集结大量兵力，企图对苏联发动攻击。为了稳定后方，日伪军对三江地区进行了更加疯狂和残酷的讨伐。中国共产党吉东、北满省委紧急召开联席会议，决定将抗联部队化整为零，分散活动。日伪军也随之改变策略，编成游击队围攻抗联游击队。到 1941 年底，三江地区的抗联武装活动已非常艰难，剩余部队数量锐减，行动更加隐蔽。在这种情况下，日伪军开始把讨伐的重点从三江地区转向抗联第三路军活跃的黑嫩平原。

1941 年伪满军再次进行改编，这次将第一师（靖安军）也划入第七军管区

隶属之下，驻富锦县。靖安军是伪满军的主力，主要用于在北满地区对从苏联越境进入东北的抗联小股部队讨伐，以及对伪满北部边境的守备。

1942年5月，伪满军进行人事调整，张文铸转任第四军管区司令。9月，参谋司长赫慕侠任第七军管区司令，郭若霖接任参谋司长。

1945年8月，第七军管区辖伪三江省，司令官吕衡中将，司令部驻佳木斯，下辖步兵第七旅。总兵力4500人，其中1800人配属铁石部队，在冀东与八路军作战。苏联红军出兵东北后，步兵第七旅驻佳木斯的步兵团，杀死全部日本军官反正，其余伪军或反正或逃散。溃散士兵大多被谢文东、李华堂收编，投奔国民党军，解放战争期间成为土匪。

第七军管区历任司令官及其任职时间为：张文铸（1939年5月—1942年9月）、赫慕侠（1942年9月—1943年5月）、吕衡（1943年5月—1945年8月）。

吕衡在伪军逃散后被东北民主联军抓捕，关押在佳木斯东区。1946年"8·15"抗战胜利一周年时，佳木斯市召开纪念大会，吕衡等8人被押在台前示众，会议期间一名民兵枪支走火引发秩序混乱。由于当时情况复杂，国民党土匪武装时有活动，因此会议主持者临机决定将吕衡等人就地处决。

侦察到杨靖宇在濛江县后，日伪调集了第八军管区第一、第二旅在内的军警五万余人进行搜捕。最后，杨靖宇将军壮烈牺牲，抗联第一路军第一方面军受到重大损失

1939年5月，关东军为了巩固伪满洲帝国的统治，使其作为日本帝国主义的永久后方基地，再次将东边道地区作为讨伐的重点地区，这就是"通化、吉林、间岛三省联合大讨伐"。为了配合此次行动，将第一军管区的安东、通化两省，伪满军混成第一、第二、第三旅和混成第五、第六旅各一部，编成第八军管区，派治安部参谋司司长王之佑任司令官。其伪军部队编成为：

司令官：王之佑，司令部设于通化

主任顾问：立花大佐，顾问：安永、石黑、纲田

参谋长：赫慕侠

参谋处长：陈明山

部附：富璇善、宋道仓

副官处长：萧玉琛

军械处长：张＊＊

军需处长：冯绪功

军医处长：贾树屏

军法处长：陶远进

第八教导队：队长赵振邦，由原第一军管区混成第五、第六旅各一部编成

混成第一旅：旅长李裕平

混成第二旅：旅长高明

混成第三旅：旅长王士琇

此次三省联合大讨伐，从 1939 年 10 月至 1941 年 3 月，历时一年半，由关东军吉林长春地区守备队司令官野副昌德指挥，因此也被称为“野副大讨伐”。行动前，日军在吉林市专门成立了讨伐司令部。关东军参加的部队有独立守备步兵第五、第七、第八、第二十大队共 6400 余人。

1939 年 7 月下旬，王之佑分别将第八军管区教导队和 3 个旅集结在通化、抚松、临江、金川等地，划归各讨伐区的关东军部队，归日军各地部队长指挥。

第八军管区是此次讨伐的主力。此外，第一、第二、第六、第七军管区也派出部分部队参加。还将抗联叛徒编成第一、第二、第三工作队，参加讨伐活动。参战的伪满军共计 25000 人左右。各地的警察 30000 余人也参加了作战。

第八军管区的部队配属关东军第五独立守备大队指挥，和通化、吉林两省的警察队及第一工作队一起对南地区（通化省）进行讨伐。讨伐的主要目标是杨靖宇率领的抗联第一路军司令部、警卫旅一部及曹亚范率领的第一方面军。第八军管区伪军兵力部署为：

李裕平的混成第一旅在抚松，原驻临江县城的高明混成第二旅在金川、王士琇的混成第三旅在辑（集）安，赵振邦的教导队在通化。

1939 年 8 月，在讨伐准备阶段，王之佑就下令凡讨伐区内的粮食，无论成熟与否，一律提前收割，集体打场，之后交与指定部落，由伪满军警看管。并在讨伐区发放居民证和采集指纹，切断抗日联军粮道，修筑警备道路、警备通信网，建立警防所，强化自卫团，收缴武器，不准农民在铁路、公路两侧种植高秆作物，不许农民在山坡谷地开荒种地，烧毁山区居民的房屋，制造无人区。

1939 年 10 月到 1940 年 3 月，是讨伐的第一阶段，讨伐的重点是“南地区”的通化省和吉林省的桦甸县境，目标是杨靖宇认领的抗联一路军司令部、方振声领导的警卫旅及曹亚范指挥的第一方面军。

1939 年 10 月初，第八军管区伪军在八道江以东与杨靖宇部开始交战，并与第二军管区部队一起，完成了对通化县以北、濛江县以南，临江县以西，金川县以东百里无人区的包围和封锁，开始拉网搜山。

随着包围圈一步步缩小，杨靖宇、魏拯民等抗日将领在头道沟溜河召开中共南满省委和第一路军主要领导人会议，决定将部队化整为零，分散活动。之后，杨靖宇率一部抗联军队转战于濛江、抚松、金川、临江、辉南等地，虽然取得了一些小

的胜利，但由于实力相差悬殊，再加上天寒地冻，部队缺衣少食，既得不到补充，又无法休整，减员很大。到 1940 年 1 月初，杨靖宇身边只剩下 200 余人。

侦察到杨靖宇在濛江县后，日伪调集了第八军管区第一、第二旅在内的军警 50000 余人，对濛江进行了包围，并于 2 月 10 日发起进攻。其间，奉天省、滨江省、锦州省等地也陆续派出伪军进入濛江境内，配合通化省对杨靖宇部展开围剿。

1940 年 2 月 23 日，在日伪军的围剿下，杨靖宇将军壮烈牺牲。抗联第一路军余部在曹亚范率领下坚持斗争。4 月 8 日，曹亚范在濛江龙泉镇被叛徒杀害。至此，抗联第一路军第一方面军因群龙无首而解体。野副大讨伐第一阶段"南地区"的讨伐任务至此结束。之后，日伪军将第八军管区的第一、第二混成旅留在吉林，受第二军管区司令吉兴节制，担负搜剿抗联余部的任务，其余部队陆续调往下一个重点讨伐地区"东地区"。

1940 年三四月间，第八军管区的 3 个混成旅，被改编为第一、第二 2 个步兵旅，共 7300 人。第八教导队调回通化。

从 1940 年 4 月到 9 月，是野副大讨伐的第二阶段，因正处于春夏之际，也被称作是"春夏季讨伐"。讨伐的重点是"东地区"抗联第一路军金日成率领的第二方面军和陈翰章领导的第三方面军。此外，还有第一方面军警卫旅和第五军的陶净非部。在日伪军的连续围剿下，抗联部队伤亡严重，生活陷于极度困境。第一路军副总司令魏拯民身患重病，陈翰章负伤，部队被迫分散进行游击。魏拯民带第一路军总部和警卫旅退到桦甸县夹皮沟牡丹岭密营休养，第二方面军在扶松、安图、和龙一带游击，第三方面军向敦化沙河一带转移，后转到镜泊湖地区开展游击战争。至此，"野副大讨伐"第二阶段结束。

到 1940 年末第八军管区隶属部队编成为：

司令官：吴元敏，司令部驻通化

第八教导队：队长周大鲁，下辖步兵 1 个团，骑兵 1 个团，炮兵 1 个连，约 2700 人

步兵第一旅：旅长李裕平，下辖 2 个步兵团，约 3600 人

步兵第二旅：旅长高明，下辖 2 个步兵团，约 3600 人

第八通信队：100 人

通化治安部病院（二等）

1940 年 9 月到 1941 年 3 月，是讨伐的第三阶段。野副昌德将讨伐司令部从吉林移至延吉，指挥日伪军对抗联第一路军发动了秋冬季大讨伐。讨伐的重点是牡丹江、吉林、间岛 3 省及汪清、珲春、东宁、穆棱 4 县。主要目标仍是魏拯民部和韩仁和的警卫旅余部、金日成第二方面军和陈翰章第三方面军。在这

一阶段，伪满军参战部队主要是第八和第六军管区部队。在伪满军的围剿下，第一路军遭到惨重损失，陈翰章于1940年12月8日牺牲在宁安镜泊湖地区，1941年3月8日魏拯民因伤病去世，加上1940年4月8日在濛江龙泉镇被叛徒杀害的第一方面军司令曹亚范、1940年春牺牲在宁安镜泊湖地区的警卫旅旅长韩仁和，抗联许多高级将领牺牲，部队阵亡1000余人。

这次大讨伐，日伪方面基本达到了目的。抗联第一路军最后只剩下第十三、第十四团及总部警卫旅余部200余人，不得已退入苏联境内。第五军陶净非身边也仅剩2人，于1941年3月20日进入苏联境内。从此，东南满地区的抗日运动转入了低潮。1941年3月19日，野副讨伐司令部发布命令，解散讨伐司令部及各讨伐部队，历时一年半的"野副大讨伐"结束。

1941年伪满军随着"国兵法"的颁布和国兵的入伍，再次进行改编，这次改编将伪满各军管区的步、骑兵缩编，取消了教导队，撤销了空额旅番号。在各军管区内新设工兵队、通信队，把高射炮队和自动车队配属于各军管区。通过这次改编，没有讨伐任务的第八军管区部队缩编为1个步兵旅、1个混成旅。这一年，伪满治安部还从第八军管区抽调2个连200人，和其他军管区抽调的连队编成若干个"特设讨伐队"，专门对抗联第二、第三路军在三江地区的留守小股部队进行围剿，使三江地区的抗联武装数量锐减，活动更加艰难。

1942年9月，伪满军进行人事调整，吴元敏由第八军管区转任第五军管区司令官，禁卫队司令官王作震接任第八军管区司令官。

1945年8月日本投降前，第八军管区辖北安、黑河省。司令官周大鲁中将，司令部驻北安，辖步兵第十二旅，总兵力5000人。苏联红军出兵东北后，第八军管区部队迅速溃散。

第八军管区的历任司令官及其任职时间为：王之佑（1939年5月—1940年8月）、吴元敏（1940年8月—1942年9月）、王作震（1942年9月—1944年8月）、周大鲁（1944年8月—1945年8月）。

周大鲁在新中国成立后被关押在抚顺战犯管理所接受改造。1961年12月25日被中央人民政府第三批特赦，之后被安排在沈阳工作。同批特赦的还有原军管区少将参谋长赵玮。

诺门罕一战，兴安军管区骑兵第七团、第八团遭到惨败，士气一落千丈。从此，这支伪军元气大伤，一蹶不振，只能担任"地方治安"的任务

1937年3月，伪军政部在兴安各分省的基础上成立了兴安军管区，下设4

个警备军。1938 年 1 月在郑家屯成立伪司令部。具体编制为：

兴安军管区：

司令：巴特玛拉布坦，司令部驻郑家屯

参谋长：荻野上校（8 月由郭文林接任）

兴安东警备军：

司令：绰罗巴图尔，司令部驻博克图，区域兴安东省。下辖：兴安骑兵第一团、第二团，山炮兵 1 个连及博克图军政部病院、通信队，驻博克图等地

兴安西警备军：

司令：郭宝山，司令部驻林西。区域兴安西省。下辖：兴安骑兵第三团、第四团，山炮兵 1 个连及林西军政部病院、通信队，驻守林西、查不干庙一带

兴安南警备军：

司令：巴特玛拉布坦兼，司令部驻通辽。区域兴安南省。下辖：兴安骑兵第五团、第六团，山炮兵 1 个连及通辽军政部病院、通信队、蒙古少年队，驻通辽、开鲁、钱家店一带

兴安北警备军：

司令：乌尔金，司令部驻海拉尔。区域兴安北省。下辖：骑兵第七团、第八团，山炮兵 1 个连及海拉尔军政部病院、通信队，驻哈尔哈庙、海拉尔、黑山头一带

兴安军官学校：巴特玛拉布坦兼校长，驻王爷庙，下辖兴安骑兵教导团

1937 年 7 月至 1938 年底，在日伪军对三江地区抗日联军进行的"三江大讨伐"中，兴安军相当于 1 个骑兵旅的骑兵支队（缺一团）作为增援部队被调到三江地区，担负在宝清地区的讨伐任务。兴安骑兵支队参与了在讨伐区实行归屯并户、建立集团部落等活动。把山区内所有的住户都驱赶到山外，集中到指定的地点。对一些"治安不良"地区，则划为无人区，烧光所有的房屋，以防被抗日联军所利用。讨伐行动使三江地区的抗日根据地逐渐丢失，游击区日益缩小。

"七七事变"后，日本发动了全面侵华战争，华北日军忙于在正面战场与国民党军队作战，无暇顾及敌后日益壮大的八路军，于是请求关东军派兵协助维持华北占领地的"治安"。

1938 年 6 月 2 日，以伪满治安部大臣于芷山、最高顾问平林盛人的名义，给兴安军管区司令官巴特玛拉布坦、顾问泉铁翁下达命令，令其组织一支蒙古骑兵支队，开赴热河、冀东讨伐八路军。很快，一支以甘珠尔扎布为队长的800 余人"甘支队"迅速组成。

甘珠尔扎布 1932 年回到大连。之后赴长春等地，先后担任伪满兴安局警务

科事务官，兴安南分省达尔罕警察局长、警务厅长、民政厅长等职。1938年5月20日，转任兴安军管区少将部附，10日后，即6月1日，任兴安南警备军司令。

"甘支队"编成为：

队长：甘珠尔扎布少将

参谋长：曾根崎晴臣中校（日）

顾问：野田又雄大尉（日）

骑兵第二团：团长金永福中校

骑兵第五团：团长秦焕章中校

呢玛队：队长呢玛少校，约80人，由兴安南地区治安队改编

山炮排：排长求喜中尉，共2门炮，约30人，原属兴安南警备军

宪兵队：队长石川上尉（日），约20人，属新京宪兵总团

6月10日，"甘支队"在热河集结后，12日由承德出发，从长城古北口入关，在与八路军邓华支队多次作战后，先后攻入遵化和蓟州，给抗日武装造成很大损失。7月初，"甘支队"进入蓟州城后，借搜捕八路军地下工作者和武器之机，大肆抢掠老百姓财物，强奸妇女，强购马匹，强征民工，并扶植汉奸成立了维持会，给蓟州人民带来巨大灾难。

兴安军骑兵

7月中旬，甘珠尔扎布根据关东军西南防卫司令滨本中将的命令，率骑兵第二、第五团与日军一同会攻平谷县（今平谷区）城。激战数小时后，"甘支队"从城北攻入平谷城，又进行了疯狂的烧杀、抢掠和强奸。之后，骑兵第二团留守平谷，甘珠尔扎布率骑兵第五团回防蓟州。下旬，滨本命"甘支队"防

守平谷县、蓟州县、马伸桥和石门镇一线及周围地区。甘珠尔扎布深感兵力不足，经向伪满治安部求援，将兴安西地区的骑兵第三团及部分炮兵、汽车队等400余人调至蓟州，使"甘支队"兵力达到1100余人。

8月至10月期间，"甘支队"在防区内多次与八路军进行作战，对蓟州东南地区马伸桥南部一带进行反复的扫荡，虽然死伤众多，但也给冀东八路军部队造成很大伤亡。

10月，日军占领武汉后，抗日战争进入相持阶段。日军停止了对国民党正面战场的大规模军事进攻，将主要兵力转向共产党领导的敌后武装力量。在这种情况下，"甘支队"配合日军维持后方"治安"的任务基本完成，于1938年12月奉命撤回伪满洲帝国原驻地通辽。1940年3月1日，甘珠尔扎布由兴安南警备军司令转任陆军兴安学校校长。

关东军占领东北后，将其作为侵略战争的战略基地，在积极向关内进行侵略的同时，也把战争的矛头指向了苏联。1932年8月，日本军部制定了《1933年度对苏作战计划》，准备在必要时向苏联滨海地区和后贝加尔地区发动进攻。为此，从1933年开始，着手在"满苏"边境建立所谓"国境阵地"系统。1936年8月军部又制定了《对苏战争指导计划大纲》，规定以1941年为期限，完成对苏战争的准备。1937年日军在攻陷南京之后，狂妄地认为中国很快就会投降。于是，加快了对苏作战准备。

兴安军管区与苏联相邻，为了对苏备战，日本关东军从兴安军管区成立之日起，便决定在其内部成立一支精锐的野战部队，日后对苏作战时充当先锋。1939年3月，关东军在伪兴安军管区内抽调战斗力较强的骑兵第二团、第四团、第五团及新编成的骑兵第十二团，组成了兴安师，司令部设于钱家店，全师共4700余人。其编成为：

师长：野村登龟江少将（日）

顾问：野田少佐（日）

参谋长：后藤外马上校

骑兵第四团：团长高桥上校（日）

骑兵第五团：团长秦焕章中校

骑兵第十二团：田中上校（日）

炮兵团：团长平川森上校（日）

迫击炮团：团长中野上校（日）

汽车队：队长加藤上尉（日）

通信队

野炮连少年队

这个师不仅装备精良，而且兵员满编，军官大部分是日本人，其余为蒙古族或达斡尔族军官，士兵大多是牧民出身，骑术娴熟。每团有5个连，其中骑兵4个连、重机枪1个连，兵力750人。两个炮团编制均600人，每团16门迫击炮，下有4个连，火力十分强大。兴安骑兵师不仅是兴安军管区伪军的精锐，而且在伪满洲帝国内也是战斗力十分强大的一支部队。

1939年5月，关东军经过长期准备，在中蒙边界挑起了与苏蒙的诺门罕战争。诺门罕地处呼伦贝尔草原，位于海拉尔南约200公里处，即从汗达盖、将军庙、阿穆古郎一线到哈尔哈河地区。日伪认为蒙"满"边境线在哈尔哈河上，而蒙古方面则主张哈尔哈河是他们的内河。诺门罕战争从5月至9月15日双方签订停战协定止，历时4个月。战争中，关东军将兴安师和兴安军管区的骑兵第七团、第八团、兴安军官学校教导团伪军调往前线，与日军一起同苏蒙军作战。结果，在苏蒙军强大的攻势下，日伪军大败，关东军伤亡1万余人，兴安师和兴安北警备军的第七、第八团，兴安陆军军官学校教导团等部都受到重创，士气一落千丈。再加上苏蒙军"蒙古人不打蒙古人""不给日本人当炮灰"等口号宣传，伪满军整连整排地向苏蒙军投降。战争的最后，兴安师野村师长和野田顾问都身负重伤，全师4700余人在战场上只剩下30多名日本人，蒙古族官兵只剩下正珠尔扎布1人。从此，兴安军管区伪军元气大伤，一蹶不振，只能担任"地方治安"的任务。

战争结束后，日伪当局首脑们召开了7天的"沈阳会议"，专门研究对逃跑兴安军的对策，最后决定缩减兴安师骑兵，设立步兵。不久，随着伪满各军管区部队的缩编，伪满军中的骑兵多数被裁减改为步兵，被裁减的兵员一部分充实到飞行队、高射炮队和汽车队等特种部队中。

苏联红军出兵东北后，第九军管区司令官甘珠尔扎布弃军潜逃，在木里图站被苏军俘虏。所属第二师伪军杀死全部日本军官后反正

1940年3月，伪满治安部撤销兴安军管区和兴安东、西、南、北4个警备军，分设第九、第十两个军管区。第九军管区，辖兴安南、兴安西两省。巴特玛拉布坦担任司令官，司令部设于通辽，下辖1个师、2个团，1941年又在林西成立了兴安骑兵旅，担负所谓国境警备任务。

1941年3月，巴特玛拉布坦调至新京担任兴安局总裁并被晋升为陆军上将，第九军管区由新安师师长郭文林任司令官。这一年，伴随着伪满国兵的入伍，伪满军又进行了一次改编，将各军管区的步、骑兵普遍缩编，取消了教导队，撤销了空额旅番号。在各军管区内新设工兵队和通信队。改编后，第九军

管区缩编为骑兵 2 个团外加 1 个连。其编制为：

司令官：郭文林，司令部驻通辽，辖区兴安南、兴安西两省

骑兵第三团

骑兵第四团

通信队

通辽军乐队

通辽治安部病院（二等）

1943 年 3 月，伪满军进行了人事调整，甘珠尔扎布由陆军兴安学校校长改任第九军管区司令官。

1944 年冬，兴安第二师被配属于第九军管区。这个师由诺门罕战争后的兴安师残部编成，1940 年 3 月，撤销兴安军管区时，郭文林以兴安军管区参谋长转任该师师长。1941 年改编时，兴安师改称第二师，下辖骑兵 2 个团、步兵 1 个团、炮兵 1 个团，归伪满军中央直辖。

其间，伪军在辖区内强征粮食，还在鲁北、开鲁间修公路时，强迫附近的老百姓参加，使他们没有时间种地，断绝了生计，生活异常困难。由于没有食物，鲁北、林东一带的人民，纷纷向热河、通辽迁移，所经之地到处都是饿死的人。

1945 年 8 月，第九军管区辖区为兴安南省、兴安西省，总兵力 2 个团 5500 人，主要为蒙古族骑兵，其中 2000 人配属铁石部队，在冀东与八路军作战。苏联红军出兵东北后，司令官甘珠尔扎布 11 日弃军潜逃，26 日在木里图站被苏军俘虏。第二师伪军杀死全部日本军官后反正，其余伪军在苏军进攻下，纷纷杀死日本军官逃散。

第九军管区历任司令官及其任职时间为：巴特玛拉布坦（1940 年 3 月—1941 年 3 月）、郭文林（1941 年 3 月—1943 年 3 月）、甘珠尔扎布（1943 年 3 月—1945 年 8 月）。

苏联红军出兵东北后，巴特玛拉布坦从 8 月 12 日至 18 日随溥仪去通化大栗子沟避难，后返回长春。31 日晚，苏军以聚餐名义将他与在长春的伪满各大臣和军管区司令逮捕，后押送苏联，关押于哈巴洛夫斯克（伯力）战犯管理所。1949 年 5 月 31 日，巴特玛拉布坦在下围棋时突发脑出血医治无效去世，郭文林、正珠尔扎布将其安葬在哈巴洛夫斯克市郊区。

甘珠尔扎布被俘后也被苏军送往苏联关押，1950 年 7 月被引渡回中国，以战犯身份在抚顺战犯管理所改造。1966 年 4 月 16 日，根据中央人民政府命令，甘珠尔扎布被第六批特赦，1968 年去世。

第十军管区伪军受命在兴安岭南麓一带阻击苏军，直到为皇帝陛下"玉碎全殁"。部队在开进途中，打死日本军官并向苏军投诚，加速了东北地区的解放

1940年3月，伪满治安部撤销兴安军管区和兴安东、西、南、北4个警备军，兴安北、兴安东两省及其警备军被改编为第十军管区。司令官乌尔金，司令部设于海拉尔，下辖3个骑兵团。1940年底编制为：

司令官：乌尔金，司令部驻海拉尔，管区辖兴安北、兴安东两省

骑兵第一团

骑兵第七团

骑兵第八团

第十通信队

海拉尔治安部病院（一等）

1941年伪满军再次整编时，第十军管区缩编为骑兵2个团外加1个独立骑兵连，1个山炮兵连，新设了工兵队和通信队。

1945年日本投降前，第十军管区隶属部队为：

司令官：郭文林中将，司令部驻海拉尔，管区兴安北、兴安东两省

参谋长：正珠尔扎布

骑兵第四十七团：骑兵3个连、重机枪1个连，兵员600余人，驻南屯

骑兵第四十八团：骑兵3个连、重机枪1个连，兵员600余人，驻南屯

第十炮兵营：野、山炮各1个连，每连炮4门，总兵员200余人

第十辎重队：车队2个连，总兵员200余人

第十通信队

自动车班

海拉尔军事部病院（一等）

总兵力2000余人，主要为蒙古族骑兵

1945年8月8日苏联对日本宣战。9日，苏联红军开始越过边界并轰炸海拉尔的日伪军事目标。当天上午，驻海拉尔地区的日军盐泽师团长向第十军管区发出紧急命令：其所属部队在两日内急赴第一、第二防区（兴安岭南麓一带）阻击苏军。同时，要求"全军将士务必死守阵地"，直到为皇帝陛下"玉碎全殁"。10日凌晨，部队在向兴安岭开进途中，郭文林与正珠尔扎布经过密议，在鄂温克旗锡尼河地区打死部队内的38名日本军官，12日到鄂温克旗南

部乌兰哈日嘎那向苏军投诚，从而加速了包括呼伦贝尔在内的我国东北地区的解放，这就是呼伦贝尔现代史上有影响的锡尼河事件。起义后部队改称"兴蒙汉第一军"。13 日，苏军飞机空投印有郭、正两人照片的劝降书。在劝降书的号召下，第十军管区在南线和北线修筑工事的部队 400 余人在金永福、郭美郎两位上校团长的领导下，也打死部队内的日本军官，于 15 日前向苏军投诚。此后，苏军将第十军管区的部队收容在蒙古境内，由于管理不善和疾病流行，不少人死于收容之中。一个多月后，苏军将所剩人员全部遣回海拉尔原日军兵营内，修筑苏军烈士纪念塔，完工后经呼伦贝尔地方自治政府请求，于 1946 年初全部释放回家。

第十军管区历任司令官及其任职时间为：乌尔金（1940 年 3 月—1944 年12 月）、郭文林（1944 年 12 月—1945 年 8 月）。

郭文林和正珠尔扎布率部起义后，苏军先将二人带往蒙古收容，后将他们与溥仪等伪满重要官员押往苏联监禁。1950 年 7 月，郭文林、正珠尔扎布等人从苏联引渡回中国，以战犯身份在抚顺战犯管理所改造。

1959 年 12 月 4 日，中华人民共和国最高人民法院院根据主席特赦令，将郭文林与溥仪等人首批特赦。当时的《呼伦贝尔日报》曾刊登"特赦战犯郭文林"一文。此后，他先在呼和浩特长子家中居住，后被安排在玉泉区废品收购站、木器厂工作。1969 年 9 月 5 日，郭文林因脑溢血，在呼和浩特医院去世，终年 63 岁。

1960 年 11 月 28 日，中央人民政府特赦释放了第二批改恶从善的 50 名战争罪犯，包括属于国民党集团的战争罪犯 45 名、伪满洲国战争罪犯 4 名、伪蒙疆自治政府的战争罪犯 1 名。4 名伪满洲国的战争罪犯是：民生部大臣金名世、滨江省省长王子衡、宫内府侍从武官爱新觉罗·溥杰、第十军管区少将参谋长正珠尔扎布。正珠尔扎布被特赦后，安排在海拉尔国营林场工作。此时，正珠尔扎布已孑然一身，既无妻室（其妻在苏军飞机轰炸中死去），又无子女，住林场宿舍。他积极响应周恩来总理的号召，在短短的几年中，以惊人的记忆、广博的知识和笔耕不辍的努力，将个人亲历、亲见、亲闻的有关史实写了下来，达 10 余万字。其中有：《我的半生回忆》（原题为《日本帝国主义豢养下的正珠尔扎布》）、《满洲里会议》《所谓"凌升通苏"事件的真相》《诺门罕事件回忆片断》《伪第十军管区投降苏军情况》《巴布扎布事略》《伪蒙自治军始末》《肃亲王一家》《日本帝国主义在我国东北和内蒙古地区的特务间谍活动》等。这些资料无论是了解正珠尔扎布的一生，还是认识和理解呼伦贝尔现代史的若干重大问题，都有着不可低估的作用，极为珍贵。"文化大革命"开始后，正珠尔扎布和林场的几名"牛鬼蛇神""走资本主义道路的当权派"一同被隔离反省。1967 年 11 月中旬，在红卫兵让他写有关材料之后，在林场附近自缢身亡。

1933 年 11 月 18 日，正珠尔扎布与米山莲江婚礼（左为媒人川岛芳子）

伪满东安省对面是关东军准备进攻的苏联重要地区，为增强这一地区伪军的力量，在对苏战争中配合关东军行动，专门将东安省划出，增设第十一军管区

1940 年 4 月 11 日，伪满"国兵法"颁布，4 月 15 日开始实施。1941 年 7 月，第一批新兵入伍，开始在各军管区内集中训练，日本帝国主义期待的殖民地新兵正式进入伪满军中。10 月，伪满治安部在东部中苏边境增设第十一军管区，司令部设在密山，司令官于治功。辖区为由第六军管区划出的东安省。所辖部队为第七军管区划出的张魁英旅。

设立第十一军管区，是与关东军的整个战略相适应的。伪满东安省对面是关东军准备进攻的苏联重要地区，关东军逐渐增加边境地区伪军的力量，目的是让其在对苏战争中配合关东军的军事行动，并对这一地区进行警备和维持治安。

1944 年冬，部队改编为步第十一旅。1945 年初，伪第一师由锦州移驻勃利，归第十一军管区指挥。到 1945 年 8 月日本投降前，伪军的编制配置情况是：

司令官郭若霖中将，司令部驻密山，管区东安省。辖步兵十一旅，配属第一师，总兵力 7500 人。

苏联红军出兵东北后，第十一军管区的伪军大部反正或逃散。第一师驻勃利的骑兵团（团长靖兰坡）和炮兵团一部反正，俘虏师长秋山秀，杀死日军军官数人，向苏联红军投诚。驻宝清的步兵第十一旅第二十八团于 8 月 13 日反正，袭击了日本开拓团；驻镜泊湖畔的第三十团于 8 月 16 日杀死日本军官 4 人后逃散，其余小部分被缴械。

第十一军管区历任司令官及其任职时间为：于治功（1941 年 10 月—1943 年 9 月）、王济众（1943 年 9 月—1944 年 3 月）、关成山（1944 年 3 月—1944 年 12 月）、郭若霖（1944 年 12 月—1945 年 8 月）。

日本投降后，郭若霖被苏军逮捕并被押往苏联。1950 年被引渡回国后，关押在抚顺战犯管理所接受改造，1975 年 3 月 19 日被中央人民政府第七批特赦。

根据日本关东军与华北方面军协定，伪满军派出 1.6 万人组成华北临时派遣队进入冀东，归华北特别警备军指挥。按伪满"军训"中的铁石纪律和铁石训练而取名"铁石部队"

1944 年 12 月，为补充侵略华北日军兵力的不足，加强对冀热地区八路军的围剿，关东军与华北方面军签署了《关于满华国境地带治安肃正协定》，商定由伪满军派一部分兵力进入冀东，归华北特别警备军指挥。据此，关东军命伪军事部拼凑了 1 个步兵旅、1 个骑兵旅和其他伪军约 1 个师的兵力，组成华北临时派遣队，按伪满"军训"中的铁石纪律和铁石训练而取名为"铁石部队"。

这支部队主要以日本人为部队长，在日本部队长控制下进行作战。1945 年 1 月"铁石部队"进驻冀东，归华北特别警备军司令官加藤泊次郎中将指挥，在河北省北部配合日军行动，驻地不定。伪铁石部队的指挥机关——联络部，设在唐山华北特别警备军司令部内。由日本人南博彦上校任部长，下设参谋处、副官处、军械处、军医处、军法处、军需处、情报处等机构，并在唐山、古冶、滦县设 3 个兵站仓库。这支部队包括步兵、骑兵、铁路警察、宪兵、通信兵等多个兵种，总兵力约 1.6 万，主要由以下几个部分组成：

铁心部队。步兵 1 个旅，旅长为日本人粟野义雄少将，辖步兵第二十六团（代号刘德部队，原属伪满第七军管区，团长刘德溥上校），步兵第三十七团（代号南清部队，原属伪满第一师，团长是日本人南清一上校），及 1 个骑兵队（辖 2 个骑兵连，抽调伪骑兵第十团、第二十八团部队编成），共 8500 余人。

铁血部队。骑兵 1 个旅，旅长为日本人岩田熏少将，辖骑兵第四十七团（原属伪满第二师，团长是蒙古族人呼克巴图尔上校），骑兵第四十九团（原兴安军官学校教导骑兵团，团长是蒙古族人郭文通上校），以上骑兵均为蒙古族，及通讯队、自动车队等，约 3000 人。

铁华部队。伪满铁路警察部队，队部驻唐山，部队长为齐齐哈尔铁路警护旅旅长富永清一少将，下辖 3 个团，约 1600 人，担任京奉线唐山至山海关段铁路的警戒。

铁虎部队。战车部队，队长梁濑上校，下辖战车队、装甲车队、汽车队各 1 个（独立自动车队的装甲自动车 10 台、载重自动车 60 台）。

铁波部队。通信队，队长岛田少校，下辖有线通信 1 个排（电话机 6 架），无线通信 1 个连（无线电台 2 部）。

铁轮部队。辎重营。

铁人部队。独立步兵营。

铁石部队编制完整，装备的武器也比较精良。

步兵团都是甲种建制，每团 3 个步兵营，每营 3 个步兵连、1 个重机枪连（8 挺重机枪）。步兵连每连 3 排，每排 4 班，每班机枪、掷弹筒、步枪各 1 组，全连 188 人（不含伙夫、马夫），装备 12 挺九六式轻机枪、12 具八九式重掷弹筒。步兵团直属队还有战防炮连（四一式平射炮 8 门）、迫击炮连（八二迫击炮 8 门）、工兵连、辎重连和指挥排、通讯排、卫生队等。

骑兵团每团 4 个加强连，另外还有一个骑炮连或重机枪连，1 个辎重连，1 个指挥排，1 个通讯排。骑兵连每连 258 人（不含伙、马夫），士兵一马一枪一刀，每连装备 12 挺九六式轻机枪、12 具八九式掷弹筒。骑炮连有一四式骑炮 4 门，重机枪连有一三式重机枪 6 挺。

铁华部队情况比较特殊，其既有军队性质又有特务警察性质，其旅下设团，团下设连，连下设排，全旅配备重机枪 20 挺，轻机枪 60 挺，还有迫击炮、掷弹筒等重武器。

伪满军事部对铁石部队异常重视，为加强对其监视和保密工作还特地派了一支 40 多人的宪兵队，并为之专门征召了"慰安妇"作为随军军妓。

1945 年 1 月，铁石部队侵入冀东。铁血部队负责警备唐山至滦县铁路及对铁路以北山岳地带的"治安肃正"，铁心部队负责铁路以南平原地区的"治安肃正"。由于该部队的主要任务是防守铁路，因此大规模军事行动并不太多，与八路军之间进行的大多是遭遇战、伏击战或袭扰战。

8 月 15 日，日本宣布投降，铁石部队各部先后发生兵变，部队开始溃散。各方势力借机纷纷插手该部队，都试图收编这支力量，以蒙古族士兵为主的铁血部队，在团长郭文通的带领下，解除了日本军官的武装，全体撤回东北，声称准备搞蒙古自治，最后全体溃散。铁人部队因为都是朝鲜族，撤回东北后大多数返回南朝鲜（今韩国）。其余的各小部队大多自行解散或投靠铁心部队。

铁心部队在刘德溥团长的带领下解除了日本人的武装，控制了队伍后，为不以汉奸面目回到东北，将该部及收容的其他部队溃散官兵整编为"榆关先遣混成第一旅"，自任旅长，等待国军接收。不久，刘德溥与国军第九路军（华北伪军改编）门致中接上关系，门将其改编为新编第六师，任命刘德溥为少将师长，但刘德溥认为其不是正统的国民党，就一边与其勾搭，一边另找门路，后来终于与国民党东北行营搭上关系。1945 年 11 月，由东北行营主任熊式辉批准，这支伪军又被整编为"东北保安总队第二总队"，刘德溥任少将总队长，终于以国军的面目成为第一支踏进伪满首都"新京"的国军部队。

在伪满军中，有三支特殊部队：朝鲜族、白俄、蒙古族特殊部队。他们名义上属伪满军序列，但实际受日本关东军直接指挥，执行特殊任务

1945 年 8 月日本投降前，伪军还有 3 支特殊部队。他们名义上归伪满军序列，但实际受日本关东军直接指挥，执行特殊任务。

朝鲜族特殊部队——间岛特设队

1938 年 9 月成立，由 3 个连组成，300 人左右。首任队长为日本人染川一男，军官为日本人和朝鲜族人，士兵全部是朝鲜族人，队部设于伪间岛省明月沟（现属安图县），专门用来对付抗日武装和镇压朝鲜族反满抗日运动。苏联红军攻入东北后溃散。

白俄特殊部队——浅野部队

1936 年 1 月，关东军征召在满洲俄侨成立。队部设在哈尔滨市南岗区邮政街，部队长为日本人浅野节上校，所以这支部队又被称作浅野部队，后来移到吉林德惠第二松花江，故而又称作第二松花江部队，包括松花江部队、横道河子部队和海拉尔部队。名义上属伪军编制，实际上归关东军哈尔滨特务机关第三班兵事室指挥。这是一支秘密谋略部队，其任务是协助关东军对苏联进行谋略。1941 年参加了"关特演"，准备一旦日苏战争爆发，破坏苏联的西伯利亚铁路。1945 年 8 月，浅野部队人员约 450 人，苏联红军攻入东北后被解散。

浅野部队成员（1938 年）

蒙古族特殊部队——矶野部队

1941 年 9 月于昌图成立，称为第 868 部队，约 700 余人，全部为骑兵。队长矶野实一少佐，军官有日本人和蒙古族人，士兵都是蒙古族人。原准备一旦日苏战争爆发，作为别动队对外蒙进行谋略。1943 年 3 月移驻兴安（今乌兰浩特），改称第 53 部队，队长改由松浦友好继任。1944 年 7 月，改编为关东军第二游击队，成为日本的正规军。

1945 年 8 月，苏联红军出兵东北后，伪满军中的爱国官兵纷纷反正。除有 1 师在河北省及一部分铁路警护军尚保存外，均被苏联红军缴械或逃散，伪满军顷刻瓦解。特别是八路军自 1945 年 8 月中旬挺进东北以后，很快收复辽宁省的 36 个市、县，向吉、黑两省派出部队和干部，控制了吉林东部 8 个市、县和黑龙江的 2 个市，共解除伪满军约 4 万人的武装，歼灭、收降日军残余 5000 余人，还从敌伪手中缴获了大量武器装备和军用物资，以勇猛的进攻和辉煌的战绩配合了苏军作战，为解放东北作出了重大贡献。

8 月 15 日中午 12 时整，日本天皇裕仁在广播中宣读了《停战诏书》，日本帝国主义正式宣布无条件投降。16 日下午，关东军司令部收到了日军大本营陆军部发来关于立即停止对苏作战行动的"大陆命第 1382 号"和就地进行停战交涉并交出武器的"大陆指第 2544 号"命令。据此，关东军司令官山田乙三于当天通过长春的广播电台，向远东苏军总司令华西列夫斯基元帅提出了停止军事行动的建议，并于 17 日晨向各部队下达了停止战斗、交出武器的命令。从此，作为中华民族耻辱的伪满洲（帝）国军队不复存在。

伪"冀东防共自治政府"军队

早在春秋战国时期，冀东地区就已经同内地有了密切联系。秦代在这里设立了辽西和古北平两郡。隋唐时期的北平郡，宋代的平州，明、清两代的永平府和遵化府，都设在这里。20 世纪 30 年代的冀东地区，包括通县（今通州区）、怀柔、顺义、昌平、平谷、三河、香河、宝坻、宁河、蓟县（今蓟州区）、玉田、丰润、滦县、遵化、迁安、卢龙、昌黎、乐亭、抚宁、临榆、兴隆、密云等 22 县；面积 16 万平方公里，占河北省总面积的 28%；人口 650 万，占河北省总人口的 20%。

冀东东临渤海湾，拥有塘沽、秦皇岛两大港口；南扼天津，北宁铁路（即京奉铁路，今京沈线）贯穿其中；西通北平，被平绥铁路（今京包线）所环绕；北靠燕山和长城，与热河（今河北承德地区）、辽宁省相连，为东北进入华北的必经之地。冀东不仅战略位置十分重要，为古今兵家必争之地，而且交通便利，工农业比较发达，物产种类多，粮食产量高，尤其棉花品质极佳，俗称"东河棉"。地下矿藏丰富，有当时全国第二大煤田开滦煤矿，全国第二大产盐区卢台、汉沽（俗名长卢盐），是华北数省人民食盐的最大来源。

冀东伪政权，是当年日本侵略者在我国关内扶植建立的第一个傀儡政权。冀东伪政权统治长达 10 年之久，共分为两个时期：1935 年 11 月至 1938 年 1 月为冀东防共自治政府时期，伪政府所在地为通州；1938 年 2 月至 1945 年 8 月为冀东道和冀东特别区时期，伪政权所在地为唐山。1938 年 2 月，冀东伪政权同伪华北临时政府合流，"冀东防共自治政府"名称随之取消，原伪政府机构迁往唐山。此时，该地区在行政上已属于伪河北省政府管辖。"冀东防共自治政府"军队指在第一个时期内日军扶持伪政权建立的军队。

伪"冀东防共自治政府"保安队在共产党的影响下，经常爆发起义，频频袭击日军。最终，汉奸殷汝耕被迫辞职，剩余伪军被改编为"华北警备队"，归属新主子后，又缩编为一个集团

　　冀东保安队是"冀东防共自治政府"的武装力量，是日本侵略军的一支别动队，也是冀东伪政权赖以生存、维持其反动统治的主要工具。日本侵略者为了严密控制冀东地区，除在各城镇部署日本守备队、宪兵队外，还利用伪政权组织了万余人的5支保安队，残酷镇压冀东人民群众的抗日斗争，肆意搜捕、监禁和屠杀我爱国同胞。保安队随同日本侵略军在冀东地区制造了"潘家峪惨案""潘家代庄惨案"等一系列事件，沿长城一线制造"千里无人区"。实施"集家并村"政策，把所有村民赶到由日伪军控制的"人圈"，对广大冀东人民实行残酷的法西斯统治，使整个冀东成为一座人间地狱。

　　"九·一八"事变之后，日本侵略军占领我国东北地区，军部曾咨询关东军：为对抗世界列强的经济封锁，实现国防资源的"自给自足"，只靠"满洲"究竟够不够？关东军根据满铁调查部的意见回答：只靠"满洲"的资源无论如何是不够的，绝对需要开发华北资源。日本军部和政府立即采纳了这个意见，把侵略的矛头指向了华北。关东军与天津的中国驻屯军联手，西出察绥、南下河北，进行蚕食和渗透活动。

　　1933年初，日本关东军以4个师团及部分伪满军共10万余人，发动了对华北的侵略战争。1月3日攻占山海关，3月初又武装占领热河省。接着，日军越过长城，侵入河北省冀东地区。

　　在民族危亡关头，国民党政府实行"攘外必先安内"政策，在战场上节节溃退。1933年5月，日军先后占领了密云、通县、唐山、宁河等地，严重威胁到平津。31日，在日军大兵压境之下，国民党政府与日军签订了屈辱的《塘沽协定》。当日，河北省政府西迁保定。

　　根据《塘沽协定》条约，国民党政府在华北设置华北政务委员会，派黄郛①任委员长。不仅默认了日本侵占东北、热河的合法化，而且使日本获得了长城以南沿线地区的支配地位，长城各口脱离了中国的管辖。平津以东的冀东地区成为"非武装区"，中国军队不得在此驻扎。同时，在冀东成立"蓟密区"和"滦榆区"两个行政督察专员公署。蓟密区公署设在通县（孔庙），殷汝耕

---

　　① 黄郛（1880—1936）：字膺白，号昭甫，浙江省绍兴府上虞县（今上虞市）百官镇（今绍兴市上虞区百官街道）人。同盟会会员，蒋介石盟兄弟，日本东京振武学校毕业。曾任北伐军兵站总监、上海特别市首任市长、国民政府外交总长、教育总长、新中国建设学会理事长、行政院驻北平政务整理委员会委员长、代理国务总理摄行大总统职。参与过上海光复、"二次革命"和护国之役、北伐战争等。1928年5月，日军炮轰济南，制造"五·卅"惨案，时任外长的黄郛被蒋介石免职。1933年秉承汪精卫授意，在华北推行对日本妥协的外交方针，遭到全国民意所指而被迫辞职。1935年托病避入莫干山过所谓"读书学佛"的"隐居"生活。1936年9月，复任国民政府委员，同年12月6日病逝于上海。

任蓟密区专员。滦榆区公署设在唐山，陶尚铭任滦榆区专员。

陶尚铭 1889 年 8 月 10 日生于日本东京，1910 年在日本早稻田大学毕业后回国，在江西任按察使的父亲处谋职。不久其父在南昌去世，陶尚铭只好投奔父亲的生前好友，时任奉天（沈阳）度支使（省财政厅长）的张锡銮，张锡銮把他安排在南满铁路局任职。1912 年，张锡銮出任奉天省督军，聘陶尚铭入幕府。1917 年，张作霖就任奉天省督军，聘陶尚铭任秘书和日文翻译 12 年。1928 年张作霖被日本人炸死后，他又给张学良当了 3 年多的高级幕僚。"九·一八"事变之后，张学良丢了东北三省，在全国人民的谴责声中，被迫引咎辞职。1932 年，张学良在蒋介石批准其出国考察之前，作了一系列的人事安排，其中任命陶尚铭为河北滦榆地区专员。

蓟密区公署虽然设在通县，但殷汝耕却经常在北平办公，他将北平东城大阮府胡同严复"严几道"的旧宅，作为自己的公馆。不久，经老上司黄郛推荐，殷汝耕兼任了滦榆、蓟密两行政区督察专员。至此，整个"非武装区"的大权都掌握在殷汝耕一人手中。

《塘沽协定》条约同时要求在冀东两个区组织所谓"战区"保安队。蓟密区保安总队长由原张学良东北军军官魏永和担任，徐士英任大队长，驻密云、怀柔等县。后来魏永和因病去世，由张庆余①继任，徐士英也因事调离。滦榆区由原东北军军官张砚田②任保安总队长。

殷汝耕

1933 年 6 月 13 日，在日军的威逼之下，河北省主席、第五十一军军长于

---

① 张庆余：1895 年生，字贺轩，河北沧县人。早年在天津学商，不久弃商从戎。北京模范团步兵科毕业，历任直隶军排长、连长、营长、团长、旅长等职。1933 年《塘沽协定》签订后，冀东划为非驻军区，河北省组建特种警察队，他任第一总队队长。

② 张砚田：1895 年生，冀东遵化人。保定陆军讲武堂步兵科毕业，历任东北军炮兵团长、步兵团长。1933 年《塘沽协定》签订后，冀东划为非驻军区，河北省组建特种警察队，他任第二总队队长。

学忠被任命为川陕甘边"剿共"司令，率部入陕，河北省主席由商震①继任。至此，国民政府的势力在冀东彻底不复存在。

此时，日本已宣布退出国联，同英国、美国、苏联之间的矛盾加剧，随着美、英等国对其出口大幅削减，日本的战争物资出现明显不足。同时，日本在东北建立伪满洲国后，中国共产党领导东北人民掀起了广泛的抗日游击战争，使日伪的统治很不稳固。在这种情况下，日本帝国主义的侵华政策发生了明显的变化，由此前的军事占领为主转变为以"政治谋略"为主。在华北，企图策动四省三市"自治"，再建一个以黄河为界的"华北国"。四省就是河北、河南、山东、山西省，三市为北平、天津和青岛市。进而达到分裂中国、侵吞华北的目的。

1935年4月，日本华北驻屯军和关东军奉天特务机关开始策动"华北自治"活动。6月，日军策动北洋政府时期吴佩孚的秘书长白坚武等人组织"华北正义自治军"在北平丰台起事，阴谋一举攻下平津二城，然后抬出吴佩孚成立"华北国"，结果"华北正义自治军"被国民党北平军分会指挥第五十三军击溃，这一计划流产。8月，多田骏继梅津美治郎后出任华北驻屯军司令官，开始与华北各军政首脑频繁接触，加快"华北自治"的步伐。10月20日，日军又策动香河县乡坤武宜亭纠集土匪、汉奸攻入香河县，组织自治政府。后通过商震的极力协调，日本人同意和平解决香河事件，并于11月中旬交出政权。

受丰台、香河事件的刺激，在河北省永清、宝坻等许多县均发生日本人参与的"自治"暴乱事件。虽然这些暴乱很快被平息，但对本来已经混乱的华北政局造成舆论上的巨大压力与影响，引起了冀东态势的急剧变化，成为日军策划更大规模事件的前奏。

对于由谁来担任未来新傀儡政权的首脑，多田骏等人煞费苦心，最初的人

① 商震（1888-1978）：字启予，祖籍浙江绍兴，出生于河北保定，保定陆军速成学堂、东北讲武堂、天津讲武堂毕业。早年加入同盟会，民国成立后，任山东第二混成旅旅长，陆军部高等顾问。1914年在陕西陆建章部下任团长，同年投阎锡山。历任团长、旅长、师长、军长、晋军前敌总指挥、山西省政府主席等职。1927年加入国民革命军，任第三集团军右路总指挥、第三十二军军长、第二军团司令。1935年任河北省政府主席兼天津市警备司令、北平政治分会委员、国民党中央监察委员。日本人多次拉拢其合作，实行华北五省自治，均拒绝。1936年任河南省政府主席。抗日战争全面爆发后，任第十二集团军总司令兼三十二军军长。1938年入江西，任第九战区副司令长官、第六战区司令长官。此后，任军委办公厅主任、外事局局长等职。抗战胜利后，任联合国军事参谋处中国首席代表、蒋介石总统府参军长、盟国管制委员会中国代表兼驻日本军事代表团团长等职。后辞职留居日本。新中国成立后，两次回国参观访问。受到朱德、叶剑英的接见和宴请。1978年5月15日，商震病逝于东京，享年90岁，之后骨灰被安葬在八宝山革命公墓。

选为吴佩孚和孙传芳，之后又转向了华北国民党实力派人物，即第二十九军军长兼平津卫戍司令宋哲元、河北省主席商震、山东省主席韩复榘和山西绥远绥靖主任阎锡山等。但是，这4人对日本人都采取冷淡、敷衍的态度。因此，多田骏的策动工作迟迟没有进展。

为了加快"华北自治"活动的进行，关东军司令官南次郎将奉天特务机关长土肥原派往华北，专门从事此项工作。土肥原号称"中国通"，1891年生于日本冈山武士之家，自幼学习军事，自1907年12月派往中国张家口从事谍报工作开始，先后10余次到中国，从事特务活动达20余年。土肥原在策动宋哲元等人实现"华北自治"的阴谋破产后，不得已决定首先在冀东22县拉起"自治"的旗帜，再进一步向整个华北发展。最后，几经筛选，土肥原相中了国民党蓟（县）密（云）区专员殷汝耕。

殷汝耕，生于清光绪十五年（1888），浙江平阳县人，早年留学日本，毕业于东京早稻田大学经济系，并娶了日本女子井上慧民为妻。在日本期间，他加入了同盟会，武昌起义时曾随黄兴守汉阳。1916年回国后，先在北洋政府国会中担任秘书，后转南方军政府任驻日特派员。1925年，他参加了郭松龄反奉事件，任反奉军外交处长，负责对日交涉。同年12月，巨流河一战，反奉军失败，郭松龄夫妇遇难，殷汝耕只身逃入日本驻新民县领事馆达数月之久。后来，在日本奉天总领事吉田安排下，逃出东北军的重围。从此，殷汝耕对日本人感恩戴德。"四·一二"反革命政变后，殷汝耕投靠了国民党，在亲日派黄郛手下当秘书，成为日本帝国主义安插在中国政府内部的暗探。1928年5月30日，日本帝国主义在济南制造了"五·卅"惨案，杀害中国军民6100多人，伤1700余人，市民财产损失达2900多万元。当时，殷汝耕负责对日交涉，采取了妥协退让政策，遭到全国人民的唾骂。1932年"一·二八"事变时，殷汝耕任上海市政府参事，曾代表市长吴铁城与日方谈判签订《淞沪协定》。1933年，黄郛出任华北政委会委员长，殷汝耕随同北上，参加了卖国条约《塘沽协定》的签订，后出任蓟密区督察专员。土肥原贤二在回忆录中曾写道：殷汝耕在任期间，"他早就接受了关东军的领导和各种援助"。关于1935年土肥原同殷汝耕密商组织冀东伪政权的情况，土肥原的助手专田盛寺在战后接受审判的证词中也写道："殷汝耕不仅同意，而且表现出出乎意料的决心……他揭起反蒋叛旗本有可能，但是他那彻底的反蒋态度，却大大出乎我们的意料。"

殷汝耕（右）在伪冀东自治政府成立大会上

1935年11月24日，在土肥原贤二直接策动下，殷汝耕在通县通电全国，发布冀东22县《自治宣言》，并列举了国民党、共产党六大"罪状"，诬蔑孙中山三民主义和中国共产党民族民主革命主张，声称"……自本日起，脱离中央，宣布自治，举联省之先声，以谋东亚之和平。"25日上午，在日军的武装保护下，殷汝耕于通县孔庙召开"冀东防共自治委员会"成立大会，会议一开始，殷汝耕便讲了一大套汉奸理论：中国自古以来，几度亡于外族，亡国时间最长的从没有超过二三百年，例如元朝、清明。但今天科学发达，武器变了，一发炮弹就能杀伤几百人，一旦亡国，将永世不能翻身。而且依靠外力以夺取政权的也有先例，鉴于形势的发展，我们把蓟密、滦榆两区合并，共22县，即日起成立冀东防共自治委员会。宣布脱离中央。宋哲元、韩复榘也于不日相继脱离中央，我们共同成立一个华北政权。我冀东只是先走一步罢了。

接着，宣布"冀东防共自治委员会"由殷汝耕、池宗墨、王厦材、殷体新、张庆余、张砚田、赵雷、李海天（后任冀东防共自治政府警察学校校长）、李允声①9人组成，殷汝耕为"委员长"。委员中前4人，是原蓟密区专员公署官员，后5人是冀东伪军——5个保安队的队长。会上，还宣布了伪政权的组织机构。下设秘书、保安、外务3处和民政、财政、建设、教育4厅。不久后又增设长官办公厅和实业厅，其中长官办公厅直辖警卫大队、北平办事处和天津办事处。保安处下辖各地的军装库、军械库和修械所。保安处长开始由董凤

---

① 李允声：1893年生，山东人。石友三旧部，东北陆军讲武堂步兵科毕业，历任营长、团长、旅长、上校科长、河北补充队队长等职。曾经参加过东北义勇军，是朴炳珊的部下，朴炳珊离队入关后，部队由他指挥，后来投降日军。1938年8月，李允声在保定起义，成为聂荣臻手下的游击军司令，不久离任。

祥担任，后改为刘宗纪①。

"冀东防共自治委员会"成立时，没有举行任何仪式，只是由殷汝耕向其部属报告筹备组织成立的经过，宣布该新政权自即日起办公，机关驻地设于通县，辖区为两区原属22县、秦皇岛港口和唐山矿区。第二天，"冀东号"飞机就飞临北平和天津上空，散发"庆祝自治"的传单。

1935年12月25日，殷汝耕在日军支持和纵容下，发表了《冀东防共自治委员会改组冀东防共自治政府宣言》和《冀东防共自治政府组织大纲》，宣布将"冀东防共自治委员会"改称为"冀东防共自治政府"，自称政务长官，使其成为满洲国之后的又一傀偏政权。根据《冀东防共自治政府组织大纲》规定，政府机构仍为三处四厅：秘书处、保安处、外交处和民政厅、财政厅、教育厅、建设厅。并规定"本政府设政务长官一人，总揽本区域内军政一切事宜"。"政务长官统率本区域内各保安总队"。冀东防共自治政府管辖区域除冀东22县外，还有察哈尔的延庆、龙门、赤城3县，以及唐山市、塘沽、大沽、秦皇岛港等地。

伪"冀东防共自治政府"大门

在伪冀东防共自治政府的17名主要官员中，有日本留学经历者就有11人。除殷汝耕毕业于日本早稻田大学外，秘书长池宗墨毕业于东京高等师范学校，财政厅长赵从懿留学日本法律科毕业，建设厅长刘云笙日本弘文学院毕业，实业厅长殷体新日本庆应大学毕业，秘书处长陈曾式日本明治大学毕业，保安处长刘宗纪日本士官学校毕业……从此，冀东22县富庶地区沦为日本的殖民地。

---

① 刘宗纪：1885年生，河北河间人，日本士官学校毕业，历任课员、兵学教官、参谋、参谋长、参军侍从、武官等职。

冀东防共自治政府"国旗"

冀东宣布自治后，蒋介石立即下达了逮捕殷汝耕的命令，但是，日军的这道墙太高，国民政府的命令只能成为一纸空文。

《冀东防共自治政府组织大纲》规定："……外交、军事由委员长掌握……一切行政虽服从中国现行法令，如必要则发布单独法令。"表面上看，殷汝耕是自治政府军事力量的最高指挥者，但实际上一切都要看日本人的眼色行事。

"冀东防共自治政府"成立后，将各地的保安队统一整编为5个总队。即：

保安第一总队：总队长张庆余

保安第二总队：总队长张砚田

保安第三总队：总队长李海天

保安第四总队：总队长赵雷

保安第五总队：总队长李允声

当初签订《塘沽协定》时，保安队的限额为1.5万人，但实际人数远远超出了这个数字。第一、第二总队最初由东北军第五十一军第十四、第十八旅抽调人员组成，实力最强、武器最好，同时反抗情绪也最高，在遵化驻防时早操训练经常喊誓死救国等口号。第三、第四总队由原东北"抗日救国军"李际春和石友三两部改编而成，第五总队由收编的冀东土匪组成。第三、第四总队是团级规模，第五总队的兵力更小，组成时不到一千人。3个总队加起来总共只有8个大队。与第一总队和第二总队相比，后三个总队成分混杂，军纪很差。赵雷、李海天、李允声3人都是李际春、石友三的部属，1933年随日本关东军进入冀东，后驻扎在唐山、滦榆等地。他们勾结土匪、鱼肉民众，成为当地一大祸害。1934年被河北省政府收编，改为"冀东保安队"。事实上，他们早已被日军收买。殷汝耕一宣布冀东"自治"，首先得到了他们的支持和响应。

1936年9月至12月，"冀东防共自治政府"对保安队进行了整编。以原有5个总队改编为4个总队，另编一教导总队，附设干部训练所。各总队编制人数为 3500 人，每个总队下设 2 个区队，每个区队设 3 个大队（每个大队官兵 480 人），每个大队又设 3 个中队。保安队总兵力近 2 万人，配备有机枪、山炮、野炮等武器及骑警、通信等特种兵，其职责是负责"保境"并维持治安。

保安第一总队。队部驻通州，总队长张庆余。部队分驻宝坻、香河、通县附近及昌平、怀柔、顺义一带。以原有人员编足 2500 名，其余人员编于教导总队内。第一总队武器装备较好，比较统一。

保安第二总队。队部驻蓟县，总队长张砚田，分驻三河、玉田、蓟县、遵化一带。以原有人员编足 2500 名，其余人员编于教导总队内。第二总队武器装备较好，比较统一。

保安第三总队。队部驻滦县，总队长李允声。部队分驻昌黎、滦县、临榆、抚宁、卢龙、迁安、乐亭一带，由原第三、四、五总队挑选 2500 人编成。第三总队武器装备较差，不统一，被服装具也不全。部队整编时，殷汝耕认为李海天是东北人，不可靠，撤销其职务，总队长一职由山东人李允声接任。1938 年 8 月，李允声在保定起义，成为聂荣臻手下的游击军司令，不久却又离任。虽然总队长换了人，但日军还是不放心，害怕滦县保安队哗变，于是干脆不发枪，保安队士兵平常都是徒手。

保安第四总队。队部驻唐山，总队长韩则信①。分驻塘沽、北塘、宁河、开平、唐山、古冶一带。由原第三、四、五总队人数编足 2500 人。第四总队武器装备较差，不统一，被服装具也不全。该部多系东北人。整编时，总队长由赵雷换为韩则信。

教导总队。总队长由殷汝耕兼任，张庆余兼任副总队长（二人均于 1936 年 9 月 23 日任职）。下设两个区队。与其他总队不同的是教导总队不设特种兵，并且第二区队以重机关枪及野山炮大队编成，区队长沈维干原是张庆余部下的上校督察长，后来成了教导总队的负责人。教导队的学员全部从保安队中选拔，毕业后任排长。

干部训练所。用于培训各总队军官。这些军官有的从保定军官学校毕业，有的从讲武堂教导队毕业，还有的从士兵直接提升，水平参差不齐。希望经过干部训练所培训，使军官的军事知识和指挥水平能有所提高。训练所也招收一些中学毕业学生，培训后充任伪军中下级军官。

---

① 韩则信：1888 年生，锦州盘山县人。1917 年赴日本留学，1921 年毕业于明治大学政治经济科。回国后，先后考入奉天陆军第一旅军官团、东北陆军讲武堂炮兵科。历任参谋、军需课长、军法官、榆关关税局局长等职。1934 年 3 月任河北省战区保安补充队队长，9 月因病辞职。1935 年 11 月任伪"冀东防共自治政府"临榆县县长，1936 年 10 月任第四总队少将总队长，1937 年 12 月任伪政府参政，1938 年 11 月任冀东道道尹。

部队改编后，日军对保安队仍不太信任，一些部队不发武器，并派日本顾问监视。还用金钱收买军心，除加饷外，还每月每人发毛巾、肥皂等日用品，每人皮衣一件，各种待遇都比从前要好。

"冀东防共自治政府"除正规伪军5个总队外，还有警察、民团等武装11.2万人。警察由原分驻各县的常备保安团改编而成，总人数为1.2万人。民团，又称保卫团或散在团。由各县的乡团、商团和其他武装组建而成，总人数约10万人。各地还从原保安团内部抽调人员组建了禁烟队，人数约1.5万人，都是三五十人的小队，直属各地警务局管理。伪政府统治向城乡各个角落延伸，就是依靠警、团组织，凭借"以警率团，以团辅警"的统治手段来增强其统治。此外，冀东政府在军队内部还设置了一套明确的奖罚和退休机制。1937年2月，伪满洲帝国提供了500万元的经费，帮助殷汝耕提高部队的装备水平。日本也派出大批军事顾问，帮助冀东伪政府训练保安队和改编民团。

伪"冀东防共自治政府"军队

"冀东防共自治政府"成立后，中国共产党曾派黎巨峰、王自悟二人通过各种关系打入到冀东地区的保安队内部，宣传抗日救国方针，晓以团结抗日救国大义。在共产党坚决抗日主张影响和全国人民抗日热潮的激励下，保安队内部的反日情绪日益高涨。1936年冬，昌黎县保安第三总队六区队一大队200多伪军在大队长张国乾率领下爆发起义。他们占领了邮局，控制了电讯，紧闭四门布防。相持3天后，日军派大队长古田来谈判，阴谋把他们骗到唐山缴械。保安第四总队长韩则信由于与张国乾原来同属石友三旧部，也出面调停，欲调张国乾部改属第四总队。张国乾假意答应，乘机挟持古田和韩则信上车，行至唐山东清县火车站时，部队突然下车，裹挟古田向北突围。第二天日军纷纷调集兵力尾追，各地民团亦奉令出动。最后，起义部队一部分在玉田、丰润被缴械，103人被俘，其余逃出重围。突出包围后，起义部队将古田击毙，从此脱离伪军，加入抗日队伍。

1937年夏天，中日双方军队对峙于北平周边一带，形势开始危急。6月上旬，日军守备队汽车在通县驻地门前，轧死第一总队张庆余部的一名巡逻兵，其余士兵盛怒之下将车上司机拖下车殴打。通县日军守备队见状，当即对这支巡逻队缴械并全部带入守备队驻地施以酷刑。张庆余前往守备队要人，守备队虽然释放了巡逻队成员，但拒绝对肇事司机追责。从此，保安队与日军的矛盾开始激化。

7 月 7 日，卢沟桥事变爆发，全国军民投入到伟大的抗日战争。通州新城南门外驻有第二十九军的一个营，多次与日军交战，7 月 27 日凌晨，日军向该营发起猛攻，早有准备的该营官兵杀伤日军约七八十人。之后，顺利地转移到了南苑。而驻扎在通州旧城南门的保安队，没有给日军任何支援，也未对二十九军进行截击，只是对空鸣枪，虚张声势，蒙骗日军。保安队的行为，使日军怀恨在心。于是，在当日 9 时左右，日军派飞机 12 架对通县南城外进行狂轰滥炸。保安队驻地老四营第一总队，虽多次展示"傀儡旗帜"，但也遭到了轰炸，营房被炸毁，还伤亡 10 余人。对于日军的报复，保安队愤愤不平，当天就有300 多人向东开拔，准备到盘山打游击，后被追回。特务机关长细木繁、保安队顾问度边向保安队道歉说："这是误会，应以中日亲善为重。"

日机轰炸张庆余保安队的第二天，张庆余和细木繁又因为前一天保安队没有截击第二十九军发生了激烈的争执。张庆余一气之下回来同张砚田、沈维干商议，决定在当日午夜起义。

张庆余和张砚田，原是东北军于学忠第五十一军第十四旅、第十八旅的两名团长。《塘沽协定》签订后，冀东不许驻军，只准派警察维持治安，所以国民党政府就从于学忠的五十一军这两个团中抽调了千余人，组成了两个警察队，并派团长张庆余、张砚田分别担任第一、第二警察队队长。1935 年"冀东防共自治政府"成立后，警察队扩充改编为保安第一、第二总队，但他二人并不甘心附逆，曾秘密请示河北省省长商震如何行动，商震告诉他们："目前不宜与殷汝耕决裂，可暂时虚与委蛇，余当负责向政府陈明。"[1] 同年，宋哲元出任冀察政务委员会委员长时，张庆余和张砚田又密请曾任国民党第一军骑兵师师长、察哈尔军务帮办的张树声介绍会见宋哲元。宋哲元对他们说："素悉二位热爱祖国，……二位愿合力抗日，本人代表政府表示欢迎。"临别时，宋哲元赠送他们每人一万元。从此，张庆余、张砚田留在伪政权中，等待时机，发动起义。

此时，正值日军在战场上节节胜利之时，根本没有想到保安队敢倒戈，所以非常麻痹，仍然将大部队派往前方，只留二三十人看守油料库和弹药库，西塔胡同的宪兵队和东仓的特务机关，也不过几十人。于是，张庆余在当夜作了起义部署，由第二总队派兵把守城关各路口、邮电局、各机关，沈维干率教导

总队第二区队负责解决车站日本警备班和警戒增援之敌，第一总队兵分三路袭击日军守备队、敌伪机关和日本在通县的侨商。起义的指挥机关设在北关，并规定以进攻日本兵营的枪声为起义信号。

1937年7月29日拂晓，第一总队、第二总队全体及教导总队第二区队官兵，在张庆余、张砚田、沈维干的领导下发动了起义。起义部队兵分三路，目标为西仓日军兵营、城内日特机关、南门外车站日军守备队、城内日韩浪人之一切烟、赌、当场所。

第一总队第一路负责攻打长官公署及敌伪各机关，起义前就将殷汝耕的卫队长骗至总队部，审讯后得知了殷汝耕和其他日伪官员的居住地点及岗哨情况。起义开始后，部队迅速占领了长官公署以及其他重要机关。见到伪官员就拘留起来，见到日本人就杀掉。慌乱之中，殷汝耕藏在放金银器皿的柜顶上。起义部队没有搜到殷汝耕，就威吓他的仆从，仆从吓得连忙指着柜顶说："长官出来吧！"于是，殷汝耕被抓获。之后，将他带到北关的吕祖祠，逼其反正抗日，殷迟疑不决，起义部队就暂时将他监禁在祠内。

第一总队第二路担任主攻，他们组织了200多人的敢死队，拂晓前用大刀解决了日寇的岗哨，摸进了西仓日军守备队兵营。日军的火力很强，而且头天晚上又增加了300余人，由于事发突然，来不及调整战斗部署，起义部队激战3个小时也没有攻下。天亮时，起义部队增加了火力支援，南城墙上的机枪阵地向日军营内猛烈扫射，后来，他们发现了日寇的油库和弹药库，就从通风孔中捅进炸药，油、弹库爆炸，一直延续数小时。很快，大部分日军被消灭。

第一总队第三路根据搜到的日本居住名册，在起义后负责捕杀日本人。后来据日军建立的慰灵塔记载，是役日本军官兵及侨商，被杀者约500人。屠杀冀东人民的刽子手特务机关长细木繁大佐，第一总队顾问度边少佐，教育厅顾问竹腾茂，宪兵队长何田，通县顾问甲斐、甲茂，冀东银行顾问等，都被起义部队击毙。

战斗持续到29日上午10时，起义部队捣毁了"冀东防共自治政府"，消灭了西仓兵营、特务机关、火车站等地的日军。此时，日军不断派出飞机对通县进行狂轰滥炸。起义部队陆续退出北门，急行军至平西。殷汝耕乘敌机轰炸混乱之机，从起义部队手中溜走，逃回北平。

起义部队退至北平东部，被日寇截击，沈维干带部队突围，不幸中弹牺牲。后部队撤至门头沟集结时清点人数，尚有6000余人，伤亡不大。部队发电与南京国民党政府联系，虽复电嘉奖，并给以暂编第一师番号，但接到的命令不是叫他们抗战，而是与宋哲元一起南逃。又发电与冀察政务委员会联系，回电说，宋哲元已于28日撤至保定。当时，整个华北的中央军已溃不成军，驻北平的二十九军已经在30日弃城撤退，北平失陷。起义部队孤立无援，给养、弹药都无法解决。张庆余、张砚田不得不带部队南撤。辗转洛阳到达西安时，所余部队已不满千人。而国民党政府对他们的积极抗战仍给予冷遇。张庆余、张砚田对国民党投降派的消极抗战非常失望，遂于 1938 年春解甲隐居。张庆余留在四川金堂县的什邡镇，张砚田留居汉中东关。①

不久，张庆余被蒋介石召赴南京，委以军政部开封第六补充训练处处长，后任九十一军副军长、国民党军委会参议等职。因不满国民党内部派系倾轧，于 1946 年退役居于天津。1963 年 9 月 18 日病逝，享年 68 岁。张砚田后任第一集团军第一一八师师长、第四十二军副军长。1946 年 7 月 31 日授中将衔，同年退役。

今天，在通州土桥附近，仍立有两块"纪念"这次事件丧命的日本侵略者石碑，分别刻有"通州事件棉花关系殉职者慰灵碑"和"满洲电电社员殉职纪念碑"。多年以来，这两块石碑一直立在京津公路旁边的绿化带里。关于石碑中的"棉花关系"，是指日军侵华后，开始修筑京津公路，由于害怕中国军民在公路两侧进行伏击，日本侵略者强令公路两边只能种植棉花这种矮秆庄稼。日军还强令农民把棉花卖给日军，作为其侵华物资。而石碑中的"满洲电电社员"即为"满洲电信电话可提株式会社"社员。该会社 1933 年在长春成立，控制当时伪满洲国的电信、广播网络。全面抗战爆发初期，"满洲电信电话可提株式会社"成员进入通州开展业务。② 目前，关于这两块石碑是拆是留的争论仍在继续。

同一天，驻顺义的保安队也悄悄包围了日军防地，猛攻其油库、弹药库，霎时火光冲天，爆炸声、喊杀声惊天动地，熊熊烈火把日军油料、弹药、粮食等许多重要军用物资烧为灰烬，并打死日军 20 余人。

继"通州事件"后，天津、大沽、塘沽、军粮城等地的保安队，也经常发生袭击日军的事件。于是，汉奸殷汝耕被迫辞职下野，"冀东防共自治政府"秘书长池宗墨③接任"政务长官"。由于"冀东防共自治政府"难以继续在通州存留，被迫于 8 月由通县迁往唐山，政府驻地设于唐山市区小山南、东新街大顺染厂北邻，后迁入唐山交通大学院内。之后，鉴于唐山在政治、经济上的

---

① 南开大学历史系、唐山市档案馆合编，《冀东日伪政权》，档案出版社，1992 年 5 月。

② 李嘉瑞、陈亚巍，《侵华日军留下"纪念碑"如今静立地铁站旁》，《北京晚报》，2013 年 9 月 26 日。

③ 池宗墨：生于清光绪十七年（1890），浙江平阳人，殷汝耕的同乡。早年留学日本，毕业于东京高等师范学校、东京明治大学。归国后曾任北京师范学校教授、北京中学校校长、厦门师范学校校长等职。不久，转入实业界，曾任中国银行郑家屯分行行长等职。1935 年初，通过殷汝耕介绍，出任蓟密专员公署秘书长。他同土肥原和通州日本特务机关长细木繁来往密切，积极鼓动冀东"自治"，逐渐成为冀东伪政权的第二号人物。

重要地位，于 1938 年 1 月 28 日明令设市，任命屈玉灿为唐山市市长。2 月，唐山市政府改称唐山市公署。

池宗墨

"通州事件"后，剩余的冀东保安队被改编为"华北警备队"，下辖 4 个区队。

总司令：王铁相，副总司令：张继相。司令部驻北平

顾问：上西园

第一区队：区队长张炎，驻保定

第一大队：大队长关广生

第二大队：大队长杨凤山

第二区队：区队长王产东，驻保定、容城

第三区队：区队长董熊飞，驻沧州

第四区队：区队长宋玉珩，驻唐山

王铁相

　　1937 年底，日本侵略军已占领华北的主要城镇和交通要道，并支持汉奸王克敏在北平成立了"中华民国临时政府"（与汪精卫政权"合流"后，改称"华北政务委员会"），其辖区包括河北、山西、山东、河南一部以及平津等地。日本侵略军为树立"临时政府"的"权威"，决定撤销"冀东防共自治政府"，将冀东 22 县并入河北省伪政权。这项工作由华北派遣军特务机关长喜多诚一进行"幕后指导"。

　　1938 年 1 月 30 日，喜多诚一召集王克敏、池宗墨在日本特务机关协商签订了《中华民国临时政府与冀东防共自治政府的协定》，决定两个伪政权于 1938 年 2 月 1 日正式合并，"冀东防共自治政府的一切政权由中华民国临时政府继承"。这样，冀东政府无论其名其实均已不复存在，22 县的县政于 3 月 31 日前由临时政府接收。从 4 月 1 日开始，由临时政府河北省公署接管。冀东地区改为河北省"冀东道"，池宗墨任"临时政府"参议，原冀东伪政府官员，大部分到河北省伪政府中任职。至此，一幕"冀东防共自治政府"的丑剧也随之收场。

　　1941 年 9 月华北临时政府"绥靖军"进行第三次扩军时，又将伪"华北警备队"改编为第一〇一集团。司令王铁相中将（1941 年 9 月 27 日任），集团参谋长李骏若上校（1941 年 10 月 17 日任），司令部驻河北密云。辖一〇一、一〇二、一〇三 3 个团和炮兵队（团级）。之后集团司令依次为田文炳中将（1941 年 10 月 6 日任）、李燮坤少将（1942 年 3 月 20 日任）、杨琦少将（1943 年 5 月任），集团参谋长为杜帆扬中校（1942 年 6 月 20 日任）、南宫辰上校（1942 年 10 月 4 日任）。

　　1942 年 5 月 2 日，伪第一〇一集团在北平武庙举行"授旗式"。1943 年 9 月，第一〇一集团又被改编为第十集团，移防河北玉田，辖第二十八团（原一〇一团）、第二十九团（原一〇二团）、第三十团（原一〇三团）。

　　从 1941 年春到 1942 年冬的两年中，日伪军在华北地区共推行了五次"治安强化运动"。冀东是其实施"治安强化"计划的主要地区。所谓"治安强化"，就是对其占领区推行一种屠杀与奴化、镇压与欺骗的两面政策。对不能长期占领的地区，则以"扫荡"、实行"三光"政策为主。在五次"强化治安运动"中，伪军部队随同日本侵略军在冀东地区频繁地进行户口大清查、大搜捕、强化保甲等活动，制造了无数骇人听闻的惨案。

　　2005 年 7 月下旬，在冀东青龙满族自治县杨佐琪家中，发现了一个日伪军集家并村修建"集团部落"时制作的"集团部落建设纪念瓷瓶"。纪念瓶高 37 厘米，米黄色釉，形状似无耳观音瓶，正面是"万年青"彩色图案，背面写有"集团部落建设纪念，康德十年秋，青龙县公署赠"等字样。"集团部落建设纪念瓷瓶"是 1943 年即康德十年，日本关东军司令部和承德日本宪兵部在长城沿线集家并村修建"集团部落"、制造"无人区"时，奖给那些为日军效劳的汉奸走狗们的。1942年春，日伪军拆掉、烧毁青龙地区80%的村庄，把群众驱赶到仅占20%的公路两旁的平川大村。无家可归的苦难群众白天被迫去修建"集团部落"围墙，夜间则露宿或挤在牲口棚、柴棚里。集团部落的四周垒起一丈三尺高的围墙，四面开了2至4个大门，四角构筑炮楼，日夜由日伪军把守。由于"集团部落"像牲口一样把人圈起来，当地群众称之为"人圈"。在大面积的"无人区"里，一律不准住人、种地、放牧和通行，并划界立标，如有违者或误入者，立即"格杀勿论"。当时青龙是中国共产党在这一带建立抗日根据地最早的地区，也是"凌青缓"联合县委机关所在地。因此，被列为修建"集团部落"重点地区。"集团部落"建在青龙、兴隆等11个县区内，共2500多个，面积达5万多平方公里，被驱赶群众达140多万人，12万群众惨死在苦役中。今天，这个"集团部落建设纪念瓷瓶"成了侵华日军给中国人民造成空前浩劫的罪证。

1944年下半年，日军在亚洲各个战场屡遭失败。为了确保在华北和伪"满洲帝国"的地位，日本进一步加强对冀东地区的军事控制，同年7月间，把"冀东道"改为"冀东特别行政区"。1945年8月，日本无条件投降，冀东伪政权也随之覆灭。

日本投降时，王铁相率部驻守山东平度。他摇身一变成为"国军"，被蒋介石封为绥靖第八集团军"中将"司令，继续与人民为敌。9月10日，八路军胶东军区攻克平度。此役消灭王铁相部700多名、俘虏5000多名，活捉了王铁相。

1945年9月底，戴笠在南京、上海抓捕了两地的大汉奸后，又来到华北。12月5日，池宗墨在北京住宅度过几个月惶惶不可终日的日子后被逮捕归案。12月16日，又分别在北平和天津将殷汝耕以及华北政务委员会委员长王克敏、王揖唐、王荫泰等众汉奸逮捕。

1946年5月，殷汝耕、王揖唐、王荫泰、汤尔和、周作人等14名罪大恶极的大汉奸由北平押解到南京。在审判过程中，殷汝耕在法庭上百般为自己狡辩，但首都高等法院最终在10月31日以"内乱罪"判决：殷汝耕意图破坏国体，窃据国土而首谋暴动，判处无期徒刑，褫夺公权终身；另以汉奸罪判决：殷汝耕共同通谋敌国，图谋反抗本国，处死刑，褫夺公权终身。

殷汝耕不服，申请复审。经高等法院1947年3月10日重新裁决，原判决撤销，重新审理。殷汝耕在绝望之中，又看到了生存的希望，狂喜之余，加紧申诉，搜集对自己有利的证据。但民意不可违，4月13日，《救国日报》发表了社论《殷贼汝耕还不够死刑吗?》。面对人民的强烈呼声，7月31日，首都高等法院再次判处殷汝耕死刑。殷汝耕不服，进行上诉。11月8日，最高法院特种刑事庭判决："原判决核准。"

12月1日，殷汝耕在南京老虎桥监狱被执行死刑前，检察官最后问他："你还有什么话说？"殷汝耕哀求道："请准予给我一个座位，我念几声佛，以后再予执行。"检察官命法警搬来一把椅子，殷汝耕盘膝端坐好，念起往生咒。他害怕死后因罪孽深重，落入地狱，想自己超度自己，希望能进入西方极乐世界。枪响后，殷汝耕一命归西。

殷汝耕被押赴刑场执行枪决

同日，池宗墨也以"通谋敌国，图谋反抗本国"罪，被执行枪决。一手策划冀东事变和筹建冀东防共自治政府的土肥原贤二战后也被设在东京的远东国际军事法庭审理后，作为甲级战犯被判处了死刑。

伪 "蒙疆联合自治政府" 军队

　　伪蒙古政权是抗日战争期间关东军在内蒙古和华北北部地区扶植建立的傀儡政权。该政权 1936 年 2 月至 5 月称为 "蒙古军总司令部"，1936 年 5 月至 1937 年 10 月称为 "蒙古军政府"，1937 年 10 月至 1939 年 9 月称为 "蒙古联盟自治政府"，1939 年 9 月后称为 "蒙疆联合自治政府"。与伪满洲国不同的是，这个傀儡政权三易其主：1936 年 2 月至 1938 年 1 月由关东军操纵；1938 年 1 月至 7 月改事日军蒙疆兵团；1938 年 7 月以后，蒙疆兵团改编为华北方面军之驻蒙军，伪蒙古政权又成为华北方面军的仆从。

　　作为傀儡政权下属的伪 "蒙古军"，根据伪政府组织大纲，由主席统辖并指挥。但实际上伪蒙军的重大事务，不仅总司令李守信①不能插手，就连主席德穆楚克栋鲁普②也要看日本人的眼色行事。伪蒙军的经费开支、师以上人事安排，全由日本主子一手包办。至于军事作战等事宜，亦由各级日本军事顾问说了算，伪军军官只有唯唯诺诺遵旨照办而已。在 "蒙古军司令部" 中，还专门建有一支数十人的宪兵队，该队由日本宪兵班长控制，李守信非但不能指挥，甚至还要受其监视。李守信家中有一短波收音机，可收听到重庆、延安、莫斯科的广播，驻绥特务机关侦悉后，该宪兵班长竟指使宪兵夜闯李守信的居室搜

---

　　① 李守信（1892—1970）：字子忠，祖籍山东长清县（今长清区），内蒙古卓索图盟土默特右旗（今属辽宁朝阳）人。早年为热河北部匪首，后被热河游击马队收编，任骑兵连连长、营长。第二次直奉战争后，游击马队被奉军收编为东北边防军独立骑兵第九旅（东北 "易帜" 后改称骑兵第十七旅），任团长。1933 年初日军占领山海关后，投靠日军，先后被委任为 "热河游击司令" "察东警备军司令"，参与了日军进犯赤峰、多伦、察哈尔等作战。

　　② 德穆楚克栋鲁普（1902—1966）：内蒙古察哈尔部正白旗人。其父那木济勒旺楚克，曾是锡林郭勒盟长兼苏尼特右旗扎萨克（蒙语，旗长）多罗杜郡王，年近 60 岁时才有了独子德穆楚克栋鲁普。1908 年那王去世后，清朝政府按蒙古王公世袭制度，封 6 岁的德穆楚克栋鲁普为苏尼特右旗扎萨克郡王。1912 年，中华民国政府加封他为苏尼特右旗扎萨克和硕特亲王。蒙古族人称他为 "德王爷"，其他民族人士简称他为 "德王"。1924 年升任锡盟（今锡林郭勒）副盟长，1925 年被选为段祺瑞政府临时参议院参政。1928 年国民党政府将热、察、绥改为行省之后，委任德王为察哈尔省政府委员。

查，而他亦只有忍气吞声。

"蒙古军总司令部"成立时，德王得意忘形："你看，日本人都向我们祖先磕头了！"后来的事实让他明白，自己的总司令只是个招牌而已，真正操纵生杀大权的还是日本顾问部的大小顾问们

清朝时，作为外藩的蒙古各旗，管辖地域十分辽阔。在今东北及内蒙古东部地区曾设置哲里木、卓索图和昭乌达3个盟。北洋政府时期，在内蒙古划设热河①、察哈尔②、绥远③3个特别区，1928年改为行省。

日本取得日俄战争胜利后，在1912年7月与俄国第三次签订《日俄密约》。两个帝国主义国家把内蒙古分为东、西两部，俄国承认日本在东北的特殊利益，日本承认俄国在外蒙古和内蒙古西部地区的利益。此后，日本就陆续派遣间谍人员进入内外蒙古进行特务活动。他们利用清室遗老组织的宗社党，暗地勾结蒙古实力派，企图实行满蒙独立。第一次世界大战期间，日本人支持的巴布扎布武装，就活跃在当时热河境内的卓索图盟和昭乌达盟。大巴林旗的王爷将昭乌达盟林西东南的大片荒地私自卖与日本人开设蒙古畜产公司，并容许日本人在林西城内开设医院。这个公司和医院，都是日本间谍活动的据点。阿鲁科尔沁旗爱根庙的活佛萨布楞，早就与日本帝国主义者有勾结，在庙里藏有由日本人偷运入境的大批武器。

1931年"九·一八"事变后，日寇侵占了东北地区，内蒙古东部各盟旗也随之沦陷。这年冬天，日军进占通辽，在这里设立特务机关并组建了"蒙古自治军"。由东科后旗统领包善一（蒙名额尔敦毕力格）任第一军司令，东科中旗的韩色旺任第二军司令，巴布扎布的儿子甘珠尔扎布任第三军司令，热河库

---

① 热河省：简称"热"，中华民国塞北四省之一。1913年6月设置热河特别区，1928年9月改制为省，省会承德市，位于今天河北省、辽宁省和内蒙古自治区交界地带。1955年7月30日撤销该省。

② 察哈尔省：简称"察"，中华民国塞北四省之一。察哈尔清朝时为内蒙的一个察哈尔蒙古族部落，也是一个八旗编制。1914年北洋政府设立了察哈尔特别行政区，1928年改为察哈尔省，省会张家口。中华人民共和国成立后，行政区划重新进行了调整，晋北雁北地区和大同市并入察哈尔省。1952年，察哈尔省废设，大部并入内蒙古自治区、河北省和山西省，延庆县（今延庆区）划给北京市。今天的察哈尔名称则是内蒙古自治区乌兰察布市下辖的三个旗。

③ 绥远省：为中华民国之一级行政区，包括今内蒙古自治区南部地区。在清朝为归绥道，属山西省。1914年袁世凯政府将之分出山西，与兴和道建立绥远特别区，1928年改称绥远省，简称"绥"，省会为归绥（今呼和浩特）。1954年废省，并入内蒙古自治区。

伦旗的鲍殿卿（蒙名那钦双和尔）为联队长。关东军发给"蒙古自治军"步枪3000支，子弹60万发，并派松井清助、盘井文雄、小泽一六八等人为顾问，准备将他们作为进犯热河的先遣部队。

1932年伪满洲国成立之初，日本人企图诱使蒙古各旗王公加入伪满洲国，后来看到各王对蒙古族并入满族不感兴趣，又提出"满蒙联合"的口号，煽动蛊惑盟旗王公"收复故土""恢复成吉思汗的旧业"，企图再建立一个与伪满洲国并列的伪政权。他们除派遣间谍进入各盟旗进行地形测绘、刺探情报等活动外，也加快了对各盟旗王公拉拢的步伐。

一开始，日军重点拉拢的对象是锡盟盟长，人称索王的索诺木拉布坦。关东军多次派人劝他"归向"伪满，还邀请他赴满洲参观，并要求在锡盟设置特务机关，架设电台。但索王对日本人心存戒心，态度一直暧昧，迟迟没有结果。于是，关东军将目光盯上了锡盟副锡长兼苏尼特右旗亲王德穆楚克栋鲁普。

德王早就抱有掌握内蒙封建统治大权的政治野心。他23岁时就提出"改革旗政，出问蒙事"，并加强和扩大蒙旗保安武装，兴办中、小学教育和卫生、工业、建立纺织厂。他以保护张家口至外蒙古境内乌得之间的公路交通为名，向北京政府和各路军阀要钱要枪，挑选本旗精壮子弟组建起一支500多人的乌（得）滂（江）守备队。"九·一八"事变后，他看到国民党政府无力顾及边陲，就联合各盟旗王公，乘机向国民党政府讨价还价，以扩充实力，提高自己的地位。1931年冬，国民党政府为了加强对内蒙的控制，制定了"蒙古各部盟旗组织法"，但立即遭到德王等人的阻挠，适逢盟长索王生病，他便以代盟长的名义致电国民党政府，反对这个组织法。同时，煽动蒙古族北平同乡会致电国民党政府并派人到南京活动，吹捧德王德高望重，拥有五千骑兵，是蒙古具有实力的人物，应出任"蒙旗宣抚使"等。

这两份电报，引起了蒋介石对德王的注意。他觉得德王所在旗是通往蒙古人民共和国的要冲，如果德王在此组织起一支武装，不仅对附近的杂牌军队起到牵制作用，而且还可以"防共"。1932年秋，蒋介石派其亲信、后来成为国民党海军司令的桂永清等人到旗访问。向德王建议当"宣抚使"没有什么意思，不如组织军队，扩充实力，在蒙旗先组织一个骑兵师或旅，由他当师长或旅长。桂永清的话正合德王称雄蒙古草原之意，马上表示同意。

之后，蒋介石又邀请德王前往武汉见面。但德王到达武汉后，蒋介石对组建蒙古骑兵部队的想法又反悔了。蒋介石既想用德王做一个招牌，又不想让他掌握兵权，于是只同意让德王当一个名义上的蒙古保安统监。

军权没有得到，德王又企图取得蒙古的政权。从武汉北返后，他在北平稍做停留，便又同西藏宗教领袖第九世班禅一同返回南京，与蒋介石协商改组蒙藏委员会及蒙古各盟旗联合驻北平办事处，也未得逞。

此次武汉、南京之行，德王虽未获得军、政权力，但也并非一无所获。他从军政部领到几挺机枪、2门迫击炮和几百支步枪。返旗后，他用这些武器组建了一个蒙古干部学生队，委派云继先、于福康二人为教官，为日后扩大武装培养"人才"。同时，德王极力网罗蒙古族青年，策划由锡盟联合乌兰察布（今集宁区）、伊克昭盟（今鄂尔多斯市）二盟实现内蒙"地方自治"运动。他深知，自己副盟长的职位资历还浅，要达到这一目的非常困难。为此，他策划了一条"曲线自治"的道路。他在苏尼特右旗和乌珠穆沁右旗为九世班禅修建了两座喇嘛庙，并于1931年请班禅来这里过冬，从而博得了班禅的好感。后经班禅劝说，德王获得声望高的锡盟盟长索王、原盟长杨桑和伊盟盟长沙格德尔扎布（沙王）①、乌盟盟长云端旺楚克（云王）② 以及"年高望重"之王公的同情和支持。

1933年7月26日，各盟旗王公代表在百灵庙（今包头市达尔罕茂明安联合旗政府所在地）举行了第一次"自治"会议，8月24日发出通电。不久，国民党政府派黄绍闳、赵丕廉来到百灵庙，经过多次协商，最终同意成立"蒙古地方自治政务委员会"。云王为委员长，索王、沙王为副委员长，德王任秘书长，实际上具体事宜都由德王一手操办。1934年3月，南京政府正式批准成立蒙政会，蒙政会委员中包括白云梯、克兴额、吴鹤龄等国民党中央党政官员，也有阿拉坦鄂齐尔、达理扎雅、郭尔卓尔扎布、卓特巴扎普、尼玛鄂特索尔、荣祥等各盟旗执政王公。4月下旬，在百灵庙举行了隆重的蒙政会成立典礼。

---

① 沙格德尔扎布（1873—1945）：汉名魁占，蒙古族，伊克昭盟札萨克旗（亦称鄂尔多斯右翼前末旗，今伊金霍洛旗）人。1897年承袭札萨克职位。1902年被清政府任命为伊克昭盟副盟长，1924年任盟长兼吉农（成吉思汗陵奉祀官）。1934年3月，国民政府成立蒙古地方自治政务委员会，被任命为副委员长。1936年国民政府撤销"蒙政会"，被任命为绥远省境内蒙古各盟旗地方自治政务委员会（简称"绥境蒙政会"）委员长。1937年"七七事变"爆发后，他拒绝日军拉拢，率领绥境蒙政会转移到伊克昭盟札萨克旗。1939年6月，在日军已占领内蒙古西部大部分地区、伊盟形势日趋险恶的情况下，将成吉思汗陵榇从伊盟迁到甘肃省。1943年3月，不堪忍受国民党高压政策的伊盟各旗发动了武装起义（史称"伊盟事变"），沙王为起义领导者，5月到达延安，受到毛泽东等中共领导人接见。1945年5月，沙王当选为国民党第六届中央委员会执行委员，7月因病逝世，终年72岁。

② 云端旺楚克（1870—1938）：蒙古族，出生于内蒙古乌兰察布盟（今乌兰察布市）喀尔喀右翼达尔罕贝勒旗（今达尔罕茂明安联合旗）。1890年承袭喀尔喀右旗札萨克多罗达尔罕贝勒爵位，1896年任乌兰察布盟副盟长。1912年晋升为郡王，1915年加亲王衔。后任乌兰察布盟盟长。1924年创办该旗第一所学校，招收部分牧民子弟，免费就读。1932年10月，任绥远省乌兰察布盟保安长官。1933年9月在百灵庙召开的第二次内蒙古自治会议上，被选为"内蒙古自治政府"委员。1934年4月，在百灵庙成立蒙古地方自治政务委员会，任委员长。1935年2月，任国民政府委员。1936年4月，被选为伪"蒙古军政府"主席。1937年10月，伪"蒙古联盟自治政府"成立，被选为主席。1938年3月23日（农历）病逝，终年68岁。

由于委员长云王、副委员长索王和沙王皆年老多病，德王就以蒙政会秘书长的身份代行委员长职权，把蒙政会的大权抓到手中。这样，他也就成了日寇拉拢的主要对象了。

德穆楚克栋鲁普　　　　　　　　李守信

很快，驻北平的日本特务机关长松室孝良就来函对其发动内蒙 "自治" 表示祝贺，并以所谓大蒙古主义进行煽动，要德王 "收回" 长城以北的蒙古 "故土"，恢复成吉思汗的 "伟业"。此后，松室孝良还送给德王收音机、电台等礼物，并在苏尼特右旗等地设立 "善邻协会"（总部在日本）的分支机构，以办理卫生文化事业作掩护进行特务活动，拉拢各旗王公，并游说关东军在 1934 年夏送给德王一批武器弹药，德王也派遣许多人赴日本留学。

蒙政会成立后，德王在国民政府和日军之间左右摇摆、两面讨好。但他仅从国民政府领到开办费 3 万元，用以维持办公和职员的生活，每人支给 15 元的生活费，只够伙食之用。德王以日军不久即将西进等借口多次向蒋介石索要经费、枪械和电台等物，但都没有什么收获。于是，他对蒋介石的怨恨越来越大。

紧接着发生的韩凤林被杀事件，直接促成了德王脱离国民党政府，彻底投向了日本侵略者的怀抱。

韩凤林，内蒙科左中旗人，日本士官学校毕业，是蒙政会保安队总队长，曾在甘珠尔扎布的 "蒙古独立军" 司令部任副官长。同时，负责德王对外联络事宜并兼日文翻译，是德王的亲信。1934 年夏，蓝衣社（军统）特务李才桂带领一批特工人员，以 "内蒙旅行团" 名义前来百灵庙。韩凤林受德王委托，负责招待。李才桂自认为自己是由政府委派，常以 "钦差大臣" 的派头自居，态度傲慢，目空一切，而韩凤林也不买李才桂的账，于是二人便产生了矛盾。李才桂开始暗中收集韩凤林的罪状，不久，他发现韩凤林经常随德王与日本人暗中联系，便向蒋介石告密，说韩凤林拉拢德王与日本人勾结。于是，就在 8 月韩凤林到北平戒烟瘾时，被宪兵三团将其从家中捕走。

得知韩凤林被抓，德王立即派人赴北平面见何应钦要求释放，但何应钦推说并不知情。见何应钦搪塞，德王便直接给蒋介石发报，说韩凤林被捕是李才桂搞的鬼，韩本无罪，应立即释放。但蒋回电只提李才桂既然有过，那就撤销他"内蒙古旅行团"团长的职务，紧接着李才桂就离开了百灵庙，但对释放韩凤林一事只字不提。

1934 年秋天，蒋介石来绥远视察，德王亲自到归绥（今呼和浩特）车站迎接。在此期间，德王极力讨好，除盛情款待外，还奉献一批军马。在绥远各界首脑集会请蒋介石讲话时，登台致辞把蒋介石大捧了一番，"自清朝以至现在，国家最高元首只有两位到达我们这个边远地方，前次是康熙，这次是蒋委员长，但康熙是为征服我们蒙古而来，蒋委员长是为帮助我们蒙古而来，我们表示竭诚欢迎"。德王乘蒋介石高兴之机，便又提出要求释放韩凤林一事，蒋答应"这事我返京后当详为查问，待到一月后总会水落石出"。

一个月后，德王不仅没有听到好的消息，反而等来"北平民众锄奸团"发来的传单，大意说：韩凤林是勾结日本、背叛党国、出卖民族的汉奸，实属罪大恶极，为全国人民所痛恨，已经作了断然处置，沉之大海。德王不相信韩凤林已死，仍发电要求释放韩凤林，这次蒋介石终于回电了，但在电报中责备德王："君等任意推断，肆意要挟，尚知国家有纪纲否？"德王碰了一鼻子灰，心中顿生无限恨意。

不久，日本特务头子土肥原贤二乘坐飞机来苏尼特右旗活动，德王请他帮助调查韩凤林被捕一事。很快，日方就将结果通知德王："国民党中央宪兵第三团团长蒋孝先赴庐山向蒋介石请示机要工作时，蒋介石就命令蒋孝先速把韩凤林逮捕处死。蒋孝先即密电驻北平的宪兵第三团吴团附负责处理。当韩凤林来平时就有特务人员尾随，韩到达时即逮捕，当天晚上即行枪杀。"

韩凤林被杀，使德王看到依靠国民党的势力来扩充力量等于是与虎谋皮，于是彻底失去了对蒋的幻想，从周旋与蒋、日间的两面派彻底倒向了日本人。

1934 年冬，在征得日本关东军同意后，德王派自己的心腹保安总队代队长、宝音德力格尔（宝贵廷）秘密带着给伪满察东警备军司令官李守信和日本驻多伦特务机关长植山的信件密赴多伦，在植山和李守信的协助下，从东部各盟旗招兵买马，秘密练兵。德王之所以派宝贵廷担当此任，是因为他是李守信的内弟。德王把招来的一部分士兵先在李守信的隶属下成立了 1 个团，由宝贵廷任团长，后又将乌云飞、任殿都、云麟、巴图等派去充当连排长。

此时，日本关东军的势力尚未深入西蒙，为了进一步拉拢德王，送给德王飞机一架，日本满铁株式分社还赠送给他整套的电影、照相和放映机一台。1935 年 5 月，日本关东军苏尼特右旗特务机关长，以"善邻协会"理事的名义作掩护，设立特务机关，在苏尼特右旗架设电台，担任德王与关东军之间的联络。7月25日，关东军制定了《对内蒙措施要领》，决定"随着华北工作的进展，使内蒙脱离中央而独立。措施重点指向多伦及西苏尼特方面"，并开始策划德王、卓特巴扎普、李守信建立三位一体的伪政权。此后，关东军不断地派特务人员到达百灵庙，他们在百灵庙蒙政会的活动遂成公开秘密。

1935年冬，德王前往伪满"新京"（长春）与关东军商谈蒙古"独立""建国"时，关东军又送给德王日币50万元和5000支枪，作为扩充军队之用。

1936年1月，德王在日本侵略者的支持和指使下，多处叛国旗帜，在苏尼特右旗成立了伪"蒙古军总司令部"，自任总司令，李守信为副司令，下设军务、政务两部和一个秘书处，负责指挥军事、政治、经济之事。军务部长由李守信兼任，掌握军政、军令、军法、军械、军需、参谋、作战等事项。秘书处长由德王的姨夫、乌滂守备队总队官兼锡林郭勒盟驻张家口办事处长补英达赖担任。另外还由日本人组成顾问部。总司令部成立后，弃用中华民国年号，改用成吉思汗纪元，使用蓝地右上角红、黄、白三条为标记的"蒙古旗"。

"蒙古军总司令部"具体组织机构及主要人事为：

总司令：德王

副总司令：李守信

军务部部长：李守信（兼），下设3课：

第一课：课长敖云章（未到任），负责军政、军令、军法事项

第二课：课长王宗洛，负责军械、军需等事项

第三课：课长于兰斋，负责参谋、作战等事项

政务部部长：德王（兼）

秘书处处长：补英达赖

顾问部主任顾问：村谷彦治郎（日）

军事顾问：山内（日）

财政顾问：稻茨（日）

文教顾问：牛德五郎（日）

德王（中）与李守信（左）

1936年2月10日，在苏尼特右旗德王府前的大蒙古包中，仿照成吉思汗大祭的仪式，举行了"蒙古军总司令部"成立典礼。典礼开始时，德王以成吉思汗三十世子孙身份率蒙古职员向成吉思汗遗像行叩拜礼，之后宣读誓词，表示"誓愿能继承成吉思汗的伟大精神，收复蒙古固有疆土，完成民族复兴大业"。参加典礼的日本人也跟着行了叩拜礼。日本人的这个动作让德王得意忘形，向身边的人说："你看，日本人

都向我们祖先磕头了！"

行礼后，本来预定由关东军参谋长西尾代表日本方面致祝词，因天降大雪，西尾没有及时赶到，于是只得暂时宣布休会。西尾乘飞机到达后，又重新开会，由西尾宣读祝词。"蒙古军总司令部"成立后，开始派人四处招兵，扩编军队。

日本的最终目的是在蒙古地区成立一个与伪满洲国并列的"蒙古国"，因而对"蒙古军总司令部"的名称很不感兴趣。当时西尾在总司令部成立的祝词中，也只是说祝贺"蒙古军政府"的成立，不是祝贺"蒙古军总司令部"的成立。而且，他认为苏尼特旗是一个偏僻的牧区，交通不便，人烟稀少，物资匮乏，没有什么前途。于是，在关东军参谋副长今村、参谋田中隆吉、化德特务机关长田中玖、顾问村谷彦治郎等人的直接操纵下，1936年4月20日，第一次伪"蒙古大会"在锡盟乌珠穆沁右旗"索王府"开幕，大会通过了《蒙古军政府组织大纲》。5月12日，在嘉卜寺（今化德县长顺镇）成立了伪"蒙古军政府"，并将嘉卜寺所在化德县改称德化县。使用成吉思汗731年纪年，悬挂蓝地红黄白条旗。经日本关东军授意，李守信正式率部参加了军政府，任伪蒙古军副总司令。

蒙古军政府"国旗"

军政府在人事安排上，由云王任主席，索王、沙王为副主席。德王被任命为总裁，负实际责任，掌握军政大权，实行独裁制。总裁下设1厅2部8署，即办公厅和参议、参谋2个部，军事、财政、内务、实业、教育、交通、司法、外交8个署。另有1个日本人组成的顾问部。办公厅主任为补英达赖，参议部部长吴鹤龄，参谋部部长李守信（兼）。军事署长为特克希卜彦（王宗洛）。顾问部主任顾问村谷彦治郎，军事顾问山内。不久又设立总裁帮办4人，由李守信、吴鹤龄、补英达赖、陶克陶兼任，协同总裁处理日常军政事务。后又增设侍从处，由赛吉尔胡（丁我愚）任少将侍从处长。

"蒙古军政府"组织大纲规定："本政府设总裁一人，秉承主席总揽蒙古统治权，率所属机关及军队，掌理关于建国一切事宜，对主席负责任。总裁由主席慎选素孚众望，具有建国能力之蒙古领袖特任之。"其实，"军政府"主席、副主席均为闲散职务，只是个招牌而已，所有实权都掌握在德王手中。当然，真正操纵生杀大权的还是日本顾问部的大小顾问们。德王之下所有官员，无一不看日本顾问和关东军特务机关的眼色行事。

蒙古军政府成立后，根据关东军的要求，与伪满缔结了以"共同防共、军事同盟、互派代表、经济提携"为内容的"满蒙协定"。紧接着，又与伪冀东防共自治政府缔结了以"政治上共同防共、经济上互相支援"为内容的协定。

1936年"军政府"成立前夕，驻扎在百灵庙的蒙政会保安队千余人在保安处科长云继先等人率领下暴动倒戈，投向傅作义。德王惨淡经营的武装顷刻瓦解，使他伤透了心，也对傅作义恨之入骨。于是在军政府成立后，德王亲自主抓招兵买马、扩充军队的工作，具体工作由军事署长王宗洛办理。

伪蒙军的来源主要有三部分：一是李守信的察东警备军，共有2个师及1个炮兵队、1个通信队和1个宪兵队，共8000余人；二是德王原先的班底，包括滂江守备队200余人和从各盟旗强行招募的牧民1000余人，全是蒙古族；三是从伪满"兴安军"中拉出来的一部分军队，不足千人，也全部是蒙古族，这批兵员原属李守信部，曾一度由乌古廷带着投往伪满"兴安军"，不久又被李的亲信胡宝山带回，并以此为基础扩编为德王的骑兵警卫团。日军在伪蒙军各机关、军队中配备了由日本人充任的顾问、指导官和教官，并为伪蒙军提供军费、武器。

以上兵力经整编后重新编为2个军。下辖8个作战师、1个警卫师、1个炮兵团、1个宪兵队。伪蒙古军几乎全部为骑兵，各师编制1200人，实则不过八九百人，总兵力号称1万余人，实则不过七八千人。

全副武装的伪蒙兵

总司令：德王

副总司令：李守信

参谋长：特克希卜彦（即王宗洛）

第一军：军长李守信兼，参谋长刘星寒，统率4个师和1个直属炮兵队。驻张北地区。每师辖3团，每团辖4个骑兵连和1个炮兵连。

第一师：师长刘继广

第一团：团长朱恩武

第二团：团长陈生

第三团：团长郭秀珠

第二师：师长尹宝山

第四团：团长门树槐

第五团：团长朱子文

第六团：团长井得泉

第三师：师长王振华

第七团：团长崔玉昆

第八团：团长＊＊＊

第九团：团长宋万里

第四师：师长宝贵廷（宝音德力格尔）

第十团：团长乌云飞

第十一团：团长李锦章

第十二团：团长包俊山

直属炮兵队：队长丁其昌

特设队：队长李铁生

第二军：军长德王兼，参谋长包都令，下辖4个师，驻化德。

第五师：师长依恒额（依绍先）

第十三团：团长田英

第十四团：团长胡胜武

第十五团：团长于振赢

第六师：师长宝彦图（即宝音乌勒吉，后由乌云飞继任）

第十六团：团长陈鸿宾

第十七团：团长包洛天

第十八团：团长宋子正

第七师：师长穆克登宝（绰号盖华）

第十九团：团长马福聚

第二十团：团长博音富贤德

第二十一团：团长＊＊

第八师：师长萨音巴雅尔（即包悦卿，1937年夏在多伦病死，后由扎青扎布继任）

第二十二团：团长伊＊＊

第二十三团：团长何子章

第二十四团：团长韩凤楼

警卫师：师长雄诺敦都布（后改为第九师，由包海明继任师长）。

炮兵团：团长王云五，驻化德

宪兵队：队长刘建华（那木尔）

第一军官兵多为汉族，第二军官兵多为蒙古族。李守信的部队经营多年，不仅兵员充足，装备较好，而且具有实战经验，除此之外，实则皆为乌合之众。

整编军队的同时，为了培训中下级军官，德王还在苏尼特右旗东营盘成立了一个蒙古军官学校，由他兼任校长，从各部队和各盟旗中选拔蒙古族青年，进行训练。

蒙古军官学校学生

1936 年 9 月，伪蒙古军整编完毕后，德王在化德飞机场隆重地进行了一次阅兵仪式，刚升任日本关东军参谋长的板垣征四郎也来捧场，并承诺每月给德王 3000 万日元的军费。这不禁使德王飘飘然起来，吹嘘说："回想起在国民党政府隶属之下，等于讨饭，今天要上几支枪，明天要上几门炮，仅欲编练一师人马而不可能。现在居然能够握有两军人马，万余骑兵，定能复兴蒙古民族，跻于国际强盛民族的行列。"

伪蒙军

其实，这些从伪满各旗招来的士兵，多是土匪、地痞、流氓、游手好闲之徒，纪律很坏，甚至在举行阅兵仪式时还在化德街上抢劫，欺男霸女的事件更是层出不穷，令老百姓深恶痛绝。像乌珠穆沁右旗等一些盟旗因不满投靠日本人，抵制在所属旗县进行征兵，让德王深感头痛。此外，在军队内部，争地位、争装备等事件也使德王心中的幻想不断破灭。

在蒙古军政府成立前后，原在绥西五原、临河一带活动的土军阀王英①，根据驻天津中国驻屯军司令官梅津美治郎中将的命令，纠集了绥远一带的土匪游杂部队，拼凑成立了"大汉义军"。王英自任总司令，下辖5个旅，每旅2个团，总人数6000余人，驻绥东尚义、商都一带。

总司令：王英

参谋长：寇子严

第一旅：旅长金宪章

第二旅：旅长安华亭

第三旅：旅长王子修

第四旅：旅长石玉山

第五旅：旅长杨守程

按照伪蒙古军的组织编制，王英名义上归德王指挥，实际上却直接听命于日军。

1936年10月，德化特务机关长由田中隆吉接任。他认为伪蒙古军已编练就绪，便开始策划进犯绥远，夺取关东军西进的咽喉要地。其计划是首先进攻平地泉附近，然后夺取绥东4县，接着进入归绥或大同。他的这个想法与德王占领绥远建立"蒙古国"的野心不谋而合。而王英系河套人，一直梦想重返河套，控制绥远，早日当上一路诸侯，所以对这次行动也非常积极。

在兵力部署上，田中隆吉让王英的部队为先锋，从商都进攻绥远陶林县以东的门户红格尔图，企图一举攻下这一战略要地；李守信部为二线策应，从左翼进攻兴和；德王则将自己的第二军放在最后，同时考虑到百灵庙为全军的后方补给基地，由第七师防守。

---

① 王英（？—1951）：字杰忱，别号"三没底"。祖籍直隶省（今河北省）顺德，绥远五原人。从小欺男霸女，胡作非为，曾在绥远马鸿奎旅任中校团副。1926年冯玉祥在五原誓师，王英面见冯玉祥请求效力，被委任为绥西护路司令，后任骑兵第三十一军副军长，军部设在包头。北伐成功后，阎锡山势力重达绥远，王英所部被编入晋绥军。1930年中原大战后，王英逃离晋军，到武汉投靠蒋介石，得到"骑兵第五师"番号，后潜回五原招兵买马，设立了师部。不到一年，受晋绥军压迫，部队解散，王英西奔甘肃，任省政府参议。一年后，他又到了天津，住在日租界，开始和驻天津日本特务勾结。1935年，宋哲元冀察政权成立后，王英受邀到第二十九军担任参议。后经日本特务鼓动，王英离开第二十九军，组织"大汉义军"，正式投入日军的怀抱。

此次战斗，伪蒙军共投入兵力一万余人。关东军未敢公开派兵助战，但在伪军中配备了顾问和指导官临阵督战。虽然德王为蒙古军总司令，但实际指挥者是田中隆吉。为了一举攻下绥远，田中还从伪满航空株式会社调来几架飞机侦察助威。战前，田中隆吉和德王都认为，日军在"九·一八"事变之后没费多少兵力，就将东北军击溃，占领了东北四省，建立了伪满洲国。与东北军相比，傅作义的绥远军更不中用，可能一吓唬就跑，拿下绥远指日可待。但他们没有想到，在绥远不仅有傅作义的第三十五军，还有晋军的支援，总兵力达3万余人。11月14日，两军在红格尔图遭遇，担任前锋作战的王英部队本是一帮乌合之众，刚一交火，就全线崩溃，数千人被歼，300余人被俘，残余人马先溃败退至商都，之后再退往百灵庙以北大庙。惊讶之余，李守信只得调整计划，派尹宝山率第二师进驻商都与绥远军对峙。

百灵庙是乌兰察布盟草原上有名的寺庙，位于归绥城西北300余里，四周群山环绕，地形险要，向西可通绥西河套，向南可达归绥、包头。傅作义得知伪军数千人在百灵庙、大庙地区集结后，急调骑兵旅孙长胜部、第二一一旅孙岚峰部、王靖国部一团步兵、周玳部一营炮兵并装甲车1辆于11月23日夜向百灵庙发起了猛攻。此时，日伪军尚未发觉，从梦中惊醒后，仓促应战。激战中，伪军中不甘心附敌的士兵，在战场上反戈一击，敌阵顿时大乱。战至第二天早上五时，傅作义部队收复百灵庙。在这次战斗中，驻在百灵庙的日本机关人员首先逃跑，第二军日本顾问烟草谷和第七师师长穆克登宝也争相逃命，日伪军弃尸数百具，被俘百余人，其中有日军20余名，损失粮秣军械甚多，全军随之溃退，一直至大庙一带后方与王英残部汇合。

田中隆吉为了挽回败局和面子，12月初又令王英"大汉义军"和增援的李守信一部反攻百灵庙。但许多士兵不愿为日本帝国主义卖命，一经接触，便即败退，带队的王英部队副司令雷中田也被当场击毙。部队退至锡拉木伦庙后，其部旅长金宪章、安华亭、王子修、石玉山，看到投靠日军后屡吃败仗，前途渺茫，又受绥远方面的策反，乘机将在部队的日军顾问小滨氏善大佐等29人全部处决，并袭击驻在该庙的伪蒙古军第七师部队，杀伤其百余人后投向绥远军。傅作义部乘机收复了大庙。日军见王英如此无用，就让他离开部队，回到天津。西安事变和平解决后，晋绥军停止了进攻，伪蒙古军也退守原地，双方进入相持状态。

西犯绥远的失败，使关东军深刻体会到伪"蒙古军"的无能。1937年1月，日本陆军部和关东军制定了《对蒙古工作过去的检讨和今后的方针》以及《内蒙军整顿要领》，决定"对内蒙古军加强整顿和改编，进行专门训练充实其实力，以便将来成为实行内蒙政策的中心力量"。不久，关东军把田中隆吉调走，先后派来武藤章、森岗、河崎大佐主持德化特务机关，协助德王整顿伪军，加强对德王及其军队的控制。为了加强军事指挥机构，又在伪蒙古军政府之下成立了"蒙古军总司令部"，仍由德王任总司令，李守信为副司令，乌古廷①为参谋长、刘星寒为参谋副长，其下设副官、参谋、军需、军械、军法、军医等6处。为了简化层次便于指挥，将第一、第二军编制取消，由总司令部直接指挥各师，并将第六师师长宝彦图调任参议，另派乌云飞任师长。把警卫师改称第九师。将在百灵庙作战失利的师长穆克登宝撤职。

乌古廷

整编后的伪蒙军因元气大伤，不敢轻举妄动，龟缩在德化一带，静观事态发展。"卢沟桥事变"爆发后，傅作义命董其武向商都、德化进攻。德王与日本特务机关仓皇逃往多伦，继而乘飞机逃回苏尼特旗王府，再度挂起蒙政会招牌，作为缓兵之策。

在"蒙疆联合自治政府"中，李守信自恃投敌在先，又掌握军权，不把德王看在眼中。德王对李守信既用之，又怕他拥兵自重，

---

① 乌古廷：1908年生，原名乌臻泰，字段廷，内蒙古卓索图盟喀喇沁旗公爷府（现锦山镇）人。幼年在北京大同中学读书。1924年东北陆军讲武堂毕业后，任热河都统府少校副官。1931年出任热河抗日义勇军司令。1933年3月，热河省主席汤玉麟弃承德而逃，乌古廷转投东北军第十七旅旅长李守信，李守信派他协助胡宝山整训第三支队，结果乌古廷带部队投靠了伪满洲国，所部改编为兴安西省警备军，司令部设于林西。乌古廷推举李守信为兴安西省警备军司令，自己任参谋长，因李守信在察东，实际上由乌古廷代理司令。1935年10月，乌古廷到奉天伪满陆军训练学校专科学生班受训。1936年初，伪蒙古军政府成立，因其内兄吴鹤龄在伪蒙任要职，乌古廷改投伪蒙，先任伪蒙军参谋部主任，后任参谋长。

无法驾驭。日军既担心李守信成为"养虎之患",又担心他和德王携手向日本闹"独立"

1937年"七七事变"之后,集结于张北的关东军乘机西犯,于10月14日攻陷了绥远省,驱逐了傅作义,9月4日在张家口扶持商会执行委员于品卿等人成立了"察南自治政府"。之后,日军沿平绥线继续西犯,9月13日占领大同。10月5日,在大同成立"晋北自治政府",将前清举人夏恭(山西大同人,清末拔贡)推上了主席的位置。

在日军侵入绥远省两周后,为了让伪满洲、蒙古都成为它统治之下的"国",从而达到北抵苏联、南控中国的目的,命德王和伪蒙古军进入绥远。10月27日,在日军的扶植下,德王在归绥市主持召开了"第二次蒙古大会",宣布蒙古"自治",成立"蒙古联盟自治政府"。伪政府由政务院和蒙古军总司令部组成。经关东军指定,其政府主要人员为:

伪自治政府主席:云端旺楚克(云王),副主席:德王

政务院:院长德王兼

总务部部长:陶克陶

财政部部长:吉尔嘎郎

保安部部长:王宗洛

蒙古军总司令:李守信

参议会议长:吴鹤龄

顾问部最高顾问:金井章二

由于云王称病,德王总揽了该政权的一切事务。蒙古大会还通过了伪自治政府组织大纲,规定该政府"以蒙古固有之疆土为领域,暂以乌兰察布盟、锡林郭勒盟、察哈尔盟、巴彦塔拉盟①、鄂尔多斯市及厚和市、包头市为统治区域";"以防止共产、协和民族为基本方针";以"生、聚、教、兴、养、卫六事"为施政纲领;以成吉思汗纪元为年号,将省城归绥改称呼和浩特(初始译为厚和豪特,简化为厚和)作为首都。

---

① 巴彦塔拉盟:伪蒙古联盟自治政府成立后,除对锡林郭勒、乌兰察布、察哈尔3盟确定为行政单位,设置盟公署外,将原绥远省所辖的16县2设治局重新划分。将部分县划归乌兰察布、伊克昭2盟,另在原绥远东部以农业为主的大部分县、旗,新设置了"巴彦塔拉盟"。所辖区域为:土默特、正红、正黄、镶红、镶蓝5旗,及归绥(后改为巴彦县)、萨拉齐、清水河、托克托、陶林、丰镇、集宁、凉城、和林格尔、兴和10县。巴彦塔拉盟是伪蒙古联盟自治政府所辖5个盟中,人口最多、土地资源最富庶的盟。盟公署驻厚和豪特。

关东军为了制造第二个伪满洲国，扩大对华侵略，准备对苏作战，于1937年11月22日在张家口出台了《关于设立蒙疆联合委员会的协定》，宣布成立蒙疆联合委员会。最高顾问金井章二代理总务委员长、村谷彦治郎为参议，委员包括蒙古联盟自治政府卓特巴札普、陶克陶、金永昌，察南自治政府杜运宇，晋北自治政府马永魁等人。1938年8月1日，联合委员会进行改组，将各专门委员会改为总务、产业、财政、保安、民生、交通六部。陶克陶任保安部长。

1938年1月8日，驻蒙日军改称蒙疆兵团。3月24日，名义上担任"蒙古联盟自治政府"主席的云王去世后，德王继任主席，李守信兼任副主席。此时，蒙疆联合委员会机构逐步健全，运作走向正常。日军蒙疆兵团考虑到德王等人建立蒙古独立国的要求日益强烈，同时汪精卫也要与日本合作在南京建立全国性的伪政权，为了保持住蒙疆地区的"高度自治"，决定以蒙疆联合委员会为基础，将察南、晋北、蒙古三个傀儡政权合并，建立统一的"蒙古联合自治国"。

1938年7月以后，蒙疆兵团改编为华北方面军之驻蒙军，主要兵力为第二十六师团、独立混成第二旅团等部，分驻张家口、大同、归绥、包头、丰镇、集宁、萨拉齐等平绥铁路沿线城镇。1939年5月8日，驻蒙军制定出《蒙疆建设基本计划》，该方案本来计划要建立"蒙古联合自治国"，但由于日本军部考虑到该政权与南京伪政权的关系而将"国"改为"政府"。6月11日，在金井章二的导演下，德王与于品卿、夏恭一起面见驻蒙军莲沼司令官，表示三个"自治政府"愿意合并，成立统一的新政权。

9月1日，日军将察南自治政府（张家口）、晋北自治政府（大同）与蒙古联盟自治政府3个伪政权合并，正式成立"蒙疆联合自治政府"，首都定于张家口。伪政府由德王任主席，于品卿、夏恭为副主席。村谷彦治郎任主席办事机构——秘书处的处长。卓特巴扎普任行政院院长。李守信任蒙古军总司令兼咨询性质的参议府议长（聘杨桑为名誉议长、特任吴鹤龄为参议），王宗洛任驻日代表后，蒙古军参谋长由吴鹤龄的妹夫乌古廷接任。主席之下设政务院、参议府、最高法院等。同时，将"察南自治政府"改为"察南政厅"，"晋北自治政府"改为"晋北政厅"，两厅直属伪政务院。而原伪蒙古联盟自治政府所辖地区则分为察哈尔盟、巴彦塔拉盟、锡林郭勒盟、鄂尔多斯市、乌兰察布市①5 个盟，也直隶伪政务院。

为了标榜汉、蒙、回、大和民族的 "协和精神"，伪政府设计了由黄、蓝、白、赤 4 种颜色组成的 "四色七条旗" 为国旗。该旗帜赤色条在中间，表示以日本为中心，其次上下两条为白色，象征回族，接着的上下两条是蓝色，象征蒙古族，最外两条是黄色，象征汉族。改 "成吉思汗" 纪元为年号，即以公元1939 年为成吉思汗 734 年。

蒙疆联合自治政府 "国旗"

"蒙疆联合自治政府" 以金井章次为最高顾问，并向政府和军队派遣顾问，对上下各组织机构实行严密控制和总揽一切，而且日本人可以直接出任各级官吏。驻蒙军对蒙疆政权的控制手法与关东军对伪满洲国的控制手法一样，由日系官吏担任各部次长，架空正职，掌握实权。

德王对于建立蒙疆联合委员会内心是不满的，对于 "蒙疆" 一词十分反感。他认为："我总觉得，'蒙古'与'蒙疆'二字，不是微不足道的字义问题，而是有重大意义的政治和民族问题。因为'蒙古'二字不仅代表民族，并代表土地、人民。而且一提到'蒙古'二字，世界上是无人不知的。这是历史上早就确定的名称。如果改称'蒙疆'，就意味着仍是中国的边疆，不是独立

---

① 察南政厅辖张家口（市）、万全、宣化、蔚县、阳原、怀来、怀安、涿鹿、龙官、赤城等 10 市县；晋北政厅辖大同、朔州、浑源、应县、阳高、天镇、左云、怀仁、山阴、灵邱、广灵、右玉、平鲁等 13 市县；察哈尔盟公署辖正蓝、正白、厢黄、厢白、太仆寺左翼、太仆寺右翼、上都、明安等 8 旗；巴彦搭拉盟公署辖正红、厢红、正黄、厢蓝、土默特、集宁、凉城、萨拉齐、包头、兴和、武川、丰镇、托克托、陶林、和林格尔、固阳等 5 旗 11 县；锡林郭勒盟公署辖东乌珠穆沁、西乌珠穆沁、东阿巴嘎、东浩济特、西浩济特、东苏尼特、西苏尼特、东阿巴哈纳尔、西阿巴哈纳尔等 9 旗；伊克昭盟公署辖杭锦、乌审、准噶尔、郡王、札萨克、达拉克、鄂托克、五原、临河、东胜、沃野等 7 旗 4 县；乌兰察布盟公署辖四子部落、喀右翼、茂明安、中公、东公、西公等 6 旗。1943 年 1 月 1 日，察南和晋北政厅改制为省，察南政厅改为 "宣化省"，晋北政厅改为 "大同省"。

的蒙古政权，是隶属于中国的地方政权。"① 他最终的目的是想建立一个独立的蒙古国。但日本总以时机还不成熟，条件尚不具备，俟将外蒙（今蒙古国）收复、实现内外蒙的统一，才能帮助蒙古独立建国推托。

为此，德王利用举行蒙疆联合自治政府成立一周年的时机召集各盟长和札萨克以及各盟旗王公共同提出反对意见，并责成民政部长特克希卜彦起草反对蒙疆联合委员会的公文。公文中提出的理由是：张作霖曾当过"蒙疆经略使"，对东部蒙旗横加压迫，引起蒙人对"蒙疆"二字的极大反感。现在仍沿用"蒙疆"二字，作为代表新政权的名称，是对蒙古民族的莫大侮辱，等等。其后，德王又让各旗派代表到张家口面见驻蒙军司令官莲沼和田中参谋及金井最高顾问，反对"蒙疆"二字。金井对代表们解释说："蒙疆"是蒙古之疆域的意思，既能包括察南、晋北，代表新的政权，又能起到"协和民族"的作用，并且，"蒙疆"二字早已成了常用的习惯语，你们蒙古还是蒙古，不会因为沿用"蒙疆"二字，而把蒙古取消了。见日本主子的态度坚决，德王等只能忍气吞声。

蒙疆联合自治政府官员集会

蒙疆联合自治政府发行的钱币

---

① 《德穆楚克栋鲁普自述》，内蒙古政协，1984 年，第 82 页。

德王一直追求蒙古独立建国，由于驻蒙军还要利用德王在蒙古族中的号召力，所以在一定程度上对德王也做出点让步。后来吴鹤龄向驻蒙军提出，将蒙疆联盟自治政府改为"蒙古自治邦"，开始驻蒙军不同意，到苏德战争爆发，驻蒙军意识到要进一步利用德王等，才同意改为"自治邦"，但对外仍称"蒙疆联合自治政府"。1941年8月4日，"蒙古自治邦"正式命名，但没有举行任何仪式，只是换了一块牌子。德王坚持主张建立"蒙古自治国"，吴鹤龄劝说："'国'与'邦'在汉文解释上虽有不同，但用蒙文翻译过来，都叫'敖洛斯'，对蒙人也能说得过去。"自此，蒙疆政权在内部改称为"蒙古自治邦"。

"蒙疆联合自治政府"成立后，其军队主力仍为9个师1万余人。伪蒙政府迁往张家口之后，蒙古军总司令部仍驻厚和豪特。此外，还有1939年被日军任命、名义上归德王指挥的绥西王英伪"自治军"，共3个师，2800人，步枪2000余支，迫击炮6门，轻重机枪30余挺，驻防地在包头、五原之间。1937年抗日战争爆发后，王英又返回绥西，日军委其为绥西自治委员会委员长，他便在绥西以日军为后台，招集民族败类，组织反动武装，协助日军"维持治安"。1939年日军委王英为"绥西自治联军"总司令。其编制序列为：

绥西自治联军总司令：王英
副总司令：于振瀛、李殿林
参谋长：杨守程
第一骑兵师：师长陈秉义
第一团：团长陈宝山
第二团：团长贺仁杰
第二骑兵师：师长邬青云（后反正，由王万抚接任师长）
第三团：团长张永胜
第四团：团长杨占山
第三骑兵师：师长常志义
第五团：团长贾世元
第六团：团长李红升

1940年3月傅作义率部向王英盘踞的五原发起进攻，王英所部大部被歼，从此一蹶不振，至日本投降前，该部一直驻在西公旗。

伪蒙军骑兵进行袭击训练

日军、德王、李守信之间虽然表面平和，实际上存在着很深的矛盾。李守信自恃投敌在先，又掌握着数千武装，并不把德王一伙看在眼中。德王对李守信既用之，又怕他拥兵自重，无法驾驭。日军驻蒙军既担心李守信成为"养虎之患"，又担心他和德王携手向日本闹"独立"。在这种微妙的关系下，1940年，关东军提出，"蒙军（今蒙古军）"各师要一律蒙古族化，遂将李守信汉族兵员组成的第一、二、三师改编为靖安警备军，直属治安部，实行集团、大队编制，每个集团下辖3个大队和1个迫击炮中队，部署在汉人居多的包头至归绥一带各县。其余第四至第九师全由蒙族（蒙古族）兵员组成，仍隶"蒙古军"总司令部。

靖安警备队的编制序列为：

总司令：丁其昌

第一集团：集团长张明久，参谋长崔宇堃

第一大队：大队长郭元峰

第二大队：大队长李天培

第三大队：大队长耿昆明

第二集团：集团长门树槐，参谋长苏继卿

第四大队：大队长张凤楼

第五大队：大队长张永贵

第六大队：大队长李锦章

迫击炮中队

第三集团：集团长宋万里，参谋长崔春暄

第七大队：大队长常匡夫

第八大队：大队长赵树恒

第九大队：大队长李景凤

1943年，第四至第六师与5个盟保安队整编为第一、第二、第六、第十二、第十六5个地方性防卫师，又将第八师合并至第九师。到此整个蒙古军只有第七、第九两个野战师，第七师师长达密凌苏龙，第九师师长先后为扎青扎布、乌勒吉敖喜尔。

之后，为了削弱李守信的兵权并笼络其部属，德王还将李守信最精锐的第一师师长刘继广调任包头市市长，"蒙古联合自治政府"成立后，又任命刘继广为最高检察厅厅长，任命靖安警备队总司令丁其昌为治安部部长，任命李守信亲信李树声为张家口特别市市长，1943年又任命刘继广、李树声、崔景岗分任宣化、大同两省省长和张家口特别市市长。

汪精卫伪南京政权成立后，企图将伪蒙政权纳入自己的势力范围之内，经过协商，双方缔结协定，伪蒙政权承认汪伪中央为中国政府之"正统"。作为回报，汪精卫亦承认伪蒙政权的高度自治。协议达成后，汪精卫曾单独接见李守信，试探控制伪蒙军和伪蒙政权的可能性。他曾反复询问李守信的部队有无困难，并表示如有困难，可以帮助解决，但被李守信婉言谢绝。此后，德王等仍旧我行我素，军事、政治、经济、人事诸事决不容汪精卫染指，蒙疆兵团出于自身利益的考虑，亦乐于维持这一不伦不类的局面。于是，"蒙疆联合自治政府"仍然是一个独立的小王朝，竟与参加汪伪政权之前毫无两样。

在日寇侵略中国的初期，是以日军的军部，直接通过伪组织统治各地。后来日本设立了兴亚院这一机关，作为侵略亚洲统一计划和指挥的中枢，在华北和蒙疆都设有分部，名为兴亚院华北或蒙疆联络部。

蒙疆联络部就是统治伪蒙疆联合自治政府的最高机关，伪政府的最高顾问是秉承联络部长官之命行事的。伪蒙军的指挥、扩编与分合事宜都要得到日军的同意。联络部第一任长官为竹下义晴中将，1941年11月竹下调走，以岩崎民男少将继任。后来，兴亚院联络部取消，改为日本驻蒙古公使馆，岩崎民男改任公使。另外，日军在张家口还设有军司令部，司令官为中将级，名义上是指挥驻在蒙疆的日军，但关于配合作战，往往也涉及伪蒙古军，从而伪蒙军也受他们的指挥。至于伪蒙军的扩编与分合，更须首先得到日本军部的同意。

1945年初，为适应战争需要，日本又大举扩编蒙古军，将原1至3师改编的靖安警备队及察南警备队改编为第四、第五、第十一、第十八4个正规骑兵师，将3个蒙旗保安队扩编为第一、第二、第三3个骑兵旅，使伪蒙古军扩大到6个骑兵师、3个骑兵旅和5个防卫师。各级部队都配备了日本顾问和指导官、教官来监督、指挥和实行奴化教育，以便为日军的侵略政策服务。

1945年8月10日，在抗日战争胜利前夕，第九骑兵师在乌勒吉敖喜尔师长的率领下，从六合营将部队开到乌兰花镇，并召集防卫第六师，击毙日本教官，在乌兰花镇宣布起义，史称"8·10起义"。

"8·10起义"后，伪"蒙疆联合自治政府"的蒙古军尚有5个骑兵师、4个防卫师和3个骑兵旅的番号，连其直属部队共14000余人。其序列为：

总司令：李守信

第四骑兵师：师长郭光举

第五骑兵师：师长门树槐

第七骑兵师：师长达密凌苏龙

第十一骑兵师：师长宋万里

第十八骑兵师：师长朱恩武

第一防卫师

第二防卫师

第十二防卫师

第十六防卫师

第一骑兵旅：旅长笃古尔苏龙

第二骑兵旅：旅长森盖

第三骑兵旅：旅长奇子祥

1945年8月15日，日军无条件投降后，伪蒙古军亦随之溃散。依附日本帝国主义生存的伪蒙疆政权，也伴随其主子之失败而趋于瓦解。

此时，德王又拿出他一贯使用的"狡兔三窟""看风使舵"的老办法来。他首先派遣代表由张家口北上，分头向苏联和蒙古人民共和国的前进部队表示欢迎，并进行联络接洽，企图得到苏、蒙两国的谅解，暂时保存伪蒙政府的破烂底子。但苏、蒙两国的前进部队却对他不加理睬，予以拒绝。于是，德王又于18日给蒋介石拍电报，除祝贺他领导抗战胜利光复国土外，并请示对于蒙古问题的解决方案。电报发出后，他本想能得到蒋的许可，保存实力，在张家口继续住下去，却不料八路军的先头部队以闪电的速度，将张家口重重包围。此时，残存的伪蒙军散兵游勇和当地流氓地痞，趁火打劫，抢掠财物，致使当时市内火光冲天，秩序极度混乱。看到形势严峻，德王匆忙于20日黄昏，偕同伪蒙古军总司令李守信和伪蒙政府部分职员及其家属，在向华北指定地点集中、准备解除武装的日军保护下，乘坐火车离开张家口逃往北平。

车行一夜，只走了40余里，第二天早晨到达宣化。伪宣化省长刘继广到站迎接，并带来了国民党政府的两份电令：一为任命德王为蒙古先遣军总司令；一为任命李守信为热察两省先遣军总司令。

9月，王英所部被傅作义收编，改编为第十二战区骑兵第一集团，王英任总司令。

9月7日，经与重庆国民党政府联系，德王率李守信、乌古廷等一行8人飞抵重庆。

蒋介石身边的人，对这些投机者的行为恨得牙根直痒。侍从室第六组组长兼军统局帮办唐纵签呈蒋介石，主张：将此二贼扣留重庆，不许返归绥，另饬蒙藏委员会派章嘉活佛或白云梯星夜前往归绥，协助第十二战区司令长官傅作义建立内蒙古地方政权，遏制奸伪北窜，并杜防内蒙外处。蒋介石训斥道："糊涂！外蒙要独立，内蒙人心惶惶，我正要利用德王与李守信；何况李守信尚掌握有军队四五万人，搞不好他们就会投苏俄、投外蒙，外蒙收不回来，再赔上个内蒙，我们就是千古罪人。"

9月20日，蒋介石接见了德王和李守信。并向德王说：对于伪蒙疆政府时代你的旧部蒙族文武官吏，中央予以宽大，不适用惩治汉奸条例，咎其既往。再次委任德王为蒙古自治政府主席、蒙古先遣军司令。李守信为东北民众自治军总司令，遣往东北，与共产党军队争地盘。乌古廷也被任命为国民政府军事委员会委员长、东北行营少将参事，令其协助该行营推进东北蒙古盟旗的复员工作。至1946年初，残余伪蒙军都被收编完毕，参加了反人民的内战。

德王返回后，由国民政府拨给生活费，由于内蒙古大部分地区已被解放，便在北平"闲居"3年，他经常与各界人士交往，找盟旗代表、国民党官员、美国记者等，广泛建立关系，为内蒙古自主自治开展活动。1949年元旦，北平被解放军包围后，德王在蒙藏委员会驻平办事处处长何兆麟的陪同下，率随员4人仓皇逃离北平，到达南京。在蒋介石的授意下，回到阿拉善盟建立"蒙古自治政府"。9月，随着解放军临近，"自治政府"内部发生分歧，导致分裂，德王出走至宁夏。这期间，解放军宁夏军区致函德王、李守信，劝其投诚。内蒙古自治区人民政府主席乌兰夫也致函德王，望其投降人民，并表示只要归向人民，一概不咎既往。德王接函后仍不悔悟，竟要求准许由他统一东西蒙古实行"自治"。虽经有关代表多次往返交涉，德王仍顽固己见，说什么共产党、国民党反正都是汉人，对于蒙古人可能一样，继续标榜"以民族复兴事业为己任"，拒绝接受解放。后通过亲属关系和外蒙建立联系，1949年12月29日，像"贵宾"一样地被迎去外蒙。1950年9月18日，以重犯身份被送回国内，进入战犯管理所改造。一开始，德王等4名伪蒙疆战犯被收押在北京德胜门外中央公安部直属的功德林战犯监管处内。1951年9月，转往张家口的内蒙古自治区公安部看守所。后内蒙古自治区政府迁到呼和浩特，德王和李守信、宝贵廷、雄努敦都布等6名蒙疆战犯也随之迁至呼和浩特内蒙古自治区公安厅看守所。一开始，德王抵制改造，之后思想逐渐转变，认识到自己的罪行。1963年4月9日，根据国家主席特赦令，德王等35名战犯获第四批特赦。特赦释放这天，德王激动地说："党和人民政府给了我两条生命，一是我得重病之后，政府想尽一切办法抢救了我；二是我的罪恶深重，政府对我耐心教育，使我在政治上起死回生，由一个反动的王公贵族、罪大恶极的罪犯而成为一名新人。"之后，德王被安排在内蒙古文史馆工作。在别人的帮助下，德王写出了17余万字的《德穆楚克栋鲁普自述》，详细介绍了他投敌与制造民族分裂的过程。1966年5月23日，德王患癌症病逝于呼和浩特，终年64岁。

李守信在获得"东北民众自治军"司令的头衔后，受命到内蒙古东部地区招纳散驻在各处的伪蒙、伪满残存军警部队，组织武装，配合国民党军队进攻解放区。1947年，其部众被人民解放军全歼于开鲁，他只身逃往北平，后又辗转到达台湾。1949年，李守信返回内蒙古，追随德王在阿拉善旗参与组织蒙古自治政府活动。阿拉善旗和平解放后，又出逃至蒙古人民共和国，1950年被逮捕并引渡回国受审。通过改造，李守信非常感谢党的宽大，通过外出参观，他看到了内蒙古地区发生的巨大变化，"使我看到祖国和蒙古民族的光明未来，我低头认罪，进行彻底改造"。1964年12月28日，根据国家主席特赦令，李守信等53名战犯获第五批特赦。之后，李守信被安置在内蒙古自治区文史研究馆任馆员。1970年5月，在呼和浩特病故。终年78岁。

乌古廷在1945年春天被日本人撤职。抗日战争胜利后，他被国民党任命为东北行辕少将参谋兼东北蒙旗联防指挥部司令官。辽沈战役结束以后，乌古廷和吴鹤龄把北平的财产变卖成黄金转移到台湾。1949年，乌古廷从兰州坐飞机逃往台湾。

原伪第四师师长宝贵廷在1945年春接替乌古廷任伪蒙军参谋长。1949年随德王潜入蒙古人民共和国，后二人被同时引渡回国。改造期间，在日记里写道："我过去是残害人民的刽子手，在平地泉山上还亲手杀过革命群众。如今，政府对我们这样宽大，给我们创造了这样好的条件，我们如果再不好好改造，那就太不是人了。"1966年4月16日，宝贵廷获第六批特赦，之后被安置在呼和浩特市五里营牧场工作。原伪第九师师长雄努敦都布1959年12月获首批特赦后，被安排在锡林浩特铁工厂、锡林郭勒盟手工联社工作。

1951年1月，国内第一次镇压反革命时，王英在北京天桥被处决。

伪 "中华民国临时政府" 军队

1935 年 5 月，长城抗战结束后，日本帝国主义为了进一步分裂中国，加快了在华北 "建国" 的步伐。他们唆使汉奸张志潭、齐燮元①、王克敏、王揖唐、郝鹏、张璧、白坚武、石友三等人在沈阳成立了 "正义社"，专门联络失意的官僚政客以及国民党军政界在职的亲日分子，阴谋在北平策动叛乱，促进 "华北国" 早日建立。其中以白坚武、石友三的活动最为积极。白坚武原为吴佩孚的政务厅长，是认贼作父、卖国求荣的老牌汉奸。在于学忠任河北省主席时，他受日本人的唆使，几次派人暗杀于学忠，企图夺取政权，成立华北伪组织，但都没有成功。

"正义社" 成立后不久，白坚武就秘密派遣曾在张宗昌部任师长的李瑞清潜入北平丰台，收买了国民党军事委员会北平分会所属铁甲车大队第五中队长沈锡之、第六中队长段春泽，并许诺 "华北国" 成立后，由段春泽任华北军第二路总指挥。

北平军分会铁甲车大队共有 6 个中队，大队长为曹耀章少将。第一、二、三、四中队分驻琉璃河、南口、西直门及长辛店等地，第五、六中队和大队部驻丰台。在日本人的催促下，段春泽等人决定于 1935 年 6 月 26 日晚发动政变，攻取北平。政变发动前，石友三秘密派出便衣 3000 余人，潜伏在北平东交民巷，和日军取得密切联系，准备在铁甲车开进前门、炮击驻西长安街的军分会时，便衣队即出动占领军分会和其他重要机关。同时，东交民巷的日本军队也出动示威，如此大功即可告成。

让汉奸们没有想到的是，北平军分会事先掌握了他们政变的情报。当晚，

---

① 齐燮元（1879—1946）：原名齐英，字抚万，号耀珊，直隶宁河（今天津市宁河区）人，直系军阀。光绪年间秀才，保定陆军速成学堂第二期炮兵科毕业后更名为齐燮元。曾任北洋军第六镇参谋长、第六师师长兼江宁镇守使、江苏督军、苏皖赣巡阅使等职。1922 年 10 月晋升上将军阶，1925 年被授予 "宁武上将军" 称号。1930 年阎锡山任命他为江北招抚使。中原大战阎锡山军队失败后，齐燮元隐居天津。1935 年任冀察政务委员会委员。1937 年抗战全面爆发后投敌。

铁甲车第五中队见军分会早有准备，吓得不敢向前，最终没有参加战斗。第六中队的铁甲车开到永定门时，被设置的障碍物阻挡不能前进。车上的日本人一看情况不妙，遂向西长安街军分会所在地发射了 6 发炮弹，通知隐蔽的便衣队出来响应。但东交民巷已被军警和宪兵包围封锁，便衣队无法出动。日本人和白坚武等人见大势已去，同时天已近拂晓，遂令第六中队返回黄村。段春泽不敢再回丰台，便率 300 多人逃往冀东，准备投靠他的老长官石友三。28 日，逃到香河县城时，该县县长设计将段春泽和他的队附以及一名姓李的汉奸 3 人诱捕，其余 300 余人大部逃散，后收容回去 100 余人。段春泽等 3 人被押解回北平，经审讯后枪毙。政变的失败，宣告了日本人在华北操纵汉奸队伍首次"建国"的阴谋彻底破产。

1937 年"卢沟桥事变"后，日军在北平扶植曾任北洋政府国务总理的江朝宗组建了维持会，在天津扶植了曾任北洋政府参议院议员、财政总长、农商总长、内务总长等职的高凌霨出面组织了天津维持会。紧接着，华北沦陷区各市县在月余内陆续成立了大大小小数十个汉奸维持会。

为配合日军对抗八路军和游击队，伪中华民国临时政府按照日军意图，依据齐燮元提出的"兴学""建军""剿共"的建军方针，开始组建伪"治安军"

1937 年 8 月 31 日，日军中国驻屯军改称为华北方面军，由寺内寿一大将出任司令官。不久，他在方面军内专门增设了"特务部"，作为在华北占领区进行政务指导及筹建伪政权的专门机构，喜多诚一少将担任北平特务机关长。10 月下旬，随着日军占领区的不断扩大，侵略气焰也更加嚣张，原来决定在华北建立地方政权的目标也发生了重大变化。10 月 28 日，特务部在给方面军的《关于建立华北政权的研究》中指出，北方应当建立的新政权，不是作为华北的地方政权，而是作为取代南京政府的中央政府，使之在日军势力范围内的地区普及其政令。表现出华北日军妄图推翻中国政府、实现彻底灭亡中国的狂妄野心。11 月 18 日，日本参谋本部中国课也提出要"尽快成立以防共亲日为方针的华北新中央政府"，在日本的援助下，使之成为"中国真正的中央政府"。

喜多诚一是著名的"中国通"，曾任日本驻华大使馆武官，旅居中国多年，熟悉中国政治、社会情况。他力主新政权与南京政府断绝关系，在华北建立作为中国中央政府的伪政权。为增加该政府的号召力和"民主""正统"的形象，他主张政权实行民主政体，先以委员制开始工作并迅速过渡到总统制。同时，应请与国民党政府没有渊源、曾在北洋政府中出任过总统、总理、总长的一二流人物充当新政府的元首或政府首脑。喜多诚一的想法获得了日本军部首肯，允许其在原北洋军阀政府的官僚中挑选对象。喜多诚一与这些官僚军阀交往多年，了解他们在政治上翻云覆雨，毫无祖国观念、并且具有很大的潜在势力和号召能力。为此，他确定了选拔伪组织组成人员的条件：一是元首须以曾任总统、总理的一流人物担任；二是政府首脑须以曾任总理、总长的一流人物担任；三是具体选拔标准为素无抗日言行，又非二十九军出身，有相当声望并反对国民党的人物。按照这些条件和标准，喜多诚一想方设法游说靳云鹏、吴佩孚、曹汝霖等人"出山"。计划以靳云鹏或吴佩孚任总统，如二人同时上台，则分任总统、副总统，以曹汝霖为总理。靳云鹏曾任北洋政府总理，是段祺瑞皖系集团的重要成员，也是大总统徐世昌的门生，和奉系军阀张作霖是儿女亲家，又是直系曹锟的结盟兄弟。在华北军政人员中，具有相当威望，是各方面最理想的人选。直系军阀吴佩孚虽然头脑简单，但在华北有一定的影响，可以利用他来号召一般杂牌军队参加伪政府。曹汝霖则是一个老牌亲日分子，让他担任伪政府实际责任比较合适。同时，这三人都没有在国民党政府任过职务，也从未与国民党接近，都符合他的选奸条件。

但是，经过分头联系后，喜多诚一却处处碰壁。靳云鹏用"礼佛有年，无心问世"的话辞谢。吴佩孚虽然在国内镇压工人罢工运动中血债累累，但在与日本人合作上却很有骨气，他说："我诚不能与国民党合作，但也不能在日本保护下治国。如必须要我出山，则须日本退兵，由我来恢复法统。"因此与日本人未能达成协议。曹汝霖虽有心与日本人合作，但一想到自己在"五四运动"前夕的卖国行为，再不敢给自己加上一层罪庆，只好用"愿以在野之身，赞助新政权的成立"的话与喜多诚一周旋。而且恰在此时，蒋介石给曹汝霖写来一份亲笔信，对他说了一些勉励的话，更坚定了他不在伪政府担任实际职务，而思"以晚节挽回前誉之失"的决心。最后，喜多诚一只好把目光转向王克敏、王揖唐、董康①、汤尔和②等一班北洋遗老。

王克敏，字叔鲁，原籍浙江杭县（今余杭），1873年出生于广东。1903年考中清朝举人。曾任清政府驻日本公使馆参赞、直隶总督府幕僚，北洋政府中法实业银行总经理、中国银行总裁、财政总长等职。1935年任冀察政务委员会

---

① 董康（1867—1942）：江苏常州人，1912年留学日本，曾任北洋政府司法总长、代理财政总长等职。1926年脱离政界后任东吴大学教授、上海法学院教授。参加伪中华民国临时政府后任司法委员会委员长。

② 汤尔和（1878—1940）：浙江杭州人，早年毕业于日本金泽医学院专门学校。1922年后任北洋政府教育总长、内务总长、财政总长等职。1935年任冀察政务委员会委员。参加伪中华民国临时政府后任议政委员会委员长兼教育部总长。

委员，不久该委员会设立经济委员会，又被任命为经济委员会主席。由于亲日，深得日方青睐。"七七事变"后，他蛰居上海，待价而沽。王揖唐，原名王赓，字一堂，号什公，1877 年 9 月 11 日出生，安徽合肥人。因为留着一大把山羊胡子，人称"王大胡子"。1904 年考取中国历史上最后一期进士，同年 9 月保送日本东京振武学校学习军事，后转入法政大学学习法律。1907 年回国后，在东三省总督徐世昌手下任军事参议等职。辛亥革命后，靠着同乡段祺瑞的关系，先后任袁世凯谋士、吉林省巡按使（后称省长）、众议院议长、安徽省长等职。1926 年皖系瓦解后隐居天津。1935 年 12 月应蒋介石之邀，担任冀察政务委员会委员。"七七事变"后，公开投敌。

1937 年 11 月底，喜多诚一亲赴上海，邀请蛰居在此的王克敏出山，赶赴北平。到北平后，王克敏立即与董康、汤尔和、王揖唐、齐燮元、朱深①、俞家骧、祝惺元等纠集在一起，成立"政府"筹备处，并计划于 1938 年 1 月 1 日成立伪临时政府。

1937 年 12 月 13 日，日军攻陷南京，日本军事当局认为这是国民党政权的溃灭，如果借此机会成立统一的华北伪政权，必将在政治、心理上沉重打击国民政府的抗战意志，因此指令王克敏立即成立伪临时政府。12 月 14 日，在筹备工作尚未就绪的情况下，日军将平津两地的维持会与伪冀东防共自治政府合并，在北平成立了伪"中华民国临时政府"并在中南海怀仁堂举行了成立仪式，宣布以五色旗为"国旗"，《卿云歌》为"国歌"，"定都"北平并将北平改名"北京"。这群汉奸虽然登上了傀儡舞台，但因为筹备尚未成熟，仍把对外办公日期推迟到 1938 年元旦。伪政府政体由王克敏、朱深等抄袭英美国家三权分立、责任内阁的体制，因未物色到合适人选，"总统"一职虚位以待，下设行政、议政、司法 3 个委员会，分掌"国家"的行政、立法、司法职权。

"临时政府"委员长：王克敏

常务委员：王克敏、王揖唐、董康、齐燮元、朱深。

委员：汤尔和、董康、王克敏、朱深、王揖唐、江朝宗、齐燮元、高凌霨

行政委员会委员长：王克敏（兼）

治安部总长：齐燮元

教育部总长：汤尔和（兼）

赈济部总长：王揖唐

---

① 朱深（1879—1943）：河北霸县（今霸州市）人，曾任北洋政府内阁司法总长。参加伪华北临时政府后任议政委员会常务委员、司法部总长。

实业部总长：王荫泰①
建设总署督办：殷同
议政委员会委员长：汤尔和
行政部部长：王克敏（兼）
司法委员会委员长：董康
司法部总长：朱深

王克敏　　　　　王克敏（左）与汪精卫、梁鸿志　　　齐燮元

伪"中华民国临时政府"成立后，各地维持会先后并入伪政府系统。1938年2月1日，伪"冀东防共自治政府"正式并入"临时政府"。根据"内阁"责任制原则，伪政府行政权力一并揽在王克敏手中。不久，华北各省相继沦陷，"临时政府"统治区域逐渐扩大到河北、山东、河南、山西4省大部分地区。王克敏在各省市维持会基础上先后设立了山东省（省长马良）、山西省（省长苏体仁）、河北省、河南省（省长萧瑞臣）4个省和北京、天津、青岛3个特别市。

伪"中华民国临时政府"国旗

---

① 王荫泰（1886—1961）：字孟群，山西临汾人。日本东京官立第一高等学校和德国柏林大学法科毕业，回国后在北京政府国务院法制局等处任职。1921年前往东北担任张作霖的顾问。1926年出任北京政府外交部次长，次年任外交总长。1928年任司法总长，同年6月随奉军退往东北。后前往上海担任律师。抗日战争爆发后与王克敏、王揖唐等人叛国投敌，组织临时政府，任实业部总长，日本投降前夕接替王揖唐任华北政务委员会委员长。

华北"临时政府"的核心是王克敏和王揖唐。说到二王的关系，王揖唐还是王克敏的"岳父"。在北洋时代，王揖唐是皖系中坚，王克敏是直系政要，在皖系与直系的角逐中，王揖唐为人老奸巨猾，王克敏对人心狠手辣，两人是水火不相容的冤家对头。到了段祺瑞执政时期，皖系危机四伏，王揖唐为摆脱困境，为自己留条后路，便设法缓和与王克敏的关系，因为他深知王克敏是直系曹锟、吴佩孚的心腹，说话很有分量。于是他将宠妾在妓院收养的一名艳妓小阿凤认作义女，送给了王克敏做姨太太。从此，这对政坛死敌便有了"翁婿"关系，作为老丈人的王揖唐比乘龙快婿王克敏还小 4 岁。这二人表面笑脸相迎，暗地里却钩心斗角。王揖唐不甘久居王克敏之下，总想取而代之。而王克敏也知道一山不容二虎，王揖唐久居华北，是和他争权的主要对手，总想有朝一日把王揖唐逐出华北，以解除他的心腹之患。

"中华民国临时政府"成立后，日本内阁会议出台了《处理中国事变纲要》，明确规定：对"临时政府"派遣"顾问"，"在制定政策大纲方面由日本顾问进行内部指导"。1938 年 4 月 17 日，华北日军司令官寺内寿一与王克敏签订了关于日本政府向临时政府派遣顾问的《约定》，指出：顾问及辅佐官由华北日军派遣，负责对行政、法制、军事、治安及警务等事项进行具体指导；凡设有顾问的委员会、各部、各省市之长官，所有重要事项，必须征得顾问同意后，方可办理。之后，华北日军派出了以汤泽三千男为首的行政、法制、军事 3 名顾问驻伪政府；派辅佐官 15 人分驻各部；各省、市公署派顾问 1 名，并配辅佐官各 4 名，从而将伪政府的权力牢牢控制在日军手中。

同时，日军华北方面军决定由伪政府组建整编伪军，以配合日军对抗日益发展的中国共产党八路军和游击队。根据日军的意图，伪治安部总长齐燮元提出"兴学""建军""剿共"的建军方针，并于 1938 年夏初开始实施。

所谓"兴学"，是以培训伪军建军骨干为目的兴办各种军事学校。华北伪政权先后建立了 4 所军事院校或教导团（队），以及数个训练班，培训了大批伪军军官、军士和技术人员。所谓"建军"，即建立一支名义上归属华北临时政府，实质上听命于日本华北方面军司令官指挥、能够配属日军进行作战的"正规"军队。从 1939 年至 1941 年，共进行了三期建军。1939 年 10 月第一期建军，建立了 3 个集团（相当于旅）、2 个独立团；1940 年 10 月第二期建军，建立了 4 个集团、6 个独立团；1941 年 10 月第三期建军，建立了 3 个集团、2 个独立团，同时改编了 2 个集团。

陆军军官学校

陆军军官学校 1938 年 5 月 1 日在通县成立，齐燮元兼任校长，治安部次长王永泉（日本士官学校第四期毕业，曾任北洋政府福建省长）兼任教务长。该校编制官佐 91 名，士兵夫役 74 名。在教职员中，副教务长、教授部长、中队长均由日本人担任，教官中也有 4 至 5 名日本人。学员队分 4 个中队，每个中队分 3 个区队。

学校招生对象为 20 至 25 岁的"高中或同等学校毕业之学生"，因为学历要求高，而且当汉奸又名声不好，所以报名人数不多，第一次招考只有 177 人笔试及格。5 月 10 日举行开学典礼时，由于人数不足，又进行了第二次招考，最后在 7 月 6 日再次举行开学典礼，当时全校共有学员 383 人，文化程度大部分是高中，少量为师范学校毕业，也有一些大学生。

军校教育以步兵为主，教学内容分学科、术科两种。学科主要有：训育（政治）、战术学、兵器学、筑城学、地形学、日语等；术科主要有：制式教练、野外演习、射击、步兵操典及各种条令及教范。学校教育非常严格，到毕业时约六分之一的学员被淘汰。

学员的待遇也较为优厚，在校的膳食、服装、书籍、文具均由伪政府供给。伙食标准比较高，每周五齐燮元来学校训话时，每人还可以得到二两炖肉的加餐。服装除发给训练用布军服一套外，还发呢军服一套，皮鞋一双，作为外出使用。除吃穿外每月还发津贴 6 元（第五期发到 8 元，第七期发 28 元），家庭困难的学生还可以另发路费 10 元。当时人们生活水平很低，一家三口在京津地区每月 20 至 30 元就可以维持较体面的生活，因此学员的待遇是比较高的。

学校学制一开始定为 1 年，因为中间又加了 3 个月的实习和 1 个月的赴日参观（前三期都有赴日参观），第一期学生实际在校 1 年 5 个月，于 1939 年 10 月 2 日举行毕业典礼，毕业学生 297 人。除少数留校任教，20 名日语较好并成绩优良，被送往日本士官学校继续培训外，其余全部充任治安军排长。

1939 年 10 月，第二期学员招生 1000 名，学员队扩大为 8 个中队，学制也有所延长，并将学校迁到北平德胜门外清河镇原北洋陆军中学旧址（现解放军第二炮兵司令部驻地），故又称"清河军校"。从第四期开始，由于治安军放缓扩编，又将招生名额减少至 600 人左右，学制延长至 2 年。

陆军军官学校总计招生学员 7 期，毕业 5 期。第一期毕业 297 人，第二期毕业 926 人，第三期毕业 706 人，第四期毕业 493 人，第五期毕业 428 人，6 年内总计为伪华北治安军输送排长等初级军官 2850 人。保证了华北治安军的低级军官基本上都是军校出身，特别是在自建部队中杜绝了行伍人员当军官的现象，这在当时是独一无二的。

陆军宪兵学校

1938 年 9 月，伪政权治安部在北平东四四条原北洋宪兵学校旧址成立了陆军宪兵学校，由宪兵司令邵文凯（日本陆军士官学校毕业生，曾任奉军师长，国民党北平宪兵司令，平津沦陷后率宪兵部队投敌）兼任校长。学校编制为教职员 24 人，其中教授部长、4 名教官和 1 名队附由日本人担任。

宪兵学校第一期招生 150 名，分为三类：第一类为学员 30 名，由宪兵部队现役军官 10 名、陆军军官学校学生 20 名组成，学期 6 个月；第二类为学生 40 名，从现役宪兵上士、中士中选拔而来，学期 4 个月；第三类为学兵 80 名，在现役普通宪兵中考选，学期 4 个月。

宪兵课程主要有：法学，包括行政法、刑法、警察法、军事审判法等；宪兵要务，包括宪兵学、侦探学、警察科学等；术科，包括马术、摔跤术、剑术、体操等。

从 1939 年 1 月到 3 月第一期学员陆续毕业，除少数学员回华北治安军任排长外，均分配回伪宪兵队服务，成为宪兵队骨干。2 月，学校继续招学生兵 120 人，其中军士 20 名，宪兵 40 名，中学学历以上学生 60 名。军士和宪兵教育期 4 个月，毕业后充当军士。60 名学生教育期 8 个月，毕业后充当宪兵。以后该校一直陆续招生，直到日本投降。

陆军军士教导团

1938 年 9 月，伪治安部在清河陆军中学旧址成立了陆军军士教导团，招收小学以上文化程度的青年和士兵，主要培养伪军班长，由治安部保卫局长刘凤池任团长。教导团编制官佐 80 名，士兵夫役 216 名，学兵 1000 名。

教导团分团本部及 2 个大队，每个大队下辖大队部及 4 个中队（内重机枪 1 中队），每中队下设 3 个区队。由于招生数量大，从 1938 年 12 月开始陆续入团学习，直到 1939 年 4 月初，才招到学兵 990 名。

教导团主要学习科目有：学科，包括步兵操典、作战要务、射击教范、兵器等；术科，包括阵中勤务、体操、剑术、射击等。原定学制 10 个月，于 1939 年 11 月初结业，由于建军的需要，第一期提前至 9 月底毕业，学习了 8 个半月，毕业学生 800 余名，另向准尉训练班输送学员 100 名。以后又陆续办了两期，共培养了班长级军士 3000 余人。

1941 年 10 月以后，军士教导团并入教导集团，继续从事军士培养工作。可见，伪华北治安军教育比较正规，所有班长都有一定文化并均经过 10 个月的军士教育，这在民国期间也是绝无仅有的。

军士教导团毕业证章

陆军军官训练队

陆军军官学校解决了初级军官问题，但上尉到中校等团营级军官却不是短时间能培养出来的，于是齐燮元又在 1939 年初，在通县陆军军官学校内建立了军官训练队。训练队由齐燮元兼任队长，编制军官 10 人（其中日籍教官 3 人），军士夫役 24 人，学员 170 人。

军官训练队招收"曾在陆军大学毕业或留学外国军事学校及保定陆军军官学校毕业者"及"与保定陆军军官学校同等之陆军军官学校毕业曾任军职二年以上者"。这个标准非常之高，陆军大学是当时中国最高军事学府，上尉以上军官才有资格报考，毕业以后马上可以当中校或上校，抗战初期更是大批学生一出校门就被聘为少将参谋长。而外国军校留学生在当时也很抢手，刚出校门弄个校官是不成问题的。保定军校 1923 年就已经停办，即便是最后一期第九期毕业生，也已毕业 15 年了，按正常早就应该升到中校以上了，而在国军中保定八期的陈诚当时已经提升到陆军中将加上将衔了。至于同等学历其实就是指黄埔军校、东北讲武堂、北方军校、云南讲武堂等，因为当时除了黄埔军校外都已经停办，这些军校的毕业生一般都有 4 年以上的工作经验，当连长不成问题，而专门加的 2 年以上的军职经历，是对中央陆军军官学校（即黄埔）量身定做的，从而保证了加入军官队学员的质量。

军官训练队第一期经考试先后招生 159 人，因为这些军官都有较高的军事素质，所以训练的主要内容是精神教育，灌输齐燮元那套所谓的建军理论，即军队是国家的，是保护人民的，参加治安军是为了忍辱负重来救中国，并不是当汉奸的歪理邪说。在军事方面主要教授一些剿匪警备方面的知识（用于对付共产党游击队）。

军官训练队待遇很高。学习期间，除生活用品全由学校负责外，每月还发津贴30元（第三期增为50元），这在当时足以养活一家3口人。毕业以后担任上尉以上军官，工资120元以上。军官训练队原定学制6个月，因为建军需要，仅学习5个月就提前毕业了。第一期毕业后，又陆续招了第二、第三期，学习时间增加至10个月。该队一共为伪华北治安军培养了300余名连长以上军官。

陆军经理训练班

为了培养军需财务人员，齐燮元在1939年6月成立了陆军经理训练班，以李在中（保定军校毕业，曾任于学忠部军需处长）为主任。训练班编制教职员11人，学员40人，兵夫19名，招考20到30岁之间的高级商业学校或高中毕业生，学制5个月，学习财务方面的知识。11月，第一期37名学生毕业，被派往各部队任少尉军需官。第二期改为学员和学生两队，学员队员额30人，主要招现任军需官进行补训教育，学制6个月。学生队员额100名，学制10个月。

陆军军医训练班

为了培养军医人员，齐燮元在1939年6月成立了陆军军医训练班。该班编制教职员14人，学生55名，兵夫18名，招考国内外医学毕业人员（西医），训练班分医、药两科，学员名额为医科40名，药科15名。所授课目为：内科、外科、军医勤务学、防疫学、制药学、军队瓦斯学等。训练班因为当时医生人数少，地位高，招生很不容易。第一期于10月底毕业，共毕业医科学生19名，药科学生13名，均补入军队任军医官。以后该班仍陆续招生。

译务训练班

为了培养翻译军官，齐燮元在1939年6月成立了译务训练班。该班编制教职员6人，学生40名，兵夫11名，招考高中毕业、精通日文者，学习时间6个月，主要学习日语、语法、军事学及实习。训练班学生毕业后分配至各部队任翻译军官，第二期以后员额增为100名，学习时间也延长至10个月。以后又延长至1年。

准尉训练班

为了培养伪军各部准尉司务长，齐燮元在1939年6月中旬建立了准尉训练班。训练班附设于伪华北陆军军士教导团，教官由教导团官长担任，学生由该团优秀学生选拔100名和宪兵部队选拔中、下士30名，共学员130名。主要学习准尉业务、兵器被服保存要领、珠算、内务条例等，学制2个月。毕业后任伪军各部准尉司务长。以后又陆续招生。

其他专业训练班

为了培养专业人员，伪华北治安军还成立了一些其他训练班，如军法训练班、汽车驾驶训练队、军官候补生队等。军法训练班招收有法学知识的高中生加以训练，至少曾毕业两期。汽车驾驶训练队，抽调各部队一些有文化并聪明的士兵学习汽车驾驶和简易的修理技术，受训6个月后回原部队。军官候补生队，系在各部队的准尉司务长中选送优秀者加以军官知识学习培养，学制一年，考试合格后，有军官任职资格，方可任命为少尉排长。

治安军集团

1939年10月，伪陆军军官学校第一期296名学员毕业后，齐燮元即以这批军官为骨干开始了第一期建军。所建军队为体现日本"治军肃正"精神，称之为"治安军"（俗称"黄协军"）。"治安军"由伪"军官队"、伪"军士教导团"第一期的结业学员和在华北沦陷区招募的伪冀东保安队、原第二十九军在北平成立的宪兵队、黄协军、民团军等地方汉奸武装15000余人编成，齐燮元兼任"治安军上将总司令"。1940年1月14日，在北平武庙举行"建军授旗式"，齐燮元宣称："……'治安军'为担负华北治安之唯一军队……"

第一期组建3个集团（相当于旅），共8个步兵团，这是拼凑出"最早的、比较正规"的华北伪军。集团司令的编制军衔为少将、中将，集团参谋长的编制军衔为上校、少将。集团一般下辖2个团，团下设营、连、排、班，均为"三三"制。每个"集团司令部"内设参谋处、副官处、军需处、军械处、军法处、通讯队、运输队、卫队，处长为中校衔。每个团部设上校团长、日本教导官、中校团副、上尉副官、中尉旗官、上尉司药。每个营部设少校营长、日本教导官、上尉营副、上尉书记、中尉副官。每个连、排设上尉连长、少尉排长、准尉司务长。

"治安军"的编制序列为：

总司令：齐燮元，司令部设北平

第一集团：司令刘凤池①，辖第一、第二团。先驻北平北苑，后移防河北唐山。历任集团司令为：刘凤池少将（1939 年 10 月 6 日任）、李定衡少将（1941 年 7 月 9 日任）、李润泉少将（1942 年 10 月 4 日任）、卢凤策少将（1943 年 3 月 29 日任）。历任集团参谋长为：田申上校（1939 年 10 月 6 日任）、薛式如上校（1941 年 6 月 5 日任）、金绍宗上校（1941 年 11 月 1 日任）。第一团先后由欧阳鹏、杨振标任团长，驻河北遵化。第二团先后由朱文澜、王树绩任团长，驻河北迁安。

治安军第一集团司令部

第二集团：司令黄南鹏②，先驻河北保定西关，后移防河北滦县，辖第三、第四团。历任集团司令为：黄南鹏少将（1939 年 10 月 6 日任，1941 年 11 月 1 日晋升中将）、李瑛少将（1942 年 3 月 20 日任）、栾乐山少将（1943 年 4 月任）。历任集团参谋长为：李瑛上校（1939 年 10 月 6 日任）、徐贯一上校（1940 年 10 月 16 日任）、熊子涵上校（1941 年 7 月 14 日任）、邓大纲中校（1942 年 5 月 8 日任）、齐靖宇上校（1943 年 2 月 4 日任）。第三团先后由齐靖宇、杨琦任团长，驻河北遵化。第四团团长王希岩（王溪若），驻河北唐山。

---

① 刘凤池（1887—1950）：字桐岗，河北保定府蠡县大团丁村（今保定市高阳县西演镇大团丁村）人。清光绪三十二年（1906）毕业于保定北洋陆军速成学堂，历任清廷禁卫军排长、保定军校连长，后入陆军大学。1928 年后历任第三十军教导师长、五十四师代理师长、军事参议院参议等职。1936 年授陆军少将，后升中将。抗战时期先后任伪华北"治安军"第一集团司令、绥靖军副总司令、代理华北政务委员会内政总署警政局长。抗战、解放战争时期，凭借日伪供职的身份和人脉，多次掩护、营救中共地下党员，并在自己住宅掩护中共地下党从事抗日、解放北平的活动，为北平解放做出了一定贡献。

② 黄南鹏（1899—1990）：原名黄维煜，是一位颇具政治影响的台籍将领。1920 年在日本参加抗日爱国组织东宁学会。1936 年任李宗仁、白崇禧代表，参与两广倒蒋行动。1939 年 10 月任伪华北"治安军"第二集团司令。1944 年 5 月，任伪北平宪兵司令兼宪兵学校校长，伪军中将。1945 年与中共地下党建立了秘密联系。1950 年，经香港赴日本。1979 年回到北京，与爱国台胞广泛联系，为祖国和平统一奔波于中日之间。20 世纪 80 年代，国务院侨办、台盟北京市委等有关部门向法院提出更正 1950 年对其"汉奸"的判决，中华人民共和国最高人民法院（1986）刑再字第 12 号文件，对黄南鹏在抗战后期与中共的联系做出肯定。

第二集团司令黄南鹏及其当时使用的墨盒

第三集团：司令刘组笙①，先驻河北唐山马家沟，后移防河北乐亭，辖第五、第六两团。历任集团司令为：刘组笙少将（1939年10月6日任，1941年11月1日晋升中将）、卢凤策少将（1942年10月4日任）、宋廷裕少将（1943年3月29日任）。历任集团参谋长为：赵晋三上校（1939年10月6日任）、罗宝泰上校（1940年10月16日任）、刘云龙中校（1942年3月20日任）、唐椿林中校（1942年10月4日任）。第五团先后由王振声、吴国鸣、张毅超任团长，驻河北遵化。第六团先后由叶荫南、王秀庭、李鸿汉任团长，驻河北遵化。

独立第七团：直属"治安军"总司令部。先后由孙其昌、张寿众任团长，驻河北通县。

独立第八团：直属"治安军"总司令部。先后由陈志平、周绍棠任团长，驻河北迁安。1943年10月后，编入第二集团。

第一批伪军整编完毕后，立即开赴河北的固安、迁安、丰润、涿县（今涿州市）、通县及山东省等地，由于作战能力弱，无法独立作战，只能担负协助日军作战的任务。

---

① 刘组笙：生于1894年，祖籍今河北省黄骅县（今黄骅市）齐家庄。日本陆军士官学校第十六期毕业，曾在旧军阀部队中任职。"七七事变"前，曾任国民党第二十九军参谋长，后辞职隐居北平。抗战全面爆发后投靠日伪，1938年1月在伪华北临时政府治安部当科长，1939年10月任治安军第三集团少将司令，1942年10月任伪华北治安军唐山行营中将主任，1943年12月任教导集团中将司令、伪陆军军官学校校长。抗战胜利后所部被国民党收编，担任国民党新编第九路军新编第二十四军军长、第十一战区保安第一纵队司令、国防部少将部员、保定警备司令部副司令等职。1948年底，所部归属傅作义，编为第一○一军，驻守北平广安门外，刘组笙任第一○一军少将附员，后参加了北平和平起义。新中国成立后，刘组笙享受起义将领待遇，自谋职业在北平开了一家织布工厂，1956年公私合营并入北京帆布厂，1962年1月退休，在北京东城区一所四合院里度过晚年，已病故，卒年不详。

伪华北政务委员会"绥靖军"参加了日军在华北进行的多次大规模"治安强化运动"，承担了在"治安地区"的所有"治安"和在"准治安地区"控制政权和搜寻抗日力量的任务

1940年3月30日，伪"国民政府"在南京成立，以汪精卫为"主席"。当天，汪伪政府正式公布《国民政府政纲》和《还都宣言》，强调："与日本共同努力，本着善邻友好、共同防共、经济提携之原则，以扫除过去之纠纷，确立将来之亲善关系。"同日，临时、维新两个伪政权分别发表解散宣言。4月1日，"中华民国临时政府"宣布解散，改称"华北政务委员会"，下设内务、财务、治安、教育、实业、建设六总署，各置督办一人，分掌委员会的政务。另设政务、秘书两厅，为政务委员会内部机构。

委员长：王克敏

常务委员：王克敏（委员长兼内务总署督办）、汪时璟（财务总署督办）、齐燮元（治安总署督办）、汤尔和（教育总署督办）、王荫泰（实业总署督办）、殷同（建设总署督办）、朱深（政务厅长）7人。

委员：董康、王揖唐、苏体仁、余晋和、赵琪、马良、潘毓九等人。

6署2厅的督办和厅长，除个别做了调整外，几乎全是原临时政府的人马。

"华北政务委员会"在名义上虽然隶属于南京"中央政府"，但在实际上仍拥有所谓"高度自治"的权力，从人事任命到对内施策，以至对外交涉，汪精卫都无权过问。甚至连"国旗""国歌"及"主义"，都不同于汪伪政府的"青天白日满地红"旗、"国民党"和"三民主义"，继续使用五色旗、"卿云歌"和"新民主义"。在金融上仍维持其原有的货币制度。

同时，伪"治安部"改称伪"治安总署"，伪"治安军"也与汪精卫伪军统一改称"绥靖军"，但习惯上仍继续沿用"治安军"的名称。治安部"总长"改称治安总署"督办"，治安总署督办兼绥靖军总司令仍为齐燮元。

王克敏就任华北政务委员会委员长仅2个月零6天，就于1940年6月7日下了台。原来，王克敏自上台后，靠着华北特务机关长喜多诚一的青睐，处处与汪精卫作对，不仅当面与汪精卫顶撞，而且在背后拆汪精卫的台。甚至私下里对周佛海说：我们60多岁的人，做汉奸没几年就死了，汪何必把一些青年人拖下水呢？这话传到汪精卫耳朵里，他觉得是对自己人格的侮辱。因为汪精卫在群奸中总是摆出一副正人君子的面孔，以"党国元老""国家元首"自居，最忌恨别人说他是汉奸，因此对王克敏恨之入骨。更让汪精卫难以忍受的，是汪伪国民政府成立后，王克敏仍以华北为自己的独立天地，不允许汪精卫染指。王克敏的一系列表现，使汪精卫下决心要换掉王克敏。

汪精卫也深知王克敏与王揖唐之间的矛盾。1939 年 9 月，汪精卫、王克敏和梁鸿志在南京会谈组建伪政府时，汪精卫就派人向王揖唐暗送秋波，让王揖唐南下赴汪伪政府出任考试院长。汪伪政府成立后不久，王克敏的后台喜多诚一被调回日本国内，于是汪精卫抓住时机，取得了日本驻华北联络部长森冈的支持，派人到华北政务委员会任职，架空王克敏，并让王揖唐以"典试委员长"名义，北上主持全国高等文官考试。王克敏自知没有了后台，不敌汪精卫，便提出辞职。汪精卫顺水推舟，准其"辞去本兼各职"，王克敏去后所缺各职，均由王揖唐接替。之后，王克敏赴青岛"静心养疴"。

王揖唐上任后，凡事都顺从日本顾问的旨意，自己从不做主。甚至只在上午办公，下午忙于应酬和交际，周旋于风花雪月。这一点连日本人也非常不满，当时有这样的说法："王克敏能做事不听话，王揖唐肯听话不做事。"至于管理、指挥伪军，王揖唐更是外行。他曾恬不知耻地对人说："我从前清混到现在，做人和做官的经验敢说不弱于谁，照我的看法，无耻二字也颇不易得，无论如何，无耻也是做人的手段之一啊！"当初他被清政府派往日本士官学校步兵科学习军事，就因学习成绩跟不上，经常被打，一次年终考试，因两项成绩不及格，被日本教官一脚踢得骨折，住进了医院。不久，学校让其留级，他因感到丢人，便悄悄从士官学校退学，转入法政大学学习法律。王揖唐虽然不干活，但为人圆滑，对日本人的奴颜婢膝达到了令人恶心的地步。1940 年春，日本派遣军总参谋长被调回国时，王揖唐设宴欢送，并呈递感谢状。他在致欢送词中称赞日军参谋长功高勋著，此次离任回国，"真令人有离别慈父之感"。国人对他这种明目张胆、认贼作父的丑行，无不切齿痛恨。1940 年 10 月，王揖唐应邀去日本访问，他参拜了靖国神社，还叩谒了天皇。归国后曾写诗抒感明志，其中一首诗称："八纮一宇浴仁风，旭日荧辉递藐躬。春殿从容温语慰，外臣感激此心同。"诗的开头即对日本军阀征服世界的迷梦加以由衷的赞颂，接着表露了对被接见的感戴心情，奴颜媚骨溢于言表。最后自称"外臣"，简直是"纳表称臣"，表明了甘心作奴才到底的心志。

绥靖军集团

1940 年 3 月，为了对付日益壮大的共产党八路军队伍，日本华北方面军制定了《1940 年度第一期肃正建设》纲要，规定当年秋季伪"治安总署"再新编"华北绥靖军"16 个团。根据日军的要求，10 月，第二批伪军建军完成。新编第四至第七 4 个集团、6 个独立团共计 14 个步兵团和 1 个炮兵队，总兵力 5 万余人。10 月 21 日，新编各团在北平武庙举行了"授旗式"。

第四集团：司令姜恩溥，先驻北苑，后移防山东聊城，辖第九、第十团。

历任集团司令为：姜恩溥上校（1940年10月22日任，1941年晋升少将）、陈志平少将（1942年2月3日任）。历任集团参谋长为：王景和上校（1940年10月16日任）、安雅轩上校（1941年11月1日任）、朱宏上校（1942年5月8日任）、李建善中校（1942年12月21日任）。第九团先后由张众、张治川（张春泉）、萧秉仁任团长，驻河北保定。第十团团长崔福坤，驻河北定县。

第五集团：司令胡恩承，先驻河北通县，后移防河北迁安，辖第十一、第十二团。历任集团司令为：胡恩承上校（1940年10月22日任，1941年晋升少将）、叶荫南少将（1941年7月14日任）、刘化南少将（1942年3月20日任）。历任集团参谋长为：杨琦上校（1940年10月16日任）、康逢祥上校（1941年11月1日任）、绍冠章中校（1942年10月4日任，1943年晋升上校）。第十一团先后由张济川、曹殿卿任团长，驻河北迁安。第十二团先后由刘兴和、张克胜任团长，驻河北迁安。

第六集团：司令宋廷裕，驻河北保定西关，辖第十四、第十五团。1945年夏季，该集团1个团部加1个营反正，此事件即李英儒小说《野火春风斗古城》的主要素材，后被八一电影制片厂改编为革命经典影片《野火春风斗古城》。历任集团司令为：宋廷裕上校（1940年10月22日任，1941年晋升少将）、李瑛少将（1941年11月1日任）、齐荣少将（1942年3月20日任）。历任集团参谋长为：祁继忠上校（1940年10月16日任）、杨学潜上校（1941年11月1日任）、朱文澜上校（1942年5月8日任）。第十四团先后由李瑛、薛式如任团长，驻河北保定。第十五团先后由卢凤策、杨景武任团长，驻河北定县。

值得一提的是祁继忠这个人，清宫遣散太监后到了宫里，由于受到溥仪的青睐，成为身边近侍。后随溥仪到达天津，并和郑孝胥、罗振玉里应外合，把溥仪藏进后备厢，送上贼船到达东北。他是随溥仪去东北的3个随侍之一，后被保送留学日本士官学校，中途因与皇后婉容发生暧昧关系暴露，被学校开除。"七七事变"后，在日本人的介绍下，来到华北伪军中任职，摇身一变成为上校，最后军衔至少将。抗战胜利后，由于民愤很大，以反革命罪被镇压。

第七集团：司令马文起，先驻河北唐山马家沟，后驻河北永清，辖第十八、第十九团。历任集团司令为：马文起上校（1940年10月22日任，1942年晋升少将）、薛式如上校（1943年8月13日任）、赵晋三中将（1944年4月26日任）。历任集团参谋长为：邵化民上校（1940年10月16日任）、刘之初上校（1941年12月17日任）、杨冠英中校（1942年10月4日任）、王仁轩中校（1943年3月31日任）。第十八团先后由汪蕴珊、刘凤梧任团长，驻河北丰润。第十九团先后由赵愚生、刘兆瑞任团长，驻河北丰润。

这次还新建六个独立团：

独立第十三团：驻涿县，后来在马家沟改为工兵团。

独立第十六团：先后由张吉厚、冯寿彭任团长，驻河北正定。1943 年 10 月后，该团编入第六集团。

独立第十七团：在天津建立，先后由顾海清、刘凤翔任团长，驻山东长清。1943 年 10 月后，该团编入第四集团。

独立第二十团：在滦县建立，先后由刘征、高首三任团长，驻河北迁安。1943 年 10 月后，该团编入第七集团。

独立第二十一团：在济南建立，先后由赵晋三、卫鹏任团长，驻山东掖县（掖县，今已撤销）。在第三期建军时，将该团编入了第八集团。

独立第二十七团：由齐鸿超任团长，驻山东济南。1943 年 10 月后，该团编入第四集团。

炮兵队：先后由冯慕曾、牛振达、白玉恩任队长。

此外，还建立了军医训练班、军需训练班，均隶属治安总署。

随着日军在中国战场越陷越深，他们感到兵力也越来越捉襟见肘。尤其华北是中国共产党武装最为活跃的地区，也是日军认为"治安最差"的地区。因此，为了巩固华北的稳定，华北方面军决定在 1941 年继续支持伪军扩充兵力，力争使治安军的主力达到不依靠日军，能独立承担该地区治安的任务。于是，"华北政务委员会"除将编练完毕的伪军大部分派往冀东外，又于 1941 年 10 月进行了第三次扩军，共新编 3 个集团：

第八集团：司令宋廷裕，驻山东平度，初辖独立第二十一、独立第二十二团，后辖①第二十一（原独立第二十一团）、第二十二（原独立第二十二团）、第三十四团（原独立一〇七团）。历任集团司令为：宋廷裕少将（1941 年 11 月 1 日任）、徐贯一少将（1942 年 10 月 4 日任）、王＊＊少将（1943 年 4 月任）。历任集团参谋长为：祁继忠上校（1941 年 11 月 1 日任）、冷兆一中校（1942 年 2 月 24 日任）。第二十一团先后由赵晋三、卫鹏任团长，驻山东掖县。第二十二团先后由熊毅、唐大后任团长，驻山东益都。第三十四团团长滕泽龙，驻山东莱阳。

第九集团：司令傅经武，先驻河北唐山马家沟，后驻河北宛平，辖第二十五、第二十六团。历任集团司令为：傅经武少将（1941 年 11 月 1 日任）、田文炳中将（1942 年 3 月 20 日任）、王斌少将（1942 年 10 月 4 日任）、邓大纲少将（1944 年 6 月任）。历任集团参谋长为：唐昆上校（1941 年 11 月 1 日任）、李骏若上校（1942 年 4 月 10 日任）、洪作武中校（1943 年 1 月 25 日任）。第二十五团由关增伦任团长，驻河北滦县。第二十六团由康慕飞任团长，驻河北滦县。

---

① 文中各集团所辖团的"初辖"指组建之初的情况，"后辖"指 1943 年 10 月以后的情况。

教导集团：司令齐燮元（兼），驻河北通县，辖军士教导团、步兵教导团。先后将"军官训练队""军士教导团""译务训练班"并入教导集团。历任集团司令为：齐燮元上将（1941年11月1日兼任）、刘组笙中将（1943年12月14日任）。历任集团副司令为：田申少将（1941年11月1日任）、李海天少将（1943年12月14日任）、洪作武中校（1943年1月25日任）。军士教导团由刘锡吾任团长，驻河北通县。步兵教导团由徐延祺任团长，驻河北通县。

同时，新建了独立第二十三、第二十四团。

1941年12月11日，伪第八、第九集团下辖各团在北平武庙举行了"授旗式"。

伪绥靖军授旗仪式

在新编3个集团的同时，又将原伪"华北警备队"（前身系冀东伪保安队）改编为第一〇一集团，将伪"剿共军"第二路改编为第一〇二集团，将伪"剿共军"第三路缩编为第一〇七团（1943年10月后编入第八集团）。1942年5月2日，伪第一〇一、第一〇二集团下辖各团和第一〇七团在北平武庙举行了"授旗式"。

第一〇一集团：组建于1941年9月，司令王铁相，驻河北密云，辖一〇一、一〇二、一〇三团和炮兵队（团级）。历任集团司令为：王铁相中将（1941年9月27日任）、田文炳中将（1941年10月6日任）、李燮坤少将（1942年3月20日任）、杨琦少将（1943年5月任）。历任集团参谋长为：李骏若上校（1941年10月17日任）、杜帆扬中校（1942年6月20日任）、南宫辰上校（1942年10月4日任）。第一〇一团由钱富安任团长，驻河北遵化。第一〇二团由纪振华任团长，驻河北玉田。第一〇三团由章三任团长，驻河北滦县。

田文炳是河南新乡人，自幼读儒书，弱冠从军，保定军校出身，是齐燮元的红人。靠着这重关系，他于1943年出任河南省第三任伪省长。衣锦还乡的他本想大显身手，博取日本主子的赞许，但没有想到任职以后，其所作所为没有使日本人满意。加之没有得力助手，孤掌难鸣，任职一年多，出力不讨好，于

1944 年 3 月下旬被解职。

第一〇二集团：组建于 1941 年 9 月，司令高德林，驻河北邢台，辖一〇四、一〇五、一〇六团。历任集团司令为：高德林少将（1941 年 9 月 27 日任，1943 年 6 月 28 日晋升中将）。历任集团参谋长为：庞定远中校（1941 年 10 月 31 日任）、姚景洙上校（1942 年 12 月 21 日任）。第一〇四团由孙清泉任团长，驻河北清河。第一〇五团由庞定远任团长，驻河北沙河。第一〇六团由赵玉德任团长，驻河北南宫。

华北"绥靖军"

1943 年 1 月 9 日，汪精卫伪政权对英美宣战，日本要以华北为后方兵站基地，倡议所谓的"努力增产，集中人力物力、精神总力"的口号，以达到他们"以战养战"的目的。王揖唐在华北主政两年半以来敛财无度，广大人民对其卖国行为更是恨之入骨。日本人也认为不能再指望这一汉奸完成建设后方兵站基地的任务。2 月 9 日，日本人通知汪伪政权把他免职。王揖唐所遗委员长一职，由朱深继任，原兼任的内务总署督办派齐燮元以治安总署督办兼任。早在 1942 年 11 月，日本华北联络部改为日本驻北京使馆，联络部原任部长森冈去职，由次官盐泽清宣升为公使。齐燮元因与森冈关系密切，受到盐泽的赏识。现在趁着华北人事变动的机会，齐燮元总揽了军政大权，一切由齐燮元说了算，朱深成了傀儡。

不到半年，年迈多病且庸懦无能的朱深得了黄疸病，于 1943 年 7 月 2 日病死。日本驻华北驻屯军司令官寺内寿一经过一番权衡，最后通知汪伪政府仍以王克敏为"华北政务委员会"委员长。汪精卫虽然十分不愿意，但也不敢违背日本主子的决定，无奈只得接受现实。7 月初，日本军部用飞机把王克敏从青岛接回北平，5 日，王克敏重新登台。

1943 年 9 月，齐燮元又将第一〇一、第一〇二集团改编为第十集团和第十一集团：

第十集团：即原第一〇一集团，改称第十集团后移防河北玉田，辖第二十八团（原一〇一团）、第二十九团（原一〇二团）、第三十团（原一〇三团）。历任集团司令为：李燮坤少将（1943年9月任）。历任集团参谋长为：南宫辰上校（1942年10月4日任）。

第十一集团： 即原第一〇二集团，改称第十一集团后仍驻河北邢台，辖第三十一团（原一〇四团）、第三十二团（原一〇五团）、第三十三团（原一〇六团）。历任集团司令为：高德林中将（1941年9月27日任，1943年6月28日晋升中将）。历任集团参谋长为：庞定远中校（1941年10月31日任）、姚景洙上校（1942年12月21日任）。

至此，伪"绥靖军"共辖12个集团、32个团，共4万余人，号称"10万大军"。

伪华北治安军（绥靖军）团长以上高级军官都为正规军校出身的资深将领。连长到副团长军官，用招收的正规军校毕业并有带兵经验的优秀学生加以训练、洗脑后充当。排长用在高中学生中招收的青年，加以军校培养后充任。准尉司务长，在军士训练班中择优挑选，训练后充当。班长用在各地招收的知识青年加以训练后充任。除此之外，还招收社会上有专业技能的青年，培训了一批宪兵、军需、军医、军法、翻译等人才。可以说，伪华北治安军（绥靖军）是一支装备精良、各项制度完备、兵员素质较高的伪军部队。这支部队建制整齐，军官全由军校出身，杜绝行伍人员的进升之路，甚至班长也必须高小以上毕业并经过军士教导团的训练才能充任，士兵也只收良民，并且都要求识字。其要求之严格、参军门槛之高，堪称近代中国最正规的军队之一。

王克敏重登华北伪政权最高权力宝座之后，打着响应日本所谓战时体制需要的旗号，与亲信王荫泰等人趁机对华北政务委员会机构进行改组，剪除异己，以报昔日一箭之仇。此番裁撤归并机构，重点在齐燮元身上动刀。因齐燮元手下有军队，为预防其生变，王克敏先把汉奸荣子恒部队由山东调驻北京近郊，事前与齐的亲信、河北省省长杜锡钧①商妥由他继任齐燮元的职务，分散了齐的实力。1943年11月10日，将齐燮元常务委员、治安总署督办和绥靖军总司

---

① 杜锡钧（1880—1945）：字鸿宾，直隶省河间府故城县（今河北故城）前香坊村人。早年加入湖北新军，日本陆军士官学校第四期毕业。归国后，历任湖北省新军第八镇管带、第二协统领。辛亥革命后参加革命，被任命为湖北军政府军令部部长、北伐军第一军总司令官。1912年后，先后任湖北第四师中将师长、汉口镇守使、汉黄镇守使。1926年2月，被吴佩孚任命为湖北省省长，因遭反对而未能就任，改任留守军司令。吴佩孚失势后，杜锡钧下野，隐居天津。1938年投靠日本，在华北政务委员会治安总署任职。1943年3月兼任河北省省长，11月伴随华北政务委员会改组，任治安总署督办兼华北绥靖军总司令。1945年2月离任河北省省长和绥靖总署督办，只担任华北政务委员会常务委员。日本投降后，杜锡钧被国民政府逮捕，于1945年被处决，终年66岁。

令各职一并革除，杜锡钧出任伪"治安总署督办兼华北绥靖军上将总司令"。

1943年12月30日，汪伪政府最高国防会议举行第三十六次会议，决定从1944年1月1日起，将华北政务委员会"治安总署"改称为"绥靖总署"。

此时，伪华北绥靖军的实力为：

第一集团：司令李润泉

第二集团：司令李瑛

第三集团：司令宋廷裕

第四集团：司令陈志平

第五集团：司令刘化南

第六集团：司令齐荣

第七集团：司令马文起

第八集团：司令徐贯一

第九集团：司令王斌

第十集团：司令李燮坤

第十一集团：司令高德林

教导集团：司令田中

另外，在唐山设有华北绥靖军行营，刘组笙为主任。以上各部和伪华北政务委员会一样，名义上归属汪伪军事委员会，实际上完全是驻华北日军的附庸。

王克敏复出一年半，因病于1945年2月8日去职。"华北政务委员会"于当月再次改组，王荫泰任"委员长"，门致中中将任伪"绥靖总署督办兼华北绥靖军总司令"，并于3月底晋升为上将。

门致中，字清源，吉林人，1889年出生，保定陆军军官学校一期步科毕业，曾在冯玉祥麾下任团、师、军长。后任国民政府军事委员会委员、国民党宁夏省政府主席，冀察政务委员会委员兼建设委员会主席等职。1940年参加了汪精卫伪国民政府，任军事委员会委员。1945年2月，接替杜锡钧就任华北政务委员会治安总署督办兼华北绥靖军总司令。

1945年3月，伪"绥靖总署""招安"了山西长治一带的地方伪军"山西剿共军"6000余人，组建了第十二、第十三集团，下辖6个团。4月11日，伪第十二、第十三集团下辖各团在北平怀仁堂举行"授旗式"。同日开始，伪"华北绥靖军"军旗样式由北洋政府时期的五色旗改为伪"国民政府"的青天白日旗。

第十二集团：驻山西沁阳，辖第三十五、第三十六、第三十七团。集团司令：李宝森少将。集团参谋长：段炳昌上校。

第十三集团：驻山西寿阳，辖第三十八、第三十九、第四十团。集团司令：杨诚少将。集团参谋长：何焜上校。杨诚原系国民党骑兵第一军的团长，抗战后期率部投敌。

门致中

"华北政务委员会"自出笼到解体5年多，由于有日军华北方面军在背后撑腰，与汪伪"中央"政权始终若即若离，甚至公然分庭抗礼。在至关重要的统治区域划分问题上，原"临时政府"并无明确管辖地区的规定。日本军部曾主张将长城以南至河南省旧黄河以北划归华北，目的是把长城线、正太线、陇海线作为对苏用兵的三条防线。汪伪政权成立时，为安抚汪精卫，日本军部满足了他将河南全境交南京方面管辖的要求。但事实上，不仅旧黄河以北仍由"华北政务委员会"控制，且河南省历届伪省长一职均由"政务委员会"委任。华北沦陷区的政治、经济、军事、文化一切事务，也仍由日军华北方面军及其傀儡政权负责，汪伪政权根本无法插手。

从齐燮元、杜锡钧到门致中，在7年间伪华北政权共编练"治安军"（绥靖军）14个集团，集团一般下辖2至3个团，合计41个步兵团。每集团3000余人，轻机枪54挺，重机枪及迫击炮各8挺（门），捷克步枪2400余支。总兵力约5万人。

无论是称"治安军"，还是叫"绥靖军"，其主要任务不是和国民党军队作战，而是专门用于"剿共"。1941年5月至1942年，治安总署先后将19个团及炮兵队调往冀东，并在河北滦县建立"华北绥靖军总司令行营"，执行"……把冀东的治安完全恢复……与皇军互相提携，以共同力量彻底覆灭共军……"的任务，作战重点是八路军冀东军区李运昌部。另外，将9个团部署在山东，进攻八路军山东军区部队。事实上，"治安军"在与八路军及其游击队作战中，并没有达到日军提出的"独立作战"的预期目的，反而被八路军先后全歼其第四、第十2个团和炮兵队，重创其2个团大部、5个团一部，击毙7

名团级军官。其余各部，亦屡遭沉重打击。由于连续的失败以及军官克扣军饷、日本顾问的打骂，伪军越来越惧战、厌战，逃亡、反正事件不断发生，编制严重不足，原定建军10万人的计划始终没有实现。

"治安军"（"绥靖军"）在抗日战争中与日军狼狈为奸。作为日本侵略者的帮凶，他们经常随同日军一起与抗日军民作战并烧杀抢掠。对同样属于自己的国家和人民犯下了累累罪行。1941年春季至1942年底日军在华北进行的5次大规模"治安强化运动"，即大规模会战中，华北伪军承担了在"治安地区"（日伪占领区）的所有"治安"和在准治安地区（抗日游击区）控制政权和搜寻抗日力量的任务。1941年3月30日，华北日伪军开始第一次"治安强化运动"时，伪"华北政务委员会"委员长王揖唐在布告中恬不知耻地说："我全体军、官、民，应同心同德，不能只依靠友军的力量，而应积极主动地做好治安工作，通过自己的努力，将华北建设成为幸福的乐土。"在整个"治安强化运动"中，伪军共投入部队10余万人次，参加同八路军作战、对抗日根据地"扫荡"190余次，致使抗日根据地、游击区人口减少，八路军也由1940年的40万减少到1941年的30万人。

此外，随着日军战线的延长，伪军又担负了除一些大中城市外的所有城镇和乡村据点守卫的任务，他们为虎作伥，为日军控制与巩固占领区，警备交通线，并在占领区搜刮民脂民膏，为日军提供了大量的战争物资和给养。仅1940年一年时间，伪军就帮助日军从华北运走煤炭450万吨、铁矿石30万吨、棉花42.8万担。

共产党八路军对于伪军部队，采取了分别对待的方针，对那些被迫或受利诱而投降的伪军，以分化瓦解为主，对那些死心塌地充当日军走狗的伪军则坚决消灭。百团大战后，彭德怀、左权、罗瑞卿于1941年1月6日联合发出《关于目前作战策略的指示》，专门指出要"想尽一切办法进行伪军工作"。年底，中共中央北方局召开扩大会议，彭德怀在《敌寇治安强化运动下的阴谋与我们的基本任务》报告中，又强调了瓦解、争取伪军工作的重要性。于是，八路军利用布撒传单、张贴布告、亲人规劝、打入内部、战场喊话、释放俘虏、惩办极恶等做法，揭露日军的残暴，宣传我党我军的政策，在伪军中产生了重大影响，争取了一批又一批伪军反正。如1942年12月上旬北岳军区发动的突击宣传周中，俘获近6000名伪军和伪组织人员，到抗日根据地经短期教育后释放，给伪军造成极大震撼，对争取和瓦解伪组织起了很大作用。1945年6月太行军区发起的安阳战役中，伪军2000余人投诚。

1945年8月抗日战争结束时，伪华北"绥靖军"的编制、驻地如下：

总司令：门致中，副总司令：胡毓坤

第一集团：司令孙凤祥，驻河北唐山

第一团：团长门万福

第二团：团长枪培丞

第二集团：司令栾乐山①，驻河北滦县

第三团：团长韩行发

第八团：团长赵连壁

第三集团：司令曹凌霄，驻河北乐亭

第五团：团长刘石

第六团：团长张东坡

第四集团：司令田申，驻山东聊城

第九团：团长张玉环

第十七团：团长王战壹

第二十四团：团长王树国

第五集团：司令刘化南，驻河北迁安

第十一团：团长杨德藩

第十二团：团长张克胜

第六集团：司令齐靖宇，驻河北保定

第十四团：团长王礼崇

第十五团：团长朱殿明

第十六团：团长庞锡九

第七集团：司令薛式如，驻河北永清

第十八团：团长郑希成

第二十团：团长白毓英

第八集团：司令王铁相，驻山东平度

第二十一团：团长卫鹏

第二十二团：团长曹际便

第九集团：司令康慕飞，驻河北宛平（今北京丰台区）

第二十五团：团长万圣＊

第二十六团：团长潘孝五

第十集团：司令李海天，驻河北玉田

第二十八团：团长杨英夫

---

① 栾乐山（1910—1951）：又名法章，辽宁开原人。东北讲武堂第七期毕业。1932年任抗日救国军第五路司令，在辽宁中部地区进行抗战。1934年投靠日伪，曾任伪河北省滦县保安团团长，伪华北绥靖军第二集团司令。抗战胜利后所部被国民党收编，任第十一战区暂编第一路军第二纵队代副司令，1948年任国民党第一〇一军第二七一师少将师长。1949年1月在北平被俘虏。1951年8月22日被处决。

第二十九团：团长薛洛新

第三十团：团长王德瑞

第十一集团：司令高德林，驻河北邢台

第三十一团：团长李忠保

第三十二团：团长杨似玉

第三十三团：团长赵玉德

第十二集团：司令李宝森，驻山西沁阳

第三十五团

第三十六团

第三十七团

第十三集团：司令杨诚，驻山西寿阳

第三十八团：团长王国栋

第三十九团：团长周天顺

教导集团：司令刘祖笙，驻河北通县（今北京通县）

总计，华北伪军总兵力5万5千人，枪械4万4千余支。

1945年8月12日、13日，为了争取华北伪军，胡宗南派1名上校军官，在1名美军少校的陪同下，空降到北平、通州之间，然后到达华北伪军司令部，了解伪军的分布、日军的现状以及华北地区八路军的情况。

8月15日，日本宣布投降的当日，伪华北绥靖军总司令部就接到了国民党政府的命令，改称为"华北先遣军总司令部"，以门致中为总司令。命令指示伪军：固守现地，等待国军。

接到"任命"后不久，国民党第十一战区前进指挥所以及美军的先遣人员也到达华北。门致中认为有必要再派人去重庆一趟，以便同蒋介石直接取得联系。通过与美军协调，8月下旬派伪军总部宣导局长邵青携带伪军实力状况、兵力驻地，以及有关八路军在华北地域内概况等文件，乘坐美军飞机飞往重庆。途径西安时，还受到了胡宗南的接见。9月1日，蒋介石在重庆上清寺官邸接见了邵青，在邵青将华北伪军分布概况做了说明后，蒋介石指示："要守住华北各大城市，安心地等待国军，政府是宽大的。特别是对北平、天津、保定、济南、唐山等大城市必须加强防守，不要为坏人所乘。"[①]

随后，华北绥靖军所属14个集团由国民党北平行辕改编为暂编第一路（相当于集团军），下辖2个纵队（相当于军）4个总队（相当于师），步枪

① 邵青，《日本投降后蒋介石勾结利用华北伪军的经过》，《文史资料选辑》第四十二辑，中国文史出版社，2000年。

18292 枝，机枪 913 挺，其中司令部直属 758 人，第一纵队 18622 人，第二纵队 18290 人，共计 37670 人。

其编制序列为：

暂编第一路：司令门致中，司令部驻北平

第一纵队：司令刘祖笙，辖第一、第二总队，司令部驻石景山

第二纵队：司令高德林，辖第三、第四总队，司令部驻保定

9 月中旬，国民政府军事委员会为了掩人耳目，又将助纣为虐、犯下滔天罪行的华北伪军"暂编第一路"改编为"陆军第九路军"（又称"河北先遣军"），门致中任中将总司令，归国民党第十一战区所属高卓东指挥，第十一战区派军务处副处长蒋中光任第九路军参谋长。部队主要军官由孙连仲颁发了委任状。至此，华北所属伪军全部纳入国民党军队序列。

1945 年 9 月底，戴笠在南京、上海抓捕了两地的大汉奸后，又到了华北。他首先去看望了王荫泰。对他许诺，华北政务委员会的问题将作政治解决。即"不用极端手段，只没收你们一部分财产，今后不让你们参与政治！"并让王荫泰向各位政要发出请帖，说戴笠要请大家一齐喝酒，同时共商他们未来的命运问题。10 月 6 日晚，原伪临时政府的首要分子纷纷集中于原经济总署督办汪时璟的住宅。这时，戴笠脸色一变，冷冷地说："从现在起，你们都是被捕的人犯，将被送进北平炮局监狱，请诸位不要自动，这是中央的命令！"说完一挥手，军统特务和宪兵队冲进宴会厅，将众汉奸一同拿下。其中有：王克敏、王揖唐、王荫泰、刘玉书（伪北平市长）、黄南鹏（北平宪兵司令）、汪时璟（伪中国联合银行总裁）、杜锡钧、曹汝霖（伪华北政务委员会咨议委员）、董康（司法委员会委员）、周作人（教育总署督办）、荣臻（伪河北省省长）等 50 余人。同一天，军统局天津站逮捕了原华北政委委员会绥靖总署督办齐燮元、原冀东防共自治政府主席殷汝耕，伪天津市市长关迪平、伪山东省省长杨毓珣，政务委员会常委文元模、苏体仁等 90 余人。

1945 年 10 月 10 日，在北平举行了日本"华北方面军"投降仪式，门致中也以"第九路军总司令"的头衔参加受降。1946 年 6 月初，慑于民众的压力，国民政府宣布解散"第九路军"，门致中看到国民党政府政权摇摇欲坠，便辞职溜到香港去了，华北伪军的大部（校尉军官和精壮士卒）被编入华北国民党军各部。1951 年门致中在香港脑出血病死，终年 63 岁。

1945 年 12 月 25 日，王克敏在被捕 20 天后，72 岁的他在炮局监狱畏罪自杀，逃脱了法律的制裁。王克敏死后，由其妾小阿凤及女婿邵某领尸装殓，在柏林寺停灵 3 天后，便草草埋葬。

齐燮元在军事法庭上受审的时候，硬气得很，他说："汪精卫是汉奸，因

为他听日本人的；蒋介石是汉奸，因为他听美国人的；毛泽东是汉奸，因为他听苏联人的。我齐燮元不是汉奸，因为我只听我自己的。"1946年春，齐燮元在南京被判死刑，在雨花台被枪决。

1946年10月8日，王荫泰被首都高等法院一审判处死刑，剥夺公权终身。他早年留学日本、德国时学习法律，此时充分发挥其特长，提出法院诉讼程序违法，并指出错误部分共14条，最后又列举"有利于人民之行为"数十条，要求复审。1947年9月19日，最高法院判决："原判撤销，发回首都高等法院更为审理。"首都高等法院的审判官重审时，将怨气都撒在王荫泰头上，仍判处他死刑。王荫泰据法理力争，要求再审，最后经最高法院改判为无期徒刑。对此，王荫泰还嘲弄说："一群不懂法理的法官，恃强误判，国之不幸也。"最后，他被关押在南京老虎桥监狱中，1949年后改押在上海提篮桥监狱，1961年12月15日在狱中病死。

1946年3月，北平高等法院开庭审讯王揖唐时，他出示了他昔日部下、时任监狱法医陈礼之作的"王犯病势严重，不能作畅达语言"假证明，他的装病使审讯中断。到了5月，在北平的汉奸们多数被押解到南京受审，王揖唐因为"有病"留在了北平。直至9月4日，才再次开庭，但王揖唐仍在法庭上装病，一言不发。于是当时有人戏谑："王揖唐进法庭——一言不发！"当各地的审判汉奸活动基本结束、许多大汉奸在刑场身首异处时，王揖唐连一审都没有完成。

王揖唐的案子久拖不决，引起了社会各界的不满。最后连蒋介石也知道了此事，对毛人凤说："近日来，一些参政议员纷纷写信给我，说我们肃奸工作软弱无力，王揖唐的案子就是一例，这个事情一定要在今年解决！"于是，由河北高等法院刑二庭庭长何承焯再次主审。王揖唐自知罪行重大，于是大耍花招，每次侦讯时都装聋作哑。1947年秋，他委托律师刘煌等，突然举行记者招待会并发表声明。他承认附逆降敌，有罪于国，同时却反戈一击，声称何承焯曾在自己手下伪司法总署任职，是一小汉奸。称"以小汉奸高踞堂上审大汉奸，将何以杜悠悠之口"。消息传出，九城轰动。南京司法部只得撤销何承焯职务，另委派吴盛涵为刑二庭长，重新审理王揖唐汉奸案。在以后的侦讯中，王揖唐仍装病，对法庭询问，哼哼哈哈，不做明确回答。

最终，王揖唐没有逃过正义的审判。几个月后，法院再度开庭审判，王揖唐被判处死刑。1948年9月，南京最高法院复判核准执行。10日，王揖唐在北平姚家井第一监狱执行死刑时，大放悲声："饶命啊，请蒋总统开恩啊。我已是71岁的老人了，让我自己死吧，千万别枪毙我，哇哇哇！"

行刑的狱警鄙笑道："什么样的犯人都见过，像这样死到临头还大哭大嚷的，不多。"

王揖唐还在哭喊，声音传得很远。枪声响了，哭叫声戛然而止。

　　人们数着枪声，有的说响了五声，有的说响了六声，报上公布的说是响了七声。临死前张嘴大喊"饶命"，更令人觉得其一生肮脏无耻，这就是狱警连开数枪之谜。

伪 "中华民国国民政府" 军队

20世纪30年代的华中地区，东临黄河，西迄汉水，南跨长江三角洲，北枕陇海铁路，包括江苏、安徽两省全部和鄂豫浙各一部。该地物产丰富，人口众多，交通便利，工商业发达，在政治、经济和军事上具有重要的价值。

1926年，日本帝国主义在制定对中、俄、美综合作战计划时，就提出调派1个军3个师团用于中国上海和汉口方面作战。在侵占我国东北之后，胃口大开，又将魔爪伸向了这块宝地。对他们来说，华中地区不仅是掠夺中国人力、物力，"以战养战"的重要区域，也是实施其南进计划的后方基地之一。因此，"九·一八"事件后不久，日军便赤裸裸地进攻上海，制造了"一·二八"事件，这一行动绝非偶然。

在华中，日军最初是通过汉奸维持会来行使地方政权。1932年1月28日，日军进攻上海时，就物色汉奸律师胡立夫、前任陆军部执法院长姚子都、汽车行大班程享昌、流氓常玉清等人组织了"闸北人民地方维持会"。淞沪战事结束后，日军向华中派遣了大量间谍、特务、浪人，进行各种活动。特别是日本陆军士官学校毕业的浪人井上日昭，在1937年"八·一三"淞沪抗战前，把日本黑龙会特务学校训练的60多名特务派往上海，在虹口南京路哈同大楼开设了"通原洋行"（后改称"井上公馆"）特务机关。淞沪战事再起后，他们勾结汉奸，不仅搜集中国政治、军事情报，还暗杀、绑架了许多抗日进步人士，捣毁了中国银行同孚路分行。1937年12月5日，淞沪会战结束后，井上日昭协助日本占领军在浦东成立了华中地区第一个汉奸政府——"上海市大道政府"。

"上海市大道政府"由苏锡文①任市长，"首都"设在浦东区东昌路，以太

---

① 苏锡文（1889—1945）：曾用名松治、有详，福建厦门人。毕业于日本早稻田大学。曾任中华民国福建省财政局局长、广东大元帅府财政署长兼民政司长等职务。后脱离国民党，赴上海持志大学任教。1937年12月5日，在日本扶持下任"上海市大道政府"市长。1938年4月28日，改任上海市政公署督办，同年10月16日，任上海特别市政府秘书长。1940年傅筱庵被刺身亡后，曾短暂代理上海市市长一职。1945年病逝。

极旗为"国旗"。设置秘书处、特区办事处、社会局、警察局、财政局、教育局、卫生局、土地局、交通局、工务局、肃检局、地方政务总署等12个部门。区域划分为浦东区、南市区、沪西区、闸北区、市中心区、吴淞区、北桥区、嘉定区、宝山区、奉贤区、南汇区、川沙区和崇明区。

上海市大道政府旗帜　　　　　　　苏锡文

这个汉奸组织，主持者多是当地劣绅和恶棍流氓，在沦陷区人民心中口碑很差。成立后与日本签订了一系列卖国"和约"，充分暴露了日本奴才的面目，被上海市人民戏谑为"大盗政府"，受到社会各界的唾弃。

在南京，日军也物色了清末遗老陶锡三为"自治委员会"会长，公开打出了"自治"的旗号。活动经费全部由日军供给，管辖范围仅限于南京城区。

随着国民党军队节节败退、占领区逐步扩大，日军也认识到这些人根本不能帮助他们统治中国人民，"以战养战"。于是，便开始网罗一些较有声望的政治人物，酝酿成立新的汉奸政府。

1938年3月伪维新政府　　伪维新政府沿用北洋政府的五色旗
　在南京成立　　　　　　　　作为"国旗"

1938年3月28日，在日本华中派遣军操纵和"井上公馆"协助下，在南京原国民党中央大礼堂成立了以汉奸梁鸿志、温宗尧、陈群①、任援道等人组成的伪"中华民国维新政府"。"上海市大道政府"改隶维新政府，4月28日改组为中华民国督办上海市政公署，苏锡文任督办，改挂五色旗，设秘书处、肃检处、教育科、财政局、警察局、社会局、交通局、地政局、塘工委员会、特区办事处。10月15日，公署从浦东东昌路迁到市中心区（江湾）办公，并改组为"上海特别市政府"。

伪"维新政府"成员

伪"维新政府"设两院八部，辖三省两市。两院为行政院（院长梁鸿志）、司法院（院长温宗尧），八部为财政、内政、绥靖、实业、司法、外交、铁道、教育部。下辖江苏、浙江、安徽三省和南京、上海两市。伪政府成立后，日本军部认为"井上公馆"已经没有必要继续存在，予以撤销，由新成立的侵华官方机构"上海特务机关"行使其职能。

绥靖部是维新政府的军事领导机构，设在新亚酒店三楼，由任援道任部长，并开始成立绥靖军，用于对付活跃于江南一带的抗日游击武装。

无论是伪"中华民国维新政府"，还是日军在华北扶植的伪"中华民国临时政府"，都缺乏在全国发号施令的权威，无法形成对国民政府的威胁，这始终是日本政府的一块心病。1938 年 5 月 26 日，日本近卫内阁改组后，为了在当年解决"中国事变"，决定起用中国政界"第一流"人物，建立亲日新政权，进而削弱国民政府和中国民众的抗战意识。于是，日本帝国主义将目光瞄向了亲日、恐日的国民党第二号人物汪精卫[①]。

此时，在日寇势如破竹的攻势下，汪精卫早已没有了当初刺杀载沣时"慷慨歌燕市，从容作楚囚，引刀成一快，不负少年头"的浩然正气，颓变成一个丧失民族气节的软骨头。淞沪抗战爆发后，有一次他在总理纪念周会上发表演讲，大肆对日本妥协进行辩解。他大谈中国的积弱，而日本已有 18 年之准备，实力雄厚。因此，对于日本之侵略，只能一面抵抗，一面交涉，不可采取战争的办法。"以我国现在军备与日本较量，等于弓箭与机枪，若贸然与之宣战，将必演成义和团第二"。

在这种思想作祟下，汪精卫派遣心腹高宗武、梅思平与日军秘密进行联系，商讨进行合作的事宜。1938 年 11 月 20 日，高宗武、梅思平与日方今井武夫、影佐祯昭、犬养健、伊藤芳男 4 人在上海虹口公园附近日本特务机关重光堂签订了妥协的《上海重光堂秘密协议》。其中包括《日华协议记录》及《日华秘密协议记录》《日华协议记录谅解事项》，并且制定了《中国方面的行动计划》。

汪精卫的行径，引起了蒋介石和国民党内有识之士的警觉，由于担心事情

---

① 汪精卫（1883—1944）：名兆铭，字季新、季恂、季辛，号精卫，祖籍安徽婺源（今属江西），广东番禺人。1903 年考取留日法政速成科官费生，次年入东京法政大学学习。1905 年在日本参加了同盟会。1910 年潜入北京行刺清摄政王载沣，失败后被捕入狱，1911 年武昌起义后获释。1912 年 5 月同盟会改组为国民党后，先后任总务主任干事、广东革命政府高等顾问、教育会会长、中央执行委员、中央宣传部长。孙中山去世后，被选为广州国民政府主席、军事委员会主席、宣传部长等职。此后，与蒋介石长期明争暗斗。宁汉合流后，任国民政府行政院长兼外交部长。

败露，汪精卫决定铤而走险，1938年12月19日，汪精卫、周佛海[①]、陶希圣、曾仲鸣、陈璧君等10余人乘飞机逃至昆明，并给国民党中央党部、蒋介石及中央执监委员发出主和通电。电文由汪精卫起草，交陈公博带到香港。第二天，一行人又乘飞机抵达越南河内。在河内，成立了最高委员会，由汪精卫、陈公博[②]、周佛海、梅思平、陶希圣、高宗武、曾仲鸣、林柏生等8名所谓"首义分子"组成。随后又成立了政治、军事和财务委员会。

汪伪国民政府设在南京鸡鸣寺（原国民政府旧址）的宁远楼

汪精卫的主和通电于1938年12月29日发表在《南华日报》上。中国的电信机构以韵母代日，29日为艳，故此电文亦称艳电。主要内容是，"兆铭经熟虑之后，以为国民政府即以此（近卫对华关系总方针，即日、满、华联合起来，共谋实现相互善邻友好、共同防共和经济合作）为根据，与日本交换诚意，以期恢复和平"等内容。艳电的发表，标志着汪精卫集团公开投入了日本的怀抱。

---

① 周佛海（1897—1948）：1897年5月29日出生于湖南沅陵县。日本东京第一高等学校、鹿儿岛第七高等学校、京都帝国大学毕业。1920年留学探亲途经上海时认识了陈独秀。1921年中国共产党一大在上海召开，周佛海被选为中国共产党中央候补委员。1924年宣布脱离共产党并加入国民党。1926年北伐军攻占武汉后，任国民党中央军事政治学校秘书长兼政治部主任。1929年后，历任国民政府训练总监部政治训练处处长、江苏省政府委员兼教育厅长、国民党中央党部民众训练部长、国民党中央宣传部长等职。

② 陈公博（1892—1946）：祖籍福建上杭，1892年10月19日出生于广州，后移至广东乳源。广州法政专门学校、北京大学哲学系、美国哥伦比亚大学研究院毕业。受其父亲陈志美影响，早年参加反清革命和中国共产党建党时期的活动，是中国共产党一大代表，后脱离共产党加入国民党。大革命时期跻身国民党左派行列，曾任中央执行委员。南京国民党政府建立后，逐渐演变为国民党内资产阶级改良主义派的重要代表人物，一度成为蒋介石统治集团的反对派。1932年后又与蒋介石合流，任国民党中央民众训练部长、行政院实业部长等职。

　　汪伪政府盗用国民党政府的名称和组织机构设置，在中央政治委员会下设军事委员会，实行军令与军政分权，军事委员会为"全国"军事最高机关

　　军事委员会是汪伪政权的最高军事指挥机构。最早由汪精卫于 1938 年 12 月在河内组建，由汪精卫任主任委员，陈公博、周佛海任委员，周佛海兼任秘书长。此后又在香港发展了叶蓬、杨揆一①任委员。

| 汪精卫 | 陈公博 | 周佛海 |
| 叶蓬 | 鲍文樾 | 杨揆一 |

　　① 叶蓬（1896—1947）：字字字，别号一忠，湖北黄陂南丰荷山下叶家湾人，曾任国民党陆军师长，武汉警备司令等职。杨揆一（1885—1946）：名齐虎，号默庵，湖北鹤峰人，土家族。湖北省武备学堂、日本陆军士官学校一期毕业，与冈村宁次是师生关系。留学回国后任清军新军第八镇炮兵第八标管带，1911 年随军参加武昌起义。此后历任福建督军公署少将主任、南京陆军讲武堂校长、湖南省绥靖公署副主任和参谋长、武汉行辕办公厅主任、湖北省政府委员、湖北省政府秘书长、武汉行营副主任兼参谋长等职，陆军中将。1938 年武汉失陷后，潜往香港。1939 年初追随汪精卫投敌。

1939 年 5 月 6 日，汪精卫乘坐日本"北光丸"船到达上海。伪军事机关也随之移至上海愚园路汪精卫住宅，委员又增加了鲍文樾、刘郁芬、萧叔萱、臧卓、杨毓珣、郑大章①等。汪精卫一边拼凑军事机关，一边策反国民党军队，收罗散兵游勇，笼络失意军人。

军事委员会的常委，大多出身行武。

1939 年 8 月 28 日，伪"中国国民党第六次全国代表大会"在上海极司菲尔路 76 号（李士群特务机关所在地）召开。大会通过了修改国民党党章的报

---

① **鲍文樾**（1892—1980）：字志一，满族，辽宁辽城（今聊城）人。北京陆军大学毕业后，历任东北军第二十六旅参谋、安国军第三和第四方面军军团参谋长、东北保安司令部参谋长、东北讲武堂教育长、东北特别区警务处处长等职，深得张学良信任。1931 年后，历任国民党政府参谋次长、军事委员会第二厅副厅长、军事委员会北平分会委员、军事委员会办公厅副主任、陆海空军总司令部驻京办事处处长等职。是西安事变主要参与者之一，后张学良被蒋介石扣留，鲍文樾郁郁不得志，逗留在上海。1939 年，鲍文樾被周佛海拉拢下水，投靠汪精卫。**刘郁芬**（1886—1943）：字兰江，河北清苑人。早年入保定陆军小学，后于保定陆军速成学堂步兵科毕业。曾任西北军师长、甘肃国民军总司令、绥远都统、第二集团军第七方面军总指挥兼甘肃省主席、护党救国军第五路总指挥、第二集团军总司令、西北军后方司令兼陕西省代主席等职。汪伪政权成立后任开封绥靖公署主任、军事委员会委员、总参谋长等职。1943 年 4 月 2 日病死于北平。**萧叔萱**（1887—1945）：原名其煊，福建闽侯人。北洋陆军速成武备学堂、日本陆军大学毕业。参加过辛亥革命。曾担任福州军务司科长、营长，北京陆军讲武堂教官等。第一次直奉战争中任奉天陆军第二梯队参谋长。此后又历任福建教导旅长、东北陆军讲武堂教育长、中华民国驻日本大使馆武官等职。抗战期间加入汪精卫政权，历任国民党中央执行委员、军事训练部政务次长、代部长、军事委员会委员、常委、军事训练部部长、军事参议院院长、陆军部部长等职。1945 年 8 月 16 日被周佛海手下抓捕时打伤，3 日后身亡。**臧卓**（1890—1975）：也称臧焯，字勺波，江苏盐城人。1911 年参加了武昌起义。此后，在北京参谋本部第五局当科员，不久辞职入保定陆军军官学校，深受校长蒋百里赏识。1924 年，任陆军部机要科长。北伐期间，先后在第十一军和第八军任参谋长。1930 年参与唐生智第二次武装反蒋失败后，隐寓于上海。后来唐生智就任陆军训练总监，他任中将训练所长。臧卓与汪精卫私交甚笃，1940 年汪伪政府成立，臧卓亦落水当了汉奸，先后任伪军事委员会委员、军委会第二厅、第一厅厅长，点编委员会主任委员，苏北行营主任等职。抗战胜利后，臧卓潜居香港，以教书为生。1975 年春，病逝于香港。**郑大章**（1891—1960）：号彩庭，河北静海人。早年在冯玉祥部当兵，历任排、连、营、团、旅长等职，参加了五原誓师与北伐作战。1928 年任国民革命军骑兵第一军长。中原大战时突袭归德（商丘）机场，烧毁飞机十余架，蒋介石险些被擒。1937 年任第二十九军骑兵第九师师长。"七七事变"时，率部参加北平南苑大红门战斗，被佟麟阁骂"四条腿跑得真快"。1938 年任骑兵三军军长。1940 年在刘郁芬劝诱下投敌，先后任汪伪军事委员会委员、政务次长、军训部常务次长、中央警卫师长、陆军部常务次长、军事参议院院长、武官长、汪伪上将。1945 年 9 月在南京以汉奸罪被拘捕。新中国成立后在河南闲居，1960 年病故。

告，并宣布了《整理党务案》。规定自 1939 年 1 月 1 日起，重庆国民党中央执监委员"均已丧失行使职权之自由，所有一切决议及命令完全无效"，规定重庆国民党从中央到地方及特别党部"均着暂行停止活动，听候改组"，并宣布废除总裁制，设主席制。会议还推举汪精卫为中央执行委员会主席，获得了"国民党"主席的"合法"地位，否认了蒋介石这个"总裁"。从此，汪精卫在政治上公开以"和平""反共"为其卖国投敌的纲领，甘心充当日本帝国主义的侵略工具。

伪党"六大"结束后，汪精卫立即发表通电，鼓动国民党军队将领与其一道反蒋并同日本合作。他声称："如前方之武装同志能揭示和平反共建国之主张，则既可保其原有之兵力与未失之土地，又可外与吾人之和平运动相呼应。"

1940 年 3 月 22 日，汪精卫领导的伪"中华民国国民政府"正式成立。30 日，政府"还都"仪式在南京原国民政府考试院大礼堂举行，汪精卫发表了就职演说。当天，汪伪政府还公布了《国民政府政纲》和《还都宣言》，宣称：国民政府根据中央政治会议之决议，还都南京。当坚决执行实现和平、实施宪政两大方针。对外强调"与日本共同努力，本着善邻友好、共同防共、经济提携之原则，以扫除过去之纠纷，确立将来之亲善关系"。对内革除个人独裁。叫嚷要对共产党"必当摧陷廓清，使无遗毒"。《还都宣言》还鼓动重庆及各地国民政府的公务人员及官兵，务必于最近期间，回京报到；所有军队，即日停战，以待后命。并宣布：全国以内，只有此唯一合法的中央政府。"重庆方面如仍对内发布命令，对外缔结条约协定，皆当然无效。"同日，中华民国临时政府、中华民国维新政府两个伪政权也分别发表解散宣言。第二天，"中华民国临时政府"宣布改称为"华北政务委员会"，名义上归汪伪政府，实际上仍维持其特殊的"独立"地位。

汪伪中央政府不仅盗用国民政府的名称，而且其机构设置也是与重庆国民政府组织机构基本一致。在中央政治委员会下设军事委员会，直属国民政府，与行政院、立法院、司法院、监察院、考试院并列。行政院下设军政部和海军部，这两个部除受行政院领导外，又受军事委员会的统辖。

中央政治委员会主席：汪精卫

委员：汪精卫、陈公博、温宗尧、梁鸿志、王揖唐、王克敏

伪国民政府的主要人事安排是：

国民政府主席：林森（汪精卫代，11 月任主席）

行政院院长：汪精卫

军政部部长：鲍文樾（代理）

海军部部长：汪精卫（兼）

立法院院长：陈公博

司法院院长：温宗尧

监察院院长：梁鸿志

考试院院长：王揖唐

军事委员会委员长：汪精卫（兼），副委员长：陈公博、周佛海；主任委员：鲍文樾；副主任委员：凌霄①。

仿照国民党政府旧例，汪伪中央军事体制实行军令与军政分权，军事委员会为"全国"军事最高机关，其职权为"关于国防绥靖之统率事宜，军事章制、军事教育方针之最高决定，军费支配、军备重要补充之最高审核。军事建设、军队编遣之最高决定及中将或独立任务少将以上任免之审核"。

1940年11月28日，伪中央政治委员会召开会议并修改了《国民政府组织法》，删去"主席不负实际责任"及"主席不兼其他官职"两条，推举汪精卫为"国民政府"主席。29日上午，汪精卫举行"就职典礼"，正式就任伪府主席。30日上午，在伪府大礼堂，汪精卫与阿部信行签署了《国交调整条约》。随后，汪精卫、阿部信行及伪满洲国总理臧式毅同时在《中日满共同宣言》上签字。汪精卫承认伪满洲国，日本承认伪国民政府。至此，汪精卫完成了卖国投敌的手续。

汪伪"中华民国"，似乎比过去的临时、维新政府略高一格，汪精卫也声称他的"中华民国"是"独立的主权国家"，和日本是"兄弟之邦"，自己是军队的最高统帅。不管他如何吹嘘，南京伪国民政府也只是日本控制下的汉奸傀儡政权，日本只把它当作伪满洲国第二，将汪精卫看作第二个溥仪。

---

① 凌霄（1884—1946）：字壮华，浙江崇德人。浙江陆军武备学堂、日本东京商船学校、日本海军炮术学校、日本海军大学毕业。1912年至1920年，任南京临时政府北伐舰队参谋、北京政府参谋本部科长等职。后辞职回浙江，任浙江水上警察厅厅长。1922年受同学沈鸿烈之邀赴东北筹建海军，先后任东北保安司令长官公署航警处课长、东三省航警学校首任校长兼"镇海"舰舰长、东北海防舰队参谋长、东北海防舰队队长、渤海舰队副司令、东北海防第一舰队舰队长、海军编遣区办事处副主任委员兼第三舰队编遣分处主任、第三舰队副司令等职。1937年出任驻日本公使馆海军武官。1939年调任驻美国公使馆海军武官。之后投靠汪精卫，1940年3月汪伪政府成立，任伪军事委员会委员。1941年3月任汪伪海军部政务次长，10月调任驻日使馆武官。1943年10月授海军中将。1944年11月任汪伪政府海军代部长。1945年1月任海军部部长，并授海军上将。1945年8月16日被捕，1946年6月24日被国民政府以汉奸罪在南京雨花台处决。

汪伪政府成立时汪精卫与陆海军高级将领合影

汪伪政权成立后，日本给汪精卫脖子上套的绳索越来越紧。根据汪日密约，在政府内设有"最高军事顾问部"，它就像影子一样，日夜跟随汪精卫，拥有至高无上的权力。各个伪军部队都分别由专门负责的顾问对口控制，顾问的权力都要比同级军官大得多。最高军事顾问影佐更是汪伪政府和军队的"太上皇"，完全支配着汪精卫及其军队的一切行动，伪军大小官佐也都唯影佐和其他顾问马首是瞻，一举一动都要看他们的眼色行事。

伪军事委员会成立之初，由办公厅、第一厅、第二厅、第三厅、参谋本部、军事参议院、军事训练部、政治训练部、航空署、开封绥靖公署、武汉绥靖公署、苏浙皖三省绥靖军、南京要港司令部等组成。此后，军事委员会根据情况又进行了一些相应的调整。特别是 1942 年 8 月、1943 年 1 月以及 1944 年底陈公博上台后进行了 3 次较大规模的调整。

办公厅。主任杨揆一。

第一厅。厅长陈钦若，掌管作战谋略。

第二厅。厅长臧卓，掌管人事。

第三厅。厅长何炳贤，掌管军需。

参谋本部（总参谋部）。1940 年 3 月 22 日成立，为最高参谋机关，直属伪国民政府并受军事委员会统辖，掌管国防用兵事宜。部长由政务次长杨揆一代理，刘培绪为常务次长。参谋本部内设总务厅。4 月 13 日以张济元为厅长，覃师范为第一厅厅长，林肇明为第二厅厅长。1940 年，杨揆一还作为军方高级代表随汪伪"国民政府亲善代表团"赴日，接受天皇授勋。6 月，他与日本派遣军总参谋长板垣征四郎签订《关于治安肃正日本军与中国方面治安机关相互关系之协定》。

1941 年 3 月 24 日杨揆一实任总长，4 月 10 日覃师范继任次长。11 月 20 日关麟书升任次长。1942 年 5 月，杨揆一作为访日副使赴日祝贺日军在太平洋战争中的"胜利"。6 月 28 日杨揆一调任湖北省长兼武汉绥靖公署主任，叶蓬任部长。是年 8 月 20 日汪伪军事机构改组，改参谋本部为总参谋部，为军事委员会委员长之幕僚。"辅佐委员长襄理一切，兼负调整指导各部署之责"，以刘郁芬为总参谋长，参谋次长改为专门负责各军种的长官，陆军次长兼总务厅厅长为黄自强（原总务厅厅长张济元他调），海军次长为许建廷。1943年4月2日刘郁芬病死。7日鲍文樾继任总参谋长。同时陆军次长黄自强他调，项致庄继任并兼总务厅厅长。同年10月29日增设空军次长，以姚锡九充任。1944年张恒升任次长。1945年4月26日鲍文樾调往河南省，胡毓坤任总参谋长。6月13日张恒他调，祝晴川任次长。是年1月17日撤销空军次长。

为清晰起见，参谋本部（总参谋部）历任部长（总参谋长）及其任职时间为：杨揆一（1940年3月—1941年3月）（代理）、杨揆一（1941年3月—1942年6月）、叶蓬（1942年6月—1942年8月）、刘郁芬（1942年8月—1943年4月）、鲍文樾（1943年4月—1945年4月）、胡毓坤（1945年4月—1945年8月）。

军事参议院。1940年3月22日成立，为军事最高咨询建议机关，任援道任副院长并代理院长。1942年8月汪伪政府对军事机关进行调整，任援道他调，以萧叔萱为院长。1943年4月7日任命郑大章、9月21日任命富双英、12月23日任命李长江为副院长。1945年3月3日萧叔萱调任陆军部部长，杨揆一为院长。

军事训练部。1940年3月22日成立，部长以政务次长萧叔萱代理，郑大章为常务次长。1941年3月24日萧叔萱实任部长职。4月10日郑大章升任政务次长，所遗常务次长职由臧卓升充。9月23日臧卓他调，关麟书任常务次长。11月20日和12月31日孙葆瑢、郝鹏举先后继任常务次长。1942年8月军事训练部撤销，所掌业务分由陆军部和陆军编练总监公署负责。

政治训练部。1940年3月22日设立，负责伪军的政治训练事宜。部长由军事委员会常务委员陈公博兼任，李讴一为政务次长，富双英为常务次长。1941年4月10日富双英他调，刘仰山继任常务次长。1942年8月20日政治训练部合并于陆军部。

海军部。1940年3月22日成立，隶属行政院。由总务司、军枢厅、军务司、军学司、军衔司、军械司、舰政司、军需司、水路测量局、秘书组成。汪精卫兼任部长，以凌霄为政务次长，许继祥为常务次长。是年5月30日汪精卫、凌霄辞部长和政务次长职，任援道代理部长（后实任），姜西园为政务次长。1941年10月21日常务次长许继祥去职，由萨福畴继任。1942年8月任援道去职，凌霄升任部长，招桂章继姜西园为政务次长，同时改隶军事委员会。1945年6月7日招桂章去职，许建廷任政务次长职。

航空署（司、科）。1940年3月22日设立，以陈昌祖为署长。1942年7月30日陈昌祖去职，以姚锡九继任。1943年10月29日航空署缩编为航空司，隶属军事委员会总务厅，原署长姚锡九调任空军参谋次长，陈及胜为航空司司长。1945年1月17日军事委员会撤销空军参谋次长，同时将航空司再次缩编为航空科。

军政部。1940年3月22日设立，隶属行政院，掌管全国陆军行政事宜，由总务厅、军衔司、军务司、军械司、军医司、军需司、军法司组成。以政务次长鲍文樾代理部长，陈维远为常务次长。1941年4月10日陈维远升任政务次长，陈钦若继任常务次长。当年12月4日陈维远去职，李讴一任政务次长，当月军政部改隶于军事委员会。1942年1月8日郑大章继李讴一任政务次长，当年8月20日该部取消，合并于陆军部。

军事委员会及参谋本部驻前国立美术陈列馆旧址，军事训练部驻伪中央党部9号楼下，政治训练部驻伪考试院西部4、5、6号楼，军事参议院驻伪绥靖总司令部，航空署驻伪考试院西部34号楼。行政院军政部设在伪中央党部9号楼下，行政院海军部仍驻前海军部原址。

军事委员会在地方设置的最高军事机构为绥靖主任公署、绥靖总司令部、军事委员会委员长行营和办事处，其职责为办理各省区及协商邻接边区绥靖事宜，凡各管区内军队及地方团队均归其指挥。

开封绥靖公署。主任为刘郁芬。

武汉绥靖公署。主任为叶蓬。

苏浙皖三省绥靖军。1940年4月4日，司令部在南京成立。总司令任援道，参谋长黄其兴，10月，任援道又将所属编为7个绥靖区，分别由徐朴成、程万军、龚国梁、徐凤藻、熊玉衡、王占林、沈席儒任司令。

华北绥靖军。总司令为齐燮元。

调查统计部。1941年3月汪伪国民政府将行政院警政部改组为调查统计部，隶属军事委员会。该部为汪伪政府主要的特务机构，以李士群为部长。10月4日任命杨杰为政务次长，7日任命夏仲明为常务次长。原警政部部分机构划归内政部管辖，而政治警察署却全部划为调查统计部下属。调查统计部将其更名为政治警卫总署，以马啸天为署长。1943年9月因汪伪军事机关内讧，李士群的死对头、伪税警团副总团长熊剑东勾结日军设计将李士群毒死。是年10月29日汪伪中央政治委员会召开临时会议，决定撤销调查统计部，另成立政治部。

经理总监署。1941年12月，撤销军事委员会第一、第二厅，其职责由办公厅直接办理。军事委员会第三厅改组为经理总监署，掌管军需。以何炳贤为总监，1945年8月9日何炳贤升任军事委员会常务委员后，岑德广继任总监。

早在1912年下半年，汪精卫在法国巴黎时，别人劝他学习军事，以后成为一名军人，但汪表示"自己非军人，决不能听命"。一直以来，他都自命是政治家，以作为文人而自豪，看不起拿枪杆子的人，对军事工作不屑一顾。但在与蒋介石的争斗中，由于手中没有一兵一卒，屡吃苦头。所以投敌后，他特别注意军事工作和"建军"，领袖欲也越来越强。他把党政军三方面大权一起抓，什么都由他领导。到南京后，汪精卫完全模仿蒋介石，连称呼上也要一样。他不喜欢别人叫他"主席"，喜欢称他为"委员长"或"领袖"。伪军官兵提到这些称呼时，规定也要"立正"以示敬意。他还专门制作了大元帅戎装，为了表示他的政府和军队都是国民党的正宗，以及与一般委员有所区别，他模仿日本天皇领章上缀有樱花徽，也在他的满金上将三星领章前端，缀上一个青天白日的国民党小党徽，和后面代表官阶的三角金星并列。每星期三军事委员会举行例会时，汪精卫均身穿戎装到会主持。

汪精卫在伪军政部长鲍文樾陪同下检阅伪军

汪伪政权的军事机构，是一架庞大的法西斯主义的军事机器，它的组织体制沿袭蒋介石政府并仿照日本军制而设置。其军事制度和军事法规在成立之初，因未来得及制订，大多沿用国民党政府的规章。鲍文樾曾说："国府还都伊始，即遵照中政会之决议，通令各军事机关，根据二十六年十一月十九日以前一切法令，按照现在情形，详密审查，其无滞碍者，一律沿用。"汪伪军队的政治纲领和基本政策是"和平、反共、建国"，它除了具有一切军阀军队的性质外，还具有帝国主义傀儡和附庸的性质。

1941年太平洋战争爆发后，日本法西斯在战场上暂时得势，大批国民党军队纷纷投降。1942年8月，汪伪中央政治会议举行第106次会议，通过了调整军事委员会机构案，成立了以刘郁芬、鲍文樾、叶蓬、任援道为委员的军事机构改组委员会，进行军事机构改组，目的是强化军事委员会委员长的统帅权，确定汪精卫在伪军事系统中的独裁地位。改军令、军政两权分立制为军事委员会独裁制，将行政院所属军政、海军两部改隶于军事委员会，以集中权力，统一指挥和训练，军事委员会下属组织也进行了改组、合并和调整，如将办公厅合并于陆军部。

伪陆军部。1942 年 8 月 20 日将军事委员会办公厅、参谋部、军事训练部、政治训练部合并而成立，隶属军事委员会，鲍文樾为部长，郑大章为次长。1943 年 4 月鲍文樾、郑大章他调，以叶蓬、李宣倜继任部长和次长。是年 10 月陆军编练总监公署撤销，所掌管业务也移交陆军部。1945 年 3 月 3 日叶蓬他调，萧叔萱任部长，郑洸薰为政务次长。6 月 5 日以孙葆瑢为常务次长。

在陆军部长的位置上，叶蓬待的时间最长。1943 年 4 月上任后，他就以军事考察团团长之名赴日本考察。在日期间，觐见天皇，发表了"矢忠日本"的认贼作父、臭名昭著的媚日广播讲话。历史仿佛和人们开了一个玩笑，8 年前因为反日而被撤职的叶蓬，8 年后却沦为日寇的忠实走狗。

陆军编练总监公署。1942 年 8 月 20 日设立，掌管陆军编组和训练事宜，叶蓬为编练总监。叶蓬在此位置上仅半年多，就于 1943 年 4 月调任陆军部长。之后，何炳贤继任总监，富双英任参谋长。1943 年 4 月 7 日何炳贤免去总监职，黄自强任总监。是年 10 月 29 日公署撤销，其业务划归陆军部。

参赞武官公署。1942 年 8 月 20 日设立，郝鹏举为武官长。该机构主要为安置编余军官、收买失意军人而设。1943 年 9 月 1 日郝鹏举他调，郑大章为武官长，苏荫森为副武官长。

1943 年 1 月 9 日，在日本政府的要求下，汪伪政府也对美、英两国宣战，在政治、经济、军事、文化等方面，实行战时体制，进一步加强军事法西斯统治。当天，伪中央政治委员会召开临时会议，决定设立最高国防会议，并通过了《最高国防会议组织纲要》。规定：中央政治委员会在战时设最高国防会议，决定关于国防之重要事宜；中央政治委员会在战时每月开会一次，闭会期间其职权由最高国防会议执行；最高国防会议每周开会一次，必要时开临时会议；最高国防会议以中央政治委员会主席为主席，委员为军事委员会委员长及常务委员一人，行政院长及副院长、华北政务委员会委员长、参谋总长、陆军部长、海军部长、内政部长、外交部长、实业部长、宣传部长。必要时，最高国防会议主席可令中央及地方军政长官出席或列席。这就把军事委员会置于最高国防会议之下。

按照《最高国防会议组织纲要》的规定，最高国防会议以汪精卫（中央政治委员会、国民政府主席，军事委员会委员长，行政院院长）为主席，陈公博（立法院院长）、周佛海（行政院副院长兼财政部长）、王揖唐（华北政务委员会委员长）、鲍文樾（参谋总长）、叶蓬（陆军部长）、任援道（海军部长）、陈群（内政部长）、褚民谊（外交部长）、梅思平（实业部长）、林柏生（宣传部长）等人为委员。

汪精卫成立国防委员会还有一个重要目的，就是要在伪政权中确立其一派的绝对地位。汪伪政府由原南京伪维新政府和华北临时政府合流而成，其内部争权夺利的斗争一直没有停止过。作为其最高决策机构的中央政治委员会在人员组成上，汪精卫一派只占三分之一，原南北两政府及所谓无党派人士也占到三分之一。通过成立最高国防委员会，汪精卫一派占据了绝对多数的席位，而且从其职权上看，实际上取代了中央政治委员会的职能。

汪伪政府成立时，其国旗在青天白日满地红上面加上一面三角小黄旗，上写"和平反共建国"6个字，以示与重庆国民党有所区别。1943年2月2日，汪精卫国民政府发布训令，宣布从2月5日起，去掉"青天白日满地红"旗帜上附加的三角形黄色布片。这并不意味着汪伪政府不反共了，因为国民党本身就是反共的。同时，也由于汪伪政府已追随德、意、日轴心国家正式向美英等国宣战，今后任务不只是反共而且要反美英等国，范围更广，所以不要那6个字了。从此，南京和重庆两方面的旗帜便完全一样了。2月8日，伪华北政务委员会反对华北"中央化"的王揖唐被迫辞职，朱深继任委员长。宣布从9日起，改挂青天白日满地红旗，禁止悬挂原来所悬之五色旗。虽然这只是一种形式，但汪伪方面却借机大肆吹嘘："从此不但在实质上，并且在形式上实现了南北的统一。"

在完成行政机构调整后，对军事机构也进行了调整。1943年10月，对军事委员会所属机构做了部分变更：撤销陆军编练总监公署，公署职权移交陆军部；航空署缩编为空军司，隶属于军事委员会总务厅，并于总参谋长之下增设次长1人专管空军事项；撤销调查统计部，另设政治部。同时，撤销了苏皖豫绥靖区，设立军事委员会驻华北政务委员会办事处。

政治部。1943年10月29日撤销调查统计部，成立政治部，隶属军事委员会，以黄自强为部长。

同时，还在以徐州为中心的淮海地区设立"淮海省"，包括陇海铁路以南江苏省境内的徐州市、铜山、东海、睢宁、淮安、涟水、宿迁等1市17县和安徽北部的砀山、萧县、睢溪、宿县等4县，共计21县；取消汉口特别市，改称普通市；设置伪江西省政府等。

1944年3月22日，汪精卫背部枪伤复发，赴日本治病前，伪中央政治委员会举行临时会议，根据汪精卫的提议，决定在其治病期间，伪国民政府主席由立法院长陈公博代行，伪最高国防会议、中央政治委员会会议、军事委员会常务会议以及新国民运动促进委员会，也都由陈公博主持。这样，就确定了陈公博作为汪精卫继承人的地位。

汪精卫死后，伪中央政治委员会于1944年11月12日召开紧急会议，陈公博被推举为国民政府主席、行政院院长，并兼任军事委员会委员长、新国民运动促进委员会委员长、全国经济委员会委员长等伪政权最高职务。陈公博于20

日宣誓就职。12 月 2 日，伪最高国防会议临时会议又通过决议，由陈公博兼任中央陆军军官学校校长、中央将校训练团团长。

陈公博上任后，对伪政权的军政人事做了许多调整。在军事委员会中增设了副委员长 1 人，由周佛海担任，以陈公博、周佛海、刘郁芬、齐燮元、鲍文樾、杨揆一、任援道、叶蓬、萧叔萱为常务委员。1945 年 2 月 8 日，最高国防会议取消军事委员会政治部，改设军事委员会政治保卫部，直属军事委员会委员长，陈公博为总监，丁默邨为副总监，胡均鹤为秘书长，6 月增补万里浪为副总监。8 月 9 日汪伪最高国防会议第 76 次会议又任命何炳贤为常务委员。

军令部。1945 年 5 月 3 日设立，以总参谋长胡毓坤兼任部长，杨振任政务次长。

1945 年 8 月 15 日，日本宣布无条件投降的当天下午，陈公博在其南京颐和路"主席"公馆，召开伪中央政治委员会最后一次紧急会议，伪政府所有"部长"以上人员，均往出席。会议决定发表《国民政府解散宣言》，并通过将中央政治委员会改组为"临时政务委员会"，军事委员会改组为"临时治安委员会"，以陈公博为两个委员会委员长，周佛海副之。当晚，广播《国民政府解散宣言》时声称，所有伪军"均有守土安民之责，际此时局动荡，尤应固守原防，苟有巫徒乘机扰乱，意图破坏统一者，仍宜痛剿，以遏乱萌"。至此，存在 5 年 4 个月又 17 天的南京伪国民政府及其军事指挥等机构，便彻底灭亡了。

在这 5 年多的时间里，汪伪军事委员会的成员不停地变化。

1940 年 3 月 30 日以陈公博、周佛海、刘郁芬、齐燮元、鲍文樾、杨揆一、任援道、叶蓬、萧叔萱、陈群、唐莽、丁默邨、胡毓坤、李讴一、郑大章、臧卓、申振纲、富双英为委员。4 月 6 日又增加陈文钊、李士群、招桂章、陈文远、黄其兴、王永泉为委员。10 月 3 日又任命唐生明为委员。

1941 年 2 月 20 日任命缪斌，6 月 19 日任命杨仲华，10 月 16 日任命陈耀祖为委员。

1942 年 7 月 30 日任命陈昌祖、马啸天，8 月 20 日任命孙良诚，11 月 19 日任命熊剑东，12 月 31 日任命李长江为委员。

1943 年 2 月 25 日任命苏成德、项致庄，3 月 5 日任命黄自强，6 月 10 日任命荣臻、张学铭，6 月 24 日任命庞炳勋、孙殿英为委员。

1944 年 2 月 3 日任命高冠吾、王维藩，12 月 27 日任命程希贤为委员。

1945 年 1 月 18 日任命褚民谊、陈春圃、林柏生、郝鹏举、吴化文、李宣倜、姜西园、郭尔珍、顾震为委员。3 月 29 日和 5 月 30 日先后任命许廷杰、邵文凯为委员。

伪军事委员会委员，至 1945 年汪伪政府垮台前夕，多达 50 余人。

多行不义必自毙，汪伪军事委员会的主要高层人物最终都没有得到善终。

汪精卫1935年11月1日在南京参加国民党四届六中全会时，被化装成摄影师的刺客连射3枪，其中1枪穿透左颊，1枪射入背部肋骨间。做手术时，未曾取出留在背部肋骨处的弹头，为日后丧命留下了隐患。1943年8月，汪精卫背部枪伤复发，引起胸背疼痛。年底，经日本医生手术终于将弹头取出。之后，时有寒热并引发了脊髓炎。1944年8月，他赴日本治疗，11月10日死在日本名古屋帝国大学附属医院。汪精卫死后，尸体运回南京，葬在梅花山。这是明孝陵南面的一个小土山，因山上植有梅树林而命名。1946年1月21日，在蒋介石还都南京前，何应钦派陆军七十四军工兵部队将汪精卫的坟墓炸开，将其尸体连同棺材一起拉到清凉山焚化。

陈公博于1945年8月25日逃到日本避难，在全国人民严惩汉奸的强烈呼声中，于10月3日被引渡回国，先后关押在宪兵司令部看守所、"军统局"临时看守所和苏州监狱。在日本投降后的一段日子里，陈公博"支撑、维持"了东南半壁江山，并将这份厚礼献给了蒋介石而未给共产党。他满以为自己的这份良苦用心能使蒋介石网开一面，然而自汪精卫死后，他便成了中国最大的汉奸。为了向全国人民表明肃奸的决心与勇气，高等法院在1946年4月12日以十大罪状判处陈公博死刑。这十大罪状是：缔结密约，辱国丧权；搜索物资，供给敌人；发行伪币，扰乱金融；认贼作父，宣言参战；抽集壮丁，为敌服役；公卖鸦片，毒化人民；改编教材，实施奴才教育；托词清乡，残害志士；官吏贪污，政以贿成；收编伪军，祸国殃民。6月3日，陈公博在苏州狮子口第三监狱被处决。死后，家属将陈公博的棺木运至上海，悄悄埋葬在一处公墓中，连墓碑也没敢立。

周佛海随汪精卫在南京组织汉奸政府时，军统局特务便将周佛海的母亲从湖南沅陵老家押解到贵州，监禁在息烽县的军统秘密监狱里。1942年2月初，军统局为了策反周佛海，便用其母亲的口气，给周佛海写了一封劝降信。1943年3月，周佛海通过抓获的军统特务程克祥，与重庆国民党建立了联系，表示愿意立功赎罪，听候重庆驱使。之后，周佛海为重庆提供了大量核心机密情报，也保护了不少国民党军统特务。日本投降后，重庆国民党政府委任周佛海为"军事委员会上海行动总队总指挥"，令其指挥伪中央税警总团、上海市保安队及警察、第十二军所属3个师以及浙江省保安队等伪军，负责维持上海市及沪杭一带"治安"，听候"中央"接收。1946年春天，在全国人民惩治汉奸的呼声中，蒋介石令戴笠将周佛海空运到重庆。9月，周佛海被解送到南京，关押于首都高等法院老虎桥监狱。11月7日，被国民党首都高等法院判处死刑。1947年3月26日，蒋介石为了以后别人为他反共卖力，以国民政府主席的身份，发布了《准将周佛海之死刑减为无期徒刑令》。周佛海虽然逃过死刑一劫，然而恶有恶报，1948 年 2 月 28 日，因心脏病复发于南京老虎桥监狱一命呜呼。周佛海死后，尸体由其妻杨淑慧收殓，葬于南京郊外汤山永安公墓。

鲍文樾投靠汪伪后，张学良曾奉蒋介石之命写信给鲍文樾，劝他不要同汪精卫同流合污，不要做历史罪人，好自为之，但鲍文樾置之不理。此后，在汪伪政府任职期间，鲍文樾招降了不少鲁苏战区的原东北军旧部和山东战场的抗日部队。其最大的"功劳"是从鲁苏战区总司令于学忠手中，将新四师师长吴化文以及第三三四旅旅长荣子桓拉入汪伪阵营。在鲍文樾等人的策反下，1943 年 1 月 18 日吴化文率部投降汪伪，所部改为山东方面军，后改为第三方面军。荣子桓于同年 6 月在鲁南附敌，改编为第十军，荣子桓为军长。日本投降前两个月，鲍文樾被陈公博任命为河南省政府主席。鲍文樾也非常愿意到河南，因为他清楚日军很快就要垮台，自己和庞炳勋是多年好友，庞炳勋曾表示在日本投降时，让鲍文樾以庞亲属身份到家避难，作他的保护伞，鲍文樾深信庞炳勋不会卖友求荣。但是，当初鲍文樾在何应钦的办公厅当主任时，曾参与何应钦与日本人签订《何梅协定》的过程。在日本投降前，蒋介石就让戴笠严密监视鲍文樾的一举一动，并让庞炳勋的侄子给庞炳勋传话，如果放走了鲍文樾，蒋介石决不会善罢甘休。在这种情况下，庞炳勋把保命放在了第一位，再也顾不上什么朋友了。1945 年 8 月 11 日，日本政府发出投降电文后，军统特务将鲍文樾捕获，之后用专机解往重庆。1947 年 3 月被苏州高等法院判处死刑。之后，其家人托傅作义向蒋介石求情，而蒋介石此时也正需要利用残存的东北军打内战，于是在 5 月 20 日将鲍文樾改判无期徒刑。1949 年，鲍文樾和自己的老长官张学良一起被解往台湾，直到 1975 年才获释。1980 年 4 月，鲍文樾在台北病逝，终年 88 岁。

杨揆一投敌后相继担任了军事委员会常委、中央政治委员会委员、参谋本部政务次长兼代理部长、军事委员会办公厅主任、参谋本部部长兼任伪清乡委员会委员、湖北省政府主席、武汉绥靖公署主任、湖北省保安司令、军事参议院院长、陆军部训练总监等职。抗日战争胜利后被国民政府以汉奸罪逮捕，1946 年 6 月 25 日在南京雨花台被处决。

叶蓬先后任汪精卫的中央陆军将校训练团教育长、武汉绥靖主任、军委会参谋本部部长、陆军编练总监、陆军部长、参谋总长、湖北省省长兼保安司令等职。降日前在武汉当警备司令时，在汉口举办"防空演习展览"。在演习场悬挂"东北失地图"，大书"还我河山"，并以象征倭寇的半截人形和红圆心（影射日本国旗）作为靶子，作为士兵练习之用，以增加士兵对日军的仇恨，结果被日本人发觉，向蒋介石提出严重抗议，要求惩办他，蒋介石恨他得罪日本人把他撤了职。以后陈诚也排挤他，使其到处碰壁。抗战后期有人拉拢他为蒋介石效劳时，他说：宁愿当一辈子汉奸，也不再去当蒋介石的部下。后经人反复劝说，才勉强同意和重庆进行联系，还和戴笠有书信往来。不过他一直没有具体表现，特别是在反共方面没有按照重庆的指示做。1947年，叶蓬以汉奸罪被枪决。

胡毓坤，1892年4月10日出生于盛京奉天府（现为吉林省辽源市）。1918年9月从保定陆军军官学校第五期毕业后，加入皖系军阀段祺瑞军队。1920年直皖战争皖系失败后，随老长官李景林投靠奉系张作霖。参加了第一、第二次直奉战争，与郭松龄国民联军的战争，国民革命军北伐战争，中苏中东路之战。在奉军中先后担任连长、营长、团长、旅长、师长、军长、东北保安司令部军事参议官等职。张学良东北"易帜"后，胡毓坤又改任为东北边防军司令长官公署军事参议官、军事委员会北平分会委员、冀察政务委员会委员、冀察绥靖公署委员。西安事变后，东北军接受国民政府改编。胡毓坤辞去一切职务，在北平当起了寓公。1939年，经鲍文樾、杨毓珣的游说，投靠了汪精卫，任开封绥靖委员会主任。1940年汪伪政府成立后，先后任军事委员会委员、苏豫皖绥靖部队总司令、豫皖苏鲁边区绥靖总司令等职。1943年10月被南京伪政府授予陆军上将。1945年4月26日任参谋本部总参谋长，兼任军事委员会驻华北长官公署军务长官，5月3日又兼任新成立的军令部部长。日本投降后，胡毓坤一方面以"治安委员会"副委员长的身份参与维持南京治安，另一方面致电重庆，要求授其华北绥靖军之指挥权。结果蒋介石在此电报写了10个大字——"此等汉奸无耻何必再理"。1945年9月26日，胡毓坤在南京被军统逮捕，关押在宁海路25号看守所（原汪伪特工机关看守所）。1946年5月24日，经国民党军事委员会军法执行总监部审判，胡毓坤被判处死刑，6月25日在雨花台执行枪决。

其他人如伪海军部长凌霄、最高国防会议秘书长兼军事委员会经理总监岑德广、军令部政务次长杨振、首都宪兵司令陈皋、京畿"剿匪"总指挥郑大章、军事委员会政治保卫部秘书长胡均鹤、陆军部常务次长孙葆蓉等伪军高级将领，都在1945年9月下旬至1946年1月被捕获。从1946年6月起，国民党国防部军法司对军事汉奸如项致庄、姜西园、李讴一、富双英、陈昌祖、姚锡九、邵文凯、荣臻等送交军事法庭进行审讯和判处。6月25日继杨揆一、胡毓坤、凌霄等人在南京雨花台刑场被处决后不久，姜西园、姚锡九、项致庄等军事汉奸也在此处被予以枪决。

汪伪陆军的来源，除接收原"维新政府"武装和日军移交的国民党俘虏外，还招降国民党杂牌军队、收编来不及撤退的散兵游勇

日本帝国主义侵占中国大片领土后，即采取以华治华、分而治之的策略，在沦陷各地收编、扶植了形形色色的汉奸傀儡军队。1939 年夏，汪精卫从日本回国后，即伙同周佛海在上海成立了一个"和平建国军总指挥部"，由王天木任总指挥，将收罗的苏、浙、皖一带的游杂部队、国民党溃兵、土匪编为"和平军"。1940 年 3 月伪国民政府成立后加速了收编、改编和组建伪军的步伐，兵力逐渐增多。汪伪军队的来源，除接收原"维新政府"武装外，还有原国民党军队遗散在沦陷区自请收编者，接收日军已经收编者或移交的国民党军队俘虏，收编来不及撤退的散兵游勇或招降部分国民党的正规军队等。1941 年太平洋战争爆发后，由于日本帝国主义在战场上暂时得势和政治上的诱降，一些国民党高级将领对抗战前途丧失信心，纷纷叛国投敌，形成了汪伪"和平军"快速发展的局面。到 1943 年底，日本侵略者在世界各地接连失败，"和平军"发展的势头也减弱下来。1944 年进入了收缩、整顿的阶段。汪伪政权除了对伪军进行调动外，还不断进行调整和整编，至 1945 年汪伪政权覆灭之前，"和平军"的陆军兵力编有 6 个方面军和若干绥靖公署。

汪伪政府成立后，大力排挤原维新政府人员。但汪精卫为了拉拢实力派任援道，将其所部扩编为苏浙皖三省绥靖军总司令部，不久又改编为"和平军"第一方面军

1938 年 3 月 28 日，在华中日军的扶持下，在南京成立了以汉奸梁鸿志为首的"中华民国维新政府"。绥靖部是维新政府的军事领导机构，由任援道任部长，高冠吾任副部长，日本人井上日昭任军事顾问。

任援道，字良才，号豁庵，1890 年出生，江苏省宜兴县人。早年毕业于河北保定军官学校，参加过辛亥革命，曾任平津警备司令。1935 年任"冀察政务委员会"外交委员。1937 年 12 月 12 日南京沦陷后，收编了镇江鱼雷学校的三艘炮艇及部分官兵、太湖里的部分游击部队和国民

任援道

党散兵游勇 18000 多人，投靠了伪"中华民国维新政府"。参加了汪精卫、梁鸿志的上海会谈，支持汪精卫组建伪政府。

　　绥靖部成立后，便在日军的支持下，收罗国民党政府滞留在江南的溃兵、太湖一带的土匪、地主武装以及帮会势力等，成立绥靖军，用于对付活跃于江南一带的抗日游击武装。

　　很快，大批民族败类纷纷来归，任援道将他们编为3个区绥靖军司令部，分驻苏、浙、皖地区。井上日昭还把自己手下的浪人，派到各个区绥靖军司令部担任顾问，具体指挥这些军队的活动。

　　伪绥靖军第一区司令部设在浙江南浔镇，司令徐朴诚，人数1万余人，活动地区为嘉兴、平湖、南浔一带。徐朴诚过去是一个二流的小军阀，和任援道曾为部属关系，所以一听说任援道在招兵买马，就赶来投奔。

　　伪绥靖军第二区司令部设在太湖沿岸的同里，司令程万军，人数5000余人，活动区域为太湖沿岸各地。程万军原是横行太湖一带的土匪头子，经"井上公馆"特务拉拢，投奔伪维新政府。

　　伪绥靖军第三区司令部设在上海外围的青浦北门外，司令杨安庆，驻青浦，统辖8个大队，人数达3000人。副司令李天民驻奉贤南桥镇，人数约500余人。这支伪军活动于青浦、奉贤、松江一带。杨安庆是上海青浦人，原来是一个土匪头子。这支部队也是由"井上公馆"派人收买编成的。

　　这三支伪军部队，都是由土匪、海盗、盐枭、流氓、散兵游勇等编成，装备仅有步枪、机枪等轻武器。平时为日寇防守外围据点，搜剿抗日游击队，捕杀抗日志士。通过以大吃小吞并其他股匪和游杂部队，扩充自己的实力。在地方上征粮征款，设卡收税，抢劫掳掠，无恶不作，广大沦陷区人民深受其害。

　　1938年7月，杨安庆得到情报，青浦附近的朱家角有抗日游击队活动，于是在军事顾问塔尾督战下，调动2个大队进行追剿。结果，在半路上遭到游击队伏击。杨安庆部本是一群乌合之众，再加上猝不及防，损失惨重，杨安庆也被击毙。残部在塔尾的带领下狼狈逃回青浦。伪维新政府闻讯后，急忙派绥靖部副部长高冠吾和参谋任祖煊等人到青浦"慰问"，每人赏洋十元，还宣布要把所有部队调往南京附近驻扎。伪军听到这一消息，猜测日寇要把他们调到前线去充当炮灰，个个惊恐万状，暗地里互相串联，在当夜6个大队全部携械逃散。剩下2个大队残部400余人，第二天向上海撤退途中，又有1个大队以武力胁迫塔尾准许他们自由行动。最后，仅剩的1个大队返回上海后，被改编为外海护渔警察大队，乘日军登陆艇驶往舟山洋面的马鞍岛。驻在当地的日本海军，未接到命令，不允许登陆，这个大队只得原路折回上海。最后由伪维新政府绥靖部将该部调至南京，改编为汽车警察大队。

　　驻在奉贤南桥镇的李天民部，亦多次遭到"抗日"游击队丁锡山（后降日）部的伏击，损失惨重。后来，丁锡山以接洽降日为名，将李天民诱骗至上海法租界芦家湾，予以枪杀，并扬言要大举进攻南桥镇，李天民所部吓得四散逃亡。至此，由"井上公馆"苦心策划组织起来的伪绥靖军第三区司令部及其所属部队，在不到半年的时间里，再也不复存在。

1940年3月汪伪政府成立后，大力排除原伪维新政府的人员。除陈群、任援道、温宗尧在汪伪政府中仍保持重要职务外，其余的很快被排挤下台。任援道的绥靖军虽然失去了第三区伪军，但不久后，又收编了安徽北部土匪沈席儒、方振武部的王占林，人数增加至约4万人。汪精卫为了拉拢任援道为自己卖命，还将之前收编的土匪和国民党游击部队，如无锡的谢文达（原属国民党忠义救国军，活动于苏州地区，后由李士群的特工总部收编，交与军委会，改组为暂编第十师，以谢文达任师长，后驻宁波）、浦东的丁锡山（原属国民党忠义救国军，活动于上海浦东奉贤一带，投敌后，编为暂编第十三师）、张亚南，安徽的田为霖、何天峰、李忠盛等部，都划归任援道指挥，并将该部改编为苏浙皖三省绥靖军总司令部，由任援道任总司令，黄其兴为参谋长，1940年4月4日，伪司令部在南京成立。10月，任援道又将所属编为杭州、湖州、苏州、常熟、扬州、庐州、蚌埠7个绥靖区，分别由徐朴成、程万军、龚国梁、徐凤藻、熊玉衡、王占林、沈席儒任司令。

1941年1月22日，汪伪军事委员会将苏浙皖三省绥靖军改编为"和平军"第一方面军，司令部驻南京，仍以任援道任总司令，黄其兴任参谋长，将原辖各绥靖地区改为师，各司令改为师长。

第一师，由原杭州绥靖区改称，师长徐朴成，主要由太湖水上警察和散兵游勇组成，驻杭州、嘉兴一带。

第二师，由原常熟绥靖区改称，师长徐凤藻，1942年4月徐凤藻去职，何燮桂任师长，主要由太湖土匪和国民党溃兵编成，驻常熟地区。

第三师，由原苏州绥靖区改称，师长龚国梁，10月龚国梁去职，方面军参谋长黄其兴兼任师长，主要由国民党溃兵编成，驻苏州地区。

第四师，由原扬州绥靖区改称，师长熊玉衡，主要由地方杂牌军残部编成，驻扬州地区。

第五师，由原湖州绥靖区改称，师长程万军，主要由国民党溃兵编成，驻湖州地区。

第六师，由原蚌埠绥靖区改称，师长沈席儒，由地方游杂部队和地主武装编成，驻安徽巢湖地区。

第七师，由原庐州绥靖区改称，师长王占林，由国民党溃兵和土匪编成，驻合肥、庐州一带。

独立第八旅，旅长沈玉朝，驻南通地区。

独立第九旅，旅长陈炎生，驻南京地区。

1942年1月17日，将独立第八旅、独立第九旅和1个独立团编成该方面军第九师，以陈炎生为师长。

另外，还编有教导旅，以任援道长子任祖萱为旅长。

1942年6月1日，任援道还陪同褚民谊代表汪伪政府访问日本，觐见日本天皇裕仁，翌日会见日本首相东条英机，对主子点头哈腰，极尽奴颜婢膝。鼓吹"大东亚共荣"，卖国求荣的巨奸嘴脸毕露。

1943年3月29日，伪军事委员会将该方面军编成第二、第三军2个军，将所辖8个师及1个教导旅缩编成4个师和1个独立团，分驻于南京、杭州、天长、合肥、扬州等地，总兵力15000余人。

第二军：军长徐朴成，副军长兼参谋长何燮桂

第一师：师长程万军

第二师：师长任祖萱

第三军：军长任援道兼

第三师：师长熊玉衡

第四师：师长王占林

方面军总司令部直属独立团

1941年以后，日伪为了建立稳固的后方，在占领区进行大规模的"清乡""扫荡"，第一方面军十分卖力，任援道还以海军部长的身份抽调海军舰艇，封锁重要交通河道和太湖等重要湖泊，成为日军的主要帮凶，杀害了许多抗日志士和无辜群众。

1941年前后，任援道通过其弟任西平（军统局特务）与重庆国民党政府取得了联系。之后自称"身在曹营心在汉"，并常以关云长自居。他为军统收集过不少情报，特别是美国海军方面所需的情报，多次受到戴笠的称赞。1943年以后，全国抗战的形势逐渐发生变化，任援道觉得只有戴笠一个靠山，死走一条道不行，狡兔三窟，于是与就近的第三战区司令长官顾祝同取得联系，与忠义救国军"互不侵犯"，为自己找后路。日本宣布无条件投降时，第一方面军仍有近2万人，其编制情况没有大的变化：

总司令任援道，参谋长黄其兴

作战地域：苏南、淮南、皖中

第二军：军长徐朴成

第一师：师长程万军

第二师：师长任祖萱

第三军：军长任援道兼

第三师：师长熊玉衡

第四师：师长王占林

此外，还有教导旅、独立旅、特务旅等。

1945 年 8 月 12 日，国民党政府委任任援道为南京先遣军总司令，负责京（南京）、苏（苏州）一带治安，所有伪司令官原统辖之军警、保安团以及江苏省、南京附近各种部统归其指挥。同时，任命徐朴成任苏浙先遣军第一路总指挥，程万军任苏浙先遣军第一路第一纵队司令，任祖萱任苏浙先遣军第二师师长，熊玉衡任南京先遣军第三师师长。

受命后任援道第一个功劳是抓捕了自己昔日的上司——大汉奸梁鸿志。日本投降后，梁鸿志乘乱带着新娶的太太及小女藏匿于苏州。此时，任援道根据国民党当局的指示，正派人四处搜寻他的踪迹。一天，密探在苏州车站发现了梁鸿志的新太太正搭车赴沪，于是就在暗中跟踪，查到了梁鸿志在苏州的秘密住处。最后，任援道亲自带人将梁鸿志抓捕，送交军统。在狱中，梁鸿志多次表示了自己的愤懑："我有一遗憾，死不瞑目。不应该拘捕我的人，竟千方百计地拘捕了我，来作为献媚邀功之计。好个狗彘不如的任援道！"

9 月，为了不使长江北岸的任援道部伪军被新四军消灭，何应钦指示任援道，在廖耀湘的新六军掩护下从南京下游渡江，集结于长江南岸。之后，任援道将全部伪军交给了戴笠改编。戴笠的军统自成一系，无须向陆军部备案。戴笠准备搞海军时，考虑到任援道兼任汪伪海军部长，还打算重用他。戴笠死后，任援道的部队被编散，大部分编入七十一军陈明仁部，他本人被蒋介石任命为军事委员会中将参议。

任援道在汪伪政权中先后任伪职有 13 项之多，几乎兼全了重要委员会的委员，如国民党中委、中央政治委员、最高国防会议委员、军事委员会委员等。主要实职有：第一方面军总司令，军事参议院副院长、代院长，海军部部长，江苏省省长（主席），苏州绥靖主任公署主任，江苏省保安司令，上海市市长。随着汉奸纷纷落网，任援道深知自己罪孽深重，担心自己一旦失去价值，有朝一日也会受到惩罚。于是，他以 200 根金条贿赂有关方面，举家前往香港，在九龙弥敦道中段热闹市口开了一家酒楼。随着解放战争的胜利推进，人民解放军饮马深圳河，任援道觉得在香港也难以立足，于是又举家远飞加拿大定居。1980 年，任援道病死于加拿大，结束了其罪恶的一生。

　　昔日的老上司亲自前来劝降，答应孙良诚所提全部条件：当方面军总司令，下编 2 个军 5 个师。除此之外，还许诺愿将河南省绥靖主任一职相让

1942 年 4 月 22 日，曾任国民党冀察战区游击总指挥、鲁西南行署主任的

孙良诚在鲁西南曹县、定陶地区率部投敌，参加了汪精卫伪政权，不久所部被改编为第二方面军，孙良诚任总司令。

孙良诚　　　　　　　　　　前排左五为孙良诚

　　孙良诚原名孙良臣，1893 年出生在天津静海县（今静海区）大侯庄一个农民家中。1912 年，时任营长的冯玉祥到孙良诚家乡一带招兵，没上过几天学的孙良诚应召入伍并随冯部驻北京南苑。在军中，孙良诚精悍骁勇，不怕吃苦受累，很快得到冯玉祥的欣赏，随着冯玉祥的升迁，孙良诚也不断提升，先后担任班长、连长、团长、旅长、师长、军长等职。随冯玉祥东征西讨，参加了在河南围剿"白狼"作战、"护国"战争、反对张勋复辟、直皖战争、第一和第二次直奉大战、推翻直系军阀曹锟的"北京政变"等重大战役战斗，所部在西北军中素有铁军之称，是冯玉祥倚重的得力将领，常在危难之时派他独当一面。1927 年北伐，孙良诚任国民革命军第二方面军总指挥，被冯玉祥称赞为"北伐中，孙良诚功勋实居第一"。1928 年 4 月 23 日，孙良诚率部击溃孙传芳部，受到蒋介石的通令嘉奖。5 月，北伐战争结束后，孙良诚被蒋介石任命为山东省主席。

　　1929 年和 1930 年，孙良诚随同冯玉祥参加了两次反蒋战争，但都遭到失败。孙良诚的残余部队辗转撤至山西被张学良改编，由宋哲元任西北军军长。由于孙良诚与宋哲元关系不和，一气之下返回老家天津寓居。

　　1931 年抗日战争爆发后，孙良诚一直没被重用。1933 年，他在张家口参加了冯玉祥的抗日同盟军，任骑兵挺进军军长。很快，随着冯玉祥的下野，孙良诚再次失去兵权，重新回到天津。1937 年"七七事变"后，平津失陷，孙良诚携家避往汉口，仍未为蒋所用，因此常在昔日部下面前发牢骚："你们抗战，独我在汉口避难。"直到 1939 年，鹿钟麟①任冀察战区总司令兼河北省主席时，才委任孙良诚为冀察战区游击指挥官，统辖冀南各游击武装进行敌后抗日。

当时该战区的部队有石友三第三十九集团军、西北军高树勋新八军，以及赵云祥、丁树本、张荫梧、侯如镰等地方武装，情况十分复杂。孙良诚名为指挥官，实际能指挥动的，只有赵云祥的游击纵队，其余武装均不听命。赵云祥曾在孙良诚部任过团长，其游击武装为驻冀州的民军第二路，原系第二十九军军官大队，约 1000 人，枪马齐全，鹿钟麟将其编为游击第一纵队，划归孙良诚指挥。这些武装抗日不足、扰民有余，还常与八路军发生摩擦，孙良诚以其微薄兵力，亦是游而不击，三五天即转移一个地方，状极艰苦，还常遭日伪跟踪攻击，几遭险境。

1940 年初，经石友三保举，孙良诚被委任为鲁西行署主任，也仅负责派款征粮、招募军队事宜。3 月，石友三与日寇订立了共同防共协定后，移驻山东濮县，高树勋部移驻河南濮阳，孙良诚随之移驻濮县临黄集。12 月 1 日，一贯与高树勋不和的石友三及其弟石友信被高诱杀后，高树勋答应向蒋介石保举孙良诚为第六十九军军长，并给赵云祥讨个师长。不久，蒋介石复电：以第一战区司令长官卫立煌兼任第三十九集团军总司令，高树勋为副总司令代行总司令职权，原石友三的总参议毕泽宇②为第六十九军军长，原石友三的参谋长王清瀚任独立第四旅旅长，赵云祥任暂编第三十师师长，唯独没有孙良诚的任命。原来在正式电请时，毕泽宇等人以偷梁换柱的手法，将孙良诚的名字改为毕泽宇。孙良诚大失所望，认为高树勋对他玩手段，一气之下离开高树勋，率赵云祥等部奔赴山东定陶大陈楼一带。

这时，原石友三的手枪团长宋荣馨、石友信师的团长段海洲，因为是二石亲信，觉得久处高树勋之下必遭暗算，于是向王清瀚表示愿听其指挥。王清瀚早就想掌握队伍，抓住这个机会，便带领宋荣馨、段海洲两部脱离高树勋，前往定陶与孙良诚会合。于是孙良诚的势力大增。但随之带来许多问题，主要是粮弹不济，供给日益困难。特别是 1941 年冬汤恩伯担任第一战区司令官后，派

---

①　鹿钟麟（1884—1966）：字瑞伯，定州北鹿庄人，西北军著名将领，国民党二级上将。在冯玉祥发动的"北京政变"中，率部先行入城，将末代皇帝溥仪驱逐出故宫，废为平民。北伐战争后，曾任南京军事委员会委员、军政部次长及代理部长、河北省主席、兵役部部长等职。1949 年 1 月天津新中国成立后，以一名普通公民身份积极参加街道居民工作。1955 年任国防委员会委员，1966 年 1 月 11 日因病去世。

②　毕泽宇（？—1968）：原名毕广垣，西北军将领。曾任第六十九军参议。1940 年 12 月，与高树勋联合将准备投敌的石友三活埋，后任第六十九军军长。1941 年 11 月，率所部教导师投敌，被改编为暂编第三十一师，毕任汪伪军事委员会参议。抗战胜利后，曾任哈尔滨市市长。1949 年逃往台湾。1968 年 1 月 8 日病逝。

韩多峰①接替了孙良诚的鲁西行署主任职务，他的日子更不好过。甚至孙良诚提出向汤恩伯购买军械时，汤恩伯竟以一粒子弹一角钱进行刁难。孙良诚面临此处境，深感走投无路，一筹莫展。

1942年5月一天晚上，汪伪河南省绥靖主任刘郁芬前来劝降孙良诚。刘郁芬原来在西北军时，曾是孙良诚的上司。二人在归德以北30里的李楼会面。刘郁芬说："现在太平洋大战已起，日军节节胜利，正向中原进攻，抗战前途难以预期，你要当机立断，早做准备。"并完全答应孙良诚所提条件：当方面军总司令，下编2个军5个师。除此之外，还答应孙良诚降汪后，愿将河南省绥靖主任一职相让。两人会晤后，刘郁芬派人陪同孙良诚到南京面见了汪精卫，汪精卫盛宴招待，把孙部编制扩大，孙良诚全部官佐，都加官晋级，又发给一批薪饷，孙良诚感到非常满意，表示今后为汪效忠。

孙良诚决定投敌后，引起了许多有血性部下的不满。参谋长傅尔余首先将于飞游击大队拉走，继续坚持抗日。接着王清瀚部团长段海洲、孙兴斋等也率部离开孙良诚，投奔了卫立煌。

1942年6月，南京汪伪政权派参谋总长鲍文樾到定陶、曹县一带点编孙良诚伪军。之后，孙良诚部被正式编为汪伪政府陆军第二方面军，其编制序列为：

总司令：孙良诚
参谋长：甄纪印
总参议：郭念基（曹县县长，原西北军孙良诚的传令队长）
第四军：军长赵云祥
第三十八师：师长潘自明
第三十九师：师长戴心宽②

———————————

① 韩多峰（1888—1987）：字秀岩，山东省东平县人，冯玉祥十三太保之一。参加了滦州起义、反对张勋复辟、二次直奉战争、"北京政变"和台儿庄战役等。先后任营长、旅长、师长、鲁西行署主任、苏鲁豫皖边区保安司令兼剿匪总指挥等职。1936年被国民政府授予陆军中将。1945年辞去军职在山东办学。新中国成立后任山东省人大代表、山东省政协委员等职。1987年3月25日病逝，终年99岁。

② 戴心宽（1902—1985）：河南郾城人。原国民党陆军少将。1920年入冯玉祥部当兵，历任手枪队队员、豫东兵站站长、河北交县保安大队第一中队长、抗日民军团长、游击纵队旅长。1942年随孙良诚投靠汪伪，任第四军第四十师师长。抗战胜利后，所部被国民党收编为先遣第二路军第一军第四十师，任师长。1945年11月，率部随军长赵云祥在苏北盐城起义。后任解放军第四军副军长兼第十一师师长，并代理军长。1946年加入中国共产党后，历任华中野战军第十纵队和第七纵队第一副司令、胶东军区副参谋长。新中国时期，任山东省水利厅副厅长等职。1985年11月23日病逝。

　　第五军：军长王清瀚

　　第四十师：师长王和民

　　第四十一师：师长宋荣馨

　　直属第三十七师：师长孙玉田

　　另直辖 1 个特务团、1 个教导团

　　整个方面军共计 3 万余人。该部编成后，即调往河南东明、考城一带。

　　1942 年 8 月，孙良诚继刘郁芬任伪河南绥靖公署第四任主任，所部分驻山东定陶、曹县及河南濮阳、东明与考城一带。孙良诚本人率总部八大处和特务团就驻开封。到开封后，又任谷大江为绥署参谋长，乜廷宾为绥署卫队团团长，派总参议郭念基为杞县地区指挥官，派兵分驻通许、杞县一带，直接与人民为敌。

　　1943 年 2 月 27 日，汪伪军事委员会任命张维玺为第二方面军副总司令。这一年 9 月间，八路军在濮阳一举歼灭第二方面军总部和特务团，参谋长甄纪印被生俘。伪国民政府于 10 月 23 日任命谷大江为参谋长。孙良诚眼见日本人日暮途穷，便开始为自己留后路。驻开封期间，他接纳国民党方面的人员，同时开放河口，允许国民党军队进行物资交换等贸易活动。

　　1944 年 11 月，汪伪政府调整军事部署，把第二方面军由河南调至苏北扬州、泰州一带，并将原李长江所属第二十四师（师长颜秀五）、第二十五师（师长秦庆霖）、第二十六师（师长陈才福）编成第九军，归孙良诚指挥。

　　1945 年初，日军在敌后八路军、新四军攻势作战的打击下，失败的景象逐渐明朗。为了挽救危局，日军大本营将中国派遣军的主要作战任务调整为"确保华中和华南，特别是长江下游重要区域为加强战备的重点"，不断增兵华中。同时，调任孙良诚任苏北绥靖公署主任，管理苏北 13 县的行政事宜，并令其所部立即开拔。

　　受命后，孙良诚率第二方面军第四、第五军约 16000 人自开封出动，沿陇海路开往苏北。到达后，绥署驻扬州，赵云祥第四军驻防盐城，王清瀚第五军驻防阜宁、高邮。部队刚一安定下来，便向新四军发动了进攻。

　　为反击孙良诚部的进攻，盐阜军分区、新四军第三师兼苏北军区部队，对孙良诚部伪军发动反击，频频攻克其据点。特别是从 1945 年 4 月 24 日至 26 日，新四军集中 11 个团的兵力，发起了阜宁战役，相继攻占阜宁外围伪军据点 22 处，平毁炮楼 143 座，收复村庄 560 个，毙伤伪军官兵 339 人，俘伪军副师长以下 2073 人。此次战役，孙良诚部遭到沉重打击，新四军控制了（南）通（赣）榆公路中段，扩大了苏北解放区。之后，第三师兼苏北军区部队乘胜发动攻势，至 7 月底，解放了盐城、阜宁以东全部地区，并控制了东（海）淮（阴）公路和盐河，使淮海根据地扩大了一倍。

1945 年 5 月，日本帝国主义大势已去。这时中国共产党为争取伪军反正，派曾在西北军工作过的周天亚偕朱振亚到孙良诚部，做孙良诚、王清瀚、赵云祥的工作，为他们介绍形势，指明出路，并提出三个方案：一是立即宣布起义，二是待机起义，三是先交朋友。但是孙良诚表示："我当了汉奸，脸上已经抹了一道黑，现在又叫我投八路，给我脸上再抹上一道红，我孙良诚岂不是成了花脸?"因此拒绝了起义。为了继续争取孙良诚，周天亚、朱振亚留在了孙部，朱振亚重点在王清瀚处进行工作，相机发动起义。

8 月 15 日，日本无条件投降。此时，孙良诚第二方面军仍有 40000 人左右。具体编制序列为：

总司令：孙良诚

参谋长：谷大江

第四军：军长赵云祥，副军长谢云卿，参谋长嵇瘦秋

第三十九师：师长潘自明，副师长王拱震

第四十师：师长戴心宽，副师长李文森

第五军：军长王清瀚，参谋长方梓庠

第四十一师：师长宋荣馨，副师长杨克泰

第四十二师：师长王和民，副师长王培元

第四十三师：师长丁作彬，副师长俞 X 生

第九军：军长顾秀五

第二十四师：师长何耕春

第二十五师：师长秦庆霖

第二十六师：师长陈才福

第三十八师：师长孙玉田

独立第二十二师：师长刘湘图

暂编第十九师

独立第十九旅

独立第二十旅等

很快，孙良诚部被蒋介石改编，摇身一变为国军新编第二路军，辖第二纵队第四、第五两个总队。孙良诚在扬州任总司令，归第十战区李品仙指挥。不久，又改归汤恩伯指挥，汤令孙良诚在原防地不动，等待黄百韬部接防。

在此期间，驻在盐城一带的赵云祥第四军被新四军包围，赵部副官主任路耀林是共产党员，在路耀林的影响下，赵云祥部军官中有些人在政治上认识有所提高，主力师长戴心宽就是其中之一。赵云祥部被围后，他曾召集高级军官商讨办法。戴心宽首先表示，活路只有一条，就是起义投靠人民，突围和其他

妄想，都是自找死路。赵云祥迫于无奈，只好宣布起义。之后，该部被改编为解放军第四军，赵云祥仍为军长。但是赵云祥反动成性，加之在当汉奸时搜刮了大量民脂民膏，早已做着"腰缠十万贯，骑鹤下扬州"的迷梦，不甘心投降人民，于是便以到扬州劝说孙良诚部起义为名，携赃款逃往上海，后来在上海、南京一带大买房产，过起荒淫无度的生活。

8月，第五军王和民师在宝应被歼，孙良诚仅剩下王清瀚第五军部分军队、其堂弟孙玉田第三十八师以及直辖部队，总数不及5000人。

1946年元月，汤恩伯派一〇八军到扬州接防，开始着手吞并孙良诚伪军，并向孙提出三个条件：调孙为参议院上将参议；所有部队编为一个师，师长由孙玉田担任；编余军官送军官队，并限期答复。

孙良诚见自己惨淡经营的军队即遭灭顶之灾，急忙与李品仙联系，李将其收编，并给第五纵队番号，开往滁州。时国民党军各派系正在大力收编伪军，扩充实力，汤恩伯系中央军，李品仙属桂系，互相之间各不相让，因此孙良诚的军队得以苟延残喘。1947年，孙良诚奉命调驻寿州，所部被缩编为第一保安纵队，1948年移驻宿迁、睢宁，孙良诚被调任国民党军事参议院参议，余部改编为暂编第二十五师，孙玉田任师长，下辖4个团。

1948年11月，淮海战役之前，孙良诚部被扩编为第一〇七军，孙任军长，下辖第二六〇师（师长王清瀚）、第二六一师（师长孙玉田），集中至徐州，归徐州"剿总"节制。淮海战役发起后，孙良诚部编入黄百韬第七兵团参战。随着战役的结果日益明了，留在孙、王两部的周天亚和朱振山向孙良诚、王清瀚提出两点建议：一是立即通电起义，将部队开赴解放区整顿；二是原地等解放军收编。孙、王不听劝告，率部向徐州开拔，行至阜宁城西20余里之邢家围子，被解放军包围，被迫放下武器。

孙良诚在解放军的队伍中备受优待，可他却耍尽花招，思谋脱身之计，自告奋勇要做蚌埠驻军刘汝明兵团的策反工作，促其起义。经解放军同意，派孙良诚偕周天亚、王清瀚一同前往刘汝明指定的接头地点。刚到该地，周天亚、王清瀚即被扣留押送南京，后来均遭杀害。孙良诚不久去了南京，后移居上海。后来，孙良诚转托其在西北军的老同事、国防部参谋次长秦德纯在蒋介石面前力保，被委任为国防部参议。上海解放后，孙良诚被捕，关押在苏州监狱中，1951年在狱中病死，终年58岁。

　　针对一些部属对当汉奸存在顾虑，第三方面军总司令吴化文说："将来日本打胜了，我们当然有光明前途。如果蒋介石打胜了，他一定会与共产党打仗的，那时，他如果不要我们，咱就投靠共产党去……"

　　1943 年 1 月 18 日，驻鲁南临沂的国民党鲁苏战区新编第四师师长吴化文率 12000 余人投敌。20 日，汪伪军事委员会将该部改编为山东方面军，以吴化文为上将总司令。7 月 29 日又将山东方面军改编为第三方面军。

汪伪要员褚民谊等人在南京欢迎吴化文（左二）

　　吴化文，字绍周，1904 年出生于山东掖县一个农民家庭。由于生活艰难，在其 8 岁时全家迁至安徽蒙城。吴化文一边读私塾，一边帮助父亲种田。1920 年，蒙城发大水，家庭生活难以维持，吴化文便离家参加了冯玉祥的西北军，先做伙夫、马夫，后当传令兵。由于上过几天私塾，得到冯玉祥的赏识，将他选去当勤务兵。不久，提升为司务长、排长、连长。1923 年经冯玉祥保举进入北京高级教导团学习，1925 年转入北京陆军大学深造，毕业后，仍回到冯玉祥部，任洛阳初级军校教育长。之后，调西北军张自忠之第二十五师任参谋长兼特务团团长。

　　1929 年，冯玉祥在蒋、冯战争中兵败，吴化文随第六军军长韩复榘投靠了蒋介石，任手枪旅旅长兼济南警备司令。1938 年 1 月 24 日，韩复榘因"不遵命令，擅自撤退"被蒋介石处决。继任第三集团军总指挥孙桐萱，对一向为韩复榘器重的吴化文很不放心，曾密议取消手枪旅番号，分散编入第三集团军的各师。由于手枪旅集体抗议，孙桐萱只好作罢。不久，手枪旅按原建制改编为独立第二十八旅，1940年又扩编为新编第四师，驻鲁南临沂地区。吴化文任师长，于怀安①、赵广兴②、杨友柏③分别为一、二、三团团长。

1939年，吴化文率部进驻沂水武家洼一带。在泰安、万德、虎门、柳河等地与日寇进行过数次战斗。日寇攻占柳河口时，第三集团军被迫向西退却。这时，吴化文获悉孙桐萱仍有分割他部队的企图，就在柳河北岸的关帝庙召集全旅营以上军官会议，决定留在山东打游击。随即，致电蒋介石表明行动理由及决心。经蒋复电批准，第四师转隶山东省政府主席沈鸿烈指挥，同时，吴化文被任命为国民党山东省政府委员兼保安第一师师长。

吴化文从柳河北上，深入山东敌后，适逢国共合作之际。在定陶、郓城、平阳、禹城、惠民、滨县一带，常与驻乐陵的八路军东进抗日挺进纵队配合，进行反扫荡作战。1939年底，日寇向鲁南扫荡，他指挥部队拦截由临沂来犯的一个日军联队。其三团一营在三岔店作战中，顽强地坚守阵地，抗击了日军陆、

① 于怀安（1903—1996）：字敬斋，山东省单县人。1920年投奔冯玉祥，在西北军中参加了北京政变、北伐战争。抗日战争时期，任国民革命军新编第四师手枪旅第一团团长，参加了鹊山阻击战、柳河阻击战、台儿庄战役外围战、沂蒙山区第一次反扫荡、1942年初反扫荡等战役战斗。1943年1月任鲁苏战区新编第四师副师长。后随吴化文投靠汪伪政府，任第三方面军第六军军长。抗战胜利后所部被蒋介石收编，任国民革命军新编第五路军第一军军长，1945年11月4日在山东滕县（今藤县）津浦路徐济段战役中，被新四军俘虏。经教育后，任八路军山东军区高参。1948年9月济南战役后，历任解放军第三十五军代参谋长、第一〇三师长、浙江省军区第三军分区司令员等职。率部参加了淮海、渡江、浙江剿匪等战役。1952年转业到地方工作，历任绍兴联合工厂厂长、政协副主席，浙江省政府委员等职。1985年加入中国共产党后，做了许多对台湾的统战工作。1996年7月23日因病在绍兴逝世，享年93岁。

② 赵广兴（1902—1960）：山东鄄城县赵庄人。1922年入冯玉祥西北军当兵，历任班、排、连、营、团长等职。1943年1月随吴化文投降汪伪政府，任伪暂编第四十八师师长，后任副军长。抗战后所部被国民党收编，曾任国民党山东保安第二纵队团长、整编八十四师一六一旅旅长等职。1948年被授予少将，9月在济南战役中随吴化文率部起义，10月29日被任命为解放军步兵一〇四师师长。后率部参加了淮海战役、渡江战役等。1949年5月后，先后在华东军大、华东军区教导团学习，后分配到安徽交通厅工作。1957年被错划成"右派"，返回原籍。1960年冬去世。1979年平反恢复名誉。

③ 杨友柏（1904—1986）：字剑秋，安徽涡阳人。长期在西北军任职。抗战期间任鲁苏战区新编第四师第三团团长，1943年1月随吴化文投降汪伪政府，任第三方面军第七军军长。抗战胜利后所部被蒋介石收编，任新编第五路军第七军军长兼蚌埠警备司令，1947年2月任整编第八十四师一五五旅旅长，1948年9月20日在济南起义。后任解放军第三十五军副军长兼一〇三师长，南京军区顾问，江苏省东台县（今东台市）政协副主席，江苏省人民政府参事。1986年2月18日在安徽蚌埠病逝。

空军的 7 次猛攻，毙伤敌 200 余人，配合八路军十九旅粉碎了敌人的扫荡。为此，东进抗日挺进纵队政委肖华曾专门到吴化文司令部进行慰问。

1940 年春季以后，吴化文在沈鸿烈的驱使下，开始与八路军不断发生摩擦，至 1942 年底达到高潮，多次指挥所部向抗日根据地进攻。

1943 年 1 月初，吴化文接到已是国民政府农林部长的沈鸿烈从重庆发来的一封机密电报，同时，还接到戴笠 "曲线救国" 的密谕。于是，他便洋洋得意地向人说："现在我们投靠日本，将来如果日本打胜了，我们自然无问题了。如果中国胜了，我就拿着这封电报去见蒋介石。" 通过沈鸿烈的原保安司令部参谋处长宁春霖与日本头目交涉，他公开投降了日本侵略者。

1 月 18 日吴化文伙同该师参谋长徐子珍、新编第一师师长于怀安，鲁西保安司令部宁春霖等投敌。20 日，伪军事委员会将该部改编为山东方面军，吴化文为总司令，宁春霖任副总司令，郭受天任参谋长，于怀安为第一军军长。7 月 29 日，所部又被改编为 "和平建国军" 第三方面军，辖 2 个军 5 个师，约 12000 人。其编制序列为：

总司令：吴化文

第六军：军长于怀安

暂编第四十六师：师长许树声

暂编第四十七师：师长贺钫

第七军：军长杨友柏

暂编第四十八师：师长赵广兴

暂编第四十九师：师长王同宇

暂编独立第五十师：师长徐日政

1944 年 11 月 11 日，经伪军事委员会点验后，各师取消 "暂编" 字样。

投敌后，针对一些部属对当汉奸存在顾虑，吴化文对他们说："将来日本打胜了，我们当然有光明前途。如果蒋介石打胜了，他一定会与共产党打仗的，那时，他如果不要我们，咱就投靠共产党去，怎么说没有光明前途呢？你们尽管跟着我吴化文干好了。"

吴化文所率的伪军，在日寇的扶植下，编制正规，武器精良，很快便成为山东伪军的主力。他将部队部署在鲁山南麓的鲁村、南麻、悦庄及周围两千余平方公里的地区，配合日军对鲁中军区八路军和抗日武装驻地进行扫荡，严重地威胁着中共鲁中抗日根据地。

1943 年 11 月，日伪军出动万人以上的兵力，以沂蒙地区的扑里、金星头为中心，由东、南、西三面实施合围，对鲁中再次进行 "扫荡"。吴化文率部从北面合围鲁中军区主力。鲁中军区避开合围，将主力部队转移至外线作战。

吴化文和日寇合围失败后，就在根据地大肆"清剿"，残酷地屠杀无辜抗日村民，制造"无人区"。

鲁中军区为剪除吴化文部伪军，先后于1943年1月、11月和1944年3月发动了3次讨伐战役，大挫其反动气焰。1944年3月25日午夜，鲁中军区发起的第三次战役中，集中了8个团、40个民兵中队，组成左、右和西、北4个梯队，冒着疾风暴雨对吴化文部四面展开攻击。经过5天激战，吴化文部东、西、南、北防线相继被突破，两个军的主力大部被歼，残部集中于鲁村和悦庄两个据点，固守求援。30日，吴化文率部与两千余日军会合于悦庄，由日寇飞机助战，向鲁中军区部队发起反攻。4月8日，日寇因找不到鲁中军区部队主力而撤走。15日，鲁中军区部队乘其部署调整未绪之际发动猛攻，吴化文率部仓促应战，拼死反抗，结果又有1个团另4个连被全歼，独立第四旅600余人在八路军的政治攻势下缴械投降。18日，其总部遭歼，悦庄失守，吴化文只好率残部落荒而逃，窜至鲁村一带负隅顽抗。

8月20日，吴化文又率部配合日军第五十九师团向滨海区"扫荡"，企图合击中共山东军区指挥机关和主力，摧毁抗日根据地后方设施。29日，在不断遭到滨海区军民内外夹击后，开始分路撤退。9月3日，退至陶沟、岳庄地区的部队突然遭到鲁中军区4个主力团的伏击，独立第一旅旅长当场被击毙，1200多人仅剩200余人窜回莒县。吴化文部此后龟缩据点，不敢动弹。至1944年底，伪第三方面军共损失7000余人，仅剩残余6000人左右，所经营的40个据点和12处山寨也被彻底摧毁，元气大伤。

1945年1月至8月，吴化文部又陆续补充9000余人。2月，伪军委会将该部由山东调往安徽蚌埠地区，担任津浦路南段的护路任务。在日本投降前，吴化文被蒋介石秘密任命为第五路军总司令兼津浦铁路南段警备司令，将其所率"和平建国军"第三方面军改编为第五路军，进驻蚌埠、徐州一带，执行"防止共军占据铁路交通"的任务。当时，吴化文部队给养困难，经常出来抢粮食，多次与共产党领导的新四军驻江北的部队发生冲突，直接威胁着解放区的安全。

1945年8月日本投降时，吴化文的第三方面军的作战地域为鲁南、鲁中、淮北，下辖第六军、第七军等共13000余人。其编制序列为：

总司令：吴化文

副总司令：宁春霖

参谋长：贾本愚

第六军：军长于怀安，副军长徐日政，参谋长黄效先

第四十六师：师长许树声，副师长房业，参谋长张凤城

第四十七师：师长贺钫，参谋长王世元

第七军：军长杨友柏，副军长赵广兴

第四十八师：师长赵广兴，参谋长王树林

第四十九师：师长王枫安，副师长沈延滨，参谋长管颜新

独立第五十师：师长徐日政，副师长董子才

日寇无条件投降后，吴化文正式接受国民党新编第五路军的番号，奉蒋介石之令，率部开往山东兖州，接收日军修筑的飞机场及武器装备，并以一部负责兖州至泰安间铁路的掩护和修复任务，保障国民党嫡系李延年部北进受降，抢占胜利果实。1945年10月，他兵分两路，沿临城、滕县北上，11月4日，进至山东界河地域时，被陈毅指挥的鲁南第八军和新四军第二纵队第二师第五一九旅伏击，其第六军遭到全歼，军长于怀安被俘，第四十六师师长许树声被击毙。同时，其邹县一个团也被全歼，团长孟继海被击毙。

1946年2月，吴化文新编第五路军被改编为暂编第七纵队，旋又改编为山东保安第二纵队。吴化文任纵队司令，驻兖州。在整个解放战争期间，我鲁南军区、中共华东局、华东野战军为了争取吴化文部起义，做了大量的"内线攻心"工作。爱国人士冯玉祥和民主党派人士李济深等人也对其进行了规劝，但吴化文一直持徘徊观望的态度。当他觉得蒋介石集团的力量强大时，就投入反人民的内战中，当受到解放军的打击时，就与我方靠拢，始终保持一种暧昧态度。

国民党为了拉拢吴化文与解放军作战，1947年5月将其所部改编为国民党整编八十四师，下辖第一五五旅和第一六一旅，兵力近2万人，驻河南开封一带，归新五军军长邱清泉指挥。1948年7月，又将吴化文提升为军长并将其所部扩编为第九十六军，其第一六一旅也允许迅速扩充起来，还将战斗力较强的保安二旅改编为军独立旅。在山东、河南、江苏等地与解放军作战。

1948年9月16日，华东野战军发起济南攻坚战役。吴化文任济南西守备区指挥官，指挥所部担任北起洛镇南至马鞍山为分界线的防御任务。

19日，在华东野战军的沉重打击下，吴化文经过再三的动摇、犹豫、观望，终于做出抉择，率所部3个旅2万余人起义，将防御阵地移交至华东野战军攻城部队。由于吴化文部在战场起义，敞开了济南商埠地区的大门，加速了守城国民党部队军心的瓦解。24日，华东野战军攻克济南，全歼守敌8万余人，生俘国民党第二绥靖区司令王耀武等高级将领23人，胜利结束济南战役。

对于吴化文部起义，毛泽东主席、朱德总司令，华东野战军陈毅、粟裕诸将军均致电祝贺，给予高度评价。毛主席在贺电中说："贵军长等此次举义，符合人民的愿望，深堪庆贺。尚望团结全军，力求进步，改善官兵关系，军民关系，为革命战争在全国的胜利而奋斗。"朱德总司令指出："吴化文部的起

义，对我打下济南起了相当作用。今后的作战，就需要这样的起义。"

起义后，吴化文的部队被改编为中国人民解放军第三十五军，下辖步兵第一〇三、一〇四、一〇五师，杨友柏、赵广兴、何志斌①分任师长，在黄河以北的齐河和济阳一带整训一个多月。12月，吴化文率领第三十五军进驻徐州以西地区，参加了淮海战役第三阶段的战斗。1949年2月与原鲁中南纵队合并后仍称第三十五军，隶属三野七兵团建制。何克希任政治委员，杨友柏、胡大荣任副军长，张雄任副政治委员，孔繁彬任政治部主任。

参加解放军后的吴化文（右）

1949年4月，吴化文率部参加了渡江战役，担任攻占"三浦"（浦口、浦镇、江浦）、钳制南京、掩护东路大军渡江作战，并相机占领南京的任务。21日，其第一〇三师占领江浦，第一〇四师扫清浦镇之敌的前沿阵地。24日，第一〇四师也从浦口渡江，直插南京市中心，所属第三一五团一个营进入总统府，在门楼上升起了鲜艳的红旗。

解放南京、占领总统府可以说是解放战争中最重要的事件之一。渡江战役中，人们知道"渡江侦察记"，知道聂凤智给毛主席那份"我已踏上江南土地"的著名的电报，可很多人不知道谁打下南京、谁打下总统府？也没有人或部队

---

① 何志斌（1909—1998）：号震寰，陕西长安人，西北军洛阳军官学校毕业。曾任西北军连长，察哈尔民众抗日同盟军营长，1936年秋任第三路军军事教育团第二队队长。1938年任山东省第八抗日游击司令部独立营营长，1940年任鲁苏战区游击第一纵队一支队支队长，1944年任山东挺进军第十二纵队少将司令，1945年9月兼任新编三十六师师长，1947年任山东省保安第二旅旅长，1948年7月任整编第九十六军独立旅旅长，9月19日在济南战役中起义。后任解放军第三十五军一〇五师师长，参加了淮海、渡江战役和解放南京的战斗。新中国成立后，历任杭州警备区副司令员，浙江省盐务局局长，浙江省轻工业厅副厅长，浙江省政协副主席，民革浙江省委主委，第五届全国政协委员，民革中央委员。1998年11月19日在杭州病逝。

刻意宣传如此的丰功伟绩。原因其实很简单，打下总统府的是华野第三十五军，军长是吴化文。

新中国成立后，吴化文因病申请转业，被中央政府任命为浙江省人民政府委员、交通厅厅长。后来，又被选为浙江省政协副主席、全国政协委员。荣获中华人民共和国一级解放勋章。1962 年 4 月，吴化文因病逝世，终年 58 岁。周恩来总理、陈毅元帅及 8 个大军区都送了花圈。

首鼠两端的第四方面军司令张岚峰，既和国民党相勾结，倒买倒卖，大发横财，又同意共产党派人进入他的军队，意在双方互通情报，以免彼此消耗实力

1944 年春，国民党将领张岚峰率部投敌，汪精卫伪军事委员会将其改编为"和平建国军"第四方面军，张岚峰为总司令。

张岚峰

张岚峰，字腾霄，号子杰，1902 年 9 月 13 日生于河南柘城县林张村一个小地主家庭。他从县立高等小学毕业后，考取了河南省立第四中学，后在学校闹事被开除。此时，正值第一次直奉战争结束，冯玉祥任河南督军，为扩充实力，在豫东大规模招兵。1922 年 5 月，张岚峰在开封加入冯玉祥部中央陆军第十一师补充第三团。受训 3 个月后，又考入该师学兵团。10 月，随冯部移驻北京，后擢升为学兵团骑兵连排长、连长。1925 年经冯玉祥保送进入日本士官学校学习炮兵，1928 年回国后曾在冯部任营长、团长，西北军官学校校长，被称为西北军的后起之秀、冯玉祥的心腹。1930 年中原大战后，冯玉祥兵败下野。征得冯玉祥同意，张岚峰回到焦作、新乡收容残部，以便待机反蒋。后得知许多西北军高级将领投降了蒋介石，感到大势已去，便改变初衷，在"欲保实力，须走曲线"的借口下，张岚峰也投靠了国民革命军，所部被编入第二十六路军，任第十四师副师长兼第二旅旅长。翌年部队缩编，任第二十五师七十四旅副旅长兼第二团团长。第二十六路军被蒋介石调往江西"剿共"时，张岚峰既不愿为蒋卖命，同共产党为敌，又对降低自己的职务不满，遂于行军途中称病辞职，回到北平。不久，携带家眷东渡日本，进入早稻田大学，学习政治经济学。其间，其当初士官学校的教官松室孝良，在日本成立了一个专门收集中国情报的特务组织，在松室孝良的蛊惑下，张岚峰加入该组织，从此变节成为汉奸。

1936年张岚峰回国后，投奔了旧时长官、冀察政务委员会委员长宋哲元。加上松室孝良的推荐（松室时为日本关东军驻北平特务机关长），张岚峰便当上了冀察政务委员会参议，后又任察哈尔省政府参议，专门负责察省对外交涉事宜。他用公职为掩护，为日本收集情报。"七七事变"后，张岚峰将长城沿线的国民党第十三军等部的布防情况通报给日军，致使第十三军在南口、下花园一带遭日飞机轰炸而损失惨重。

华北地区沦陷后，张岚峰以到陇海路招集失意军官组织"抗日游击队"为借口，在蔚县脱离了宋哲元，回到豫东柘城。1938年春，被推举为柘城县财务委员会委员长兼民众抗日自卫军副司令（司令由县长自兼）。

张岚峰刚拉起队伍，便收到驻柘城的日军第十师团指挥官矶谷廉介的邀请信，进城密谈。之后，张岚峰迅速组织了"柘城维持会"，公开投入侵略者的怀抱。

为了让张岚峰更好地卖命，日本华北方面军给了他一个"豫东招抚使"的头衔，并拨给3万元军费。1938年11月下旬，张岚峰在商丘正式组建"豫东招抚使公署"，于陇海路沿线的鹿邑、亳县、夏邑、商丘、宁陵、睢县以及老家柘城等地招募土匪和流民。

1939年夏，张岚峰先后收编、改编了以"抗日游击队"名义活动于商丘、亳县之间的土匪武装，编为第一路（师级），以曹大中为司令，下辖4个团；收编了鹿邑、柘城、夏邑、宁陵一带的"抗日游击队"及夏邑地方保安团，编为第二路，以李忠毅为司令，下辖3个团；收编原河南省第二行政督察专员公署专员宋克宾（子贤）之第二保安总队等部为第三路，以宋克宾为司令；收编国民党军李宣德部为第四路，李宣德为司令；集中柘城各区地主武装，改编为第一支队（旅级），以杨树森为司令，辖2个团1个特务营；收编原河南省第二专署之第三保安总队孙敬轩等部为第二支队，孙敬轩任司令，辖2个团1个特务营；收编柘城韩楼等地主武装为独立团，以韩循先为团长。

至1939年底，张岚峰已招募兵马达18000余人，乞得日军同意后，编为一个军，称"豫东剿共军"，下辖3个师。张岚峰任总司令，李忠毅任副总司令，李学舜任参谋长。3个师师长分别由张岚峰、曹大中和李忠毅担任或兼任。

1940 年初，第四路李宣德部反正拉走了部队，但张岚峰部仍扩充到 2 万余人，步、骑、炮、工和辎重兵等兵种应有尽有，执法队、军官队、学员队、军械厂、被服厂、面粉厂样样齐全，成为华北伪军的王牌，河南日军的马前卒。

3 月，南京伪国民政府成立，张岚峰认为这是一个扩大自己势力的大好机会，便派心腹到上海，向陈公博献上效忠的亲笔信。陈公博正愁没有人马，见张岚峰来投，喜出望外，很快就安排他到南京拜见汪精卫。汪精卫当即任命他为伪军事委员会委员。

4 月 2 日，汪伪军事委员会将驻河南地区伪军改编为苏豫边区绥靖总司令部，胡毓坤任总司令，张岚峰任副总司令，潘伯豪为参谋长。8 月经点验后，又改编为伪"和平建国军"，下辖 3 个军，张岚峰部为"和平建国军第一军"，下辖暂编第十六、第十七、第十八师。"和平建国军"第二军军长为刘启雄，第三军军长由窦光殿代理。

曹大中、李忠毅和张岚峰都是日本士官学校的同学，李忠毅和张岚峰的老婆张志兰还是表亲，三人一同接受日军的指示到河南，同心协力，很快就拉起了队伍。部队编成后，官兵大多是豫东人，且多为张岚峰的柘城同乡，他们认为有张岚峰撑腰，往往不听曹、李的指挥，张岚峰也常常偏袒同乡，而且其飞扬跋扈，遇事独断专行，逐渐引起曹大中、李忠毅不满，矛盾日渐加深。

1941 年 6 月 29 日，曹大中、李忠毅以及宋克宾、孙敬轩等人趁张岚峰到开封参加苏豫边区绥靖司令胡毓坤就职典礼之机，把张岚峰派到他们师里的几名重要军官全部杀掉，带领两个师 1.7 万人及全部武器装备渡过黄河投靠了蒋介石。张岚峰部仅剩 2000 余人。

无奈，张岚峰只得向驻商丘日军佐久间旅团长如实做了汇报，佐久间深知另找一个能顶替张岚峰的人并非易事，因而对他未加责备，反而慰勉有加，并说"我们要相信的只是你一人"。这让张岚峰感激涕零。

1941 年 7 月，"和平救国军"第二、第三军改编为暂编第十四、暂编第十五师，由刘启雄、刘绍琨任师长。同时，暂编第十四师拨归第一军管辖。日军还拨给张岚峰"和平救国军第一军"军用卡车数十辆和大批武器弹药，使其实力大增，很快便恢复了元气，又成为华北伪军的主力。编制序列为：

军长：张岚峰

参谋长：栾云奎

暂编第十四师：师长刘启雄

暂编第十六师：师长王新民

暂编第十七师：师长杨茂林

暂编第十八师：师长潘伯豪

此时，汪精卫根据和日本政府签订的卖国密约，经和华北日军多次洽商，将伪军张岚峰部拨归汪伪政权指挥。其实，早在1940年5月16日，汪精卫在南京成立伪"国民政府"不到2个月，就委任张岚峰为军事委员会委员，27日又委任其为"苏豫边区绥靖副司令兼和平救国军第一军司令"。但没有日本主子的首肯，张岚峰没敢赴任。

1941年8月3日至6日，汪精卫派郑大章到商丘对张岚峰部进行点验，正式改编为"和平救国军"第一军，任命张岚峰为军长。下辖第一、二、三、十四4个师。郑大章是张岚峰在西北军时的老长官，到商丘时张岚峰对其盛情款待，赠送厚礼，郑大章回到南京后，在汪精卫面前对张岚峰尽情称赞。不久，张岚峰到南京面见汪精卫，事前他又用请客贿赂的方法，结交了汪的亲信周佛海、陈春圃等人，在汪精卫面前为其吹嘘。因此，汪精卫见到张岚峰时，对其大加赞许，并嘱咐他返回河南后，扩充兵马。从此，张岚峰又成了汪精卫的红人。

1941年冬，汪伪军事委员会建立苏豫边区绥靖司令部，由胡毓坤任司令，张岚峰任副司令，驻商丘，以张岚峰所部为主要军事力量。1943年10月，苏豫边区绥靖总司令部取消，并和原豫皖苏鲁边区绥靖司令部合并，成立第二集团军。以张岚峰任总司令，所属部队扩编为2个军，5万余人。

总司令：张岚峰
第一军：军长张岚峰兼
暂编第十四师：师长刘启雄
暂编第十七师：师长杨茂林
第八军：军长王新民
暂编第十六师：师长王新民兼
暂编第十八师：师长潘伯豪
集团军直属暂编第十五师：师长窦光殿

张岚峰伪军驻防豫东期间，还通过经商大发横财。他强迫当地农民种植鸦片，并和日军勾结，阻挠伪河南省财政厅从中征税，所得税收大部归其所有，聚集了大量财富。他以每月所领军饷不够开支及购买武器弹药为名，在商丘城内设立豪华招待所，接待来京、津、青、沪的中日商人。他还和国民党汤恩伯相勾结，倒买倒卖，汤部负责军需采办的官员，经常是其招待所中的座上宾。张岚峰以采办军用品为名，在沦陷区各大商埠购买大量轻工业品，与汤恩伯在抗战区搜刮到的各种农副产品交换，转手之间，利润倍增。1942年，猪鬃在抗战区，每斤不过七八元，到天津每斤价格达到50元以上，一般商人因黄河无法通过，不能经营，张岚峰和汤恩伯，利用其军事力量，得以任意贩运，大发横财。此外，张岚峰还用汪伪政府支付的军饷，在徐州开设银号，在沦陷区各大城市设立分号敛财。

张岚峰除了在他管辖的9个军管县设立军粮局，加重征收苛捐杂税外，还以经济封锁为名，于淮阳万砦、亳县十字河、涡阳义门镇等地设立货物检验所，凡过往客商一律抽收检验费，同时进行大量武装走私。他以禁烟（鸦片）为名，收取罚金，后改"寓禁于征"，每亩大烟收烟浆10两，然后将烟浆加工成50两重的烟砖，运往北平、天津、上海等地销售。日本投降后，张岚峰除贿赂国民党要员用去大批金钱外，其私产统计有：徐州志中银行，南京、上海分行（资本额达1000万元），亳县大陆银号，蚌埠办事处，商丘华兴商行，亳县小寨烟厂，商丘美华烟厂，商丘纺纱厂（纱锭2000枚），商丘面粉厂（资本额达1000万元），商丘印刷厂（资本额达25万元），开封天中药厂（资本额达3000万元）。在北平有私房二处约200间，南京有私房二处约50间，商丘有私房二处约50间，开封、徐州各有私房一处，柘城老家还有房产40余间、田地500余亩。除此之外，1946年7月柘城第一次解放时，人民政府还从张岚峰老家没收了1000余两黄金及大批烟土、银圆、布匹等。

1944年春，汪伪政府为虚张声势，再令第二集团军扩编。2月10日，任命范蒲江为集团军参谋长。10月10日又将第二集团军改编为第四方面军，30日张岚峰被晋升为陆军中将。11月11日该方面军所属各师均取消"暂编"字样改为正规师，驻河南商丘地区。所部由2个军5个师扩编为3个军9个师。再加上其特种部队，总兵力达七八万人。其防区也不断扩大，豫东的淮阳、鹿邑、永城，安徽的亳县、涡阳均划为军管县。所有各县的用人行政权全由方面军总部主管，县里一切收入，全供军用。第四方面军的兵工厂，不但能造步枪、手枪、轻重机枪、手榴弹、地雷，而且能造掷弹筒、小钢炮及各种炮弹。不但可供本部使用，而且可以大批出卖牟利。

在1940年至1944年的5年中，由于共产党方面的策反工作，第四方面军官兵起义时有发生，但其兵员总是不断增多。这个阶段是张岚峰伪军的全盛时期，实力在全中国沦陷区的伪军中首屈一指。

张岚峰的部队长期驻扎在豫皖边区，周围环绕着中国共产党领导的冀鲁豫、豫皖苏及睢（县）杞（县）太（康）（即水东）等解放区。张岚峰虽然不敢同八路军、新四军正面作战，但对人民抗日武装力量的增长又感到不安，一面加强对9个军管县的控制，推行强化治安运动，一面在解放区周围修筑据点，对解放区进行封锁，时而到解放区抢粮。他还专门成立情报队，向日军提供解放区及八路军的情报。当日军对解放区进行"扫荡"时，伪军便积极配合，并经常派出便衣队，三五成群地在解放区附近活动，侦察八路军的行动和捕捉抗日军民。1944 年夏，中原战役后，大片国土沦陷于日寇手中，中共中央和八路军总部及时发出了开辟河南抗日根据地的指示。新四军第四师主力由皖东西进，向豫东敌伪展开进攻。张岚峰为了阻止新四军的进军，配合日军进行堵击，曾在永城、亳县、涡阳、夏邑等地与第四师数次激战。他还协同第一战区第十五集团军何柱国、第十九集团军陈大庆部进攻新四军部队。

1945 年 1 月至 8 月，新四军第二、第四师在淮南、淮北进行阻击，同时第一、第三师在运河东积极策应。新四军对日伪军的攻势取得了重大胜利，先后攻克阜宁、睢宁县城及重要据点 100 余处，歼灭日伪军 3 万余人。伪第四方面军损兵折将，遭到重创。2 月上旬，由界沟出犯之伪军第十五师 1000 余人，在日军 400 余人配合下，进占板桥。另一路伪军 700 余人进占青瞳集，企图安设据点，扩大伪化区及抢掠资财，破坏抗日民主政权。结果被新四军第四师一举歼灭第十五师特务团 4 个营，俘伪军 600 余人。4 月 12 日，新四军第二十七团奔袭南平集据点，全歼伪军第十五师 2 个中队，俘 300 余人。日伪军连遭打击后，士气低沉。盘踞在宿县西南的伪军第十五师 5000 余人，仍不断向津浦路以西，宿县至风台公路以东，淮河以北，浍河以南地区"蚕食"，企图截断新四军涡北与淮南和津浦路东地区的联系，成为第四师开辟宿（县）蒙（城）怀（远）地区的一大障碍。第四师兼淮北军区于 5 月下旬，集中第十一旅全部、第九旅一部和师骑兵团及 8 个县总队，共 1.3 万余人，发起了宿南战役。此役共歼伪第四方面军第十五师 1900 余人，除孙瞳未收复外，控制了沱河和浍河间的大片地区，不仅巩固了涡河以北阵地，而且开辟了宿南新区，使淮北津浦路西根据地 8 个县连成一片。

随着世界反法西斯战争的节节胜利，张岚峰的思想发生了变化。他认为，国际局势已经转变，轴心国德、意已经失败，日寇也陷于极其不利的地位，汪伪政府更是夕阳西下。为了给以后留条退路，他通过汤恩伯、刘茂恩的关系，和国民党取得了联系，军统局长戴笠亲自到商丘会见了张岚峰并了解其部队情况，还派了联络员驻商丘。1944 年 9 月，当国民党西北办公厅主任熊斌派代表到商丘，向张岚峰传达委任其为新编第三路军总司令，并负责安抚华北各伪军的命令时，张岚峰欣然受命，并派代表赴重庆致谢。

1945 年 3 月初，张岚峰与国民党商定，双方派出代表到亳县南的双沟集会面。14 日，他与军长陈扶民同国民党方面代表何柱国、王毓文、刘月亭在双沟集晤谈。何柱国向张岚峰口述了蒋介石的指示：（一）暂时不要发动反正军事。现在中央的全面总反攻尚未到时机，倘发动过早，不但军事上要吃亏，恐豫东、皖北及大别山一带，亦将非我所有；（二）要认真防止共产党的一切活动。日本侵略中国一定会失败，是不足虑的。共产党实为国家大患，要不努力制止其发展，国家前途是堪忧虑的；（三）借与日本要人接谈的机会，消除他们"玉碎"的心理；（四）美军在连云港或胶东半岛登陆后，如命令来不及下达时，可相机发动军事，控制陇海路。

这时，张岚峰感到国民党军远在后方，而八路军在自己周围，于是要出两面手腕，对共产党和八路军采取不刺激策略，以观时变。张岚峰对部属说：抗战胜利后国共两党必有一争，鹿死谁手尚难预料，我们是在这两者中求生存，因此不能得罪任何一方。他指定其第十八师师长杜新民、第五十五师副师长王继贤（均为中共地下党员）为代表，分别同八路军和新四军联系。1945 年春，张岚峰同意中共派人进入他的军队，意在双方互通情报，以免彼此消耗实力。八路军代表黄有若等两次与张会谈，双方达成了八路军派代表常驻商丘担任联络、互通情报等协议。对于自己部队内的中共地下组织也不处理。张岚峰这种首鼠多端、倾向模糊的行止举措，正是当时伪军典型的生存方式。3 月，冀鲁豫军区派李苏波以第十八集团总部代表的身份到商丘，向张岚峰晓以大义，劝其丢掉幻想，接受人民军队的改编。他当面应酬，并请李苏波视察了防地，对该部官兵讲话，但避而不谈接受八路军改编的具体步骤。

1945 年日本投降时，第四方面军下辖第一军、第八军及第五十五师等，约25000 人。其编制序列为：

总司令：张岚峰

副司令：王新民

参谋长：范蒲江

第一军：军长张岚峰兼

第十七师：师长侯霞九

第十八师：师长杜新民

第八军：军长黄秀甫

第十四师：师长陈扶民

第十五师：师长窦光殿

第十六师：师长刘毓棋

第五十五师：师长魏凤楼

1945 年日军投降后，张岚峰左右掂量，觉得还是投靠国民党划算。当国民党军事委员会将伪第四方面军改编为"先遣军"第五路、张岚峰任总司令时，他欣然接受。后由郑州绥靖公署将其改编为暂编第四纵队，张岚峰任司令。

1945 年秋，张岚峰部第五十五师由师长魏凤楼率领在西华县起义。魏凤楼是张岚峰在西北军学兵团当兵时的队长，河南省西华县人，中国共产党员。奉我党之命面见张岚峰，争取其起义，被张岚峰委任为鹿邑县县长，后以长期在部队带兵、过不惯政治生活为由，向张岚峰要了一个师的番号，回西华县原籍收编队伍。数月之间，收编了游杂部队及地方民团近 5000 人，编为张岚峰部第五十五师。后来看到劝张岚峰起义无望，才决定单独起义。起义后部队开到西夏亭一带编入解放军。

继五十五师后，张岚峰部第十八师和其他一些部队，也陆续起义，加入中国人民解放军。第十八师师长杜新民，早在西北军时就已加入中国共产党，后因部队溃败和党失去了联系。1941 年任张岚峰部教导团团长，地下共产党王飞霄、陈子良打入该团，对杜新民相机进行说服教育，动员其率部起义，加入我军。杜新民投靠张岚峰本来就是一时权宜之计，听到王飞霄、陈子良的讲述，极为振奋，坚决表示以后一切听党指挥。当时教导团驻在商丘，和日军相距很近，而与我军区主力却相隔百余里，且这时杜新民还不能完全控制教导团，因此只好等待时机。就在杜新民将教导团顽固分子调离，完全能够控制该团时，1943 年升任第十八师师长，移驻永城一带，和我豫皖苏军区邻近，起义外部条件逐渐成熟。经冀鲁豫军区领导同意，十八师的起义工作归新四军第四师领导。第四师政委邓子恢、政治部主任吴芝圃对十八师的起义工作，极为关注，又向十八师加派了干部。在日军投降后不久，第十八师顺利完成了起义任务。全师5000 余人携带各种武器，走入人民军队的行列。

不久，张岚峰部新编的五十五师在我水东特区策反下，由王继贤师长率领也举行了起义。王继贤的情况与杜新民大致相同，在西北军入过党，以后失去联系，对革命仍时时向往，后投张岚峰部任团长。1942 年率部进驻睢杞太根据地的龙曲镇，共产党敌工科长汤绍禹找到王继贤晓以大义，王当即表示愿为革命效力，相机起义。1944 年王继贤团调驻夏邑，又扩编为新五十五师，他由团长升为师长，并重新加入中国共产党，起义顺利成功。

紧接着，张岚峰部独立团第一营通过水东军分区人员做工作，在营长程兆培带领下，也举行了起义。

为了获得蒋介石的信任，张岚峰忍痛把 3 个步兵团分别拨归孙连仲、刘汝明、冯治安指挥，同时拿出许多金钱、烟土及轿车等，贿赂国民党要员。他送给郑州绥署主任刘峙最新式"道奇"小轿车一辆。当刘峙的秘书长以主任夫人（刘峙新娶的三姨太，开封市人，人称黄三太）拟在开封恢复豫章学校，苦于经费无着时，张岚峰慷慨解囊，亲自送上法币 2000 万元。他还以 5 万元贿赂刘峙的参谋长赵子立。另外，国民党第十九集团军总司令陈大庆、军长王毓文、刘昌义，国民党惩奸委员会特派员李石泉，以及国民党军高级将领陈诚、白崇禧、汤恩伯、胡宗南、薛岳、戴笠、刘汝明、冯治安、刘茂恩等，均接受过张岚峰的法币、烟土或轿车的贿赂。

1946 年 2 月 16 日，蒋介石在南京中央军校校长官邸召见了张岚峰。宽慰他说："你投敌时，并没有带中央的军队，在敌后暗中给抗战的部队许多方便，也很有些贡献……你把部队整顿好，我一定给你立功的机会。"张岚峰感激涕零，忙表白说："蒙委员长的宽大，对腾宵不但不予惩罚，反而承委员长嘉许和栽培，张某不才，定当肝脑涂地以报委员长的知遇之恩。"

5月2日，蒋介石由重庆飞回南京途中，于新乡秘密召开了河南驻军团长以上军官会议，布置对豫北、豫东解放区进行"清剿"。会后，张岚峰部被编为河南省保安队，由河南省主席刘茂恩兼任司令，张岚峰任副司令，负责对黄泛区解放军戒备，并参加对豫东解放区的进攻。在对豫北视察结束后，蒋介石召集国民党高级将领20余人，包括张岚峰、孙殿英、庞炳勋等人在内一起照了集体相。之后，蒋介石坐在那里轮流让每一个人站在他的旁边合摄一照，以示恩宠。事后张岚峰等人把他们和蒋介石的合影放大印出，分送给部属和亲友，大加炫耀。

在接下来两个月的"清剿"行动中，张岚峰部先后出动10个团同解放军作战20余次，每次都大败而回，最后连老家柘城都没能保住，被冀鲁豫军区的独立旅和第三十团端了个底朝天。

8月，晋冀鲁豫解放军为配合中原和苏中解放区的作战，发动了陇海战役，连克砀山、兰封两县，并将国民党第一八一旅和第二十九旅的一个团全歼于民权的柳河集。张岚峰奉命率5个团驰援，结果又被打了个落花流水。

12月30日，晋冀鲁豫野战军主力进军鲁西南，发起巨金鱼战役，以迅雷不及掩耳之势，连克巨野、嘉祥，并将驻扎于金乡的国民党方先觉部团团围住。蒋介石急忙调三路援军赶往增援，张岚峰奉命带领3个团（包括刘茂恩的一个团）配合刘汝珍的3个团前往金乡。张岚峰希望等他人到金乡时，战事已结束，便使出惯用的出工不出力的伎俩，走走停停。怎奈人算不如天算，1947年1月12日，张岚峰部刚踏进成武县大杨集地界，晋冀鲁豫野战军的第三、第六纵队便将其截击包围，仅用一天时间，就全歼他的3个团。张岚峰仅带着数十名警卫狼狈逃窜，逃至鲁西南曹县青堌集附近时，被冀鲁豫军区五分区十三团战士活捉。

1949年春，张岚峰被押往北京功德林战犯管理所接受审讯和改造。在这里，他有悔改表现，还当了学习小组长。1952年春，张岚峰因高血压引起脑血管破裂死在狱中。

　　他曾是徐州会战的抗日英雄，取得第一、第二次临沂大捷。投敌时诡称响应"和平反共建国"号召，受到汪精卫赏识，不久将其所部改编为第五方面军，给了他总司令的头衔

　　1943 年 5 月 10 日，国民党冀察战区副总司令、第二十四集团军总司令庞炳勋在日军对太行山进行大规模"扫荡"中被俘投敌。6 月 22 日，汪精卫伪国民政府任命庞炳勋为伪暂编第二十四集团军总司令，孙殿英为副总司令。辖第四十、第二十七军和新编第五军 3 个军，总兵力 25000 人。总部设于河南汤阴，所属各部分驻滑县、淇县、林县地区。7 月初，庞炳勋又被任命为河南省开封绥靖公署上将主任。

庞炳勋　　　　庞炳勋（前左）、孙殿英（前右）与日军合影

　　庞炳勋，字更陈，1879 年 11 月 4 日生于直隶（河北）省新河县南阳村。1899 年，进入北洋军第三镇当炮兵。因术科、射击成绩优异且幼年上过学堂，被选入学兵队学习。在学兵队，他与教官孙岳结识，建立了较深的友谊。随后，又进入东北测绘学堂学习。毕业后，回第三镇任初级军官，并经孙岳介绍加入同盟会。辛亥革命爆发后，他与孙岳等第三镇的官兵积极响应，密谋策应第二十镇官兵发动的"滦州起义"，但被该镇少校副官吴佩孚发觉，密报统制曹锟。随即，孙岳被革职离开军队，庞炳勋亦难以立足，离军返回家乡，先后从事织布业、贩马、贩运粮食等商业活动。

　　1918 年，庞炳勋到高邑县贩运粮食时又巧遇孙岳。当时，孙岳正准备前往保定任曹锟所办军官教育团团长，遂邀庞炳勋同往。到保定后，庞炳勋在军官教育团任副官。

　　1920 年，直皖战争爆发。庞炳勋担任孙岳的义勇军队长，参加对皖军作战。战后，相继担任第十五混成旅（旅长孙岳）副官长、少校营附。1922 年，庞炳勋参加了第一次直奉战争，在长辛店作战时，一条腿被炮弹炸伤，终生微残，故后来有"庞瘸子"之称。他作战勇敢，能说会道，深受孙岳赏识，相继

任中校骑兵营长、第十五混成旅上校参谋长。

此后，庞炳勋又参加了冀南剿匪、第二次直奉战争、与北伐军作战等。先后任天津镇守使兼第二混成旅旅长（同时，晋升陆军少将，获得三等文虎勋章）、吴佩孚直军第十二混成旅旅长、河南保卫军第十一师师长等职。

1927年3月，庞炳勋率部投靠武汉国民党政府，被改编为国民革命军暂编第五军，归进抵驻马店的北伐军唐生智指挥。"四·一二"反革命政变后，汪精卫及唐生智在武汉召见庞炳勋，令其南征讨蒋。他开始满口答应，随后却顾虑重重，不愿在宁汉之间作战。回到河南后，便投靠了第二集团军总司令冯玉祥。根据冯玉祥的命令，庞炳勋将部队由遂平运至归德（商丘），改编为国民革命军第二集团军东路军（鹿钟麟）第二十军，辖第五十八（谭炳衡）、第五十九（马法五）两个师，以及骑兵团、炮兵队各一。之后，他随冯玉祥的第二集团军在豫东、皖北一带与直鲁军激战，频建战功，深受冯玉祥、鹿钟麟器重。

北伐结束后，庞炳勋部被改编为暂编第十四师，下辖2个旅及1个补充团。1929年初，冯玉祥不待编遣会议结束，便托病返回河南，令驻山东、河南的西北军撤往潼关以西。庞炳勋奉命率部西撤，并被改编为冯玉祥的护党救国军独立第一军，旋又改称为国民军联军第六军，他任军长。

不久，庞炳勋率部开往渭南华州，任冯军第三路军总指挥，下辖第六军及张维玺部。1929年10月，再次参加了冯玉祥发动的反蒋战争，在黑石关与唐生智部对峙。

1930年初，受阎锡山软禁的冯玉祥回到西北军，并与阎联合讨蒋。庞炳勋被派为代表，赴太原与阎锡山会商讨蒋具体事宜。他圆滑善辩，顺利地达成协定。3月，被冯玉祥任命为中华民国第二方面军第二路军总指挥，下辖葛振三、冯安邦、徐福源部，同蒋介石军队作战。

此次中原大战，由于9月18日张学良拥蒋入关，冯军全线崩溃，众多将领纷纷倒戈投蒋。庞炳勋见西北军瓦解，也给陈诚写信，准备另投靠山，后因混乱没有联系上，只好率部随西北军撤退于黄河以北，驻山西沁州一带。

1931年，张学良以北平军分会的名义收编晋绥军及西北军。经过讨价还价，庞炳勋部改编为步兵第一师，他任师长，驻防河北河间、献县。这年秋，部队扩编为陆军第四十军，下辖第一〇六师、第三十九师，庞炳勋任军长兼第三十九师师长。

"九·一八事变"后，庞炳勋召集部队训话，要求官兵严阵以待，随时准备杀敌，并致电蒋介石请缨抗日。1933年，庞炳勋率第三十九师参加了长城抗战。长城抗战失败后，国民党中央拨给他几十万元军饷，并许以察哈尔省主席之位，令其攻打冯玉祥在察北建立的抗日同盟军。由于内部将领反对，他没敢贸然出击。8月，冯玉祥被蒋、日逼迫下野，提出由宋哲元主持察哈尔省政务，得到蒋介石的同意。这一决定使庞炳勋陷入极为尴尬的境地，后将同盟军的刘振东、唐聚五两部（原为东北义勇军）调归庞部，另补充轻重机枪及山炮若干，作为对他的弥补。

1934年，第四十军移驻河南。1935年4月，庞炳勋被授予陆军中将加上将军衔。11月，当选为国民党第五届中央监察委员。

1937年初，庞炳勋部调驻山西运城。抗日战争全面爆发后，庞炳勋奉命从运城开赴津浦前线同日军作战。9月24日，部队撤至安徽砀山，归李宗仁第五战区指挥。不久，庞炳勋兼任徐海警备司令，率部进驻海州休整补充，并担负海防。

1938年初，庞炳勋任第三军团军团长。2月，奉李宗仁之命，率部防守临沂。当时，日军板垣师团进逼临沂，与津浦矶谷师团相呼应，企图会师台儿庄，攻取徐州。庞炳勋深知临沂是徐州外围军事重镇，得失关系到第五战区全局，决意坚守临沂，阻止日军会合。

从2月下旬至4月下旬，日军大举南犯。庞炳勋率部在临沂浴血奋战两个多月，在付出巨大牺牲后，歼灭日军数千人，取得了第一、第二次临沂大捷，阻滞了板垣师团的前进，有力地配合了台儿庄会战。《大公报》以"临沂大捷"为题发表了社论，给予高度评价和赞扬，庞炳勋亦受到蒋介石及李宗仁的嘉奖，在国内引起轰动。之后，庞炳勋率部至沛县休整。

1939年初，庞炳勋奉第一战区司令长官程潜之命在黄泛区打游击。不久，又奉调太行山进行敌后抗战，在晋城与日军激战失利后，退往陵川。10月，升任第二十四集团军总司令，总部驻晋城，辖第四十军（庞兼军长）、新五军（孙殿英）、第二十七军（范汉杰）。其主要任务是建立国民党敌后抗日根据地，牵制日军。同时，阻止共产党在太行山扩大根据地，并伺机进攻八路军。

这年秋冬之际，蒋介石悍然发动反共高潮，调动部队向晋冀鲁豫的八路军发动进攻。庞炳勋积极响应，配合阎锡山发动"十二月事变"，向八路军第三四四旅和决死三纵队进攻，相继占领高平、陵川等地。

1940年初，庞炳勋接替鹿钟麟，任河北省主席、国民党河北省党部书记长、冀察战区总司令等职，并被蒋介石召至重庆面授机宜：要与共产党比赛打游击。但打日本要有限度，千万不能前门拒狼、后门进虎。庞炳勋对河北省政府秘书长胡梦华说："咱们去河北省要枪口对内。我要兵，你卖嘴，分工合作，携手反共。"但同时他又感到蒋介石用心深不可测，担心蒋介石把中央军放在后方，杂牌军推上前线，现在又叫深入敌后，与八路军唱对台戏，弄不好他的第四十军老本就会赔掉。

2月，庞炳勋回晋城防地，将部队推进到豫北的陵川。不久，会同河北民军张荫梧、第九十七军朱怀冰，分三路向冀南八路军进攻，结果张、朱主力均被歼灭。他为保住自己的实力，未敢再对八路军轻举妄动。

第二十四集团军分驻林县、陵川等地，同八路军以及日伪军的防地犬牙交错，情况极为复杂。庞炳勋既要阻止八路军，又要对付日伪军，还要应付内部的明争暗斗。其新五军军长孙殿英系惯匪出身不听指挥，第二十七军为中央军亦奈何不得。他感到一筹莫展，只能偶尔派出部队对日伪进行小规模袭击。

1942 年夏，日军对太行山进行大规模的"扫荡"。庞炳勋率总部及第三十九师退往陵川，令非嫡系的第一○六师在林县合涧镇作战，歼灭日伪军七八百人。新五军孙殿英部草草抵抗后，便撤往安全地带。第二十七军被击溃，军长范汉杰落荒而逃。

1943 年 2 月，庞炳勋在彭城总部召集各军军长开会，确定了"对日防共作战方案"。即对日军采取分区固守，对八路军仍采取隔离封锁。

4 月中旬，日军为歼灭第二十四集团军，集中 5 个师团从东西两面合围陵川、林县。庞炳勋指挥部队仓促应战，仅一天时间各军阵地均被突破，陷入日军分割包围之中。后来，第二十七军一部突围，渡过黄河南逃。24 日，孙殿英在鹿岭率新五军投敌。庞炳勋令第一○六师就地抵抗，自己亲率第三十九师向外突围。庞炳勋年老体胖，腿又瘸，需 4 个人用椅子抬着走，行至九连窑时与敌遭遇，第三十九师损失惨重，第四十军只有少部在马法五带领下逃过黄河。最后，庞炳勋身边仅剩下自己的儿子、副官及勤务兵，便隐藏在陵川东双脑附近的山洞里。5 月 4 日，投降后的孙殿英率领伪军搜山，发现了庞炳勋。无奈，庞炳勋只得随孙殿英到了新乡，公开投降了日军。

降日后，庞炳勋被日本人视为"奇货"，大肆进行宣传，其原任职务全部以伪职加以保留。随同庞炳勋与孙殿英一起投敌的有：第二十四集团军参谋长赵星彩，第一○六师师长李震汾，冀察战区挺进第四纵队司令侯如墉、副司令于光辉、参谋长杨志稀，新编第五军副军长杨汝贤（杨明清）、参谋长冯养田，暂编第三师师长杨克友、副师长王瑞庆，暂编第四师师长王廷英、副师长王瑞亭。6 月，庞炳勋被汪伪政府任命为开封绥靖公署上将主任，率伪暂编第二十四集团军，从新乡移驻开封。

庞炳勋在冯玉祥西北军中，南征北战久历沙场，以勇敢善战为冯玉祥所信任。3 年前，他还在豫东太康县西 50 里的常营集和日军血战多日，打垮了日军的一个联队，击毙了日军的铃木旅团长，使河南日军都知道庞炳勋是可怕的对手。就任主任时对报界发表谈话，说他是为响应汪精卫主席"和平反共建国"的号召，才把队伍退出中条山区的。他认为和平建国、确保东亚和平，对中国和日本都有利，所以他以后要遵照汪主席的指示，在南京国民政府领导下，协助日本友军为和平反共建国尽力。

很快，庞炳勋就在豫北、豫东收编了 2 万余国民党溃兵和土匪武装，充实了其四十军。但在七八月间八路军发起的卫南战役中，其第二十七军第四十六师大部被歼灭，接着在林南战役中，第二十四军前敌总指挥部又被歼灭。

1943 年 12 月 23 日汪伪政府改编该集团军为第二十四集团军和豫北"剿共军"两部。第二十四集团军司令庞炳勋，豫北"剿共军"由孙殿英任司令，率新编第五军组成。从此，庞、孙二人分家，成为两支相对独立的伪军队伍。

伪军第二十四集团军，辖暂编第二十三师（师长路朝元）、暂编第四十六师（师长冯书堂），以及独立第十四旅。

路朝元原为冀察战区第二总队司令，1945 年 1 月 22 日被汪伪政府授予陆军中将。冯书堂原为国民党第五十一师师长。

1944 年 1 月因暂编第四十六师和第三方面军所属师番号相同，遂改番号为暂编第五十一师。10 月 7 日所属两个师取消"暂编"字样，改为正规师。

1944 年 10 月 10 日，第二十四集团军改番号为第五方面军，仍以庞炳勋为总司令，参谋长为王恒庆，驻河南新乡、淇县、汲县地区。

1944 年，庞炳勋看到伪政权已临末日，又通过各种关系和国民党挂上了钩。其绥靖公署经常住着国民党派来的大员，有时还给他的部队送慰问品。至1945 年日本投降时，第五方面军兵力尚有 1 万余人。其编制为：

方面军总司令：庞炳勋
第五十一师：师长冯书堂
第二十三师：师长路朝元

日本投降后，庞炳勋致电蒋介石表示戴罪开封，听候发落。蒋复电倍加安慰，并派飞机想将他从开封接到南京。但是，庞炳勋不知蒋的用意如何，疑虑重重，没敢前去。不久，庞炳勋的伪军被改编为国民党华北先遣军第一路军，他任总司令，受命阻止八路军进城接受日军受降，激战月余。

1946 年 5 月，蒋介石到新乡开会，特别召见了庞炳勋，称赞他苦撑太行局面，体谅他的投日苦衷。会后，蒋还与庞炳勋等驻在豫北各地的国民党高级将领 20 余人一起照了集体相。集体相照完后，蒋坐在那里轮流让每一个人站在他的旁边合摄一照，以示恩宠。事后庞炳勋等人把他们和蒋介石的合影放大印出，分送给部属和亲友，以示炫耀。

解放战争开始后，庞炳勋因年老体弱，自愿放弃军职，被蒋介石安排为国防部谘议，在开封城里做了寓公。庞炳勋离开后，军队全部编入第十一战区马法五第四十军。马法五被解放军俘虏后，由李振清继任军长，李振清守安阳甚久。1948 年解放军进攻大别山时，第四十军被消灭一部。淮海战役时，司元恺师由安阳空运徐州，当即被全歼。

1947 年，因新乡战事吃紧，庞炳勋携眷迁往郑州。1948 年，又迁往南京。

南京新中国成立前夕，他携姨太太、小儿庞庆卫、女儿庞丽阁渡海至台湾。为了生计，他与昔日西北军同事孙连仲合开了一家餐馆。

1963年1月12日，庞炳勋病故于台湾，终年84岁。

以军事演习为名，将清东陵慈禧太后、乾隆皇帝的陵墓洗劫一空。靠着偷、抢、赌、毒，聚敛了大量财富，官运一路直上，抗战结束前，他已是汪伪"和平建国军"第六方面军总司令

1943年4月24日，国民党第二十四集团军所属新编第五军军长孙殿英在河南林县被俘后投敌，被汪精卫政府委任为河南省绥靖公署副主任兼豫北保安司令，驻河南新乡。

孙殿英　　　　　　　孙殿英军部旧址（现为蓟县城关小学）

孙殿英，字魁元，殿英是别号，人称孙老殿，因幼年出天花脸上留下许多麻子，所以人们也叫他孙麻子。孙殿英1889年出生于河南永城县（今永城市）小马牧集孙家庄，从1922年加入军阀队伍到1947年被解放军俘获，在其25年的军队生涯中，一贯投机取巧，见风使舵，朝秦暮楚，为了个人私利不惜卖国求荣、充当汉奸。

孙殿英年轻时以赌为业，为当地著名的赌棍，而且从事贩卖鸦片、制造毒品的勾当，积累了大量钱财。当时豫西农民，遭受地主、豪绅和兵匪压迫严重，把解除痛苦的希望寄托于各种封建会道门，一时间会道门的势力很大。孙殿英也参加了其中的"庙会"道，两年后成为该会道的头目。这一反动落后组织，成为其日后兵员来源的主要渠道。

1922年，孙殿英由于制毒被通缉，便投奔了河南陆军第一混成团团长兼豫西镇守使丁香玲。不到半年，就升任机关枪连连长。从此，孙殿英收容豫西土匪、会道信徒、流氓赌徒和烟毒贩子等社会渣滓，扩充队伍。随着势力的扩大，孙殿英升任第五混成旅旅长。后改投国民党第三军，先后任旅长、师长等职。1925年秋，流窜至山东，又投奔了山东军务督办张宗昌，任第五师师长。1926

年春，掉过头来与国民党第三军作战，击溃第三军所属徐永昌部，战后因功被改编为直鲁联军第三十五师，旋又扩大编制，改为直鲁联军第十四军，孙殿英任军长。1927年，孙殿英率部参加了孙传芳对北伐军及国民党军队的作战。失败后一路溃退至蓟县、马兰峪一带。走投无路后，投降了蒋介石，被任为第六军团第十二军军长。

1928年6月下旬，孙殿英拥兵河北蓟县。他串通惯匪马福田等人，以军事演习为名封锁了马兰峪清东陵，先后挖开慈禧太后和乾隆皇帝的坟墓，将墓中的珍宝洗劫一空。后来孙殿英回忆说："乾隆的墓堂皇极了，棺材内乾隆尸体已化，只留下头发辫子。陪葬宝物不少，其中最宝贵的是颈上的一串朝珠，一百零八颗中最大的两颗是朱红色，和一柄九龙宝剑，剑鞘面上嵌了九条龙，剑柄上嵌满了宝珠……"

孙殿英掘墓盗宝被马兰峪满族人发现后，溥仪和清朝皇族遗老们联名向国民党政府提出申诉，要求严惩孙殿英。社会各界也纷纷声讨，此事一时轰动全国。孙殿英觉得事态严重，为逃脱罪责，他到处活动行贿：托戴笠将所盗物品中最为宝贵的九龙宝剑送给了蒋介石；将慈禧口中含的那颗宝珠送给了宋美龄；将"金玉西瓜"送给了宋子文。因此，国民党表面声言"要查办"，但最后还是不了了之，孙殿英最终逍遥法外，未受任何惩处。

盗墓后，孙殿英率部移驻延庆区，改编为步兵独立第二旅。1929年2月，奉令移驻皖北蒙城。不久，扩编为新编第十八师，移防河南商丘，旋又开往洛阳一带。1930年蒋、阎、冯中原大战前，孙殿英看到反蒋势力强大，便投靠了阎、冯。这个待价而沽的孙殿英，毫不费力地从阎、冯那里取得了第四方面军第五路总指挥兼安徽省主席的重要位置。于是，孙殿英率部开赴豫东、皖北布防，他自率一部进驻亳州城内。中原大战接近尾声时，他看到战局前途对阎、冯不利，急忙派人面见张学良，表示投诚。阎、冯失败后，孙殿英又率部退到山西，驻晋城一带，张学良任命他为第四十师师长，"九·一八事变"后，又升任为第四十一军军长。从此，他又投到了张学良的麾下。在晋城，孙殿英开始从陕西收购大批鸦片烟土，制造和贩卖烈性毒品。同时，还伪造河北省银行钞票数十万元，经张学良告诫，才停止制造。

孙殿英对于任何可以利用的机会都不放过。当他到了值得一抢的地方就抢，到了值得一偷的地方就偷。在国内军阀混战时期，他浑水摸鱼。一旦到了要他对外作战的时候，他便利用时机沽名钓誉。

1933年2月，日军集中2个师团、2个混成旅团3万余人兵分三路向热河进攻。孙殿英奉令率所部第四十一军由山西驰援热河。接到命令后，他召集营长以上军官讲话，说："我们的军队确实有不少污点，有些人骂我们是土匪队伍。这次出发热河抗战，正是洗刷我军污点的大好机会，我们一定要像样地干他一场。可是，抗战必败，我们不能完全牺牲在那里，要预先计划好退路，最好退到西北，那里不但安全，而且容易发展。"热河抗战中，其他部队望风而逃，独孙殿英部迫于当时形势，在赤峰一带与敌激战近 20 日，之后被日军包围后突围，退往察哈尔省沙城。热河抗战，孙殿英收获很大。一方面，人民原谅了他过去的罪恶，实现了借抗战邀名的目的。另一方面，他的部队虽然在抗战中受到很大损失，但他借机吞并了热河东北军的 2 个骑兵旅、1 个步兵团以及义勇军李纯华的部队。

此后，孙殿英再次成为蒋介石和冯玉祥争取的对象。冯玉祥希望孙殿英参加其组织的察哈尔民众抗日同盟军，而蒋介石则争取他不要参加冯玉祥的抗日活动。在孙殿英看来，如果参加抗日同盟军，失败后怎么办？同盟军是参加不得的。如果听从何应钦的唆使去攻打抗日同盟军，则刚刚由热河抗战换来的名誉又要丧失，遭人唾骂，同盟军也是打不得的。因此，他对于双方的争取都不做明确表示。

何应钦看到孙殿英不肯上钩，便又发表了一个青海西区屯垦督办的名义，令孙部离开察哈尔省，前往边远的青海，并且相机消灭。这个名义，正符合孙殿英的想法，于是他欣然接受，率部西去。在孙殿英西去的同时，蒋介石密令宁夏的马鸿逵对孙部予以中途截击。因此，在行至宁夏时，孙殿英与马鸿逵部发生了激烈的战斗，最后师老兵疲，粮饷不济，平日所倚的心腹将领纷纷投敌。而且，何应钦也停止了对孙部给养的发放，令其解甲归田，并派山西晋军出兵截击。国民党政府明令撤销青海西区屯垦督办公署，免去孙殿英所兼各职。无奈，孙殿英只得离开部队，前往太原市西南的晋祠居住。

晋祠是有两千多年历史的古迹，山清水秀，风景宜人，是一个避嚣养静的好地方。但孙殿英是一个不甘寂寞的人，他一直在等待时机，图谋东山再起。

1936 年初，在华北日军进逼下，国民党步步后撤。宋哲元率领的第二十九军乘机招兵买马，扩充实力。宋哲元为了借助孙殿英的势力，任命他为察北保安司令。"七七事变"后，他与王学聚（河南大土匪头子，人称老王泰）、崔振声（土匪头子，人称崔二旦）、张连三（河南土匪头子）等仓皇从北平逃出，到达房山县（今房山区）的周口店。至 1937 年 8 月，共收容土杂部队及北平流亡学生三四百人。这时，经戴笠和第二集团军总司令刘峙引见，赴南京面见蒋介石，被蒋委任为"冀察游击司令"。9 月初，由于国民党前线部队反映孙部纪律败坏，扰民有余，抗日不足，被刘峙调至河北行唐县进行整训。11 月，日军侵入保定，直逼漳河。于是孙殿英率部撤至河北武安、涉县一带。至此，这群乌合之众已发展到五六千人，对外号称万人。1938 年，孙殿英部被扩编为陆军暂编第五军，孙任军长，邢肇棠、康祥任副军长。下辖第七、第八师。第七师师长刘月亭，第八师师长康祥，全军一万多人。后邢肇棠由于坚决走革命道路，投奔了八路军。

　　孙殿英部自从改编成军后，由冀南之武安、涉县撤退到豫北林县临淇镇，大收"庙会道"徒，扩充部队，成为在太行山区游而不击、假抗日真反共的流氓军阀。1940 年庞炳勋部开抵林县后，孙殿英部归庞炳勋指挥。

　　孙殿英本为流氓军阀，有奶便是娘。早在 1936 年宋哲元还没有委任他为察北保安司令时，他就到天津同汉奸池宗墨和日本人和知偷偷地进行勾结，和知还当面请他前往察北，担任伪蒙古军总司令，由德王主政，他主军。这一卖国求荣的行径虽然没有实现，但孙殿英那种毫无民族气节、无所不为的思想，已经昭然若揭。1940 年 2 月，孙殿英曾派代表与汪伪政府接触，日军为促使其投敌，于 1942 年 6 月对太行山地区的国民党军队发动进攻，所部刘月亭师长被俘投敌（后改编为汪伪暂编第七军）。1943 年 2 月底，日军安田大佐在平汉铁路新乡附近的潞王坟车站，主持召开了所谓的"和谈会议"。出席会议的人员有汪精卫派来的许一揆、孙殿英派去的机要秘书李国安及庞炳勋、孙良诚派去的代表等。和谈会议的内容，主要是拥护汪精卫"和平反共救国"的卖国主张，接受汪精卫的加委及定期易帜表明态度等问题。

　　1943 年 4 月 21 日，日军再次集中近 5 个师团的兵力，号称 20 万人，对太行山区发起攻势。在进攻陵川、林县时，将孙殿英部围困在林县。按照当时的情况，孙殿英本来可以率部突围，利用林县多山的地形进行游击战争。但早已和日军达成共识的孙殿英假意抵抗一阵后，便在 24 日亲自到临淇镇向日军投降。他为了掩饰自己投敌的可耻行为，还给康祥发了一份电报，说："梗日所余部队无多，死亦不可，走亦不可，久与戴雨农所派之文强同志商洽，暂时屈就，图报将来。"

　　孙殿英投敌后，日军随即将他送到新乡，汪精卫仍任命他为新编第五军军长。孙殿英还亲自带人进山，将同在太行山打游击的第二十四集团军司令庞炳勋诱捕，最终一同投降日军，加入汪伪政府。

　　1943 年 5 月，庞炳勋与孙殿英联名通电叛国投敌。12 月 23 日，汪伪政府令孙殿英率新编第五军从第二十四集团军中分离出来，编为豫北"剿共军"，同时将新编第五军改称为暂编第十一军，孙殿英任军长。下辖：暂编第七师、暂编第八师。

　　1944 年 3 月 4 日任命王维诚为该部参谋长。9 月 16 日将刘月亭暂编第七军改编为暂编第九师，刘月亭仍为师长；将杜默庵暂编第六军改编为暂编独立第十六旅，仍以杜为旅长。10 月 7 日经汪伪军委会点验，该部所属取消"暂编"字样。10 月 10 日，汪伪政府取消豫北"剿共军"番号，改编为第六方面军，以孙殿英为总司令。

　　1945 年日本投降前，第六方面军共有 15000 人，其编制序列为：

　　总司令：孙殿英

参谋长：陶＊畏

第十一军：军长杨汝贤，参谋长赵子本

第七师：师长杨克献

第八师：师长牛瑞亭

独一师：师长杜淑，副师长李旭东

独二师：师长刘月亭，副师长杨振兰

独一旅：旅长张体安

　　1945年8月，日军投降后，第六方面军摇身一变，成为"国民党先遣军"第二路军。孙殿英任总司令。后又由郑州绥靖公署将其改编为暂编第三纵队，仍在豫北驻防，追随蒋介石反共打内战。其间，他还不忘本行，勾结国民党运输飞机，在北平和大后方之间，大量做买卖黄金的生意，并用所发横财，对国民党高级将领行贿勾结。

　　不久，蒋介石派他的亲信王仲廉率第三十一集团军进驻豫北，拉拢孙殿英等汉奸，准备反共。1946年5月，蒋介石偕宋美龄到新乡视察，王仲廉召集驻在豫北各地的国民党高级将领20余人，包括著名的汉奸孙殿英、庞炳勋、张岚峰等在内，齐集新乡见蒋。蒋介石对这些人除设宴招待、"慰勉"有加外，还和大家一起照了集体相。集体相照完后，蒋坐在那里轮流让每一个人站在他的旁边合摄一照，以示恩宠。事后孙殿英等人把和蒋介石的合影放大印出，分送给部属和亲友，以示炫耀。

　　1947年4月，孙殿英部向当地人民解放军进攻。解放军以一部兵力为诱饵，将孙殿英司令部所在地汤阴县城予以包围，准备围点打援，乘机歼灭前来救援的蒋军。但是，蒋军对于援救孙殿英却不感兴趣，又不敢和解放军作战。于是解放军以几个小时的猛攻将汤阴县城攻下，将孙殿英俘虏。

　　被俘后，孙殿英被解送到河北武安县战俘营，解放军对他十分宽大，在生活上给予特殊照顾，特批一名卫士照顾其生活，希望他悔罪自赎、重新做人。开始，孙殿英还比较积极，但后来不甘寂寞，甚至一度企图越狱，未得逞。不久，身患多种病症的东陵大盗孙殿英病死狱中。

　　行刺国民政府要员暴露，幸得汪精卫说情才不予深究。汪精卫投日，他立即投怀入抱，先任中央陆军将校训练团教育长，接着又任武汉绥靖公署主任

　　1940年3月22日，汪伪军事委员会成立武汉绥靖公署，叶蓬为主任，萧其昌为参谋长。节制湖北、河南南部伪军各部队。抗日战争后期，武汉绥靖公

署先后改称军事委员会委员长武汉行营和武汉绥靖主任公署。

叶蓬也曾是一个热血的革命青年。早岁就读于黄陂望鲁高等小学。1911 年武昌起义时，年仅 15 岁的叶蓬加入学生军，怀着推翻帝制、创建共和的理想，开始了长达 30 余年的军旅生涯。他先后在湖北陆军小学堂、陆军中学、保定陆军军官学校学习，接受了比较系统的军事教育。出任过北洋军军事裁判所监狱长。1923 年从北方返回湖北，先后在夏斗寅部任营长、团长。1931 年夏斗寅担任武汉警备司令后，任命叶蓬为司令部参谋长。

武汉警备司令部设有一厅五处和四个检查所，权力相当广泛。在这里，叶蓬有机会结识了汉口的巨商富贾、过往的军政要员，为日后的发迹奠定了基础。1932 年 3 月，夏斗寅又升兼湖北省主席一职，无暇打理警备司令部，叶蓬见机行事，重金贿赂军政部长何应钦，接任了武汉警备司令一职。

1935 年红军长征以后，蒋介石把部分精力转到了"削藩"上，首先拿掉了夏斗寅的军权，接着又免了他的省主席，将自己的亲信张群派往湖北主政。张群一心想扼制地方势力，很快便和叶蓬产生了矛盾。张群认为叶蓬张狂、目无长官，处处对其打压。叶逢也对张群恨之入骨。

1935 年正是日寇在华北步步紧逼，全国抗日救亡运动高涨之时，叶蓬在汉口举办"防空演习展览"。在演习场悬挂"东北失地图"，大书"还我河山"，并以象征倭寇的半截人形和红圆心（影射日本国旗）作为靶子，进行实弹射击。此事被日本领事馆得知，提出抗议，要求对其撤职查办。当时的国民政府采取对日退让政策，叶蓬的举动无疑是给当局找麻烦。蒋介石怕惹恼日本人，电令张群全权处理此事。张群见电大喜，有了蒋介石的尚方宝剑，立即将叶蓬撤职，并宣布"永不录用"。

丢官后的叶蓬跑到南京投靠了复兴社，依靠特务组织和何应钦的支持，当上了铁道部警察总局局长。复兴社和以张群为首的政学系矛盾很深，复兴社主要成员邓文仪、刘建群、酆悌等人早就想除掉张群，于是便怂恿叶蓬下手。叶蓬很爽快地同意了邓、刘等人的计划，他觉得，此次行刺成可消撤职之恨，败有复兴社撑腰，也不会有事。于是，他重金收买了两个湖北籍失意军人，指使他们行刺张群。

此时张群已调任南京国民政府外交部长。结果二名刺客还没动手，便被便衣警探发现并抓获，稍经审讯即将叶蓬供了出来。蒋介石得知后十分生气，下令将叶蓬撤职查办。邓文仪等人怕牵连自己，急忙找汪精卫向张群说情。汪精卫早在大革命时就认识叶蓬，那时他是武汉国民党政府的主要领导人，对叶蓬的印象还不错，于是他卖个面子，出面打招呼，圆滑事故的张群深知叶蓬背后有复兴社"十三太保"的背景，因而"大度"地表示不予深究。由此，叶蓬对汪精卫非常感激，这也是他日后投靠汪精卫的一个重要原因。

　　逃过一劫的叶蓬回到武汉，再次在警备司令部任参谋长，但此时的警备司令部早已物是人非，原来的湖北同僚大多下野或调离。先后任警备司令的不是黄埔嫡系，就是陈诚的干将，参谋长只不过是个有职无权的幕僚。1938年武汉沦陷后，警备司令部也随之撤销，心灰意冷的叶蓬离开军界，到香港做起了石油生意。

　　1939年，汪精卫投日，为组建伪政权四处网络"人才"，经周佛海引见，叶蓬立即加入汪精卫汉奸集团，以"惟一将才"的身份成为汪伪国民党10个中央监委之一。同年12月，汪精卫开办中央陆军将校训练团，任命叶蓬为教育长，为伪军培养骨干。

　　1940年汪伪政府成立后，叶蓬又被任命为军事委员会常务委员。不久，叶蓬回湖北任武汉任绥靖公署主任兼二十九师师长。绥靖公署的伪军主要有暂编第十一、暂编第十二、暂编第二十九师。

　　暂编第十一师：一开始为"皇协军"，由国民党桂系军队败退时所留一部分溃兵编成，汪伪政府成立后将其改编为暂编第十一师，李宝琏为师长，驻随州。

　　暂编第十二师：由豫南地方武装和溃兵编成，该部一度编为豫鄂绥靖部队，张启黄任司令。汪伪政府成立后将该部编为暂编第十二师，张启黄为师长，驻信阳地区。

　　暂编第二十九师：由"黄卫军"改编而成，1939年国民党军统特务熊剑东投敌后，于1941年4月到湖北沔阳一带收罗国民党散兵和土匪编成"黄卫军"，熊剑东自任军长，活动在湖北监利一带。11月11日该部被改编为暂编第二十九师，师长由叶蓬兼任。

1939年12月陈璧君在叶蓬陪同下参观中央陆军军官训练团

　　1942年7月17日汪伪政府撤销武汉绥靖公署，改为军事委员会委员长武汉行营。该行营不设主任，以杨揆一任参谋长，主持军事。叶蓬则接替杨揆一任参谋本部部长。这年初，叶蓬整编合并了湖北几支伪军，编成第一、第二师，以汪步青、邹平凡①任师长。8月8日叶蓬辞去所兼第二十九师师长职，将第一、第二师并入第二十九师，以邹平凡继任师长。

武汉任职期间，杨揆一集军政大权于一身，竭力争取伪政权的"独立性"，日方从表面上也做某些让步。如沦陷区各县可改挂青天白日满地红旗，取消日军特务部派遣的顾问，放宽国民党湖北省党部的活动范围等。

1943年5月22日暂编第十一、第十二、第二十九师3个师均取消"暂编"字样，改为正规师。另外，在湖北又成立了暂编第五、第六师和暂编第十三旅，当年8月11日亦取消"暂编"字样，改为汪伪正规部队。

1944年4月21日，撤销军事委员会委员长武汉行营，改设武汉绥靖主任公署，杨揆一为绥靖主任。8月，杨揆一同江西省长黄冠吾与驻武汉日军最高指挥官佐野忠义签订《关于武汉地区治安肃正之现地协定》和《附属了解事项》。汪精卫死于日本后，杨揆一代表伪国民政府赴日护灵回国。

1945年1月27日汪伪军事委员会将驻豫鄂伪军改编为2个军1个司令部。

第十三军：军长李宝琏，辖第十一师、第五师

第十四军：军长邹平凡，辖第二十九师、第六师、第十二师

豫鄂边区"剿匪"司令部：司令张启黄，驻信阳

1945年3月杨揆一调任军事参议院院长，叶蓬再次由南京回到汉口，接任伪湖北省省长兼保安司令部司令和武汉绥靖主任公署主任。这个时期的叶蓬，虽然位高权重，从某种程度上实现了自己的抱负，但他在政治上经历了数度打压，又背负着千夫所指的"汉奸"骂名，所以一向自我标榜清正的他也开始聚敛家财、纵情声色。眼看日伪势力已经风雨飘摇，叶蓬很想掌握一点实力应变，但掌握武汉地区伪军的邹平凡却在日本人支持下不买叶蓬的账，无奈叶蓬只得转而垄断食盐，贩卖鸦片，搜刮钱财。他垄断了全湖北省食盐的运销大权，转手攫取暴利。他还利用烟土大王李和卿、戒烟局长刘权，组织地下公司私贩烟土。此外，他还以重建洪山宝塔的名义，向手下伪军的头头脑脑、各个县的伪

---

① 汪步青：原是国民党八十二师的一个营长，日寇侵占武汉时，他带领部下逃到汉阳，日寇打到汉阳，他公开投降，当上了伪定国军的副军长。1942年春天，被新四军打垮。后在日寇的扶植下，又卷土重来，当了伪和平救国军军长，盘踞在燕子窝一带，为日寇看守长江水运交通线。1944年，与新四军作战中被击毙。邹平凡：1905年出生于四川宣威，黄埔军校第六期毕业。武汉战役失败后投敌，任伪师长、军长、和平救国军副司令，1944年3月被汪伪政府授予陆军中将。日本投降后拥兵自重，拒绝国民党和新四军李先念的劝降，在武汉成立大都政权，但仅"独立"13天就垮台。后被蒋介石临时委任为"武汉守备军"总指挥和暂编第二十一军军长，1949年温州解放，他逃到上海，再逃到香港，后偷渡到日本。

县长募捐 100 万元储币，全部装进自己的口袋。

1945 年日军投降前，武汉绥靖主任公署作战地域为湖北及河南、安徽一部分，绥靖军约 15000 人。

主　任：叶蓬

参谋长：赖春贵

第十三军：军长李宝琏

第五师：师长古＊新，副师长赵天时，参谋长毛霖

第十一师：师长＊＊＊，参谋长郭景贤

第十四军：军长邹平凡

第六师：师长金亦吾①，副师长聂文辉，参谋长查淳振

第十二师：师长张启黄，副师长李太平，参谋长黄楚林

第二十九师：师长＊＊＊，参谋长杨东诚

独立第十三师：师长苏振东，副师长郑＊才，参谋长陈生亭

1945 年 8 月 11 日，蒋介石给叶蓬发了一份电报，委任他为先遣军"第七路军总司令"。当时，叶蓬正在南京，无法立即执行蒋的命令。日本投降后，叶蓬于 19 日电告蒋介石，表示他正在"间道入鄂"，将"统率所部，遵令办理"。坐飞机返回时他不敢到武汉降落，在黄冈着陆后溜到纸坊挂出"第七路军司令部"的牌子。此时，他还想控制部队，但武汉伪军已在邹平凡的带领下被当局收编，根本不听叶蓬的指挥。9 月，湖北省政府迁回武汉，蒋介石看叶蓬已无利用价值，毫不客气地下令宪兵十二团将其逮捕。

叶蓬被捕后，先后关押在武昌、汉口。1947 年，经蒋介石批准，叶蓬被枪决。

而杨揆一早在 1946 年春，就在南京雨花台以汉奸罪被国民政府处决，葬于南京中华门外宝林禅寺附近。

---

① 金亦吾：又名长华，湖北京山人。黄埔军校第三期毕业。1930 年任讨逆军第二路军第三游击司令，参加了中原大战，1938 年夏任三民主义青年团武汉支团筹备处副主任兼战地工作总队长。1939 年 3 月任第六战区鄂中南游击第七纵队司令。1943 年 2 月 25 日，时任第六战区挺进军司令的金亦吾与第一二八师师长王劲哉等人于湖北咸宁被日军被俘后投敌，所部被汪伪国民政府改编为暂编第六师（1944 年 8 月取消"暂编"字样），金亦吾任师长。1945 年 9 月该部被国民政府收编。金亦吾于内战时曾任第十五绥靖区高参、第十四兵团参谋等职。1949 年 10 月向解放军投诚。1951 年 1 月 13 日死于镇反。

作为开封绥靖公署主任，胡毓坤名义上能指挥的伪军有 3 个军，但和各军长之间钩心斗角，一直到其被调往华北，他们的明争暗斗才算结束

1940 年 3 月 22 日汪伪军事委员会设立开封绥靖公署，刘郁芬任主任，6 月 19 日任命孙希文为参谋长（1941 年 1 月 22 日孙希文被免去参谋长职，田执中继任）。公署所辖部队主要有苏豫边区胡毓坤部，伪"和平建国军"第二十四路。

1939 年，胡毓坤投靠了汪精卫，他本想在南京有所作为，但却被任命为开封绥靖委员会主任。上任后，胡毓坤收容了许多东北军失意军官以及各路游杂，并组建起了和平救国军。

刘郁芬

1940 年 3 月 30 日汪伪国民政府成立，胡毓坤又被任命为伪军事委员会委员。4 月 2 日，他奉命将河南地区的和平救国军改编为苏豫皖绥靖部队，并举行了绥靖总司令的就职仪式。胡毓坤在名义上能指挥的部队有 3 个军，军长分别由张岚峰、刘启雄和窦光殿担任。但胡毓坤和张岚峰之间并不和睦，一直到胡毓坤被调到华北时，两人的明争暗斗才算结束。

1941 年 7 月，胡毓坤将总部搬迁到商丘，同时根据南京军委会的命令，将兵力不足的第二军和第三军分别缩编为第十四师和第十五师。第二军本非嫡系，缩编与否并不重要。但将胡毓坤亲手组建的基本部队第三军也要缩编为师，他虽很难接受，但又不得不执行。最后，他巧妙地将第十五师改编为一个 5 团制师，将其精锐保留了下来。

尽管如此，南京方面仍要限制胡毓坤的权利。就在他 1942 年 12 月改任豫皖苏鲁边区绥靖总司令的时候，第十五师被明令编入张岚峰部。此后该师于 1944 年 5 月和 8 月间两度遭到新四军重创，胡毓坤的血本就此消耗殆尽。

1943 年 1 月 29 日，为了配合日军对八路军以及新四军的扫荡行动，汪伪政府在山东济南召开了一次山东、苏北、河南军事长官会议，讨论具体的协同作战等问题。胡毓坤主持了这次会议。同年 10 月 5 日，豫皖苏鲁边区绥靖总司令部奉命裁撤，胡毓坤被调任为军事委员会驻华北委员，使其再次失去了实权。5 天后，即 10 月 10 日，他被南京伪政府授予陆军上将，这或许是对他失去军权的一种安慰。

第二十四路司令张威明，副司令路朝元，该部为国民党冀察战区第二总队

投敌后改编。

1941年6月3日将投敌的刘昌义一部和孙楚所属投敌的第三旅谭松艇部编成豫北绥靖司令部，刘昌义为司令。该部辖暂编第二十一师，师长刘昌义兼任。不久刘昌义反正。9月18日汪伪政府令暂编第二十一师参谋长陈玉瑄代理师长。

1942年8月20日刘郁芬他调，孙良诚暂兼开封绥靖公署主任，后实任。是年5月11日陈玉瑄实任暂编第二十一师师长，路朝元任暂编第二十三师师长。1941年11月，国民党第三十九集团军所属第六十九军军长毕泽宇、教导师师长文大可在山东韩城率部投敌，被改编为暂编第三十一师，文大可任师长，亦隶属该绥靖公署。

1943年4月23日暂编第二十一、暂编第二十三、暂编第三十一师均改为保安队。原番号撤销。

1944年9月14日孙良诚因率部调往苏北，庞炳勋继任开封绥靖公署主任。

陈璧君之兄陈耀祖在广州绥靖公署任上4年，未尝有所建树。其经常挂在嘴边的禁烟、禁赌两政，亦只办到禁赌，禁烟不仅没有做到，到最后反而以烟土折价发放军饷

1940年4月23日，汪伪政府在广州设立军事委员会委员长驻粤办事处，以李讴一①为主任，开始收编伪军队伍。5月，盘踞在广东番禺一带的曹辉林部1700余人、市桥的李辅群②部约2000人被收编。曹辉林部改编为陆军第三路，李辅群部为第四路。在广东汕头、潮安一带的国民党军官黄大伟纠集游杂部队，组成和平建国军第一集团军，自任总司令。1940年7月，汪伪军委会将黄大伟第一集团军改编为闽粤边区绥靖总司令部，任黄大伟为总司令，后来部队扩编

---

① 李讴一（1890—1946）：原名李启颐，广东新会人，黄埔军校第七期毕业。曾任黄埔军校燕塘州分校少校教官，国民党第三游击区参谋长。日军占领广州后不久投向敌伪，任伪华南军总司令。1940年9月日本炮制“东亚联盟协会”，任名誉会长。1942年1月，任汪伪警卫师师长，后任汪伪军政部中将政务次长。1943年兼任伪首都警察总监。抗战胜利后被捕，于1946年被国民党政府枪决。

② 李辅群：即李朗鸡，俗称“市桥皇帝”，汪伪陆军中将。历任番禺护沙总队长，汪伪“和平救国军”旅长。日本投降后，为第二方面军逮捕，关押在军法处临时看守所（今广州市第九中学）内。但审讯工作断断续续、拖拖拉拉。李朗鸡一案，后又由广州行营军法处以李“并非军人”为由，移交高等法院特种刑事法庭，直至1947年4月11日才判其死刑，却未执行。广州解放前，李朗鸡逃出监狱，匿居上海。1959年公安机关将其捕获，9月30日押回市桥后枪决。

至 6000 人。

1941 年 5 月李辅群部又被改编为暂编第二十师第四十旅，他任副师长兼旅长。8 月 16 日，军事委员会委员长驻粤办事处改为广州绥靖公署，以陈璧君之兄陈耀祖任主任，李讴一为副主任，12 月 4 日李讴一被免职，并任命郑洸薰为参谋长。绥靖公署成立后，将收编的伪军进行了整编，共编成：

暂编第二十师：师长先由李讴一兼任，李调离广东后，方颐接任师长

暂编第三十师：师长郑洸薰兼

暂编独立第二旅：彭济华任旅长

陈耀祖，字德昭，1892 年生于广东新会，陈璧君之弟。广东高等师范毕业后，留学日本。1910 年加入中国同盟会。1926 年后，历任广东省政务委员会委员、代理建设厅厅长、广州市工务局局长、国民政府铁道部代理常务次长、财务司司长、广东省政府委员等职。抗日战争爆发后，陈耀祖于 1938 年底跟随汪精卫、陈璧君叛国投敌。从 1939 年起，历任汪伪政府广东省党部主任委员、中央政治委员会委员、广东省政府委员、伪广东省代主席（主席为陈公博）兼建设厅厅长、广东省主席。1943 年 1 月各省改制，陈耀祖由省政府主席改称省长。同时还兼任广州绥靖公署主任、广东省保安司令、中央政治委员会副主任委员、中央军事委员会委员兼广州市市长等伪职。

陈耀祖

1942 年 4 月 4 日，伪闽粤边区绥靖总司令部被撤销，所属部队划归广州绥靖公署整编。

1943 年 4 月 6 日伪广州绥靖公署将所属部队进行整编，共编成 5 个师：

绥靖公署主任兼绥靖军司令：陈耀祖

参谋长：郑洸薰

第二十师：师长方颐①；

第三十师：师长许廷杰②；

第四十三师：师长彭济华；

第四十四师：师长为高汉宗，参谋长冯剑虹；

第四十五师：师长为朱全。

第二十师下辖：第三十九旅（旅长张本）、第四十旅（旅长李辅群）。第四十旅名义上属于第二十师，却直接听命于日军。所以，方颐能够指挥的只有第三十九旅的两个团，即七十七团（团长伍光，又名伍廷耀，驻顺德大良鸡洲一带）和七十八团（团长李家勤，驻顺德勒流羊额一带）。

第四十四师驻潮汕。汪伪政权成立前在广州组成，由原一三〇团（团长汪中）、一三一团（团长陈瑞祥）、一三二团（团长黄清泉，后为陈孝天）3个团及一些直属队组成。军官中的营、连、排长，原来大多为地痞、流氓和游勇，士兵系随时抓来的流民乞丐。

1943年6月参谋长郑洸薰中将调任驻满洲国大使馆武官。9月4日任命黄克明为绥靖公署参谋长。

1944年春，驻潮汕伪第四十四师2个营都脱离汪伪反正，日军认为高汉宗没有尽其职责，就让陈耀祖免去他的师长职务，由伪绥署派李少庭接任。

1944年4月4日，陈耀祖在广州市文德路被爱国志士开枪击毙，年52岁。陈耀祖自1940年到被刺身亡，主持广东省军政4年，未尝有所建树，所有民政、财政、建设、教育等各项设施，也无多少改善。其经常挂在嘴边的禁烟、禁赌两政，亦只办到禁赌，禁烟不仅没有做到，到最后反而以烟土折价发放军饷，日本宣布投降前夕，还有一架日机满载烟土飞抵广州。

陈耀祖死后4天，伪中央任命陈璧君堂侄陈春圃为伪省长。4月20日，陈

① 方颐（1895—1956）：字仲吾，广东番禺人。保定陆军士官学校第二期炮科毕业。历任山东边防军炮兵队长，粤军第三师炮兵连长，海军陆战队炮兵指挥，长洲要塞总炮台台长，国民革命军第五军上校炮兵主任，广州防空司令部少将参议等职。广州沦陷后赴香港，1942年附汪逆，任汪伪陆军第二十师师长。1943年4月，被汪伪军事委员会任为中将参赞武官。抗日战争胜利后，赴香港营商，1956年去世。

② 许廷杰（1889—1957）：字佐文，广东番禺人。保定陆军军官学校第二期步科毕业。历任广东军警督练公所课长，广东省警察厅训练股长，陈炯明粤军总司令部参议，广东军事政治学校军官班上校主任教官，中央军校第四分校步兵科主任等职。1940年随汪精卫降日后，任汪伪陆军第三十师补充旅少将旅长。1942年10月授陆军中将，任参赞武官。1944年7月任广州绥靖公署参谋长。1945年3月任汪伪军事委员会委员。抗战胜利后被重庆国民党当局任命为广州警备副司令，不久被第二方面军逮捕，关押在军法处临时看守所（今广州市第九中学），获释后前往香港居住，1957年去世。

春圃又兼广州绥靖主任。陈春圃，1900 年出生，广州圣心书院、莫斯科中山大学毕业。曾任国民党中央宣传部、组织部秘书，广州市特别党部常委，国民政府侨务委员会常委等职。1938 年 12 月附汪降日后，任汪伪国民党中央副秘书长、行政院秘书长。1943 年 1 月，任汪伪最高国防会议副秘书长。

1944 年 7 月 1 日黄克明去职，以许廷杰继任绥靖公署参谋长。12 月，陈春圃又兼任广东省保安司令，领陆军中将衔。1945 年 1 月，任汪伪军事委员会委员。1945 年 2 月方颐被免去第二十师长职，由警卫第三师师长陈孝强①继任，许廷杰被免去所兼第三十师师长职，黄克明继任。4 月 26 日，褚民谊②任伪广州绥靖公署主任。

日本投降前，广州绥靖军约 17000 人，编制为：

广州绥靖公署主任兼绥靖军总司令：褚民谊

参谋长：许廷杰

第二十师：师长陈孝强

第三十师：师长黄克明

第四十三师：师长彭济华

第四十四师：师长李少庭

第四十五师：师长朱全

日军投降后，广州绥靖军所属部队除逃散一部外，均被国民党第二方面军

---

① 陈孝强（1902—1955）：别号义贵，广东蕉岭人。黄埔军校第二期步科、中央军官训练团毕业。在国民党军队历任排、连、营、团长。抗日战争爆发后，任第八十三军第二七八师副师长、代师长，预备第八师师长。1943 年 7 月在太行山兵败被停职后投敌。1944 年 7 月，任汪伪首都警卫第三师师长，后派往广东任第二十师师长。1945 年 9 月，该师被重庆国民政府军事委员会改编为广东先遣军第一师，仍任师长。1947 年 3 月授陆军少将，任第七十八军一九六师副师长、师长。1949 年 5 月所部在陕南被人民解放军歼灭，同年秋到台湾，任台湾地区保安司令部第一师师长，联勤总部少将部员。1955 年春在台北去世。

② 褚民谊（1884—1946）：原名明遗，字重行，别名乐天居士。浙江吴兴县（今湖州市）南浔镇人，著名业余昆曲家。1903 年赴日本求学。1906 年赴法国途径新加坡时参加同盟会。1924 年在法国斯特拉斯堡大学获得医学博士学位。1926 年 1 月在国民党二大上当选为中央候补执行委员，后递升为执行委员。此后任同盟会本部驻沪机关部总务长，广东大学教授、代理校长，兼任广东医学院院长，北伐军总司令部后方军医处处长，上海中法工业专门学校校长，国民政府行政院秘书长等职。1939 年 5 月随汪精卫赴上海，成为汪伪政府核心人物之一。1940 年 3 月底任伪国民政府外交部长，后任行政院副院长，12 月任驻日本"大使"。1941 年 10 月回南京复任外交部长，兼任伪中日文化协会理事长。1945 年 10 月 14 日在广州被军统局诱捕，1946 年 8 月 23 日以汉奸罪在苏州狮子口监狱被枪决，终年 62 岁。

张发奎编并，改编为暂编第一、第二、第三、第四、第五支队。此后，全部编入国民党正规部队。

陈春圃　　　　　　褚民谊

1945年9月，陈春圃向军统局驻沪办事处投案。1946年10月被判处死刑，次年12月改判无期徒刑，1966年3月19日病亡于上海监狱。褚民谊1945年10月14日在广州被军统局诱捕，1946年8月23日以汉奸罪在苏州狮子口监狱被枪决。

苏北是共产党新四军的大本营，为了统领各路伪军更好地"清乡"，进而"剿灭"抗日烽火，汪精卫亲自兼任苏北绥靖公署主任

1941年9月18日，汪伪军事委员会在苏北泰县设立军事委员会委员长苏北行营，以臧卓为主任。1942年10月14日，因汪伪政权内讧，臧卓被以"清乡剿共不力"理由解职。之后，这一职位暂时空缺。至1943年5月，先后由郝鹏举（1941年10月—1942年2月）、高胜岳（1942年2月—1943年2月）、富双英（1943年3月—1943年5月）任行营参谋长。节制驻苏北各地伪军。

臧卓

1943年5月27日，汪伪军事委员会撤销苏北行营，改为苏北绥靖公署，

由汪精卫兼任主任。此后项致庄（1943 年 10 月—1944 年 9 月）、孙良诚（1944 年 9 月—1945 年 8 月）先后任公署主任，张北生（1943 年 6 月—1943 年 10 月）、朱陆（1943 年 10 月—1944 年 3 月）、程中清（1944 年 3 月—1945 年 8 月）先后任公署参谋长。

苏北绥靖公署成立之初，下辖 2 个集团军，以及苏北行营直属的 3 个师。

第一集团军：总司令李长江。他原为国民党苏鲁战区游击纵队总指挥部副总指挥，其部队活动于江苏扬州、泰州一带。1941 年 2 月 13 日经缪斌[①]劝降，率部 8 个纵队 3 万多人投敌。6 月编成第一集团军，李长江任总司令，7 月 21 日任命颜秀五为副总司令，8 月 1 日任命郝鹏举为参谋长。第一集团军下辖 4 个师 2 个旅 1 个独立团，分布于苏北之泰州、江都、靖江地区。

暂编第二十四师：师长颜秀五兼（原苏鲁战区游击纵队第二纵队司令）

暂编第二十五师：师长秦庆霖（原苏鲁战区游击纵队第七纵队司令）

暂编第二十六师：师长陈才福（原苏鲁战区游击纵队第六纵队司令）

暂编第二十七师：师长何林春

暂编独立第十旅：旅长丁聚堂（原苏鲁战区游击纵队第一纵队司令）

暂编独立第十一旅：旅长孙瑞五

4 月 15 日，独立第十旅扩编成暂编第三十七师，丁聚堂为师长。

1943 年 12 月 24 日第一集团军撤销，所部编入第五集团军。

为了讨伐李长江部，新四军代军长陈毅、政治委员刘少奇令第一师对李长江部发起一系列攻击，几乎全歼该部。仅泰州一役，就俘李部伪军 5000 余人，并争取其 2000 余人反正。

第二集团军：1941 年 6 月 21 日，江苏省保安第八旅旅长杨仲华通电投敌，该旅属于韩德勤的地方保安部队。汪伪政府将该部改编为苏皖边区绥靖总司令部，总部设于江苏东台。所属编为 4 个师 1 个独立旅：

暂编第三十二师：师长徐绍南

暂编第三十三师：师长孙建炎

---

① 缪斌（1902—1946）：字丕成，江苏无锡人。抗日战争前历任国民党中央执行委员、黄埔军校教官、国民革命军第一军党代表，在担任江苏省政府委员兼民政厅厅长时，因贪污而被蒋介石撤职。日本侵华后，他投靠侵略者，在华北日本特务机关控制的"新民会"担任副会长，并兼该会中央监察部长和指导部长。汪精卫伪政权建立后，他任伪宪政实施委员会委员、中央执委会委员、军事委员会委员、立法院副院长、考试院副院长。1946 年 2 月被捕，4 月 3 日公审，是江苏省高等法院公审的第一个大汉奸，8 日被江苏省高等法院判处死刑，5 月 21 日被枪决于苏州第三监狱，时年 44 岁，是最后被捕、最先执行死刑的大汉奸。

暂编第三十四师：师长陈同

暂编第三十五师：师长田铁夫

1942 年 2 月 18 日苏皖边区绥靖军改编为第二集团军，总司令仍为杨仲华。部队分布于江苏之东台、盐城、如皋、南通一带。

原苏北行营直属部队：共有伪军 3 个师，即暂编第十九、第二十二师和暂编第二十八师，分布于江苏之泰兴、兴化、高邮、宝应、盐城地区。

暂编第十九师：1941 年春国民党忠义救国军蔡鑫元①部投敌后被编为“和平建国军”第七路。11 月又将该部改编为暂编第十九师，以蔡为师长。

暂编第二十二师：1941 年 4 月国民党鲁苏战区独立团团长刘湘图率所部投敌，汪伪军事委员会将其改编为暂编第二十二师。

暂编第二十八师：1941 年 4 月国民党第八十九军第三十三师团长潘干丞率所部投敌，汪伪政府将其改编为暂编第二十八师。

总计伪苏北绥靖公署共辖 12 个师，1 个独立旅，1 个独立团，兵力34000 人。

1943 年初，原第一集团军所辖暂编第二十七师何林春部和独立第十一旅孙瑞五部番号撤销。3 月 18 日，原属第二集团军暂编第三十二师徐绍南部改编为江苏省保安队。9 月郝鹏举调任淮海省省长兼徐州绥靖公署主任，又将原属苏北行营的第二十八、第三十三、第三十五师及独立旅调往伪淮海省，归其节制。

1943 年 10 月 21 日汪精卫辞去所兼苏北绥靖公署主任一职，由项致庄接任。12 月 22 日，汪伪军事委员会将原第一、第二集团军所属合编为第五集团军，项致庄为总司令，辖第九、第十二军 2 个军共 5 个师。

第九军：军长颜秀五，副军长秦庆霖

暂编第二十四师：师长秦庆霖兼

暂编第二十六师：师长陈才福

第十二军：军长项致庄兼

暂编第三十五师：师长田铁夫

暂编第三十六师：师长陈同

---

① 蔡鑫元：江苏人，抗战前任国民党江苏省泰兴县（今泰兴市）蒋华区（第八区）区长，抗战后任军统忠义救国军头目。1941 年春率部在江苏泰兴投敌，所部被汪伪政府改编为暂编和平建国军第七路军，蔡鑫元任司令，11 月该部改称暂编第十九师。1943 年 10 月被汪伪政府授予陆军少将。1945 年 9 月 8 日至 12 日，新四军新一旅旅长陈玉生率 4 个团，攻克暂编第十九师据点泰兴县城，俘蔡鑫元以下官兵 4000 余人。1946 年 1 月 22 日，泰兴县抗日民主政府在黄桥公审后将蔡鑫元处决。

暂编第三十七师：师长丁聚堂

1944 年 1 月 26 日暂编第三十三师孙建炎部、暂编第十九师蔡正鑫部被改编为苏北屯垦警备队；暂编第三十五师田铁夫部被改编为江苏水上警察队。剩余各师于 6 月 16 日均取消“暂编”字样。9 月 14 日，第五集团军番号撤销，项致庄调任杭州绥靖主任，所属第十二军亦随项致庄调至杭州。苏北绥靖公署主任一职由孙良诚接任。

1945 年日本投降后，苏北绥靖公署剩余部队随孙良诚第二方面军被国民党改编为新编第二路军，归第十战区李品仙指挥。不久，又改归汤恩伯指挥。

郝鹏举主政徐州绥靖公署伊始，当地人民讽之曰：“去郝鹏，来郝鹏（举），何必多此一‘举’？”以表达对汪伪黑暗统治的厌恶和不满

1941 年，国民党驻绥远暂编第五军副军长兼民众动员总指挥郝鹏举，到南京投靠汪伪政权。

郝鹏举

郝鹏举，原名郝纯，字凌霄，河南省阌乡县郝家巷（今属灵宝市）人。1903 年 1 月 29 日出生于县公署衙门的一个衙役家庭，河南省立第四师范学校毕业。1922 年 5 月，投入河南督军冯玉祥部当兵。郝鹏举因为有文化且聪明机警，深为冯玉祥赏识，选拔其当了传令兵，随侍左右。1925 年 1 月，冯玉祥任西北边防督办时，为培养初级军官，于张家口创办了西北军干部学校，郝鹏举被选入受训，任学员第一大队队长（相当于上尉连长）。同年夏，苏联政府派遣军事顾问援助西北军，郝鹏举等 30 名基层军官又被选派赴苏联基辅红军各兵

种混成干部学校学习军事。后来，郝鹏举因思想反动而被开除学籍，于1927年夏被驱逐回国，在开封西北军第二集团军中任独立炮兵团团长。1923年春，国民党继续"北伐"，郝鹏举部转战河南，北上进抵北京。5月，升任第二集团军第二军参谋长。

1930年中原大战冯玉祥失败后，郝鹏举投靠了蒋介石，先后任独立第一旅旅长、第二十五路军（驻苏北淮阴）总指挥部少将参谋处长、鄂豫皖三省"剿匪"总部参议、第三十军参谋长兼第三十师副师长、代理师长等职。

1937年抗日战争全面爆发后，郝鹏举被南京国民政府任命为留日归国学生训练团少将教育长，常常出席学生大会发表演讲，宣传抗日。他长于雄辩，谈古论今，使听众无不动容，颇受归国学生爱戴和蒋介石的赏识。年底训练团撤销后，郝鹏举被派往西安胡宗南部，在中央战时工作干部训练团第四团训练政工人员。1938年4月被任命为战干第四团总队长。1939年6月调任第二十七军参谋长，隶属胡宗南第三十四集团军序列。在此期间，郝鹏举因在军中散布不满于胡宗南的言论，而且与部属妻子通奸，被扣押。胡宗南曾数度密电蒋介石要求对郝鹏举严惩，未获批准。

1940年初，郝鹏举被释放，受胡宗南指派赴绥远傅作义部任联络官，作伪军王英部队的策反工作。郝鹏举到绥远西部后，一度任傅作义部暂编第五军副军长兼民众动员总指挥，封锁陕甘宁边区，经常进行反共摩擦。3月，郝鹏举秘密赴南京，与周佛海密商归降事宜。

1941年初，郝鹏举到南京公开投靠了汪伪政权。他通过留苏同学林伯生的关系，得到陈璧君的垂青。这一年2月18日，国民党苏鲁皖游击纵队副总指挥李长江率8个支队3万余人投降日伪，被编为伪军第一集团军，李长江任上将总司令。7月29日，汪伪政府任命郝鹏举为第一集团军参谋长，驻苏北泰州。9月15日，汪伪军事委员会在泰县（今姜堰市）设苏北行营，郝鹏举任行营参谋长兼第一集团军参谋长。之后，郝鹏举在南京面见周佛海，被周称赞为"青年军人也，颇有能力，为不可多得之人才，宜重用之"。

1942年6月，郝鹏举积极参与和策划在南通、海门地区的"清乡"运动，围剿抗日游击部队。郝鹏举因与李长江不和，难以共事，这一年夏调回南京任军政部中将次长。郝鹏举积极向汪精卫建议，欲建军必先做好军事教育。于是，汪精卫成立了军事委员会将校训练团，自任团长。8月11日，调郝鹏举任训练团中将教育长，致力于训练汉奸军事骨干，他叫嚷"坚定一个信仰，结成一条生命，紧跟着团长来完成复兴中国保卫东亚的伟大使命"。10月，汪伪政权调整战时机构，郝鹏举调任伪军事委员会参赞武官公署武官长，后又任伪新国民运动促进委员会委员。

1943年9月2日，伪中央政治委员会第121次会议决定，调郝鹏举取代郝鹏任苏淮特别区行政长官兼保安司令，驻地徐州。他赴任后，当地人民讽之曰："去郝鹏，来郝鹏（举），何必多此一'举'？"，以表达对汪伪黑暗统治的厌恶和不满。11 月 25 日，汪伪军事委员会设立驻徐州绥靖公署，郝鹏举任主任。

郝鹏举在徐州履职后，立即组织联络流散于冀、鲁、豫、皖、苏一带的原西北军旧部，地方散兵游勇等组建成一支武装。他集人事、财政、指挥权于一身，将连长以上人员的委任权直接控制在自己手里。他治军甚严，认为"有了实力，才有出路"，将迅速扩军视为当务之急。他连续召开行政、治安、教育等会议，全力确立所谓"战时体制"，强化行政机构和军警实力，推行"新国民运动"奴化教育，贯彻日伪卖国条约，为实践所谓"大东亚共存共荣"方针不遗余力。

1944 年 1 月 13 日，汪伪中央政治委员会第一三一次会议通过划分省区案，首设淮海省，辖徐州市和铜山、东海、邱县、扬山、萧县、睢宁、宿县、淮安、涟水等 21 县，任命郝鹏举为省长兼驻徐州绥靖公署主任。

上任后，郝鹏举开始雄心勃勃地"整饬吏治"，继续强化统治机构。他创办《海州日报》《大陆新报》《淮海月刊》，成立淮海学院、中央干部学校分校等，灌输亲日奴化教育。为培植反共经济基础，他又主持成立淮海省银行，组织开发协会，吸引投资，妄图以此建设"模范省"，"示范各省，全面反共"。他还声称要把淮海粮食基地建设成为"中国乌克兰"。

郝鹏举在淮海建省后，尤其关心扩充军事实力，编练伪军。他根据汪伪政府命令，将原属苏北行营的第二十八、第三十三、第三十五师及 3 个独立旅调往伪淮海省，归其节制。以上各部分别源于驻苏北的伪第一、第二集团军等部。

第二十八师：1941 年 4 月，国民党第八十九军第三十三师团长潘干丞率所部投敌，汪伪政府将其改编为暂编第二十八师，驻苏北高邮，隶属于伪苏北行营。

第三十三师：1941 年 6 月 21 日，江苏省保安第八旅旅长杨仲华通电投敌，汪伪政府将该部改编为苏皖边区绥靖总司令部。7 月 22 日又任命杨仲华兼任第二集团军总司令，所部编为 3 个师 2 个旅，即暂编第三十二、第三十三、第三十四师及 1 个独立旅，第三十三师由孙建炎任师长，属苏北行营。

第三十五师：1943 年 12 月 22 日，汪伪政府将苏北行营原第一、第二集团军所属合编为第五集团军，项致庄为总司令，辖第九、第十二军 2 个军共 5 个师。其中第三十五师属第十二军建制，师长田铁夫。

同时郝鹏举又收容杂牌部队，编为省、县保安队。还在徐州西关设立枪弹修械所，能自造轻机枪、步枪和各种弹药，以适应其扩军之急需。

1944 年春夏之交，郝鹏举部不断"讨伐"泗阳、淮阴、睢宁等地的新四军，与黄克诚第三师、彭雪枫第四师作战。结果在皖北涡曹家圩子一带丧失据点十余处，被新四军歼灭二三千人。10月，郝鹏举奉南京汪伪政府令，改"淮海省保安处"为"淮海省保安司令部"，自兼保安司令。

表面看来，郝鹏举踌躇满志，风光十足，但实际却是唯日军之命是从。日方在郝鹏举的部队派有联络官，权力很大，形同监军。

1944年冬天，郝鹏举部扩军至4万余人，自以为羽毛丰满，在云龙山举行了阅兵式。他身着戎装，亲率僚属检阅了全军。郝鹏举为巩固其权位，还积极投靠汪伪实力派人物林柏生，伙同伪中央军事委员会政治部长黄自强，在南京组织宣传、情报机构——"政治工作局"。搜集、提供有关苏北地区共产党活动的情报，编印反共宣传品，在内部广为散发。

1944年抗战形势由战略相持阶段转入战略反攻阶段后，战局越来越不利于日伪军。1945年2月23日，郝鹏举赴南京出席汪伪政府军事委员会高级将领会议，会商贯彻日伪军事协定问题。面对盟军可能在中国登陆的形势，决定由日军对付登陆美军，而伪军则全力担任"剿伐"盟军后路及侧翼共产党领导的抗日武装。此时，郝鹏举拥有4个师的正规军，为筹备军费，向商民各界加征税收，人民苦不堪言。

1945年日本投降前，徐州绥靖公署绥靖军的作战地域为苏北、淮北，兵力约10000人。其编制序列为：

绥靖公署主任、绥靖军总司令：郝鹏举

副总司令：苏荫森

参谋长：徐召南

第二十八师：师长潘干丞，副师长李影森

第三十三师：师长孙建炎，副师长肖运北

暂三十五师：师长曾纪瑞，副师长李泽浪

第十一旅：旅长徐继泰，副旅长李明奇，参谋长郭仲凯

第十二旅：旅长李实甫

1945年10月，郝鹏举徐州绥靖公署伪军被国民党第十战区改编为第六路军，仍驻防徐州一带。郝鹏举对外号称司令部辖5个军，计12个师，共8万人枪，分驻徐州、海州、淮阴、宿县一带。

此时，中共淮北区党委敌工部派员与徐州市工委及邳睢铜地委配合，与郝鹏举部进步军人张奇建立联系，争取郝鹏举在战场起义。11月发生的高树勋起义和国民党第十一战区副司令长官、第四十军军长马法五被解放军俘获这两件事，使郝鹏举的思想产生动摇。

12月初，郝鹏举奉蒋介石命令会同第三十三集团军（总司令冯治安）和第十九集团军（总司令陈大庆）的部队进攻鲁南解放区。1946年1月，郝鹏举部

划归第三绥靖区司令官冯治安指挥，奉令从左翼进出运河，掩护冯部北进。郝鹏举既不敢违令不前，又深恐被解放军消灭，为保存实力只得消极避战。

时任第三绥靖区副司令官为郝鹏举留苏时的同学、中共地下党员张克侠，看到了郝鹏举的矛盾心理。经请示上级党组织后，借视察部队之机，劝郝鹏举认清形势，弃暗投明。在外界形势的迫使下，1946年1月5日郝鹏举率部开赴莒县，8日在台儿庄反正。

反正后，郝鹏举部在根据地民主政府帮助下，3月3日在张家圩子成立了"军官教导团"，编有将校班、政治训练班、干部队、学生队，郝鹏举任团长，中共方面派有教官等参与，协助办好军校。还创办了教育官佐子女的弘毅小学，为培养郝鹏举部眷属学习护士技能，成立了"医助训练班"，又设立修械所（军械厂）。郝鹏举部各师团开展修路种树，为农民抢收小麦等活动，出现了军民团结的新风气。

然而，郝鹏举在起义后，仍然对共产党、新四军存有戒心，要求他的部队"官不离兵，兵不离官；总司令不离全体，全体不离总司令；弹不离枪，枪不离身，动我们一人，就全体自杀"。在莒县暗中修筑工事，坐待时机。1946年7月，国民党发动的反共反人民内战全面爆发后，郝鹏举错误地估计国民党政府在军事上已稳操胜券，在国民党的诱降下，在政治上再度转向。他借口准备与国民党军作战，移防到竹庭县（今江苏赣榆县）徐班庄一带靠近国民党军防区的地方。

为了麻痹共产党、新四军，掩盖其投降行为，郝鹏举在7月11日《大众日报》上发表了《对解放区的观感》一文。文中伪善地表示："人民要我们流汗，我们就流汗；人民要我们流血，我们就流血。""全军愿与八路军、新四军携手并肩，作神圣的自卫战争。"9月16日，他还在《大众日报》发表诗一首，指明是"为我将士不受蒋介石利诱阴谋而作"，诗曰："仲连何事不帝秦，守义羞作独夫臣，岁月悠悠千年后，大王忽起东海滨。黩武秦皇获后继，媚戎宋桧结前因，借刀腰斩东西夷，行屠血殴南北邻。多处田园传战鼓，几家骨肉浸沙尘，十室不见犬当户，百里难闻鸡叫辰。呜呼仲连逝已远，典型凤昔贯天人，铁肩担起兴亡责，赤手誓将正义伸。"

1947年1月9日，郝鹏举借起义一周年纪念活动，一面致电延安毛泽东、朱德，伪善地表示"我们在解放区得到军民的热烈爱护和帮助，尤其他们常从一百里外给我们送给养柴草，真正使我们万分地感激与兴奋"，一面加紧其叛变投蒋步伐。他调集军队，准备军需辎重，接走莒县中楼村的眷属，还"邀请"陈毅出席纪念会，企图加以诱捕，后陈毅未赴会，其阴谋没有得逞。23日，郝鹏举暗中接受国民党鲁南绥靖区司令兼第四十二集团军总司令一职。26

日晚，他设计诱捕了自己的老同学朱克靖①及中共联络人员康宁等 4 人。当夜，郝鹏举擅自率部撤往海州城下蒋管区，于 27 日晨发表反共通电，宣称"还军于国"，公开叛变投蒋。

叛变后，蒋介石命令郝鹏举部回师鲁南进攻解放军。此时，蒋介石、陈诚、周至柔等到徐州，正调集整编师共 39 个旅于陇海东段，以其中的 8 个整编师及第四十二集团军郝鹏举部第一、第二两师用作第一线部队，向山东根据地党政机关所在地临沂进攻。29 日，郝鹏举飞徐州面见陈诚、薛岳，接受"进剿"解放区的反共使命，并向报界竭力诬蔑、诽谤解放区党政军民。2 月 6 日，郝鹏举率部向陇海东段白塔埠、大新集、蒜湖地区解放区进攻。华东人民解放军苏北兵团（司令员韦国清）第二纵队四、九两旅（旅长朱绍清、滕海清）发起自卫反击，率 2 旅部队万余人由驻地星夜兼程，奔袭白塔埠，于 7 日晨将郝鹏举部团团包围，经一日激战，至天色入暮时分，攻克白塔埠郝鹏举司令部据点，全歼其主力，生俘郝鹏举，部分残敌向海州逃遁。

2 月 13 日，郝鹏举被押解至临沂附近河湾村，要求面见陈毅。见面后，陈毅当面严厉斥责其背信弃义的罪行，说不料"人之无良心到了这种地步"。陈毅还即兴作《示郝鹏举》一首，以示教训，诗曰："教尔作人不作人，教尔不苟竟狗苟。而今俯首尔就擒，仍自教尔分人狗。"15 日，延安《解放日报》发文称郝鹏举是"中国军阀中著名的反复无常的人"。

1947 年四五月间，国民党军队对解放区发动全面进攻遭到挫败后，转而对山东解放区发动重点进攻。鲁南解放区党政机关陆续向渤海区后方转移，郝鹏举被押解随行。郝鹏举以为时机已到，寻机逃跑。一天，当部队撤至小清河边准备渡

---

① 朱克靖：1895 年 10 月 29 日出生于湖南省醴陵县（今醴陵市），1919 年考入北京大学，1922 年加入中国共产党。1923 年，受党派遣到苏联莫斯科东方大学学习。1925 年 7 月，被派到广州任国民革命军第三军党代表兼政治部主任。1926 年 7 月，随第三军参加北伐战争，同年 11 月当选为共产国际执委会委员。1927 年 4 月，朱克靖被武汉国民政府任命为江西省政府秘书长，他利用这一身份，推荐朱德担任南昌市公安局长，让方志敏主持国民党江西省党部的工作。8 月 1 日参加了南昌起义，起义后任第九军党代表。1938 年 1 月，被任命为新四军政治部顾问兼直属战地服务团团长，负责宣传、民运工作。1940 年春，任新四军联络部部长，负责统战工作。7 月，受陈毅之托争取苏北地方实力派李明扬、李长江与新四军合作，使二李保持中立，为新四军攻占黄桥、打乱国民党顽派的进攻部署、建立苏皖抗日根据地做出了重要贡献。1941 年至 1944 年，先后担任苏北参议会副议长、苏中三分区行政专员公署专员。1944 年 12 月底，随粟裕率领新四军由苏中渡江南下，任苏浙行政公署主任。1946 年 1 月，任新四军兼山东军区秘书长、联络部部长，策动郝鹏举部起义。郝鹏举部被改编为我华中民主联军后，朱克靖被任命为该部政治委员，领导对这支部队的改造。全国内战爆发后，郝鹏举于 1947 年 1 月率部叛变，朱克靖被叛军逮捕，并被押往南京。1947 年 10 月，被国民党反动当局秘密杀害于南京郊外。

河时，突然遭遇国民党飞机轰炸。郝鹏举趁大家隐蔽时跃起逃遁，被随行的华东军区政治部秘书长、鲁南区党委特工部长王少庸和新四军战士开枪击毙。

伪中华民国维新政府解散后，高冠吾又投入汪精卫伪政府的怀抱。后汪伪军事委员会设立九江绥靖公署，以他为主任

1943 年 12 月 30 日，汪伪军事委员会设立九江绥靖公署，以高冠吾为主任。1945 年 3 月 3 日高冠吾调任伪国民政府委员，黄自强继任主任。

高冠吾

高冠吾，原名愈，1892 年出生于江苏省太仓州崇明县（今上海市崇明区）。保定陆军军官学校毕业。历任《民权报》记者、广州江防司令部参谋长兼代理司令、广东全省航政局监督、贵州督军公署参谋长。后来，他成为王天培率领的国民革命军第十军的副军长，参加北伐。北伐期间，曾任徐州警备司令。

1938 年（民国 27 年）3 月，高冠吾参加伪中华民国维新政府。历任绥靖部次长、南京市政督办（后南京特别市市长）。维新政府解散后，高冠吾继续留任南京特别市市长。

1940 年 3 月，汪精卫南京国民政府成立，高冠吾被任命为中央政治委员会委员（此后，连任第四届中央政治委员会委员）。6 月，任江苏省政府主席。1941 年 12 月，改任安徽省政府主席。1943 年 3 月，任清乡委员会驻安徽办事处主任。同年冬，兼任物资调查委员会、新国民运动促进委员会的安徽省主任。同年末，改任江西省省长，兼任国民政府军事委员会委员长驻九江绥靖公署主任。其后，任国民政府军事委员会委员、国民政府委员。

中华人民共和国成立后，高冠吾留在中国大陆。1957 年，高冠吾在山东省逝世，享年 66 岁。

黄自强，黄埔军校第四期毕业，国民党江苏保安第八旅参谋长。1941 年 6

月 21 日，黄自强随第八旅旅长杨仲华率部投敌。先后任汪伪国民党中央候补监察委员，汪伪军事委员会办公厅副主任、新国民运动促进委员会委员、军事委员会委员、陆军编练总监公署总监、政治部部长（汪伪特工组织 76 号自李士群死后更名为政治保卫局，隶属于政治部）、江西省省长兼九江绥靖主任公署主任等职。

1945 年，杭州绥靖公署主任项致庄所部在杭州某戏院看戏，与日军发生冲突，打死了一名日军。在日方坚持下，项致庄被迫辞职

1944 年 9 月 14 日，汪伪军事委员会成立了杭州绥靖公署，项致庄任主任，该绥靖公署辖第十二军。

项致庄，名宗羽，字志壮，又字致庄，1894 年出生，浙江杭州人。1914 年初考入保定军校第 3 期炮兵科，1916 年夏毕业后南下广州，参加北伐，任教导第一师炮兵团长、国民政府警卫军炮兵旅少将旅长等职。1932 年初，警卫军炮兵旅改为炮兵第一旅，仍任旅长。1932 年 6 月任军政部南京炮兵学校教育处长。

1933 年，项致庄先任训练总监部参事，10 月，陈果夫继顾祝同出任江苏省政府主席，大批 CC 分子跟他进了江苏，项致庄任江苏省政府中将保安处长兼江苏保安团队特别党部常务特派员，江苏禁烟委员会委员，江苏警政训练委员会委员，江苏军警干部所所长，镇江警备司令。此时周佛海任江苏省教育厅长，与项致庄极熟。抗战之初，二人经常在省会镇江闲谈，大发低调谬论，甚是投机。

1937 年项致庄调任第三战区炮兵副总指挥，由于深受周佛海抗战必败论的影响，于 1942 年 11 月乘视察浙江炮兵之机，偷偷潜往上海，与汪伪政要联系，在周佛海的"开导"下，投降了汪伪政府。1943 年 2 月任伪军事委员会委员，3 月任军事委员会参谋次长兼总务厅厅长，10 月调任伪苏北绥靖公署主任、苏北屯垦总署长。项致庄到苏北后，因为有周佛海撑腰，整编李长江部，将二十六师陈同、二十七师丁聚堂、二十八师田铁夫 3 个师合编为第十二军，项致庄任军长。

1943 年 10 月 10 日，项致庄被授予陆军中将。12 月 22 日汪伪将原第一、第二集团军所属合编为第五集团军，项致庄为总司令。下辖第九、第十二军 2 个军共 5 个师。

1944 年，项致庄接受陈立夫之命，要其在浙江创建一个据点，以便迎接美军在浙江沿海登陆。项致庄与周佛海商量，周佛海表示赞同。为达到控制浙江的目的，周佛海决定调孙良诚部到苏北，调项致庄到浙江。9 月 14 日，陈公博、周佛海召开伪最高国防会议，决定：苏北绥靖公署主任项致庄调任浙江省省长，以孙良诚为苏北绥靖公署主任。

项致庄带第十二军到了浙江。在周佛海的特殊关照下，一路扶摇，任伪浙江省省长兼民政厅厅长、杭州绥靖公署主任、浙江省保安司令。

伪杭州绥靖公署编成为：

主任兼绥靖军司令：项致庄

第十二军：军长项致庄兼

下辖有第三十四师、第三十六师、第三十七师、独立第十师、独立第四十六旅等部队。这个军驻杭州附近，系 1942 年收编李长江的部队。项致庄调任浙江省省长时即将李长江之一部分部队调至杭州编为第十二军（李长江见其部队被瓜分，愤而又率其余部队回归李明扬），作为他的基本部队，项致庄亲自兼任该军军长。

1945 年，项致庄部在杭州某戏院看戏，与日军发生冲突，打死了一名日军。日方坚决要求项致庄辞职。5 月 3 日，项致庄辞去绥靖公署主任和第十二军军长，调任江苏省省长。绥靖公署主任一职由丁默邨接任。6 月 13 日陈恒任参谋长，并接任项致庄第十二军军长职。

项致庄　　　　　　　丁默邨

丁默邨，原名丁勒生，1901 年出生于今湖南省常德市城区大高山街。1921 年秋，在上海加入社会主义青年团并被派回常德开展建团工作。1922 年初，他建立社会主义青年小组，自任组长。6 月，正式成立青年团常德地方执行委员会，10 月被选为书记。

1924 年，丁默邨在上海投靠国民党。1926 年至广州，任国民党中央组织部调查科（情报机构中统的前身）办事员。1930 年，调查科转向特工行动，丁默邨被派到上海，以"民党中学"校长的公开身份，直接领导一个直属情报小

组，并与李士群出版《社会新闻》，专门刊登共产党人隐
军事委员会设"调查统计局"，丁默邨由陈立夫介绍任第三
检查。

1938 年，丁默邨主持"招待"从延安叛逃武汉的张国焘□
戴笠嫉妒，向蒋介石控告他贪污招待费。不久三处解散，丁默
少将参议衔寓居于昆明。

汪精卫投靠日本后，经李士群拉拢，丁默邨投降日军，大肆出卖国民党情
报。日本人大喜，责成丁默邨为主任、李士群为副主任成立日本上海特工部，
因其地处上海极司菲尔路 76 号，又称"76 号特工总部"。1939 年 8 月，汪精卫
伪国民党"六大"在"76"号秘密召开，丁默邨被推选为中央委员，接着由汪
精卫提名任中央常委兼社会部部长。

"76 号特工总部"成立后，血腥镇压共产党人和抗日人士。仅在 1939 年至
1943 年不足四年时间内，就制造了 3000 多起血案。外国记者称丁默邨为"婴
儿见之都不敢出声的恐怖主义者"，国人则称其为"丁屠夫"。

1944 年 11 月，汪精卫死，陈公博继任。丁默邨于 1945 年 1 月兼任伪最高
国防会议秘书长。5 月调任伪浙江省省长、省党部主任委员、驻杭州"绥靖公
署"主任、省保安司令，集党、政、军权于一身。

时值日寇侵华崩溃前夕，丁默邨与日本特务中岛信一，策划组织突击队。
同时，谋取后路，千方百计与戴笠、三战区司令长官顾祝同联系。并通过戴、
顾向蒋介石保证："决心以原样的浙江归还中央，决不让共产党抢去。"他还为
戴笠的军统局架设电台、供给情报，与周佛海合作企图暗杀当时的特务首脑之
一李士群，并且根据戴笠的指示不断营救被捕的重庆地下工作人员。

日军投降后，丁默邨被国民党军事委员会任命为浙江地区军事专员，所属
第十二军部队，大部分由第三战区顾祝同转拨到韩德勤的部队，改编为 2 个纵
队。1945 年 11 月该部划归国民党徐州绥靖公署。

抗战胜利后，项致庄被国民党军统局逮捕。不久，以汉奸罪被判处死刑，
于 1946 年 11 月 26 日上午在南京雨花台被执行。

丁默邨忠实地执行了重庆的指令，成功地阻止共产党军队，保证国民党稳
稳地接收了浙江。抗战胜利以后，丁默邨与周佛海、罗君强同受戴笠之骗，飞
至重庆，被软禁在白公馆。戴笠死后，又押解回南京。1947 年 2 月 8 日，丁默
邨以汉奸罪判处死刑，7 月 5 日被枪决于南京老虎桥监狱。

他是汪精卫的心腹干将，陈璧君的干儿子，被称为汪氏集团"一支笔""戈培尔第二"。1944年底任安徽省省长时，还兼任蚌埠绥靖公署主任、安徽省保安司令等职

1944年9月14日，汪伪军事委员会设立蚌埠绥靖公署，罗君强任主任。是年12月27日罗君强调任伪国民政府委员，林柏生接任主任。1945年2月伪军事委员会决定将驻山东的第三方面军吴化文部调驻蚌埠地区，受该绥靖公署节制。

罗君强　　　　　　林柏生

罗君强，名光治，别号庸生，1902年出生，湖南省长沙府湘乡县（湘乡市）人。1919年赴法国勤工俭学。1922年春加入中国社会主义青年团，不久加入中国共产党，7月，赴上海参加中国共产党第二次全国代表大会。翌年脱党。1924年初罗君强恢复党籍，回到湖南任省委书记兼训练委员会秘书。1925他再次脱离中国共产党，加入国民党。1926年至1937年，先后任国民党中央陆军军官学校政治教官、军事委员会武汉委员长行营政训部秘书长、浙江省海宁县（现海宁市）县长、军事委员会重庆委员长行营秘书、军事委员会办公厅少将秘书兼办公厅秘书处少将处长等职。

1939年8月，罗君强到上海和汪精卫会合，任汪伪国民党中央执行委员兼中央党部副秘书长。12月任伪陆军军官训练团政训处处长。1940年3月，汪伪国民政府正式成立，罗君强任中央政治委员会副秘书长兼边疆委员会委员长。7月，任税警学校干部训练班办公厅主任，创建了财政部2万人规模的"税警团"。1942年3月，他任司法行政部部长。1943年1月任最高国防会议秘书长，3月任中央税警总团中将总团长，12月任安徽省省长。1944年9月兼任伪安徽省党部主任委员。1945年1月，任上海市长秘书长。他还兼代理警察局局长、财政局局长。1945年8月起，他担任伪江西省省长。

　　林柏生，号石泉，1902年出生于广东省高州府信宜县（今信宜市）。1920年入广州私立岭南大学。1925年7月成为汪精卫的秘书，10月留学苏联，入莫斯科中山大学。翌年9月归国后，任黄埔军官学校政治教官。1927年12月，随下野的汪精卫赴法国。1932年4月，任国民政府侨务委员会常务委员。1933年任立法院立法委员。1937年兼任中国国民党中央宣传部驻香港特派员。1938年2月在香港设立国民政府军事委员会下属的国际问题研究所，林柏生任主任。

　　1938年12月，汪精卫由重庆逃到河内，响应日本近卫首相招降声明的"艳电"电稿，交陈公博等带往香港，由林柏生在报上公开发表。1939年8月，林柏生任汪精卫伪国民党中央常务委员兼中央宣传部副部长，翌年2月升任部长。1940年3月，汪伪国民政府成立，林柏生任中央政治委员会委员兼行政院宣传部部长。1941年，任清乡委员会委员、新国民运动促进委员会常务委员兼秘书长。1943年1月，任最高国防会议委员。1944年12月，任安徽省省长，任内兼任安徽省保安司令、蚌埠绥靖公署主任等职务。是汪伪政权重要人物，汪精卫的心腹干将，陈璧君的干儿子，被称为汪氏集团"一支笔""戈培尔第二"。

　　1944年底，林柏生辞去伪宣传部长职务，从南京伪"中央宣传部"带着一批人马，奔赴安徽蚌埠正式上任。在1945年元旦举行的就职典礼上，林柏生宣誓道："今天是柏生等宣誓就职，余等誓以至诚，恪遵国父遗教，先生（指汪精卫）遗言，奉行'大亚洲主义'，实行'中日亲善'，以'和平反共'为建国纲领，树立'大东亚共存共荣'之宏基。安徽地处江淮要冲，蚌埠属津浦、陇海之门户。我等奉命来皖，当以先生之'我不入地狱，谁入地狱'的精神，挽既倒之狂澜，救皖民于水火，安徽省政府委员兼省长林柏生率全体委员谨誓。"

　　就职后的当天下午，林柏生召开了第一次伪安徽省府委员会议。出席这次会议的除"省府"全体委员以及各厅、处、局长外，日方代表樱庭子郎等也列席了会议。会议首先研究了政治与军事之强化问题。林柏生对军事极为重视，看出日本已是日暮途穷，认为此时只有乘机建军，掌握一批人枪实力，到临危时，既可做垂死挣扎，又可增加与蒋介石谈判的筹码。于是，他在会上提出建军初步意见。不料，遭到樱庭子郎当面反驳。接着，林柏生又提出财政税收之整理，又遭樱庭拒绝，会议遂不欢而散。从此时起，林柏生已深感处处受制于"盟邦"，慨叹无法实现其"鸿鹄之志"。

　　日本投降后，罗君强于8月19日被国民党政府任命为上海行动总队司令部副总指挥，负责维持上海的治安，9月30日被逮捕。1947年3月，罗君强以汉奸罪被判处无期徒刑。在中华人民共和国成立后继续被收监。1970年2月22日，他在上海市的监狱内病死。而林柏生则在日本投降后随陈公博逃亡日本。

1945 年 10 月 3 日和陈公博一道被押解回国，关押于南京老虎桥监狱。1946 年 5 月 31 日，首都高等法院以"汉奸罪"判处林柏生死刑。1946 年 10 月 8 日，林柏生在老虎桥监狱内被处决。

1944 年 11 月，汪伪军事委员会设立苏州绥靖公署，由第一方面军总司令任援道兼任主任，辖第一方面军及苏南各部伪军

1944 年 11 月 2 日，汪伪军事委员会设立苏州绥靖公署，由第一方面军总司令任援道兼任主任，辖第一方面军及苏南各部伪军。

第一方面军伪军前面已有介绍，以下主要是关于在苏南出现的伪军部队。

1939 年 11 月 26 日伪维新政府曾将苏南及附近地区土匪和游杂部队编为"和平救国军"第四路，贾坤为总指挥，李国栋为副总指挥，共辖 6 个纵队和 3 个独立旅：

第一纵队：司令胡援孙，胡被撤职后，由傅天震任司令，活动在杭嘉湖一带

第二纵队：司令由贾坤兼任，活动在扬州一带

第三纵队：司令闵沅，该部于 1940 年 8 月 8 日结束

第四纵队：司令郁振奎，活动在吴县（1995 撤销）一带，1940 年郁被撤职后，该纵队消失

第五纵队：司令顾高，活动在无锡一带

第六纵队：司令于孝卿，1940 年于被撤职后，魏子庸任司令，活动在江苏海州、东海一带

独立第一旅：旅长那殿臣，活动在江苏江浦、六合一带

独立第二旅：旅长倪鸿宾，活动在安徽南宿州、五河一带

独立第三旅：旅长邵玉华，活动在江苏六合、如皋一带

汪伪政府成立后，这些汉奸部队均被各地伪军吞并。另外，汪伪在苏南和淞沪地区收编了谢文达部和丁锡山部。谢文达是黄埔军校一期毕业，所部原为国民党军统"忠义救国军"一部，活动于苏州地区，由李士群伪特工部收编后，交与军委会，被改编为暂编第十师，谢文达为师长。丁锡山部，原为"忠义救国军"第八支队，活动于上海浦东奉贤一带，1939 年秋降日。1940 年汪伪政府将该部改编成暂编第十三师，丁锡山为师长。1941 年 5 月 26 日将上述 2 个师编成暂编第二军，刘培绪任军长，该军除 2 个师外另辖 3 个独立团。担任浙东杭甬铁路沿线守备。这一年 11 月 10 日暂编第十三师取消"暂编"字样，改

为正规师。1942 年 1 月 28 日暂编第十师谢文达部因不服从调动，被取消番号。1943 年 1 月第十三师丁锡山部编入浙江保安队。所辖其他各团分别被编入江苏、浙江两省保安队，该军军部于是年 2 月底撤销。

荣臻在担任保定绥靖公署主任伪职期间，曾利用职务便利，做过一些有益抗日的工作。因此，在日本投降后，虽被国民党政府逮捕并判处死刑，但未执行

1945 年 4 月 12 日，汪伪军事委员会设立保定绥靖公署，荣臻任公署主任。

荣臻

荣臻，字翕生，1889 年直隶省（今河北省）冀州枣强县新屯乡人。北京清河陆军中学毕业后，于 1912 年考入保定陆军军官学校一期炮兵科。1914 年 11 月毕业后，加入奉军李景林部。曾任排长、队官、连长、副官等。1917 年 1 月考入北京陆军大学第五期。1919 年毕业后返回奉军，先后任东三省陆军讲武堂战术教官，奉军营长、团长、旅长、师长、军长等职。1927 年获将军府授 "仁威将军"。1928 年，任东北边防军司令部军事厅厅长。

东北 "易帜" 后，1929 年 3 月，荣臻任国民党第五编遣区驻沈阳办事处主任，1930 年，任东三省保安司令部军事厅中将厅长。1931 年任东北边防军司令长官公署参谋长，"九·一八" 事变后不久，率长官公署迁移辽宁锦州，协助张作相处理东北军政事务。翌年 8 月，他任国民政府军事委员会北平分会常务委员。1935 年，被授予陆军中将。

日军占领华北后，荣臻参加日伪政权。

1943 年 6 月 10 日，他出任汪精卫政权的军事委员会委员，并兼任华北政务委员会华北剿共委员会事务主任，不久任剿共委员会委员长。同年 8 月 13 日，任汪伪军事委员会主任委员。1944 年 6 月 15 日，任伪华北政务委员会特别法庭 "华北分厅" 厅长。后又任伪华北 "治安总署" 中将副署长、伪华北

"治安军"中将副总司令。

1945年2月，荣臻任河北省省长。4月，又兼任华北政务委员会"保定绥靖公署"主任。在担任伪职期间，荣臻曾与共产党领导的八路军地下情报组织取得秘密联系，利用职务便利，为抗日做过一些有益的工作。

日本投降后，荣臻被国民政府逮捕，并被军事法庭判处死刑，但并未执行。新中国成立后，被共产党和人民政府作为统战人士对待。1960年病故于北京。

因为是袁世凯的女婿，杨毓珣在北洋政府如鱼得水、官运亨通。抗日战争爆发后却追随汪精卫投敌叛国，日本投降前官至伪山东省省长兼济南绥靖公署主任

1945年4月12日，汪伪军事委员会设立济南绥靖公署，由山东省省长杨毓珣兼任公署主任。

杨毓珣

杨毓珣，字琪山，1895年出生，安徽泗县人。他出身世家，曾祖父杨殿邦1844年任清朝漕运总督。杨毓珣的父辈亲兄弟8人，其中3人未成年去世，其他5人都中过科举，老大杨士燮、老三杨士晟、老四杨士骧都是光绪年间进士，老五杨士琦、老八杨士聪是光绪年间举人。杨士骧1904年12月任山东巡抚、1907年任直隶总督。杨士琦则是袁世凯的亲信幕僚，参与了逼迫溥仪退位、拥戴袁世凯称帝等活动，被袁世凯视为心腹，官至政事堂左臣。杨毓珣之父杨士聪，清末曾任候补四品京堂、广东补用道、京奉铁路总办、山西巡盐道等职，民国初年当选为多届众议院议员。

通过伯父的关系，杨毓珣娶了袁世凯三女儿袁叔祯（后改名袁静雪）为妻。在袁世凯的女儿中，她是唯一不赞成帝制的人，袁克定制造假版《顺天时报》，正是她向袁世凯揭发的，袁世凯第二天用皮鞭把克定打了一顿，骂他"欺父误国"。杨毓珣在这样一个官僚士族家庭中长大，仰仗父辈的关系，在北洋政府如鱼得水。杨毓珣曾被保送入陆军大学，获陆大第五期毕业证。后被授予陆军少将军衔。先后任江西警备队统领、大总统府侍从武官、北京政府参谋本部次长、军事部陆军署次长等职。1928 年 4 月，奉系军阀张作霖任命潘复组建内阁，杨毓珣任军事部次长兼军政署署长。当年国民政府北伐，杨毓珣随奉系撤回东北，曾代表张学良与国民政府就东北易帜问题进行谈判，为国家统一做出了一定贡献。后任中华民国政府军政部参谋长等职。1936 年 1 月 23 日，南京政府授予杨毓珣陆军中将军衔。但杨毓珣并没有加入国民党，属于无党派人士。

早年在巴黎旅游时，杨毓珣就结识了汪精卫并与之建立起感情。所以抗日战争爆发后，杨毓珣积极追随汪精卫等投敌叛国，是汪伪军事委员会委员之一。1940 年 3 月汪伪政权成立，杨毓珣任中央政治委员会委员、军政部参谋长。这期间，杨毓珣利用其关系，策动原东北军失意军官投靠汪伪政权。

1945 年 2 月 16 日，伪山东省省长唐仰杜调任伪华北政务委员会常委兼公务总署督办，杨毓珣接任伪省长。4 月 4 日，汪伪政权授予他陆军上将军衔。4 月 12 日，又兼驻济南绥靖公署主任。

当时，济南绥靖公署下属的伪军主要有暂编第十军，"鲁东和平建国军" 厉文礼部。

1943 年 6 月，国民党鲁苏战区鲁南指挥部所属第一一二师副师长兼三三四旅旅长荣子恒，率部 4000 余人投敌，1944 年 5 月汪伪军事委员会将该部编成暂编第十军，荣子恒为军长。下辖：

暂编第五十二师：师长荣子恒兼任

暂编第五十三师：师长刘国桢

荣子恒是时任河北省省长荣臻的长子、陆军中将，这支部队系东北军的底子。

荣子恒　　　　厉文礼

　　荣子恒，字月存，1905 年出生于河北省枣强县。当父亲荣臻为直系军阀李景林效力时，便将他送往日本陆军士官学校学习军事。1928 年 7 月毕业回国时，荣臻已经是东北边防司令长官公署的中将参谋长。在父亲的安排下，荣子恒任东北讲武堂当上尉队附、少校兵器教官。中原大战结束前夕，调往天津市公安局任特务处主任，辅佐张学良的弟弟——张学铭保障天津治安。其间，曾参与平定汉奸白坚武组织的天津暴动，率队剿灭了土匪张喜来部，由此成为平津地区的名人。

　　"九·一八"事变发生时，时任张学良卫队第三队队长的荣子恒将部队从沈阳一路带至北平，受到张学良的赞赏。此后他历任团长、副旅长、旅长。抗战全面爆发后，荣子恒随部血战江阴，又从南京死里逃生。1938 年 1 月，荣子恒升任第一一二师三三四旅少将旅长，他率部在苏北、鲁南开展游击作战，曾与八路军有过合作。著名的新庄伏击战，就是在第三三四旅六六七团团长万毅指挥下，俘虏了日本经济考察团团长远山芳雄。荣子恒因敢打敢拼的作风而被提拔为第一一二师副师长兼鲁南游击总指挥。

　　此后，随着国民党军队的接连失败和不断投降，荣子恒对是否能够继续在鲁南坚持抗战产生了动摇，抗战信心逐渐消失殆尽。再加上父亲荣臻多年来坚持不懈地劝降，终于使荣子恒走向了"曲线救国"的道路。1943 年 6 月 6 日，正式宣布"反正"！带着第一一二师三三四旅一部以及鲁南地方游击部队总计 2 万余人投靠了日伪。随后被汪伪军政部任命为第十军中将军长，驻地仍然是鲁南地区。荣子恒的第十军下辖 3 个师，虽然声称拥兵 2 万余众，但实际仅有 1 万。

　　荣子恒投敌后，国民党鲁苏战区遭到日伪军的不断打击而日益衰落，终于在 1944 年 3 月不得不放弃根据地，撤往安徽。国军撤离后，荣子恒便将八路军当作了敌人，频频对八路军发动攻击。

　　1944 年 5 月，为了保证敌后抗日根据地的稳定，八路军鲁南军区以 2 个团、8 个独立营的兵力对费县以南的荣子恒部伪军发起进攻。5 日后，荣子恒部伪军全线溃败，向临沂突围。此后荣子恒伪军不断遭到八路军打击，最后收缩到泗县，靠着几个坚固的碉堡和炮楼苟延残喘。1945 年 2 月 3 日夜，八路军鲁南军区第三团、费县独立营、尼山独立营在鲁中第三军分区一部和地方民兵的配合下，对盘踞泗县的伪第十军残部发起进攻。战至 4 日下午，荣子恒部伤亡惨重。最后他从东门突围时，中弹而死，时年 40 岁。随荣子恒一起毙命的，还有副军长陈镇藩、参谋长朱江和第五十二师副师长朱级勋。这些人都曾经跟随荣子恒在对日作战的战场上出生入死，但又都在荣子恒的率领下成为汪伪政权的牺牲品。

　　1945 年 2 月 25 日，华北政务委员会在北平中南海怀仁堂内为荣子恒举行了隆重的追悼会。出席追悼会的有华北政务委员会委员长、内务厅厅长等多名军政要员，除此之外还有日本、德国等驻华北的军政代表。花圈上挽词有"悲歌凄绝塞、禹甸失长城""成仁取义"等，媒体的报道则形容死者为"忠孝集一门""以身许国无愧俯仰"等。

荣子恒追悼会的相关报道

荣子恒死后，伪第十军军长由富双英①继任。

厉文礼，字郁周，1905 年出生于河北省蓟县，地主出身，后随其父母移居北京。1926 年京兆农业学校毕业后，历任教师、国民党军队秘书、少校书记官等职。1928 年 9 月参加国民党，至抗战全面爆发期间，历任第十五路军一九二

① 富双英（1889-1952）：字耀天，满族，辽宁辽阳人。日本陆军士官学校、保定军官学校第五期毕业。1925 年郭松龄反奉时，在郭部任团长。部队到锦县（今凌海市）后，背叛郭松龄，投向张作霖，先任奉军第十一军步兵第十二旅旅长，后兼任第十一军副军长。1927 年 5 月北伐时，富双英所在第十一军与国民革命军第四军在上蔡县一带展开激战，富双英看到上蔡即将被攻破，只得派人出城接洽，表示愿意投降受编。于是，北伐军和平解放了上蔡县城。富双英第十二旅遂被改编为国民革命军第四军第二十一师，由他任师长。宁汉分裂后，原属张发奎指挥的富双英部于 9 月 22 日在芜湖被解散。富双英只身回奉。后任奉军预备军军长、东北边防军司令长官公署军事参议官。1940 年 3 月，投靠汪伪政府。任军事委员会委员、政治训练部厅长、常务次长。1942 年 10 月任陆军编练总监公署中将参谋长，后任军事参议院副院长。1945 年 2 月，任汪伪政府参军处参军长。

旅少校军法主任、诸城县长、潍县县长等职，1937 年 8 月兼任山东省第八区游击司令官。1937 年 8 月后，又先后任第八行政督察区专员、山东支队胶东大队队长、第八区保安司令、中央别动队总队胶东支队司令、鲁苏战区挺进第二纵队司令等职。

1943 年 2 月 22 日，厉文礼在安丘县（今安丘市）城顶山被日军俘虏，率部投降。8 月，日军委任他为"鲁东和平建国军"司令。

厉文礼在潍坊期间，枪杀了中共潍县中心县委书记刘良才、中共地下党员郭炳礼等许多抗日志士，破坏了潍县中国共产党组织，犯下了严重罪行。厉文礼部的大本营在安丘境内。1938 年至 1942 年的 5 年间，仅在教子峪、西崔巴峪、温泉、涝坡和常家岭等村就杀害中共地下党员和无辜群众 817 人。其中仅1940 年在常家岭村南舍林一地就枪杀活埋群众 54 人，1941 年在夏坡村枪杀活埋抗日志士和群众 67 人。1941 年，厉文礼部配合日军连续 6 次扫荡解放区夏家沟、马家寨庄、张家陡沟、黄石板坡、南郡、娄家庄等 50 余村。日本投降前，厉文礼的"鲁东和平建国军"还剩 4000 人左右，编为第一旅，由副司令申集安任旅长，下辖 3 个支队，即第四支队（支队长王有为）、第六支队（支队长胡鼎三）、第十支队（支队长曹克明）。

日本投降后，伪军暂编第十军残部被国民党徐州绥靖公署收编为 1 个独立团。富双英在北京解放前畏罪潜逃，后被缉拿归案，1952 年以汉奸罪被处死。厉文礼则被国民党中央军统委任为诸（城）安（丘）昌（乐）潍（县）警备司令。1945 年 11 月，警备司令部撤销后，他被聘为国民党山东省府顾问。厉文礼在 1953 年镇压反革命运动中落入法网，被昌潍人民法院判处死刑，1954年 1 月 21 日在安丘县夏坡村被枪决。

自 1945 年 2 月 16 日至 8 月 15 日日军投降，杨毓珣主掌伪山东省军政事务整整半年。这半年也是山东伪政权走向瓦解、消亡的时期。所以，他不过是勉强支撑而已，除部分人事调整外，无任何变动。各道道尹基本维持原任。曹州道尹朱经古调任后，无继任者，实际上该道于 3 月后基本放弃，控制区大为减少，除靠近交通线或有日伪驻军外，县长多不能在境内办公。

随着日军的溃败，伪政权迅速土崩瓦解，伪职人员或离职或潜逃，伪武装四散解体，伪山东省政府只剩下杨毓珣、朱经古等人看守。24 日，山东日军司令官细川忠康派其参谋长及伪政权代表朱经古等人由济南飞抵张店会晤国民党山东省政府主席何思源，与国民党政权建立联系。

当时，国民党军队远在后方，接收尚需时日，而中共抗日武装正迅速逼近。于是，国民党政府加封杨毓珣为国民党山东先遣军司令，协助投降日军维持当地秩序，抗拒中共受降。

1945 年 9 月 1 日，日伪派铁路装甲车至龙山接何思源及随行进入济南，杨毓珣亲自到济南车站迎接。22日，伪省政府机关被接收。在此前后，国民党已接收了伪青岛市政权。至此，山东伪政权寿终正寝。12月29日凌晨，国民政府济南军警逮捕了杨毓珣等130余名汉奸，并移送山东省高等法院公审。1947年，杨毓珣在狱中病死，时年53岁。

中央警卫军号称汪伪的嫡系精锐。随着战争的进行，士兵开小差现象越来越多。到1945年5月，每个连只剩下四五十人，连汪精卫亲自教诲谈话的军校首期毕业军官也大批弃职而逃了

1940年3月汪伪政府成立后，即建立了伪军事委员会直属警卫旅，以张诚（号居敬，福建闽侯人，保定军校第七期骑兵科毕业）为旅长。1941年5月7日将警卫旅扩编为警卫师，以郑大章为师长。

郑大章

1942年1月8日，又成立了伪首都警备司令部，以李讴一为司令，先后以苏成德、申振纲、邓祖禹为副司令，祝晴川为参谋长。当月，以伪中央陆军军官训练团一部分毕业生为骨干，重组了警卫师。2月9日，由李讴一兼警卫师师长。9月，伪军事委员会制定了直辖军队整备纲要及警卫军整备要领。按要领规定，将警卫师与独立第十四旅（1941年12月6日编成，旅长钟剑魂）合并，编为警卫第二师，由李讴一兼任师长。

警卫第二师编成后，又组建了1个独立警卫旅，由刘夷任旅长。刘夷是江西吉安人，刘峙之侄，曾任国民党独立第三十二旅旅长。1938年为国民党中央党务训练团军训处处长，被俘后投敌。之后任汪伪陆军军士教导团团长、军事参议院参议。独立警卫旅负责南京卫戍任务，装备为伪军之最。

1943年夏，在太行山打游击的国民党第二十七军（军长刘进）预备第八师在日军的围攻下，师长陈孝强少将被俘投敌，残部编入汪精卫的警卫师。陈孝强别号义贵，广东蕉岭人，黄埔军校第二期毕业（步兵科）。1926年起任国民

革命军第一师排、连长。1932 年任鄂豫皖"剿匪"第三路第二纵队营长、团长。抗日战争爆发后，任第二十七军预备第八师副师长、少将师长。

　　1943 年 6 月 22 日，汪伪军事委员会成立了警卫军，李讴一任军长，其所兼警卫第二师师长一职由秦汉青少将继任。同年秋，随着"中央陆军军官学校"第一期 1000 余学生毕业，汪精卫的野心更大了，他成立起警卫第一、第三师架子，第一师师长刘启雄，第三师师长陈孝强。两个师的排以上干部，皆由军校一期毕业生担任，都是汪伪的嫡系精锐部队。

汪伪独立警卫旅旅长刘夷

　　警卫第一师师长刘启雄是黄埔军校第二期学生，1937 年 11 月参加南京保卫战时为第二六〇旅少将旅长，城陷时躲避于难民区。汪伪政府成立后，他投奔了周佛海，由周佛海推荐任伪军官训练队总队长，后又推荐其为中央陆军军官学校校务委员兼教育长，掌握该校的实权。1943 年 9 月，调任警卫一师师长。

　　警卫三师师部驻扎在南京通济门外，下辖第七、第八、第九步兵团。3 个团分别驻防南京郊外的句容、江宁、六合县（今六合区）。士兵大部分是从安徽、河南、山东等地征募的壮丁以及从其他伪军部队中挑送的士兵组成。该师全部日式装备，是当时伪军中装备最好、战斗力比较强的一支部队。

　　在军制上，警卫一、三师各辖 3 个团，每团 10 个连（9 个步兵连，1 个炮兵连），每连 100 人。2 个师总兵力不足 1 万人，而且不断有士兵开小差，特别是 1944 年"通济门事件"① 后，开小差现象越来越多。到 1945 年 5 月，每个

① 通济门事件：1944 年 5 月 28 日夜，驻防通济门外的汪伪警卫第三师特务连排长夏建华与部分士兵在夫子庙用餐后回营时，被通济门日军守卫污辱、殴打。回营后，夏建华与连队其他 3 名排长带领 8 名士兵返回通济门找日军"理论"，很快变为冲突。交火中，2 名日军被打伤。事后，汪伪军事法庭迫于日军压力，判处夏建华死刑，其连长为有期徒刑 7 年，其余有关人员均判有期或无期徒刑，并撤销了陈孝强的师长职务。

连只剩下四五十人。连汪精卫亲自教诲谈话的军校一期毕业军官也大批弃职而逃了。

1945 年日本投降前，中央警卫军约 6000 人，编制为：

军长：李讴一

第一师：师长刘启雄

第二师：师长秦汉青

第三师：师长钟剑魂

独立警卫旅：旅长刘夷

警卫第三师师长钟剑魂是云南讲武堂毕业生。1945 年 8 月 13 日，通过中共地下党员徐楚光等人的大力工作，警卫第三师在钟剑魂的率领下，在六合、句容反正，进入江北六合县境新四军罗炳辉防区。之后，新四军军部将该部编为华中独立第一军，由钟建魂任军长，刘贯一任政治委员，徐楚光任副政治委员、参谋长兼第二师政治委员。

9 月，国民党军张灵甫第七十四军的五十一、五十七、五十八 3 个师到达南京地区，邱维达的五十一师编并了警卫第一师和警卫旅，五十七、五十八师分别编并了警卫第二师。

李讴一抗战胜利后被捕，于 1946 年被国民党政府枪决。刘夷 1945 年 10 月被国民政府逮捕后，经刘峙说情获释移居香港，后返回江西定居。

汪伪政府成立后，日军从北平调来 1 个营的伪宪兵，以此为基本队伍在南京成立了宪兵指挥部，此后兵力逐渐增加，最后扩充为伪中央宪兵司令部

汪伪政府成立后，在南京成立了宪兵指挥部，由日军从北平调来华北伪宪兵一营充作基本队伍，由张诚指挥。1940 年 5 月 1 日成立了伪宪兵司令部，以邵文凯为司令。

邵文凯，字仲则，1890 年出生，奉天府辽阳州人，1919 年毕业于东三省讲武堂第五期步兵科。1928 年任东北陆军第二十七旅参谋长、代理旅长，获授少将军衔。1931 年，任东北宪兵副司令兼北平警备司令。1936 年任北平绥靖公署宪兵司令部司令，10 月获授中将衔。卢沟桥事变后，北平宣布临时戒严，并成立北平及四郊临时戒严司令部，由冯治安任司令，邵文凯、郑大章等 4 人任副司令。随着平津失守，邵文凯等人投降日军，任伪北平宪兵司令。

1941 年 5 月 25 日邵文凯辞宪兵司令职，申振纲接任，士兵扩充到一个团。

8月5日左聘卿少将为宪兵司令部参谋长。1943年10月29日马啸天任伪首都宪兵副司令，12月20日申振纲被免去宪兵司令职，陈皋继任。1944年2月23日伪首都宪兵司令部改为伪中央宪兵司令部。

陈皋，号鹤鸣，1899年出生，广东新会人，陈璧君堂侄。粤军第二军讲武堂肄业，日本陆军步兵学校毕业。1933年后任汪精卫侍从副官，国民政府行政院秘书厅庶务科长，江西省税务局长。1939年附汪降日，充当汉奸，任伪江苏省保安副司令。1941年7月，任军事委员会委员长卫士团长。

邵文凯在1943年10月被汪伪政府授予陆军中将。1944年5月，伪河南省省长田文炳下台，邵文凯接任河南省第四任伪省长。翌年5月，任汪伪军事委员会委员。日本投降后，邵文凯被国民党政府逮捕，后被军事法庭判处死刑，但实际执行情况不明。陈皋则于1944年5月转任汪伪国民政府参军处中将参军兼典礼局长。1945年6月，任中央宪兵司令部特别党部特派员，同年底以汉奸罪被国民党当局逮捕入狱，1948年秋病亡于上海监狱。

中央税警总团作为汪伪政权的一支"劲旅"，经常在苏浙沪地区进行残酷的"清乡扫荡"，与新四军及抗日游击队作战，杀害搜捕中共地下工作人员

税警总团隶属于汪伪政府财政部。由日军从被俘的国民党军队士兵中选拔，并收编忠义救国军和国民党税警团残余人员组成，武器则由日军供给。税警总团兵力，最多时达二万余人。

1940年汪伪政府成立后，周佛海掌握了伪政权的人事、外交和经济大权。对于军事权力，周佛海同样有着极其浓厚的兴趣，总想搞一支自己的直系部队"以供运用"。于是，李士群向他献计，仿效过去宋子文掌管财政部的先例，组织税警团。周佛海欣然同意，便亲自向汪精卫和日本梅机关解释，大讲成立税警团的好处，一方面可以增强上海防卫实力，另一方面还可以配合日军作为夺取租界的主力。凭着他的诡辩之才，取得了汪精卫和日本人的同意，由李士群在上海南市区陆家浜清心女子中学筹备其事。不久，周佛海委派他的亲信罗君强①主持一切实际工作。1940年7月，正式成立了财政部税警团，周佛海兼任

---

① 罗君强：1902年5月出生于湖南湘乡县，周佛海学生。北伐时，周佛海在汉口中央军校武汉分校当秘书长，罗君强当秘书。周佛海投敌，就拉了他一同下水。抗战胜利后，罗君强被捕入获，1947年3月6日，被首都高等法院判处无期徒刑。新中国成立后，继续关押于上海市提篮桥监狱。晚年由于体弱多病，人民政府让他保外就医。1970年2月22日，因病死去。

团长，罗君强任副团长。8月，周佛海又以财政部的名义，在南市成立了"中央税警学校"。该校设校务委员会，周佛海自任主任委员，罗君强任委员、秘书兼办公厅主任，负责实际的校务工作。自成立至解散，税警学校为税警团训练了千余名下级干部。

周佛海利用手中的权力，竭力扩大税警团的规模。一开始，他们向沦陷区各地拉夫，后来又向日军要回了在中条山大战中的国民党军队全部俘虏兵，作为税警团的基本力量，还将熊剑东①的黄卫军编入税警团，通过向日军购买枪支弹药，共拼凑起1万多人的队伍。不久，税警团编为税警第一、第二两个团。京沪沿线各地，驻有税警分团，既有武力，又搞情报。情报工作由政训处长黄特负责。很快，税警团成为汪伪政权中一支具有良好训练和新式武器的"劲旅"。

1941年，罗君强率税警团部分人员，在江苏常熟、江阴，浙江慈溪、余姚以及上海郊区的南汇等地进行残酷的"清乡扫荡"，与新四军及抗日游击队发生多次战斗，并杀害被捕的中共地下工作人员。

1943年3月，税警第一、第二团合并成立中央税警总团，由罗君强任总团长，熊剑东为副总团长。11月，罗君强因心腹人员王一藩纵兵闹事，在上海旧法租界打死9名伪警察，遭到上海日寇的责难，被迫辞去税警总团长，改任伪安徽省省长。周佛海兼任税警总团团长，熊剑东任副总团长。这时，税警总团的实力发展到2万余人。

1945年8月16日，税警团得知在上海市西30华里的七宝镇，驻有共产党江苏省公江专区顾复生专员所部的一个支队二三百人。为了向国民党献上投诚后的第一份见面礼，17日拂晓，熊剑东带领税警约2000人，以及伪上海市保安司令部特务团一部，在"国民党忠义救国军"1个团配合下，将七宝镇团团包围，午前攻入镇内。我军这一个支队被击散，人员损失惨重。

之后，税警总团被国民党军统局收编，并入交通警察部队。抗日战争胜利后，军统局局长戴笠为避免其直辖的武装被裁撤，而将其所属忠义救国军、交通巡察部队、军委会别动军、中美合作编练的教导营等精锐部分，改编成交通警察部队。交通警察部队指挥机关为交通警察总局，名义上属行政院交通部管

---

① 熊剑东：原名熊俊，浙江新昌县人，日本士官学校毕业。回国后在柏文蔚部任副官，后又入广西在白崇禧军担任参谋。抗战开始时，被国民党军事委员会任命为别动军淞沪特遣支队长，潜入租界活动。1938年秋，到上海四郊活动，成立"江苏青、嘉、昆、太、常、江6县游击司令部"。1939年春，潜入上海活动时被捕。1940年冬，李士群将熊剑东从日本宪兵队保出，让他组织黄卫军，作为实施"清乡"的特务部队。熊剑东是周佛海的嫡系干将。新中国成立后在进攻苏北解放区时，被解放军击毙。

辖，实际全由军统局（后国防部保密局）直接领导。负责全国铁路、公路、水运、航空的交通治安，下辖 18 个交警总队（特种团）。交通警察干部配备军衔较高于一般陆军，总队长和处长由少将担任。后随着解放战争扩大，交通警察部队也不断加入战场。1948 年夏后编成 4 个交警旅，也有的交警总队扩编成师，编入国民党正规军序列。

为收买伪中央陆军军官训练团人心，汪精卫发给所有官佐、学生每人一套黄色马裤呢军装，官佐还有一双皮马靴和佩刀一柄，刀上刻有"智深勇沉"四字，落款"汪兆铭敬赠"

1939 年，汪精卫秘密到香港时，一方面与当时在港的汉奸陈公博、周佛海、褚民谊、林柏生、梅思平、叶蓬、杨揆一等酝酿筹建伪政权，一方面开始秘密"建军"。汪精卫的野心很大，一心想依靠日本帝国主义的势力，成为主宰中国的独裁统治者，在国民党几十年的风风雨雨，使他明白要想站稳脚跟，统治偌大的一个中国，必须要有军队，要有自己的武装，要建立起一支为自己效命的军队。建立军队，首先要有干部，有建设的骨干力量。于是，他就想模仿黄埔军校那样建设一所新的军事学校。

在港汉奸中，汪精卫认为最适宜为其组建军校的就是叶蓬。叶蓬系湖北人，保定军官学校第六期毕业，以后在南方军队中活动，曾任武汉警备司令兼警卫旅旅长，颇受蒋介石的赏识。蒋介石还为叶蓬取别号为"勃勃"，意为蓬蓬勃勃之意。但叶蓬认为自己是南方人，对北方的情况不太了解，于是他举荐前国民党第四十师师长刘培绪赴北方为其网络"人才"。

刘培绪号冀述，又名吉树，系河北省沙河县（今沙河市）人，保定军校第六期毕业，后曾入陆军大学深造，原在北洋军阀靳云鹏部下任师长，为靳云鹏手下二大"猛将"之一。北伐时靳云鹏垮台，刘培绪便投靠了唐生智，仍任师长。抗战全面爆发后，刘培绪部驻防京沪沿线的苏州附近，与日军一交战，旋即失守。蒋介石大怒，吩咐对刘培绪严加查办。刘培绪吓得慌忙逃到了香港，后经叶蓬介绍，参加了汪精卫的"和平运动"。

刘培绪在动身之前，汪精卫除给他带了大量建军经费外，还带了一份日军华南军部的证明。当刘培绪踌躇满志到达天津后，当头就被浇了一瓢凉水，因为他不懂日语，不但对外无法联系，而且他个人的饮食起居也无法解决。

在此无奈的情况下，他找到了他的同乡，留日学生胡幼植。胡幼植在天津沦陷前，是天津女子师范的教务主任。"七七事变"后，学校内迁，他因患病未能随行。天津沦陷后，他在法租界居住，时而做些投机倒把的生意，以维持生活。

　　找到了伙伴，刘培绪十分高兴，为了取得华北日军军部的支持，二人先后去了北京，恰巧这时，汪精卫来电，让刘培绪组织 "中央陆军军官训练团"，要招募学员队 2 个大队，学生队 3 个大队，人数约 4000 人。

刘培绪

　　为了掩人耳目，刘培绪将 "中央陆军军官训练团" 对外称作 "中国在乡军人协会"，采用 "征求会员" 的方式募集人员。根据汪精卫的指示，让那些正式军事学校毕业或在各部队任中下级军官的青年参加学员队，初中毕业的学生或有同等学历的社会失业青年则加入学生队，以此来组成 "中央军官训练团"。

　　这时，京津两地的国民党散兵游勇很多，失意军人也不少，尉官、校官，就是将官也不乏其人。他们正愁没有出路，忽见刘培绪在京招兵买马，都来报名参加。他们居住的西单花园饭店每天出入的人络绎不绝。

　　为了进一步得到华北日军的支持，汪精卫的日本顾问影佐祯昭又派山崎大尉来到北京，协助招募工作。通过山崎出面，华北军部拨给他们南池子官豆腐房五号一所大房屋作为办公场所，他们在门口挂上了 "吉树事务所" 木牌。至此，刘培绪进行的 "建军工作" 已由秘密而走向半公开了。

　　刘培绪在北京仅三四个月的光景，就招收了学员、学生队 2000 余人，军官500 余人，其中包括很多军医、军需人才，还有特务团士兵一个团，伙夫、勤杂人员一百余人。

　　在招募工作即将完成时，为了吸取经验，刘培绪、胡幼植与当时的华北伪临时政府督办齐燮元联系，参观了治安部在清河镇的 "治安军军官学校"，作为组织 "伪中央陆军军官训练团" 的参考。

　　伪中央陆军军官训练团校址设在上海江湾镇的一个日本兵营内。从北京招募来的人马几经辗转，数次换车，分期分批到了上海。原来招募的学生最后只有 600 余人到达上海。汪精卫为了收买人心，发给所有官佐、学生每人一套黄色马裤呢军装，官佐还有一双皮马靴，另由汪精卫赠送佩刀一柄，上面刻有

"智深勇沉"四字，下款是"汪兆铭敬赠"。团本部规定学员每人每月津贴为60元，学生每月30元。

伪中央军官训练团组织庞大，其组织人选为：

团长：汪精卫

教育长：叶蓬，副教育长：刘培绪

办公厅主任：魏练青

教务处处长：郭尔珍

政训处长：罗君强

总务处长：黄曦，副处长：沈伯衡

总队长：张敬

学员队：

第一大队长：阮伟文

第二大队长：吴清明

学生队：

第一大队长：于慕周

第二大队长：刘英儒

第三大队长：郭汗章

人员虽然齐全，但大多是临时拼凑起来的。叶蓬系湖北人，办公厅主任魏练青是湖北人，而且是叶蓬过去在湖北省府任职时的同事。沈伯衡也是保定军官学校一期毕业生，与叶蓬关系甚密。总务处长黄曦是叶蓬任武汉警备司令时的参谋长。教务处长郭尔珍，原东北讲武堂教务处长，上任后将原讲武堂的许多人拉到了教务处。政训处长罗君强原来是周佛海的学生，周佛海北伐任汉口中央分校秘书长时，罗君强任秘书。总之，这些人员大多是通过各种关系而来。此外，汪精卫又从日本陆军大学、国民党陆军大学的毕业生中聘请了一批教官，这样，伪"中央陆军军官训练团"就算成立了。

1939年12月汪精卫视察中央陆军军官训练团

开学的日子快到了，叶蓬集合训练团全体成员在操场上演练升旗仪式，青天白日旗在江湾镇上升了起来。过了没几天，又将旗偷偷地降了下来，大家都感到莫名其妙。原来，汪精卫觉得国旗应该与蒋介石时的国旗有所区别，于是，他让在原有的国旗上附了一个黄布条，上写"和平反共救国"，才又重新升了起来。

1940年1月3日，中央陆军军官训练团在上海江湾正式举行了隆重的开学典礼。这天，江湾镇上布满了武装岗哨。上午9时左右，汪精卫在陈公博、周佛海、褚民谊等随行人员的陪同下，乘车来到了训练团。看到也有自己的武装了，汪精卫精神焕发，在大礼堂对全体学员讲了一个多小时的话，他称之所以要建立军队，就是为了推行"和平、反共、建国"，不但要建立反共的军事力量，尤其要建立反共的民主力量。只有军事反共是不够的，而且必须与政治的、经济的、社会的，各种反共力量配合起来。最后，又在操场与有关人员合影后才散会。

学员队是一种速成性质的军官训练，训练时间6个月。学生队则类似士官式的正规训练，学习时间为10个月。两者均以军事操课为主，辅以政治训练。学员的课分为学科和术科两种，以战术学、地形学、测量学、射击、野外勤务、连排教练为主，日语为必修课。

为了控制好这批学员，学校在他们入学宣誓书上写有：誓以至诚相信三民主义，拥护汪主席的和平运动等语。宣誓完毕，他们就算加入了汪精卫国民党。

1940年2月，该团学员队结业。这时汪伪正准备在南京召开中央政治会议，成立伪政府。因此学员队集体编为汪精卫的警卫师。以后只有少数人分配在伪军中当干部，南京各军事机关的内勤人员安插了不少。另有约40名，由罗君强替他们介绍工作，大都安排在财政部、中政会、警政部、边疆委员会及首都警察厅等处。

1940年3月30日汪伪政府成立后，着手建立伪中央陆军军官学校。军官训练团没有毕业的学生，由叶蓬带到武昌，另行组建伪军中央陆军军官学校分校。武汉分校仅招收了两期学员后就宣布撤销，毕业生大部分充实到汪伪军事机构和伪军中。

在伪中央陆军军官学校学生面前，陈璧君极力吹捧汪精卫："汪精卫好比是唐僧，蒋介石好比是孙悟空，孙猴子再能，没有唐僧是取不来真经的。"

1941年9月，汪伪在南京伪绥靖学校的旧址（南京中山东路励志社原址）办起了"中央陆军军官学校"，为伪军训练军官。汪精卫对这所学校非常重视，亲自兼任校长，以刘培绪为教育长。校务委员有肖叔萱、鲍文樾、郑大章、叶蓬等。教务处长刘希文，政训处长奚培文（后为孙百急），入伍生团团长为鲍文樾。教官大多出身于东北讲武堂、保定军校、黄埔军校等。增田少佐担任军事顾问，大小事情都必须经他同意才能办理。

开始，汪精卫想在沦陷区招收一千名高中毕业的男青年，于是在南京、广州、武汉、北平设立招生处。虽经大肆宣传，报考的青年还是寥寥无几。无奈，汪精卫只好让"军士教导团"的学兵前来应试充数。最后，以平均30分算及格的变通办法，勉强凑够了学生数量。

汪精卫参加军校开学典礼　　　汪精卫检阅军校学员队伍

9月28日，"军校"正式开学。汪精卫以国民党及其政府的"正统"自居，学校编制、课程设置等处处模仿蒋介石的黄埔军校。校歌仍用黄埔校歌（仅改动几个字）；校训是"智深勇沉"。与长春伪满学校、北平清河治安学校、南京绥靖学校等汉奸学校不同的是该学校设有政治课，讲汪精卫的"三民主义"及"和平、反共、建国"的汉奸理论。但由于学生文化水平太低，不得不每天再开两小时基础文化课，补习高中的语文、数学、理化。

半年后，军校学生升入学生总队。总队长仍为鲍文樾，1000余名学生分编为3个大队。第一大队分4个步兵队；第二大队分骑兵、炮兵、辎重兵3个队；第三大队为工兵、交通通信兵。

1941年中央陆军军官学校成立，汪精卫向军官授佩剑

学校的课程有战术、地形、筑城等，教材有黄埔的老课本，也有从日文翻译过来的"新"课本。学制 2 年。

每逢星期一"总理纪念周"，汪精卫常到学校对学生演讲。演讲的内容主要有"校训""艳电""总理遗嘱"等，也讲一些"内政外交事务"为什么要"清乡"等。陈璧君同汪一唱一和，对学生吹捧汪精卫，说"汪精卫好比是唐僧，蒋介石好比是孙悟空，孙猴子再能，没有唐僧是取不来真经的"。

1943 年秋，军校第一期毕业，第二期招生。毕业学生大部分分配在成立的警卫第一、第三师中，担任排以上干部及团师尉级参谋、副官。

1945 年 8 月，伪中央陆军军官学校第二期正毕业，第三期还在校。15 日，日本宣布投降当天，因听说学校正酝酿向共产党投降，"上海市行动总指挥部"特务大队冲入学校，伪学生总队长刘纯铮溜走，学生们也就作鸟兽散，一些没有来得及逃走的学生被特务大队逮捕，以后交给了军统局作为汉奸处理，学校则被国民党接收。

除了中央陆军军官训练团、中央陆军军官学校，汪伪军事委员会还于 1941 年春在南京光华门外工兵学校旧址成立了"中央陆军军士教导团"。教导团由国民党"福将"刘峙的侄儿刘夷任中将团长，为汪伪陆军培训了数千名军士。此外，1942 年 8 月，汪精卫还仿效蒋介石庐山训练团，在南京开办"将校训练团"，自任团长，伪军事训练部次长郝鹏举为中将教育长，为汪伪军队培训了一批中高级伪军军官。

汪伪中华民国国民政府刚成立时，日军将沉没在长江里的国民党海军舰艇陆续打捞上来，交给了汪精卫，让他组建一支海军部队

汪精卫"中华民国国民政府"海军是在日军的扶植下，利用原国民党海军被击沉、自沉的小型舰只以及日本援助舰艇建立的一支水面作战部队。

抗日战争全面爆发时，中国海军有各种舰艇 122 艘、总吨位 69000 余吨，共编为第一至第四 4 个作战舰队，其中第一、第二舰队为国民政府海军主力。第三、第四舰队力量较小，由前东北海军和广东海军改编，除一艘舰龄逾 40 年的"海忻"号巡洋舰外，其余皆不超过 3000 吨。中国海军 300 吨以下舰艇有 72 艘，占 59%。而当时日本海军有各类舰艇 296 艘，另在建 12 艘，标准排水量总吨位 1204132 吨，飞机 1220 架，实力仅次于英美居世界第三位。日本为实施侵华战争，于 1932 年"一二·八"战争时恢复第三舰队，常驻上海。1937 年"八·一三"事变前，日军在淞沪地区集中了 30 余艘舰艇，另有航空母舰、

水上飞机母舰各 3 艘用于对中国作战。3 艘航母位于长江口与杭州湾，3 艘水上飞机母舰海洲海面 1 艘、广东沿海 2 艘。特别海军航空队第三队驻沪，海军参战飞机 170 架左右。参加对华侵略战争的舰艇，几乎涉及除战列舰、潜艇以外的各种舰艇。中日两国海军实力吨位比 1：17.4，艘数比为 1：2.25。

国民党政府也深知中日海军实力相差悬殊，要求避免与敌海军在沿海各地决战，保持实力，全力集中长江，协助陆、空军作战。因此海军的主要作战区域在长江中下游，作战样式则是封锁阻塞航道、要塞炮火控制航道、水雷游击打击敌舰以及舰艇对敌作战。

战争开始时，第一、第二舰队退入长江，第三舰队退入青岛、刘公岛，第四舰队退入珠江。中国海军用落后的舰船和血肉，先后进行或参加了江阴封锁阻塞作战、淞沪作战、长江中上游的要塞战、敌后水雷游击战以及沿海和其他江河的作战，在内河与沿海港口迟滞、牵制和打击日寇的行动中发挥了作用。但舰队主力大部被击沉或被迫自沉，几乎损失殆尽，仅剩下少量炮艇及鱼雷快艇。

汪精卫伪政府刚成立时，日军将沉没在长江里的国民党海军舰艇陆续打捞上来，交给了汪精卫，让他组建一支海军部队。

建军计划刚刚确定，汪伪行政院秘书长褚民谊便盯上了海军部长的位置。褚民谊的妻子陈舜贞为陈璧君母亲的义女，一直与陈璧君姐妹相称，这样褚民谊与汪精卫就属"连襟"。通过这层关系，褚民谊让陈璧君向汪精卫吹枕边风，以便早日上任。志在必得的褚民谊，还迫不及待地让裁缝为自己做了一套金碧辉煌的海军上将制服，穿着四处炫耀。

但是，汪伪政府中的人都知道，褚民谊对军事一窍不通，办事不得章法，非常糊涂，许多人都看不起他，只是碍于汪精卫夫妻情面，才不敢过于怠慢。而且，自汪精卫等人筹建伪政权开始，汉奸中就存在着三种政治势力：一是以陈璧君为核心的"公馆派"，一是以周佛海为首的"CC 派"，一是以陈公博为代表的原"改组派"。三派之间一直明争暗斗。因此，陈公博和周佛海极力反对褚民谊统领海军，并说："褚民谊做事自己没主见，所信任的人多是上海滩的大流氓，如果让他当了海军部长，被坏人利用舰艇走私，那将为世人指责！"

一向惧内的汪精卫颇感为难："那总得给民谊一个位置吧！"周佛海说："为敷衍其面子计，暂以之为外交部长。此举当然不甚适宜，然较之海军部，则比较不甚滑稽也。"最后，汪精卫听从了陈公博和周佛海的意见，让褚民谊当了有名无实的外交部长，因为与日本交涉事宜的实权在周佛海手里，褚民谊只是个摆设。后来汪精卫总觉得对不起自己这位"连襟"，又经陈璧君进言，就给了褚民谊一个行政院副院长的职位。

1940 年初，汪精卫政府成立之前，一些原国民党海军军官响应其"和平建国"号召，集中于上海、青岛、广州等地。上海日本海军武官府，以做华中地区情报工作为主，其内部曾通报说，渝方（重庆政府）海军军官参加"和运"的有600余名，还举出了国民党高级海军将领凌霄、姜西园[①]等人的名字。之后，投敌的国民党海军军官越来越多。日本投降时，南北各地汪伪海军将领基本都来自原国民党海军，海军舰艇基地、学校也大多是东北系、福建系的国民党海军军官，为数之多难以统计，据说要占抗战前国民党海军军官的三分之一。

汪伪政府成立时的海军部（现南京挹江门外）

1940年3月30日，汪伪海军部正式成立，将华中原维新政府绥靖水巡队、华北青岛日本海军附设的炮艇队、华南广州日本海军附设水上巡查队，统一合并为"中华民国海军"。这三支部队是全面抗战爆发后，日本支那方面舰队司令部[②]为了弥补兵力不足，"以华制华"，指令各地日本海军组建水巡队、炮艇队、巡查队，在当时

① 姜西园（？-1945）：原名炎钟，辽宁复县人。1924年8月毕业于烟台海军学校十五届航海班。曾被选派至英国皇家海军学院学习炮术。1932年4月任东北海军"海圻"巡洋舰副舰长。1933年6月25日，因派系之争，率"海圻""海琛"和"肇和"3舰从青岛南下广东投靠陈济棠，7月22日被陈济棠编为粤海舰队，归第一集团军节制。后来姜西园又被任命为广东海军司令兼粤海舰队司令、广东黄埔海军学校校长。由于陈济棠对姜西园等人心存戒心，1935年4月将粤海舰队并入第一集团军舰队，自己兼任总司令，姜西园为副总司令。后来"海圻""海琛"2舰因不满陈济棠再次出走，回归国民党第三舰队。姜西园因此被免去副司令及海校校长职务。1940年初，姜西园带领"东北""广东"两系海军军官七八十人投靠汪精卫。先后任汪伪中央海军学校校长、海军部政务次长兼海军学校校长。1943年10月被授予海军中将。1945年1月任伪军事委员会委员。1945年8月16日被戴笠以"通谋敌国"罪诱捕，后枪决。

② 日本支那方面舰队司令部：日本第三舰队在抗战全面爆发后改称，司令部设于上海外白渡桥，统率在华所有日本海军，是日本侵华海军的最高机构，司令军阶为大将，也是日本在华海军唯一的大将。"支那方面舰队司令部"下设"上海方面海军根据地司令部（上海）、北支方面海军根据地司令部"（青岛）、"中支方面海军根据地司令部"（汉口）、"南支方面海军根据地司令部"（广州）4个"根据地司令部"。各根据地司令部除了担任封锁中国沿海及江河要道，又在各战略据点设立基地、警备部队，各大中城市及有关城镇设立情报机关，雇用许多受过日本海军训练的中国人充当特务。

伪军中是比较引人注目的，人数虽不多，但个个年轻力壮，经日本海军挑选与训练，武器配备统一齐全，是当时的绥靖军等所不及的。具体负责汪伪海军建设的是日军舰队司令部高级参谋寺田大佐，他毕业于日本江田岛海军学校，抗战前在青岛、汉口、上海进行谍报活动，1940 年晋升为少将，日本投降前任汪伪海军部首席顾问。

　　伪海军部下辖华北（威海卫）、南京、广州 3 个海军要港司令部。海军的主要任务是近海内河治安巡防、封锁重要交通水道、配合日军作战。海军部长既然不给褚民谊，周佛海也不好染指，只好由汪精卫暂兼，凌霄任政务次长，许继祥（船政学堂第十二届航海生）任常务次长。5 月，陈公博、褚民谊一行还专门到日本横须贺军港参观，并提出让日本协助其发展海军。30 日，伪"国民政府"免去汪精卫的海军部长兼职，以任援道兼任。

褚民谊　　　　　　　任援道

身着海军服的汪精卫　汪伪海军"江平"　　1940 年汪精卫参加日军交接军舰仪式
　　　　　　　　　　号炮艇

　　建军伊始，汪精卫的如意算盘打得很好，如果能得到原国民党军队遗留的所有舰船，日本人再援助一部分，就可以建成一支较有实力的海军舰队。但是，国民党海军"宁海""平海""逸仙" 3 条最主要巡洋舰，被日军拖回国内自己用了。其中"平海"舰是第一舰队的旗舰，"逸仙"舰在"平海"沉没后接替担任指挥舰，"宁海"舰也是主力巡洋舰，三舰均在江阴封锁与拱卫南京作战时被日军击沉、击毁。1940 年 12 月 13 日，日军将打捞起来整修再用的中国海军炮舰与鱼雷艇"永翔""永绩"等9艘舰艇以及威海卫海军营房移交给汪伪海军部，由姜西园前往接收。后来，又给了伪海军6艘炮艇作为水上巡逻和学生教练使用。这些舰船大多是清末和民国初期生产，质量很差，其他则是江南造船厂制造的"江"字号小炮艇和用民船改装的勤务舰只，作水上巡逻和军校学生教练之用。

在日舰援助方面，日本人虽然给伪满洲国"江上军"赠送了一艘退役的旧式驱逐舰"海威"号，但对汪伪海军却连艘浅水炮舰都不肯给。日本人允许汪精卫用"中华民国海军"的名称，只是因为日本海军要大举南进，在太平洋作战，希望像伪陆军那样出现大批海军，来弥补日本海军兵力的不足。而且认为用"中华民国海军"的名称能够号召更多国民党海军来降，达到中国人打中国人、"以华制华"的目的。汪伪海军只是日本海军附设的一个水上警察部队，决不允许成为汪精卫政权的直系武装。因此，日军不让汪精卫亲信参与海军，不让国民党投敌海军军官握有实权，禁止海军悬挂汪伪党旗、宣传汪伪理论，不准成立汪伪党部，甚至不准唱汪精卫醉心的"国歌"。在汪伪海军存在的5年5个月内，日本辅导官始终是太上皇，发号施令，操纵一切。

1941年，汪精卫再次取代任援道兼任海军部长。当初任援道任部长时，以海军大将自称，因此汪精卫兼部长后，则自封为特级海军大将，还专门设计了一套特级海军大将服装，经常穿着召见海军军官，出席会议，检阅舰艇，视察基地。

尽管处处受日军的约束和限制，但汪精卫对发展海军一直耿耿于怀。1942年4月1日，海军部召开重要会议时，他亲自参加，在会上强调"要以智深勇沉之新精神，建设新海军"。8月，伪中央政治委员会通过《调整军事委员会机构案》，将军政部（改陆军部）、海军部改隶直属军事委员会，任援道继续担任海军部长。10月，设参谋总长（刘郁芬），辖管陆军、海军部的2名参谋次长（许建廷为海军次长），同时还任命萨福畴为海军部次长。1944年11月，汪伪政府调整军事机构，任援道改任江苏省省长，由凌霄代理海军部长，1945年1月15日实任部长。

汪伪政府成立后，将伪"中华民国维新政府"纳入其中。不久，又将其所属的长江水巡队司令部改组成南京要港司令部

南京要港司令部由伪"中华民国维新政府"绥靖部水巡队改组而成。

1938年春，日军占领南京、上海后，在华大量征兵，补充兵力。在闵行及江阴两地，日本海军通过汉奸介绍以及从国民党俘虏、生活所迫的青年中挑选了200多人，编入日本海军警备队，接受训练后担任警备任务。这批人后来都成为绥靖部水巡队的主要队员和军官。

1938年秋，伪维新政府自上溪搬到南京。担任绥靖部长任援道军事顾问的寺田，在南京大行宫设立了寺田机关。机关内除了现役的日本海军军官外，还有一批上海海军武官府里的间谍军官，以及久居中国的日本浪人，后来他把这些人都安排在伪海军里作为顾问、辅导官。其间，任援道又在流氓、土匪改编的绥靖军里，挑选了一批青壮年交给日本海军训练。

1939 年春，由以上经过日本海军训练的人员，正式成立了伪维新政府绥靖部水巡队，任援道兼任总司令并自封大将。他和几个亲信，专门做了几套既非陆军式样，又非海军式样，稀奇古怪的"水巡大将""水巡中将"服，专门用于视察、做报告、开会、拍照。同时，寺田机关也改名为水巡队顾问办公室。

绥靖部水巡队下设南京、江阴、闵行 3 个水巡队基地。1939 年底，汪精卫伪政府成立前夕，水巡队活动范围已从南京、江阴、闵行，扩大到芜湖、安庆。在南京还设立了长江水巡队司令部。

南京水巡队基地。是伪维新政府最早设立的基地，有 1 个水巡大队（约 1 个营），大队下设 2 个中队，4 至 5 个小队，每小队 40 至 50 人，共 200 余人。小队配有日式轻机枪 1 至 2 挺，中队配有日式重机枪一挺。队员每人一支三八式步枪，子弹 50 发。军舰有"海绥""海靖"舰，"海绥"舰原为国民党海军"建康"驱逐舰，在江阴封锁与拱卫南京作战中被日军击沉，排水量 390 吨，经改装，前后有两门小口径平射炮，轻重机枪数挺，停泊于南京江面。

江阴水巡队基地。在日本海军警备队附近，虽是 1 个大队，但人数较南京水巡大队多，有三四百人。装备有几艘新式快速小炮艇，以及武装小火轮。

闵行水巡队基地。也是 1 个大队，队员约 200 人，仅装备快速炮艇与武装小水轮。

水巡队里每个班十一二人，有日本海军现役兵曹（军士）1 名，称为指导员。小队有现役兵曹长（准尉）一二人，称为指导官（汪伪政府成立后改称为辅导员、辅导官）。大队部又有校、尉级的现役军官，称为本部指导官、主任或副主任指导官。这些现役日本海军官兵，是日军舰队司令部从海军中调集，由水巡顾问办公室分配至各队，他们只听命于寺田及顾问办公室。当地的日本海军警备队，上海方面海军根据地司令部有时也给指导官下达命令，叫水巡队配合行动、索取情报等。绥靖部不仅无权指挥水巡队，甚至连水巡队的许多活动也不得而知。在水巡队内部，高度日本化，口令甚至日常说话也要求用日语。大部分给养由上海日军经理部门供应，还发给队员们"慰问袋"（日本国内百姓或日侨捐献给日军的食品袋，内有糖果、毛巾、香烟等）。在日本内部文件中，水巡队被称为支那方面舰队司令部水巡队。

日军为了进一步控制水巡队，除了派遣指导官、指导员，还安排大批职业汉奸特务担任小队长、中队长和大队长。这些人大多是出生或生长于日本的华侨，以理发、缝衣、炊事为业，随日本海军一起来中国，在军中当勤工杂役。

他们都受过日本海军的特务训练，长期跟随日本海军，替日本海军当军事密探。

汪精卫伪"中华民国国民政府"成立后，伪"中华民国维新政府"纳入其中。1940年4月17日，汪伪政府将长江水巡队司令部改组成南京要港司令部，任命许建廷①为司令。拥有2艘巡逻舰、2艘炮舰。司令部设在南京草鞋峡，管辖区域为长江下游（湖口至长江口）、太湖流域、太湖和鄱阳湖、江浙沿海及岛屿，下辖南京基地队、江阴基地队、无锡基地队、闵行基地队、定海特别基地队。之后，不仅拥有"海兴"练习舰、"海绥"驱逐舰，

许建廷

各种型号炮艇也增加到35艘。1942年10月1日许建廷被免职，尹祚乾继任司令。1944年6月8日尹祚乾去职，招桂章任司令。12月7日郑世璋②又继招桂章任司令。

受汪精卫之命，招桂章赴广东筹备江防。用了一年半的时间，他将伪广东省水上警察所水上巡查队改组成为广州要港司令部

广州要港司令部由伪"中华民国海军广东江防司令部"发展而成。

1939年，伪广东省在广州成立了水上警察所水上巡查队。刚成立时仅四五百人，成员一部分来自国民党军队的士兵，一部分来自汉奸土匪部队，另外又从社会招收了一批队员。广州水上巡查队的任务与南京水巡队、青岛炮艇队相同，除了检查船只，还配合日本海军进行扫荡，实际上受日军南支方面海军根

---

① 许建廷（1887-1960）：字衡曾，福建长乐人。毕业于福州船政学堂第十六届驾驶班。1909年8月英国留学回国后在海军任职。1911年初任"联鲸"炮舰管带，辛亥革命后率舰北伐。此后任"联鲸""建安"炮舰舰长，"靖安"运输舰舰长，"海筹"巡洋舰舰长。1923年3月授海军少将衔。1925年2月，任海军第二舰队司令。1926年9月至1935年1月，先后任国民政府外交部特派福建交涉员、财政部驻闽海关监督、吴淞商船学校校长。1939年7月出任伪维新政府绥靖部水巡司司长。1940年4月任汪伪海军南京要港司令，5月任军事委员会委员，7月任海军部参事。1942年8月任军事委员会参谋次长。1943年10月被授予海军中将。1945年6月任海军部政务次长。新中国成立前夕拒绝去台湾。新中国成立后，1956年被聘为长乐县政协委员，1960年12月病逝于故里。

② 郑世璋（1892-?）：字达人，福建闽侯人。1911年5月毕业于烟台海军学堂第六届航海班。曾任海军总司令公署副官处副官、参谋处参谋。1930年3月任国民党海军第一舰队中校参谋。1932年5月任"江元"炮舰舰长。1936年11月调任"民生"炮舰中校舰长。1942年9月任汪伪海军部军务司司长。1943年9月任海军部总务司司长，10月10日被授予海军少将。1944年12月任南京要港司令。

据地司令部的控制。

1940 年 3 月汪伪政府成立后，4 月 23 日任命招桂章①为广东江防司令部筹备处处长，5 月 15 日将水上巡查队改组成为伪"中华民国海军广东江防司令部"，招桂章为司令。10 月 4 日任命林若时②为参谋长。

1941 年 10 月 30 日改组广东江防司令部为伪"广州要港司令部"，仍以招桂章为司令，林若时为参谋长。管辖区域为西江、东江、北江流域，珠江三角洲地带水域和广东沿海之岛屿，下辖广州基地队、白蕉基地队、横门基地队及护航处、横门缉私办事处，练兵营等。拥有"协力"舰、"江权"舰及"江夏"舰等舰艇共 9 艘。"协力"舰为其旗舰，乘员 60 人左右，吨位约 300 吨。1942 年 10 月 1 日招桂章去职，萨福畴③任司令，同月 6 日参谋长林若时去职，李云朴继任。

1943 年 3 月 17 日，萨福畴在广州乘"协力"号军舰到中山斗门视察，返程时在顺德县（今顺德区）马宁河面触水雷④，"协力"号和随行的 1609 号炮

---

① 招桂章（1889-1953）：字文犀，广东南海人。1913 年毕业于广东黄埔水师学堂第十四届驾驶班。1922 年 4 月任"楚豫"炮舰舰长，陈炯明兵变后于 8 月 9 日离职追随孙中山。1924 年 8 月任粤军总司令部舰政处处长，1925 年 5 月任大本营暂编舰队指挥。1932 年 5 月任"广金"舰舰长。1939 年附汪降日，任广东水上巡查队司令。1940 年 4 月任汪伪军事委员会委员，5 月任广东江防司令部司令。1941 年 11 月初任广州要港司令。1943 年 5 月 25 日任海军部次长，8 月回任广州要港司令，10 月 10 日被授予海军中将。1944 年 4 月任南京要港司令，12 月兼任广州要港司令。抗战末期被军统委任为广州先遣军总司令，1945 年冬被逮捕，后因病保释就医。1949 年移居香港，1953 年春病逝。

② 林若时（1889—1948）：广东香山（中山）人。广东黄埔水师学堂毕业后在广东江防舰队服役。1922 年任护法舰队"福安"舰舰长、长洲要塞司令部巡逻艇队司令、粤军江防司令部司令、广东海防司令等。1927 年任国民革命军海军广州办事处副主任。1938 年广州沦陷后降日。1940 年任广东江防司令部参谋长。1941 年任广州要港司令部少将参谋长等。抗战胜利后被国民党广东当局逮捕，1948 年死于狱中。

③ 萨福畴（1891-1943）：字鹤孙，福建闽侯人，国民党海军元老萨镇冰侄子。1908 年 2 月毕业于烟台海军学堂第二届驾驶班。历任国民党"永翔"炮舰副舰长、"江犀"和"江贞"炮舰舰长、"应瑞"巡洋舰舰长等职。1929 年 6 月任闽厦海军警备司令。1930 年任福建省政府参议。1933 年 1 月出任军政部江阴电雷学校教育长。1941 年 4 月福州沦陷后投日，出任伪福州水上警察局局长，同年 10 月任汪伪海军部常务次长。1942 年 10 月任广州要港司令。1943 年 3 月 17 日出巡时，座舰触水雷爆炸沉没，本人被俘，旋解送重庆，9 月 26 日在重庆伏法。1944 年 2 月 28 被汪伪政府追赠为海军上将。

④ 1938 年春，鉴于敌舰频繁在华南海域游弋，广东海军增设了 11 个水雷组，租用添置百余艘民船，加强布雷。广东海军撤往西江后，在肇庆等地设立了雷区，还在北江、东江及沿海广泛布雷，对敌船形成很大威胁。1939 年初，广东海军各布雷分队统一编为桂林行营江防水雷总队，下辖 2 个大队，每个大队下辖 8 个分队，后来又改称为粤桂江防水雷总队和粤桂江防布雷总队。从 1939 年秋起，水雷总队轮流派出 1 到 3 个布雷分队深入敌占区实施布雷，共布雷千余枚。游击布雷取得了明显的战果，先后炸伤炸沉日舰艇 10 多艘及许多伪军舰艇。

艇被炸沉。萨福畴和舰内 7 名人员企图泅水逃跑，结果被两岸潜伏的国民党海军暂编第一支队活捉。得知萨福畴被俘，广州要港司令部派出"江权"舰前往搭救，结果 19 日也被炸沉。一开始审讯时，萨福畴不承认自己的身份，谎称是上尉副官，姓陈。巧的是，国民党军政部一名姓郭的视察员正好来新会县鹤山视察，其人过去与萨福畴是同事又是老朋友，两人见面后，萨福畴再也无法隐瞒，只得承认自己就是广州要港中将司令。关押中，萨福畴又企图收买看守人员逃跑，结果没有得逞。不久，第一支队将其押送至第七战区司令部，旋解送重庆，9 月 26 日在重庆被枪决。

1943 年 5 月 22 日，在萨福畴被俘后，汪伪政府任命何瀚澜为广州要港司令，11 月 1 日参谋长李云朴被免职，由陈眉介继任。

1942 年 10 月招桂章卸任要港司令时，暗中给蒋介石写了一封信。当年蒋介石在粤军总司令许崇智手下任参谋长时，招桂章是总部的舰务处长。信中，招桂章说他不该当汉奸，表示忏悔，请求许他自新，愿意接受蒋的任何驱策。时任军统局特务何崇校后来曾撰写了一篇回忆文章《蒋邦在华南勾结汉奸伪军抢夺抗战胜利果实始末》，记述了当时军统局将此信转给蒋介石后，蒋批示："如招某确系接受驱策，许以将功赎罪。着军统局派员妥与联系具报。"于是，军统局本部于 1943 年在粤门成立了一个"粤海站"（后改称为"光粤站"）。由姚虎臣任站长，何崇校任副站长，专门负责策反像招桂章这样的伪军高级将领。

可是，当姚虎臣到达粤门后，却得知招桂章已被调往南京，改任伪海军部次长，遗缺由何瀚澜继任，参谋长陈眉介也病逝。无奈，姚虎臣、何崇校向军统局报告，建议今后除继续设法与招桂章联络外，拟在沦陷区伺机策反其他伪军高级将领。并说为了开展工作，拟在广州与香港分别设一个情报组。很快，他们的建议得到了批准。香港组于 11 月建立，广州组于 12 月建立。

1944 年 4 月上旬，广州组得到情报，说招桂章因事回到广州，准备在广州逗留一周。利用这次机会，经内线引见，何崇校化装成商人在多宝路昌华新街十四号招桂章的住宅会见了他。说明身份后，招桂章再次表示愿意服从国民党中央驱策，并接受了何崇校交给的任务：收集敌伪情报，在对日军反攻时阻止共产党武装占据沿海大城市。之后，何崇校派出一名军统特务携带电台留在招桂章身边，作为联络员。

8 月上旬的一天，何瀚澜在广州大新路一家象牙店前，被军统的广州行动组刺杀，汪伪军事委员会又将招桂章调回广州复任要港司令。没几日，军统取消粤海站名称，改称为"光粤站"，何崇校任站长并负责对招桂章联络。

1945 年 2 月中旬，为了阻止共产党领导的东江纵队、珠江纵队进入广州，国民党委任招桂章为广州先遣军司令。这是国民党第一次委任伪军将领，其余的伪军将领受委，都是在日寇宣告投降之后或在宣告投降前夕，唯独招桂章是在日寇投降前 6 个月。

何崇校为了将来让招桂章指挥广州及其附近的一切伪军，觉得仅一个先遣军司令名义还不够，于是就在抄转给招桂章委任令时，有意添了一个"总"字，即改为"兹委招桂章为广州先遣军总司令"。之后，又陆续争取了广东伪绥署参谋长许廷杰等伪军将领。在日本投降前，这些伪军将领又大都被国民党军事委员会委任为各种司令。如伪二十师师长陈孝强为东宝先遣军司令，伪三十师师长黄克敏为广九先遣军司令，伪四十五师师长彭济华为中顺先遣军司令，李潮为惠博先遣军司令，等等。

李潮原是东莞土匪，在东莞、宝安、惠阳、博罗一带打家劫舍、无恶不作。后投降日军，担任"铲红军总司令"，不归南京伪政府管辖，直属于日寇指挥。在何崇校向各军将领转送委任状时，故意将李潮的扣下，过了 20 多天才派人送去。此时，李潮已经被第七战区余汉谋部开进惠阳的一五四师师长郭永镳枪毙了。如果李潮早收到委令，将先遣军司令招牌打出去，可能郭永镳不致将他枪毙。

8 月 19 日，广州先遣军司令部在越华路正式成立，招桂章任总司令，许廷杰任参谋长。统一指挥广东各伪军部队，对付附近的人民武装。其最主要的任务是在国民党中央军未到之前，维持广州治安，并负责保护国家公物、机关档案，以待中央接收。20 日，陈孝强的伪军部队就与东江纵队在东莞县（今东莞市）城外展开激战，阻止东江纵队攻占东莞。

8 月 22 日，何应钦在湖南芷江召集各方面军、各战区司令长官开会，分配日本投降后的受降任务。广东省的广州地区、西江、南路及海南岛，归第二方面军司令长官张发奎受降。广东境内自博罗以东，清远以北，归七战区余汉谋受降。

9 月 6 日，张发奎派中将高参张励率领前进指挥所人员 200 余人到达广州。张励等下飞机后，占了广州先遣军总部的地址，将招桂章、许廷杰等赶至南提原要港司令部内。9 日，国民党第十三军军长石觉率所部八十九师，沿粤汉铁路南下亦开到广州。石觉一到，即进驻南堤先遣军司令部，再次将招桂章等人赶走。先遣军总部只好临时迁到南堤附近另一所空房内。10 日，张励授权新一军军长孙立人指挥广州包括日军、别动军和伪军的所有部队。11 日，孙立人命令在广州市区的日军、伪军、别动军一律撤出市区。日军集中在南石头芳村一带，伪军集中在高塘、江村，招桂章的先遣军总部仍留广州，别动军则撤往太平场。

广州地区的日军被解除武装后，和日侨一道分批遣送回国。10 月 5 日，先遣军司令部的使命结束并被解散，伪军移交张发奎处理。

根据张发奎的指示，伪军军官全部遣散，士兵仅留精壮者编入国民党部队内，老弱亦俱解散。10月，广州要港司令部和舰艇全部被接收。只有日寇直辖的"华南海军总司令"甘志远部尚在万山群岛三灶岛负隅顽抗未曾投降。张发奎派何崇校前去劝降，将甘志远所部的10多艘小型舰艇，以及陆战队3个支队和2个直属大队接收。

12月中旬，国民党陆军总司令何应钦巡视各收复区来到广州，张发奎乘机向何应钦报告，说人民纷纷要求将招桂章等汉奸扣押法办，以伸张正气。何应钦答复可以扣留并进行审判。何走后，张发奎立即将招桂章、许廷杰等人逮捕。经广州军事法庭公审，最后判处招桂章徒刑5年，许廷杰3年。张发奎认为判刑太轻，亲自改判招桂章徒刑10年，许廷杰徒刑5年。

招桂章、许廷杰判刑后，关在广州第一监狱内。1949年五六月间，国民党疏散监狱，招、许的亲友将他两人保释出来。两人出狱后，逃到香港定居。

华北要港司令部伪军一些爱国士兵举行了声势浩大的刘公岛暴动，起义部队被改编为八路军"山东胶东军区海军支队"，成为中国共产党领导的第一支海军部队

华北要港司令部由青岛"北支特别炮艇队"改编而成。

"七七事变"后，山东即墨县地主刘文山以抗日名义拉起了一支300多人的队伍，自封司令。1938年秋，这群乌合之众在日寇的军事压力和政治诱降下投降。为了便于对其控制，日军将他们调至青岛，改编为"北支特别炮艇队"，任命刘文山为上校大队长。除刘文山部附逆人员外，日军还将1938年9月在连云港俘虏的国民党第八军游击队百余人，作为"北支特别炮艇队"的第一期练兵（即学兵）进行训练。因此，这支部队既不属于华北的伪临时政府，也不属于华中的伪维新政府，是直接听命于日军北支方面海军根据地司令部的武装。日军就是以"北支特别炮艇队"为基础建立了华北伪海军。

"北支特别炮艇队"由青岛市港务局局长林荣斋海军大佐兼任首席指导官，实际掌权的是日本军官饴野，刘文山只是个傀儡大队长。"北支特别炮艇队"下辖水兵和轮机两个中队，另有信号兵班、看护兵班、炊事兵班。此外，还在连云港、石臼所（日照）设立了两个派遣队，各有木壳船两艘，兵力不过一排人。

"北支特别炮艇队"每个班有一伪军老兵任班长、有日本正副指导员各一人，各小队有伪军官任队长。刚开始，炮艇队只有一艘炮艇，是原国民党海军第三舰队南逃时遗留下来的铁壳炮艇"海和"号，排水量60余吨，蒸汽发动机，双桨，航速6至7节，经日寇修复后交给炮艇队使用。由于该艇无武器装备，只能让练兵操舵、帆缆和轮机等技术训练之用。炮艇队此后有炮艇八、九艘，至移交给汪伪海军时，主要舰艇有"同春""民德""东海""海和"等。炮艇队编制、武装、配备与水巡队基本相同，但军饷给养始终由日本海军直接供给，因此待遇较水巡队高。

1939年底，汪精卫伪政府成立前夕，炮艇队人数一再增加，还新造了日本军用汽油快速炮艇、武装小火轮等五六十艘。

山东半岛威海东部5公里处有一岛屿叫刘公岛。这是一个面积不足4平方公里的小岛，因1894年甲午战争中清朝北洋水师全军覆没而为中外所知。1941年1月日军为了利用伪军对付驻刘公岛国民党的残余势力，将"北支特别炮艇队"拨给汪精卫政府海军部，改组为威海卫基地部，负责指挥华北各地的伪海军。同年3月6日任命赵培均为司令，10月，以鲍一民①为基地司令。1942年7月1日改基地部为华北要港司令部，设于刘公岛。鲍一民为中将司令，9月27日任命孟铁樵②为参谋长。华北海军要港司令部是伪海军中实力最强的一个单位，活动区域北至河北秦皇岛、南至连云港响水口，兼渤海、黄海两海域，下辖威海卫基地队、烟台基地队、连云港基地队、海军练兵营、海军辅导部等机构。

华北海军要港司令部编制为：

司令：鲍一民

参谋长：孟铁樵

威海卫基地队：司令李玉琨上校，驻刘公岛提督衙门旧址。下辖1个中队（100余人）、5个派遣队又7个排的兵力，共200余人。

烟台基地队：司令杨镜明上校。下辖3个派遣队又5个排的兵力。

连云港基地队：司令马希瑶上校。下辖3个派遣队又5个排的兵力。

---

① 鲍一民：（？-1951），名长义，籍贯不详。1926年9月毕业于葫芦岛航警学校航海班，之后在青岛海军巡洋舰上任副航海官。抗战前，蒋介石将东北海军改编为第三舰队，鲍一民任舰队参谋处参谋，后调任教导大队长。"七七事变"后，南下的第三舰队改编为长江要塞守备司令部，下辖3个总队，鲍一民任上校总队长。1938年6月，所部在马当阻击日寇，伤亡700余人后败退。战后，蒋介石要追究失败责任，鲍一民闻讯后潜逃至香港。汪精卫伪政府成立后，鲍一民投敌。先后任汪伪海军部参事、威海卫基地部司令、华北要港司令部司令，1943年10月升海军少将，1944年2月晋升海军中将。1951年，受向共产党投诚的重庆号舰长邓兆祥牵连，国民党在台湾对闽系海军军官进行整肃，鲍一民等17人在被捕后被杀。

② 孟铁樵：毕业于烟台海校，曾任渤海舰队"江利""同安"舰舰长。抗战初期，任长江要塞守备司令部参谋长。1940年初，随姜西园投敌。

海军练兵营：营长杨镜明兼，副营长罗世厚。杨镜明调烟台后，由孟铁樵兼营长。共 200 余人。

海军辅导部：坐落于要港司令部东侧的一座大院内。首席辅导官斋藤海军大佐，主宰着伪华北海军的一切事务。斋藤单独居住一座别墅，其余人员在一幢二层楼房内办公，下设由上尉、中尉领导的"水兵科""轮机科""军需科""军医科"等部门，共有上、中尉辅导官 4 人，辅导员和水兵 20 多人，翻译 1 人。日军以"太上皇"自居，经常欺压、凌辱、虐待中国士兵。

舰艇有"海祥"军舰，"同春"运输舰，"海和""民德""日生利""东海"炮艇，"掣电"、23 号、24 号汽艇等。

1944 年下半年，八路军在各个战场上开始了局部反攻，胶东军区从 8 月到 10 月，连续发动了夏季和秋季攻势，连克日伪据点，前锋直逼烟台、威海等城市。

11 月 5 日，伪海军在第九期练兵营卫兵队少尉队长郑道济①，上士班长连城、毕昆山、李仁德、刘国璋，"东海"艇中士副艇长王文翰等人领导下，以练兵营为主体，率领 600 余士兵举行了武装起义，他们兵分三路攻取了刘公岛，并设伏歼灭了从威海休假返岛的日军和汉奸，拔掉了汪伪海军势力最强的华北要港司令部。起义部队共击毙日军 17 名，伪军基地队司令李玉琨等 20 余人，缴获 3 门小钢炮、5 挺机枪、600 余支步枪、30 余支手枪、4 艘舰船。斋藤、鲍一民、孟铁樵藏匿侥幸逃脱。起义部队无一伤亡，取得了重大胜利。

当夜，起义者分乘"同春"号、"日生利"号、"东海"号、"23"号 4 艘舰船，满载武器弹药和起义官兵家属，驶离刘公岛，6 日凌晨抵达西双岛附近登陆。经连续 4 天行军，于 10 日到达文西县解放区。第二天，东海军分区司令员刘涌、政治委员仲曦东设宴招待起义部队。山东军区司令员兼政委罗荣桓于 11 月 13 日向胶东军区司令员许世友、政委林浩、副司令员吴克华电示："刘公岛伪海军反正是抗战后的创举，要热烈欢迎该部杀敌起义，争取该部编入八路军序列……要加强抗日教育……团结其官兵……要保留海军人才，对将来我军建设海军有重要意义，要教育他们为建设新海军着想……"同日，胶东《大众报》、延安《解放日报》都刊登了刘公岛伪海军杀敌起义的消息。

---

① 郑道济（1907—1988）：原名郑钦业，山东烟台人。毕业于葫芦岛航警学校。抗日战争初期，任国民党海军第三舰队教导队中尉队副。第三舰队由威海南撤时，郑道济脱队留乡。1942 年秋，加入刘公岛汪伪海军练兵营卫兵队，担任少尉队长。1944 年 11 月起义后，先后任八路军胶东军区海军支队支队长、安东军区副司令员、东北军政大学校务科长、东北航务总局港务处和机务处副处长等。新中国成立后，曾任安东港湾管理局副局长、大连港务管理局处长和副局长。"文革"期间受到迫害。1979 年以后在大连港务管理局任顾问。1988 年病逝，享年 81 岁。

1944 年 11 月 22 日，郑道济在文西县
海军支队成立大会上宣读誓词

连成

海军支队领导人：前排左：政治处主任李伟、
中：支队长郑道济、右：副支队长王子衡

　　11 月中旬，山东军区授予刘公岛暴动部队"山东胶东军区海军支队"的番号，并于 22 日晚在文西县铺集召开了命名大会，郑道济被任命为支队长。从此，这支部队成为八路军的一部分，是我们党的第一支海军部队。

　　11 月 10 日 21 时，位于荣城县成山头的龙须岛（一个小山镇）伪海军派遣队 67 名官兵，在地下党策反下，由中尉队长丛树生、少尉队副李传玺率领起义，投向荣城县解放区，被编入八路军。

　　12 月初，两支起义部队在牙山县抗日民主根据地会师，受到胶东军区林浩政委、吴克华副司令员、贾若瑜参谋长、欧阳文副主任的热烈欢迎。在此，胶东军区从各部队抽调老战士、政治骨干 100 余名，还从"胶东公学"抽调学生、党员 150 余名，充实到海军支队。整编后郑道济仍为支队长，王子衡为副支队长，李伟为政治处主任。支队下辖 5 个中队，每个中队 150 人：

　　一中队长连城

　　二中队长毕昆山

　　三中队长李仁德（副中队长刘国璋）

四中队长丛树生

警卫中队长王昂山

之后，海军支队参加了1945年春季大生产运动，5月反扫荡斗争、6月保卫麦收、7至8月夏季大练兵运动。日本投降后，海军支队被编入山东解放军第三路野战军，奉命向青岛进军。8月25日参加了解放即墨城战斗，后在即墨县境剿匪并开辟灵山地区，建立革命政权。10月，驻防莱阳县水沟镇（今莱西市），部队补充了500名新战士，扩编为2个大队1个警卫中队，共1000余人。

1945年10月末，部队奉命向东北战场挺进，在黄县的龙口分乘帆船渡海，先后在辽宁省的庄河县（今庄河市）登陆。到辽东后，郑道济调任东北人民自治军第三纵队副司令员，海军支队由田松任支队长，故支队又称"田松支队"。11月，"田松支队"奉命向北满挺进，并扩编为2个团。

1946年1月，部队改番号为辽东人民自卫军第四纵队第二支队，从此不再用海军支队的番号。3月，又改编为东北民主联军牡丹江军区第二支队。支队长田松，政委李伟，辖第一和第二团，是北满地区的主力部队。1946年至1947年，这支部队在牡丹江地区剿匪，脍炙人口的小说《林海雪原》中杨子荣等英雄人物，就是以这支部队中一个小分队的队员们为原型塑造的。小说的作者曲波就是第二团的副政委。杨子荣原型杨宗贵，1945年秋从山东牟平县（牟平县，今已撤销）加入海军支队。杨子荣生前为第二团侦察排长，他牺牲后，东北军区司令部追授他"特级侦察英雄"的光荣称号，其生前所在排更名为"杨子荣排"。

1946年5月，第二支队与绥宁（牡丹江）军区机关合并，组建为合江军区第一（牡丹江）军分区，原属第二支队的第一、第二团改为军分区独立第一团和第二团。8月，以合江军区第一军分区为基础重新组建牡丹江军区，田松任军区副司令，李伟任政治部主任。

1948年1月，东北民主联军整编，牡丹江军区独立第二团所辖部队分别编入东北民主联军第一纵队第一师各团，以及第六纵队、独立八师和东北野战军炮兵纵队、铁道兵纵队。其中，"杨子荣排"被编入东北民主联军第一纵队第一师直属侦察连。1948年11月，一纵、六纵改编为东北野战军第三十八军、第四十三军。一纵一师就是第三十八军第一一二师，是目前中国陆军、也是世界陆军最精锐的装甲尖刀之一。目前，"杨子荣排"为第一一二师侦察营装甲侦察连三排。

留在山东的一小部分同志，1946年夏奉命成立胶东军区海军教导队，训练海军学员。在国民党军队重点进攻山东解放区时，参加了孟良崮战役和威海保卫战。

1949年夏，华东军区海军建设初期，张爱萍向军委建议，在全军范围内抽调原海军支队的同志参加海军建设。这些已经分散在中南、华东、华北、东北各野战军以及在中央警卫师工作的同志，有六七十人奉命回到海军。

全国解放后，中央军委命令，调原刘公岛、龙须岛起义人员 170 余人参加了人民海军的战斗行列。全国第一批潜艇部队有 4 艘潜艇，其中 3 名艇长、1 名艇政委是刘公岛起义者。第一批去苏联舰长班学习的 8 名学员中有 4 名是刘公岛起义者。第一批 4 艘驱逐舰的舰长，有 3 名是刘公岛起义者。他们都为人民海军的建设，为保卫祖国领海贡献了力量。

起义人员中，涌现出许多英雄模范人物，如在威海做地下工作的姜子才，被叛徒告密，受尽酷刑坚贞不屈，被敌人活埋，壮烈牺牲。除杨子荣外，《林海雪原》中外号坦克的英雄排长原型刘勋沧。还有 1950 年参加世界和平大会的周天林，周总理专机副机长周龙飞，中美建交后出任驻美国大使馆第一任海军武官的傅永康，参加解放一江山岛的舰艇部队大队长毕昆山，沈阳舰舰长费庆令，打天津时活捉国民党上将的田文珊、在浙江琅机山海战中身负重伤坚持指挥战斗直到壮烈牺牲的炮舰分队长邵剑鸣，被华东军区海军授予甲等战斗模范的赵孝庵，东海舰队十八大队长石涌、参谋长张韵等。还有袁世凯的第四代曾孙袁甲承，1946 年入党，历经辽沈战役、平津战役。天津解放之际，已是管理股长。新中国成立后，袁甲承成为我国第一批海军护卫舰——开封舰的舰长。

此外，汪伪海军部还曾于 1941 年 3 月 22 日设立江阴要港部，以杨哲人为司令。1943 年 5 月 12 日设立汉口要港部，以孟秀椿为司令、陈正望为参谋长，管辖区域为长江上游（湖北宜昌至江西九江）、洞庭湖水域、汉水流域，拥有江靖等炮艇 7 艘。但都昙花一现，不久即撤销。

"中央海军学校"由陈公博亲自取名，他还亲笔写了块"中央海军学校"大招牌，因日本人不准挂，始终也未曾使用

汪伪中央海军学校是由伪"中华民国维新政府"的水巡学校扩建而成。

1939 年春伪维新政府水巡队成立时，在上海新龙华等原国民党海军医院、海军飞机修理工厂旧址，设立了水巡学校，培训学生担任水巡队军官，校长由任援道的亲戚吴若安代理。日军还将打捞出水的原国民党"永绩"舰移交给水巡学校，改名"海兴"。同时在高昌庙原国民党海军修配工厂，设立了水巡学校训练所，学员受训 6 个月派到水巡队当队员（士兵）。又在枫林桥新设立水路测量学校，训练水路测量军官（训练期 1 年）。水巡学校的学生、学员来源除了由各地水巡队调训、日本海军保送介绍外，还在沦陷区各大中城市内公开招考。学生分甲、乙两种，文化较高的为甲种学生，学制二年。文化低的为乙种学生，一年毕业。后来将水巡学校改为中央海军学校后，学制延长至3年。

　　水巡学校名义上属绥靖部，校长由绥靖部长任援道担任，但实际上由日军舰队司令部直接控制，他们派出了以现役海军少将寺田祐次为首、海军官兵六七十人组成的庞大指导部，负责教学与管理。校内的中国队长和水巡队一样，多是满口流利日本话，却不识中国字的汉奸特务。水巡学校的文职军官、代理校长、教育主任之流，都是任援道等的亲戚、朋友，平日难得到校，逢日本的节日，或日军攻占了中国一地，不知廉耻，写诗作词，大拍日军马屁。吴若安还用古文作了水巡队之歌、水巡学校校歌，但指导官认为水巡队和学校只能唱日本军歌，不予采用。吴若安后调任伪江苏省政府秘书，最后告老退职回家。训练所主任路慰侬的父亲在绥靖部挂名领薪，儿子路齐泰是水巡学校一期学生，为此他作了首词，词中说他祖孙三代，尽忠日本，为建设东亚新秩序永随皇军，被日军誉为"一门三杰"。

　　到1939年底，水巡学校一期乙种学生50余人已毕业，训练所已毕业学员两期约为2000人，都分配在舰艇、基地。

　　1940年3月汪伪政府成立后，海军部将伪维新政府的水巡学校改为中央海军学校。校址设在上海高昌庙，任援道兼任校长，徐沛任教育长，聘请日本海军军官为航海、轮机专科教官，其余教职员工多以留日海军军官和退职旧海军人员充任。学校规章和教授方法全部仿照日本海军士官学校模式，采取航海、轮机兼修制度，日文是必修课。1939年至1944年，海校先后招生6届，每届招生数量视当时需要和校舍情况而定。学生应为高中毕业，年龄18至20岁，学制3年。学习期间，伙食、被服、书籍等费用均由学校供给。学生经考试合格后毕业，发给毕业证书。之后到"海兴"练习舰上实习，或到日本军舰上见习6个月，期满后分配到各舰艇和海军各单位担任初级军官。第一届34名学生于1941年毕业，第二届120名毕业于1942年，第三届42名毕业于1943年，第四届38名毕业于1944年。第五届38名、第六届17名于1945年毕业后被遣散。

汪精卫检阅海军学员

汪精卫对海军学校的建设非常重视，一心想将它作为培养自己嫡系力量的基地。将水巡学校改名为中央海军学校后，汪精卫计划亲自掌握海军部，舰艇、基地则交投诚的原国民党海军将领统领，并让他们在海军中组织汪伪国民党以加强控制，但没有得到日本人的同意。陈公博也数度到新龙华参观水巡学校，并与学校辅导官们交往应酬。"中央海军学校"这个名字，也是由陈公博亲自取名，因为汪伪机关、学校、军队，均有中央两字。陈公博还亲笔写了块"中央海军学校"的大招牌，因日本人不准挂，始终也未曾使用。汪伪政府成立前夕，一批非海军出身的汪伪亲信，想安插到伪海军中，也被日军辅导官予以拒绝。因此，国民党投敌的海军将领、军官，始终也未掌握海军实权。后来，汪精卫又以海军特级大将的名义，请吃饭、送礼物、送亲笔签名照片拉拢海校毕业生。各期学生毕业前，将全体学生叫到南京伪中央党部，听汪精卫做报告，个别谈话，与汪一起吃饭，还赠送学生津贴。陈公博也经常到海校与毕业生一起吃饭、谈话等。可是学校的学生与毕业生认为当汉奸直截了当，没必要再到汪精卫那里转个弯。水巡学校、水巡队时期的学生、官兵，许多人认为当汉奸资格比汪精卫都老，对国民党投敌军官，既不买账，也不尊重，他们只服从日本辅导官。

1945 年 8 月，汪伪海军投降，由国民党海军总司令部和各战区分别受降，伪海军要港司令部、学校、舰艇等机关被接收，人员录用了一批，其余被遣散。

一开始，汪精卫对建立空军野心勃勃，提出了三年复兴的计划，但最终成为泡影，其空军只能算是个摆设。之后，他对这支无法形成战斗力的"新空军"逐渐失去了兴趣

相对汪伪陆军来说，其空军只能算是个摆设。1940 年汪伪政府成立时，在军事委员会下设立了"航空署"。原国民党考试院大院被改为汪伪"国民政府"驻地，院内西侧一栋二层小楼，即成了航空署的办公场所。此时，航空署连一架飞机也没有，全署编制包括官兵、文职人员和雇员仅 112 人。署长为陈璧君的弟弟陈昌祖，他曾留学德国学习航空工程专业，担任过南京飞机修造厂厂长、欧亚航空公司总经理等职务。

上任后，陈昌祖开始招兵买马，他招募了 20 多名北洋政府时期南苑、保定、沈阳及广东等地航空学校的毕业生，以及一些来自香港的技术人员。1941 年 9 月 27 日，国民政府空军第一大队分队长张惕勤、飞行员汤厚涟和梁文华 3 人驾驶苏制 SB-Ⅱ 轰炸机飞往宜昌投靠汪伪政府。10 月 6 日，该机飞抵南京。张惕勤受到了汪精卫的接见并被任命为航空署科长，这架轰炸机也被认为有情报价值让日军送回本土进行研究。

1941年5月，汪精卫与日军经过多次交涉，艰难地要到3架"九五式"教练机。6月，出访日本时，天皇又赠送给他一架运输机，命名为"海鹣"号，作为他的专机。但是"海鹣"号的驾驶、维护工作全部由日方负责。

1941年夏，日军把常州西郊陈渡桥附近一个民航备降机场交给航空署使用，同时赠送了一批航空发动机与零配件。于是，航空署以3架"九五式"教练机为基础，成立了"中央空军学校"，由陈昌祖兼任校长，不久陈昌祖担任军事委员会委员，校长由高乛新接任。校本部设在觅渡桥畔，下辖教务、副官、政训等办事机构。学校成立后，从伪海军学校、军官训练团、武汉陆军军官学校里挑选了32名学生。开设的课程有飞行力学、飞机构造、航空发动机、气象学、无线电原理与收发报实习等。

开学后不久，因学生中有人唱抗日歌曲，校长高乛新被迫离职。1942年元旦，刘中檀接任校长一职。刘中檀是中国第一所航校——南苑航空学校第四届（1925年11月）毕业生。随着机场设施与学校教学楼、宿舍竣工，暂住城内的学生搬到校内，编为飞行一连。3月，又从南京伪陆军军官学校调来30名学生，编为飞行二连。连下设分队，每个分队相当于一个班，10人左右。

飞行一连：连长许声泉

一分队：分队长林国均

二分队：分队长曹家航

三分队：分队长彭鹏任

飞行二连：连长杨忠义

一分队：分队长陈恒太

二分队：分队长李城斋

三分队：分队长杨建勋

两个连62名学生，3架教练机，只能轮流训练。同时，因为缺乏燃油、配件，飞行训练经常中断。

为了警卫机场，"航空署"还将中条山战役中俘虏的国民党士兵组成一个警卫营，共200多人。具有讽刺意义的是，1942年5月，警卫营在营长顾济民的带领下，集体向丹阳游击区的新四军投诚。因为此事，刘中檀被免职，由张惕勤接任校长。但没几日张惕勤又被调走，刘中檀重回学校掌权。为了使空军建设"正规化"，8月13日，汪伪政府还发布了《空军制服条例》，规定空军官佐服制分为天蓝色大礼服、草黄色常礼服和军常服。

1942年9月，汪伪空军又从日本海军支那舰队讨得20余架"九三式""九五式""九九式"教练机，于是将空军学校扩编为"中央空军教导总队"，总队长仍由刘中檀担任，同时日军派遣指导官对总队进行严密控制。装备的这些教练机由于没有作战功能，根本无法与国民党空军或美军航空队对阵，只能用于战场侦察或反游击等低强度任务。10月12日，初具规模的"中央空军学校"首次以"中央空军教导总队"名称，飞赴南京明故宫机场参加双十节"国庆"阅兵，检阅结束后，汪精卫对在机场参阅人员发表了演说，他大谈"诸空军将士"要"认清目标，期负巩固中国与大东亚空防之使命，以达到复兴中国保卫东亚之目的……"由于没有战斗机，汪伪空军不能升空作战，因此发展受到很大限制。当月，汪伪军事委员会进行改组，陈昌祖调任军事委员会委员，改由东北空军出身的姚锡九①担任航空署署长。改组后的伪航空署下辖秘书处、总务处、航务处、中央空军教导总队4个部门。

1943年6月8日，经过两年断断续续的训练，伪中央空军教导总队为毕业生们举行了毕业典礼。典礼由姚锡九主持并为学生颁发了毕业证书，陈昌祖、伪陆海军代表、日军陆海军代表以及民众千余人到场观礼。日伪军官检阅了学生队伍与飞机，毕业学生还驾机在会场上空盘旋数圈。毕业后，这批学生被授予少尉军衔，由于没有空军部队和飞机，大部分学生只好继续留在教导总队进行训练。之后，教导总队再没有进行招生。

10月，汪精卫提出的三年复兴空军计划最终成为泡影。之后，他对这支无法形成战斗力的"新空军"逐渐失去兴趣。于是，军事委员会对航空署进行了裁减，缩编为航空司，改隶总务厅。另外在参谋本部增设空军参谋次长，由姚锡九改任，陈友胜接任航空司司长。

汪精卫视察其所属空军"九五式"教练机

① 姚锡九（1892—1946）：江苏宿迁人。1908年考入清政府办的"陆军小学"，并由该校派往法国学习骑兵和航空。回国后，先后担任中国第一所航空学校——北京南苑航空学校教官、东三省航空处总务处处长、北洋政府航空署航运厅长、南苑航校教育长，国民政府军政部航空署副署长、中国航空公司理事、军事部参事、驻法国武官、航空委员会参事等职。抗日战争全面爆发后加入汪伪政府。1942年7月，任汪伪军事委员会航空署长。1943年10月，任伪参谋本部总务厅长、空军参谋次长，10月10日被授予空军少将。1944年5月，任参军处中将参军。抗日战争胜利后被逮捕，1946年在南京以汉奸罪被枪决。

1943 年后，汪伪空军起义事件接连不断。1943 年春，汤厚涟、梁文华、曾照德 3 名教官投向了中国共产党。1944 年 2 月，航校教员郭志伟、刘炳球与傅皓璋以及 3 名机务人员驾驶"九五式"教练机向国民党政府投诚，但因迷航在皖南撞山，刘炳球与两名机务员丧生，傅皓璋、郭志伟和机务员阿梁受重伤，被群众救起后送往重庆。受这些事件牵连，空军停飞整顿，刘中檀被调赴灵璧县当县长，陈友胜亦被免职。由韩文炳任航空司长兼"中央空军教导队"队长。为防止人员再次叛逃，韩文炳上任后将全体飞行员调回城内，集中居住在校本部的楼房里。他的举动引起了日本军方的好感，遂调拨了 6 架"九九式"高级教练机给伪教导总队。但没过几天，其中一架就在一次飞行中坠毁，训练再次中断。从此，教导总队无论教官还是飞行员们都心灰意懒，感觉前途茫然。

为了鼓舞伪空军士气，日军于 1944 年 12 月 26 日向汪伪政府赠送了 2 架"立川一式"运输机。汪伪空军在南京明故宫机场举行了盛大的接收仪式，将 2 机命名为"和平"号与"建国"号，并与 1943 年 8 月购入的同型号运输机"淮海"号一起编组为"国民政府行政专机班"，周致和为负责人。下设 1 个 36 人的机务连，专门负责运送日伪官员往来沪宁与汉口。周致和原名周仕仁，是国民党空军第五大队十七中队中尉飞行员，1944 年 6 月 24 日，因迷航驾机降落在日军白螺矶机场，被俘虏后由汪伪陆军部长叶蓬作保，进入教导总队担任教官，并改名为周致和。当年底，财政入不敷出的汪伪政府在上海、江苏、湖北等地开展"献金购机"运动，共筹募到献金 2500 万元。伪军事委员会用这笔钱购买了 10 架"九九式"高级教练机，日方附赠 2 架，全部交由教导总队使用。

如果说汪精卫还曾期望建立一支自己的空军，那么对于自称"收拾残局"的继任者陈公博而言，建设空军则是一件无暇顾及的事。1945 年元旦刚过，他就撤销空军参谋次长，并把伪航空司再次降级，与"国民政府行政专机班"合并为第十科（航空科），成为军事司的下级单位，人员也缩编为 15 人。缩编后，日伪当局派祝晴川担任教导总队队长。他对航空业务完全不懂，但深知日伪当局来日无多，于是到校后立刻中止一切飞行训练，并在暗中与重庆国民党方面建立联系，企图以教导总队资产换得重庆方面对其附逆的宽恕。6 月，他下令将一些飞机拆解、连同器材、汽油等物资，通过水路运抵孙良诚部控制下的扬州机场，静待战事结束后国军接收。

1945 年 8 月 15 日，日本无条件投降。20 日，周致和、黄哲夫、赵乃强、管序东、黄文星等人驾驶"建国号"教练机由扬州机场起飞，经 4 小时飞行，到达延安，成为八路军的第一架飞机。该机后改名为"820"号，以纪念起义的日子。两天后，伪空军人员何健生、吉翔和、陈静山等人由扬州北门前往杨家庙投奔新四军，紧接着伪空军人员白景丰也带着家属与两名副官抵达莲花唐的新四军根据地。

之后，这些原汪伪空军人员参与了东北航校与解放军空军的建设。1946 年春，周致和因飞机故障迫降失败而遇难，不久吉翔也因坠机牺牲。白景丰殒命于"反右"运动，黄哲夫、管序东等人在"文革"中被错误批判，管序东被殴打致残。直到 20 世纪 80 年代，相关人员才落实政策并被授予起义人员证书。

1945 年 9 月，残余的汪伪空军人员及飞机、器材被国民党空军接收并将官员押往苏州保安处看管。至此，汪伪空军的寿命终结。后来，陈昌祖、陈友胜等人在军统对汉奸的大搜捕中纷纷落网。国民党空军总司令部军法处受命处理伪空军有关案件。其中陈昌祖被判处 3 年监禁，出狱后远走加拿大，1994 年病故。陈友胜亦被判处 3 年半监禁，出狱后南下广东，1970 年在广州病故。柯宗标、张书绅、方政等伪教官分别被判处无期徒刑。罪大恶极并有叛逃行径的姚锡九、韩文炳、彭鹏则被判处死刑，3 人于 1946 年 10 月 17 日上午被绑赴南京雨花台刑场执行枪决。

主要参考文献

[1] 傅大中. 伪满洲国军简史（上、中、下）[M]. 长春：吉林文史出版社，2006.

[2] 王庆祥. 伪满洲国皇宫揭秘 [M]. 北京：团结出版社，2008.

[3] 王庆祥. 伪帝宫内幕 [M]. 长春：吉林文史出版社，1986.

[4] 费正，李作民，张家骥. 抗战时期的伪政权 [M]. 郑州：河南人民出版社，1993.

[5] 刘晓辉，王文锋，王久荣. 伪满国务总理大臣——张景惠 [M]. 长春：吉林文史出版社，1990.

[6] 王晓华，孟国祥，张庆军. 国共抗战肃奸记 [M]. 北京：中国档案出版社，2001.

[7] 王晓华. 汉奸大审判 [M]. 南京：南京出版社，2005.

[8] 溥仪. 我的前半生 [M]. 北京：群众出版社，1979.

[9] 王辅. 日军侵华战争（全4卷）[M]. 沈阳：辽宁人民出版社，1990.

[10] 军事科学院军事历史研究部. 中国抗日战争史（全3卷）[M]. 北京：解放军出版社，1991.

[11] 中央档案馆. 伪满洲国的统治与内幕——伪满官员供述 [M]. 北京：中华书局，2000.

[12] 纪敏. 伪满皇帝群臣改造纪实 [M]. 沈阳：辽宁人民出版社，1992.

[13] 天津编译中心. 日本军国主义侵华人物 [M]. 北京：中国文史出版社，1994.

[14] 林声，等. "九·一八"事变丛书（全6卷）[M]. 沈阳：辽宁人民出版社，1991.

[15] 易显石，等. "九·一八"事变史 [M]. 沈阳：辽宁人民出版社，1981.

[16] 马越山. "九·一八"事变实录 [M]. 沈阳：辽宁人民出版社，1991.

[17] 张辅麟. 伪满史丛书：汉奸秘闻录 [M]. 长春：吉林教育出版社，1990.

[18] 姜念东，等. 伪满洲国史 [M]. 长春：吉林人民出版社，1980.

[19] 孙邦，等. 伪满史料丛书（全10卷）[M]. 长春：吉林人民出版

社，1993.

[20] 张德良，周毅. 东北军史 [M]. 沈阳：辽宁大学出版社，1987.

[21] 方正，等. 张学良和东北军 [M]. 北京：中国文史出版社，1986.

[22] 辽宁省档案馆. 奉系军阀档案史料汇编（全12册）[M]. 南京：江苏古籍出版社，1990.

[23] 王承礼. 中国东北沦陷十四年史纲要 [M]. 北京：中国大百科全书出版社，1991.

[24] 孙玉玲，赵东辉. 苦难与斗争十四年（上）[M]. 北京：中国大百科全书出版社，1995.

[25] 李茂杰，孙继英. 苦难与斗争十四年（中）[M]. 北京：中国大百科全书出版社，1995.

[26] 步平，辛培林. 苦难与斗争十四年（下）[M]. 北京：中国大百科全书出版社，1995.

[27] 《东北抗日联军斗争史》编写组. 东北抗日联军斗争史 [M]. 北京：人民出版社，1991.

[28] 冯仲云. 东北抗日联军十四年苦斗简史 [M]. 北京：中央文献出版社，2008.

[29] 孙继英，周兴，宋世章，等. 东北抗日联军史料丛书：东北抗日联军第1-第11军 [M]. 哈尔滨：黑龙江人民出版社，1985—1986.

[30] 李剑白. 东北抗日救亡人物传 [M]. 北京：中国大百科全书出版社，1991.

[31] 温永录. 东北抗日义勇军史（上、下）[M]. 哈尔滨：黑龙江人民出版社，1987.

[32] 谭译. 东北抗日义勇军人物志（上、下）[M]. 沈阳：辽宁人民出版社，1987.

[33] 中国社会科学近代史研究所. 日本侵华七十年史 [M]. 北京：中国社会科学出版社，1992.

[34] 陈本善. 日本侵略中国东北史 [M]. 长春：吉林大学出版社，1989.

[35] 禹硕基，等. 日本帝国主义在华暴行 [M]. 沈阳：辽宁大学出版社，1989.

[36] 孙玉玲. 日军暴行录（辽宁卷）[M]. 北京：中国大百科全书出版社，1995.

[37] 赵聆实. 日军暴行录（吉林卷）[M]. 北京：中国大百科全书出版社，1995.

[38] 郭素美，等. 日军暴行录（黑龙江卷）[M]. 北京：中国大百科全书出版

社，1995.

[39] 复旦大学. 日本帝国主义对外侵略史料选编［M］. 上海：上海人民出版社，1983.

[40] 解学诗. 历史的毒瘤［M］. 桂林：广西师范大学出版社，1993.

[41] 吉林省档案馆，等. 关东军文件集［M］. 长春：吉林大学出版社，1995.

[42] 吕万和. 简明日本近代史［M］. 天津：天津人民出版社，1984.

[43] 服部卓四郎. 大东亚战争全史（全4册）［M］. 北京：商务印书馆，1984.

[44] 林三郎. 关东军和苏联远东军［M］. 长春：吉林人民出版社，1979年.

[45] 斯米尔诺夫，等. 东京审判［M］. 北京：军事译文出版社，1988.

[46] 戴维·贝尔加米尼. 日本天皇的阴谋［M］. 北京：商务印书馆，1986.

[47] 重光葵. 日本侵华内幕［M］. 北京：解放军出版社，1987.

[48] 铃木隆史. 日本帝国主义对中国东北的侵略［M］. 长春：吉林教育出版社，1996.

[49] 岛田俊彦. 日本关东军覆灭记［M］. 李汝松，译. 沈阳：辽宁教育出版社，1991.

[50] 堀场一雄. 日本对华战争指导史［M］. 北京：军事科学出版社，1988.

[51] 今井武夫. 今井武夫回忆录［M］. 上海：上海译文出版社，1987.

[52] 关宽治，等. 满洲事变［M］. 上海：上海译文出版社，1983.

[53] 粟屋宪太郎. 东京审判秘史［M］. 北京：世界知识出版社，1987.

[54] 当代中国军队的军事工作（上）［M］. 北京：中国社会科学出版社，1989.

[55] 南开大学历史系，唐山市档案馆. 冀东日伪政权［M］. 北京：档案出版社，1992.

[56] 文斐. 我所知道的——伪华北政权［M］. 北京：中国文史出版社，2005.

[57] 文斐. 我所知道的——伪蒙疆政权［M］. 北京：中国文史出版社，2005.

[58] 日本防卫厅防卫研究所战史室. 中国事变陆军作战史［M］. 北京：中华书局，1983.

[59] 卢明辉. 蒙古"自治运动"始末［M］. 北京：中华书局，1980.

[60] 郭汝瑰，黄玉章. 中国抗日战争正面战场作战记［M］. 南京：江苏人民出版社，2002.

[61] 日本防卫厅防卫研究所战史室. 华北治安战（上、下）［M］. 天津：天津人民出版社，1982.

[62] 郭贵儒. 华北伪政权史稿［M］. 北京：社会科学文献出版社，2007.

[63] 余子道，等. 汪伪政权全史（下卷）［M］. 上海：上海人民出版社，2006.

［64］徐友春. 民国人物大辞典（增订版）［M］. 石家庄：河北人民出版社，2007.

［65］刘国铭. 中国国民党百年人物全书［M］. 北京：团结出版社，2005.

［66］黄美真，石源华，等. 汪伪十汉奸［M］. 北京：团结出版社，2010.

［67］南京市档案馆. 审讯汪伪汉奸笔录（上、下）［M］. 南京：凤凰出版社，2004.

［68］祁颢. 刺刀下的鹰爪——汪伪空军始末［J］. 航空知识，2014（3）.

［69］王成斌，等. 民国高级将领列传（第三集）［M］. 北京：解放军出版社，1988.

［70］王成斌，等. 民国高级将领列传（第七集）［M］. 北京：解放军出版社，1991.

［71］王全义，杨明训，谢公武. 民国高级将领列传［M］. 北京：解放军出版社，1990.

［72］李新，孙思白. 民国人物传［M］. 北京：中华书局出版社，2002.

［73］蔡德金. 历史的怪胎——汪伪国民政府始末［M］. 北京：团结出版社，2008.

［74］郭金炎. 黎明前的海啸——汪伪海军和国民党海军起义纪实［M］. 北京：解放军出版社，2009.

［75］蔡建新，王昕. 战争野兽——侵华日军十大战犯［M］. 北京：京华出版社，1994.

［76］马洪武，等. 抗日战争事件人物录［M］. 上海：上海人民出版社，1986.

［77］河北省政协文史资料研究会，保定市政协文史资料研究会. 保定陆军军官学校［M］. 石家庄：河北人民出版社，1987.

［78］胡玉海，里蓉. 奉系军阀大事记［M］. 沈阳：辽宁民族出版社，2005.

后 记

　　20年前攻读军事历史专业硕士学位时，对"伪军"这个课题产生了浓厚的兴趣。此后，陆续收集整理了不少资料，但由于从事烦琐的行政工作，始终无法集中大块时间编写成册。2014年6月，受组织的委派赴西非科特迪瓦执行维和任务，时间为一年。其间，夜以继日，充分利用一切业余时间，终于将这本《华夏大地上的怪胎——中国抗日战争时期的伪军探究》完稿。

　　本书在写作的过程中，参考了《伪满洲国军简史》等一批国内名师大家的著作和文献，并将其中的一部分列于文后，另有许多网络文章和图片由于没有署名无法列入和注明，在此一并对作者表示衷心的感谢。

　　在书稿付梓之际，还要感谢为本书出版给予大力支持的原国防大学研究生院曹建奇政委、全勇副院长以及中国致公出版社有关同志。

　　由于本人理论功底、思维层次不高，特别是许多一手材料收集较难，书中一定有不少不足和偏颇之处，敬请各位专家和读者批评指正。

王宏德

2018年3月于北京红山口